财政部规划教材

浙江省普通本科高校"十四五"重点立项建设教

会计学国家一流专业建设点系列教材

税法教程与案例

Tax Law Tutorial and Case Studies

主 编 高巧依

中国财经出版传媒集团

经济科学出版社
Economic Science Press
·北京·

图书在版编目（CIP）数据

税法教程与案例 / 高巧依主编 . -- 北京：经济科学出版社，2024.8. -- （财政部规划教材）（浙江省普通本科高校"十四五"重点立项建设教材）（会计学国家一流专业建设点系列教材）. -- ISBN 978 - 7 - 5218 - 6209 - 6

Ⅰ. D922.22

中国国家版本馆 CIP 数据核字第 2024HR3250 号

责任编辑：杜　鹏　常家凤
责任校对：徐　昕
责任印制：邱　天

税法教程与案例
SHUIFA JIAOCHENG YU ANLI
主编　高巧依
经济科学出版社出版、发行　新华书店经销
社址：北京市海淀区阜成路甲 28 号　邮编：100142
编辑部电话：010 - 88191441　发行部电话：010 - 88191522
网址：www.esp.com.cn
电子邮箱：esp_bj@163.com
天猫网店：经济科学出版社旗舰店
网址：http://jjkxcbs.tmall.com
固安华明印业有限公司印装
787 × 1092　16 开　30 印张　670000 字
2024 年 8 月第 1 版　2024 年 8 月第 1 次印刷
ISBN 978 - 7 - 5218 - 6209 - 6　定价：69.00 元
（图书出现印装问题，本社负责调换。电话：010 - 88191545）
（版权所有　侵权必究　打击盗版　举报热线：010 - 88191661
QQ：2242791300　营销中心电话：010 - 88191537
电子邮箱：dbts@esp.com.cn）

前　言

本教材内容包括税法概论、税收实体税种和税收征管法，涵盖税种的构成要素、纳税申报、征收管理，通过"理论＋政策＋案例＋练习＋讨论＋纳税申报＋拓展"等多种形式立体呈现，适合普通高校本科层次的会计学、财务管理、税收学等专业的税法课程，也可作为企事业单位财税人员实践及自学用书。

一、编写背景与思路

党的十八大以来，以习近平同志为核心的党中央高度重视税收工作，作出了一系列重要部署，提出了一系列新思想新观点新论断，为税收改革发展提供了根本遵循和科学指导。2019 年之后，随着税收立法进程的不断推进，我国在税收领域颁布了一些新的法规和调整，多项新的税收政策实施落地，人们对于税法的关注和学习出现了一个小高潮。另外，信息技术的发展和应用也给纳税申报方式、企业税务管理带来了新的变化和挑战。基于此背景，为保持教材的实用性，使教材尽可能吸收中国税收制度的新政策，反映税制改革的前沿内容，我们开展了此次编写。

本教材紧密结合新时代对财经专业发展的新要求，从教材整体理念、教材形式、教材应用等方面体现新文课要求。总体思路是教材内容要体现"时代性、权威性、融合性、智能化"。在编排思路上，根据内容选择不同形式的资源和呈现形式。

（1）以习近平新时代中国特色社会主义思想为指导，全面体现习近平总书记关于税收工作的重要论述精神，把党的十八大以来形成的重要税收理论观点写入教材，坚持理论与实践相结合、继承与创新相结合、国内经验与国际视野相结合，在系统总结税收领域已经形成的主流观点、社会共识的基础上，紧密结合新时代税收改革发展历程，将改革开放以来特别是进入新时代以来的税收理论和实践创新成果引入教材，并吸收借鉴国外税收发展经验，以全球视角审视中国税收发展的历史进程，揭示税收的基本特征和发展规律，努力体现时代性、权威性。

（2）教材内容系统阐述税收基本理论和最新进展，深入挖掘思政元素，将思政理念和目标通过案例、热点追踪、税制改革等形式有机融入教材内容，通过教材导入案例与讨论题、视频、动画等新形态方式实现思政资源的多元化立体式应用。推动税收教学和税收实践的紧密衔接，导入社会适用性需求为案例内容，促进教材守正创新，注重税收理论在实践应用中的体现，促进理论和实践的融合。

（3）通过信息技术实现教材内容和应用形式的智能化，拓展承载空间，使教材知识面足够广、信息量较大。融入视频、动画、小案例、扫码测试等多种新形态电子资源，在纳税申报和风险评估内容中应用信息技术实现实时交互、实时反馈，加强教材的实用性和应用实效。通过信息技术和工具在教材中的充分应用撬动教学的数字化改革，实现优质教育资源共享，与课程MOOC平台、微课资源等整合应用，打造依托新形态教材的"数字课堂"，适应"网课时代"沉浸式学习的教学环境。

二、编写内容与特色

本教材注重创新和未来适用性，特色体现在：一是体系架构新。教材整体架构包含税收理论篇、税收实务篇和税收征管篇，涉及税收分析、中国税收发展趋势、大数据时代的征管变化等内容，紧密结合实践对财税人才的能力需求，体系全面，架构完整。二是内容观点新。教材阐述了新时代税收改革发展蕴含的丰富思想内涵，系统准确地介绍了中国现行税制和征管制度体系，注重引导学生思考和体会税收法律法规背后的人性考量、价值关怀与制度定位，重在税收法规的理解能力养成。三是编写方法新。教材侧重税收基本理论、基本原理的系统阐释和知识点介绍。每个章节提供了导学引导案例，增加视频、动画、难点解释和应用举例、思维导图、章节自测及答案解释等资料，税收法律法规采用二维码技术呈现，形式新颖、便于检索，增强可读性和易用性。

总体编写内容如下。

（1）税收理论篇：根据教材反映中国最新税收理论和实践新发展的具体要求，主要增加最新调整和公布的税收政策情况，将新时期税收发展中丰富的思想内涵部分通过多种形式加入其中，组织引导学生理解和比较税制，通过设置讨论题、调查问卷等数字资源加强反馈和互动，增强学生对制度的理解和思考。

（2）税收实务篇：根据将大数据、云计算等现代信息技术与文科类学科专业深度融合的要求，首先，提供动画、视频、资料等多种数字化资源，补充具体税种调整的历史、现行税法规定的理论依据等资料；其次，对新时期出现的部分新兴行业、新领域、新现象，结合具体税种涉及部分，通过案例、讨论主题等融入和展现，增强现实性和应用性；最后，应用云资源提供不同层次的拓展练习，增强课程对职业证书考证的指导，夯实理论基础，提升职业证书考试通过率。同时在章节练习题后插入拓展知识部分，主要关注信息化环境、工具等对税收法规调整、税种具体要素等的影响和最新进展相关内容。

（3）税收征管篇：根据反映最新税收征管实践和纳税风险分析领域信息技术应用情况的具体要求，结合信息技术发展和应用情况阐述税收征管法规，以及税收征管领域新应用的技术及方法、对税收征管实践的影响。

三、编写过程

本次编写历时4年多，其间不断吸收理论界和实务界关于税法、税收等最新成果。首先，广泛向税收学界和实务界大范围征求意见，组织多次集体议审，对

课程介绍

各方意见、建议逐条认真分析，反复研究讨论，充分合理吸收，努力使教材体现时代性、权威性、指导性。其次，结合教学实践，广泛调研学生使用意见，使用个别访谈、调查问卷、观察等方法收集教材使用及完善建议，累计收集了100余条具体建议，在本次编写中予以体现。最后，编委会积极学习"新文课"要求，参加相关培训和新文课研讨会，通过学习和领会"新文课"的内涵和要求，确立"新文课"下财经人才培养的目标变更，从而在教材编写和调整中切实落实"新文课"的要求，争取更好达成教学和育人目标。

本教材由高巧依担任主编，任肇帅、戴昊天等参与编写。本教材是在2011年出版的《税法教程与案例》（修订于2016年、2019年）的基础上进行修改和重新编写，一并感谢此版的编写者。本教材在编写过程中得到了经济科学出版社的大力支持，在此表示衷心的感谢。

由于编者水平和经验有限，教材中难免存在疏漏之处，敬请广大读者批评指正。

编　者

2024 年 7 月

目　录

第一篇　税收理论篇

第二篇　税收实务篇

第三篇　税收征管篇

第一篇

税收理论篇

第一章　税法概述

【学习目标】

通过本章学习，你应能够：
➢ 理解税法的概念、税收的特点；
➢ 了解税收法律关系，我国税法的制定与实施；
➢ 掌握我国现行税制体系、税法的构成要素、税法的分类；
➢ 掌握我国现行税收管理体制。

【背景知识】

税法的作用

1. 指引作用

税法的制定为人们的行为提供了一个模式、标准和方向，即起到一种指引作用。通过国家颁布的税法，人们可以知道国家在税收领域要求什么，反对什么，什么是必须做的，什么是可以做或不可以做的。税法的指引因税法规范的不同分为两种形式：确定的指引和不确定的指引。确定的指引主要是通过税法的义务性规范来实现的，它明确规定了税法法律关系主体应该怎么做或不应该怎么做，其目的在于防止人们作出违反税法规定的行为；不确定的指引主要是通过税法的授权性规范来实现的，这些规范给人们的行为提供了一个选择的余地，它规定人们可以怎样行为，容许人们自行决定是否这样做，其目的在于鼓励人们从事税法所允许的行为。

2. 评价作用

税法作为法律规范具有判断、衡量人们的行为是否合法的作用。税法是法律体系的组成部分，其评价作用有较突出的客观性和普遍有效性。税法对人们纳税行为的评价大体上不会因人而异，如果不想受到法律的制裁，人们的行为就必须在客观上与税法协调起来。

3. 预测作用

依靠税法指引的方向和提供的评价标准，可以预先估计人们相互间将如何行为，从而在税法许可范围内，对自己的行为作出最合理的安排。例如，企业依据税法进行税收筹划，就是合理利用税法预测作用为自己服务的典型例子。从整个社会来看，税法提供税收活动中公认的、权威的行为规则，可以减少人们税收活动的盲目性和无序性，提高整个社会税收活动的整体效果。

4. 强制作用

税法的强制作用是指对违反税法的行为进行制裁而产生的法律保证，是税收强制性的法律依据。强制的对象是已经发生的违反税法的行为。由于税法对违法行为的制裁而产生的对征纳双方履行自己应尽纳税义务的强制力，其强制作用不仅在于惩罚违法犯罪行为、提高税法的权威性，而且在于预防违法犯罪行为，保护人们在税收活动中的正当权利，增强人们在进行合法征纳活动时的安全感。

5. 教育作用

税法的实施可以对以后人们的行为产生一定的影响，这种作用可以说是税法评价作用与强制作用的延伸。它借助税法提供的行为模式，使人们调整自己的行为使之逐渐与税法的要求相一致，养成守法的习惯。同时，对违法行为的制裁不仅对违法者，而且对其他人也将起到教育作用，如果以后谁再作出此类行为也将受到同样的惩罚。反过来，对合法行为的鼓励、保护也可以对一般人的行为起到示范和促进作用。税法的这种教育作用对公民纳税意识的培养是必不可少的。

【知识结构图】

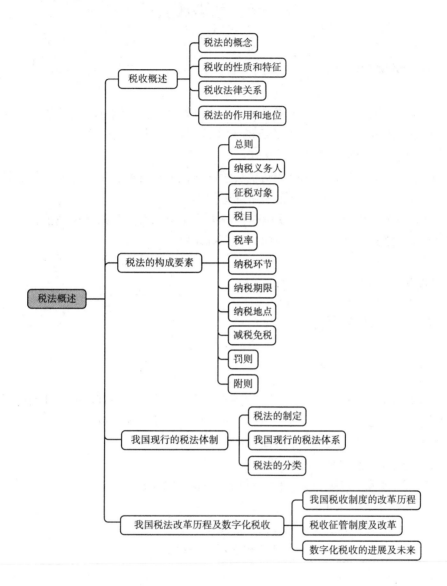

第一节　税收概述

一、税法的概念

税法是国家制定的，用于调整国家和纳税人之间在征纳税方面的权利与义务关系的法律规范的总称。税法是征税人（政府）与纳税人依法征税、依法纳税的行为准则，即国家有关征税的法律。

税收是经济学概念，而税法则是法学概念，税收与税法密不可分，税法是税收的法律表现形式；税收则是税法所确定的具体内容。

【例1-1·判断题】税法是调整税务机关和纳税人关系的法律规范，其实质是税务机关依据国家的行政权力向公民进行课税。　　　　　　（　　）

【答案】×

【解析】依据政治权力而非行政权力。

二、税收的性质和特征

（一）税收的概念

税收又称为"赋税""租税""捐税"，是国家为了实现其职能，凭借政治权力按照法律规定，强制地、无偿地参与社会剩余产品分配，以取得财政收入的一种规范形式。可以从以下五个方面来理解。

（1）税收的本质是一种分配。

（2）税收分配以国家为主体，凭借政治权力来实现。

（3）税收分配的对象为剩余产品。

（4）征税的目的是满足社会公共需要。

（5）税收具有无偿性、强制性和固定性的特征。

（二）税收的产生

税收是一个古老的历史范畴，已经有几千年的历史。

1. 税收产生的条件

一般认为，税收的产生取决于相互制约的两个条件：

（1）国家的产生和存在。国家的产生和存在是税收产生的前提条件。

（2）私有财产制的存在和发展。私有财产制度的出现同税收的产生也有着直接的必然联系，是税收产生的经济条件。

2. 我国税收产生的历程

（1）夏、商、周时代的贡、助、彻。早在夏代，我国就已经出现了国家凭借其政权力量进行强制课征的形式——贡。到商代，贡逐渐演变为助法。到周代，助法又演变为彻法。夏、商、周三代的贡、助、彻，都是对土地收获原始的强制课征形式，在当时的土地所有制下，地租和赋税的某些特征，从税收起源的角度看，它们是税收的原始形式，是税收发展的雏形阶段。

（2）春秋时期鲁国的"初税亩"。初税亩顺应了土地私有制这一必然发展趋势，这是历史上一项重大的经济改革，也是我国农业税制从雏形阶段进入成熟时期的标志，正式确立了以私有制为基础的，完全意义上的税收制度。

（3）除农业赋税外，商代出现了商业、手工业的赋税。到了周代，开始对经过关卡或上市交易的物品征收"关市之赋"，对产盐、伐木、采矿、狩猎、捕鱼等征收"山泽之赋"。这是我国最早的工商税收。

（三）税收的职能

我国税收具有组织财政收入、调节经济和监督社会经济活动的职能。

（四）税收的特征

税收作为一种特定的分配形式，与其他财政收入形式相比，具有强制性、无偿性和固定性三个特征。

1. 强制性

强制性是指国家以社会管理者的身份，凭借政权力量，用法律、法规等形式对征收捐税加以规定，并依照法律强制征税。对拒不纳税或逃避纳税者，国家则依法给予强制征收或进行法律制裁。

2. 无偿性

无偿性是指国家征税后，税款即成为财政收入，不再归还纳税人，也不支付任何报酬。可以说税收形式的强制性决定了征税收入不必偿还，无偿性是税收的重要特征，它使税收明显区别于还本付息的国债收入，也区别于工商、交通等部门为社会服务而收取的各种形式的规费。

3. 固定性

固定性是指国家在征税前，以法律形式预先规定征税范围、征收比例和征收方法等，便于征纳双方共同遵守。未经严格的立法程序，任何单位和个人都不得随意变更或修改。税收的固定性特征，使税收与社会上的随意罚款、摊派区别开来。

税收的三个特征是相互联系的统一体，其中税收的无偿性是核心，强制性是税收的保证，固定性是前面两者的必然结果。

三、税收法律关系

税收法律关系是指国家与纳税人之间在税收分配及其管理活动中，以国家强

无偿性与"税收取之于民、用之于民"矛盾吗？

制力保证实施的，具有经济内容的权利与义务的关系。

（一）税收法律关系的构成

税收法律关系在总体上与其他法律关系一样，都是由法律关系的主体、客体和内容三个方面构成的，但在三个方面的内涵上，税收法律关系具有特殊性。

1. 税收法律关系的主体

税收法律关系的主体是指参与税收法律关系享有权利和承担义务的人，包括征税主体和纳税主体。

【例1-2·判断题】在税收法律关系中，征纳双方法律地位的平等主要体现为双方权利与义务的对等。　　　　　　　　　　　　　　　　　　（　　）

【答案】×

【解析】双方权利和义务不对等。

2. 税收法律关系的客体

税收法律关系的客体是指税收法律关系主体的权利和义务共同指向的对象，表现为征税对象，包括物、货币和行为。

3. 税收法律关系的内容

税收法律关系的内容是指税收法律关系主体所享有的权利和所承担的义务。这是税收法律关系中最实质的东西，也是税法的灵魂。

【例1-3·多选题】下列各项中，属于税务机关税收管理权限的有（　　　）。

A. 缓期征税权　　　　　　　　B. 税收行政法规制定权

C. 税法执行权　　　　　　　　D. 提起行政诉讼权

【答案】AC

（二）税收法律关系的产生、变更与消灭

税法是引起税收法律关系的前提条件，但税法本身并不能产生具体的税收法律关系。税收法律关系的产生、变更和消灭必须有能够引起税收法律关系产生、变更或消灭的客观情况，也就是由税收法律事实来决定。

（三）税收法律关系的保护

税收法律关系的保护是指保障征纳税权利主体行使权利和监督义务主体履行义务的活动。其实质是保护国家正常的经济秩序，保障国家的财政收入，维护纳税人的合法权益。

四、税法的作用和地位

（1）税法是国家组织财政收入的法律方式。

练习选择题

税收法律关系
的理解及特征

（2）税法是国家宏观调控经济的法律手段。

（3）税法是国家维护经济秩序的法律工具。

（4）税法是国家保护纳税人合法权益的法律依据。

（5）税法是国家维护其经济权益的法律保障。

第二节　税法的构成要素

税法构成要素是指各种单行税法具有的共同的基本要素的总称。首先，税法构成要素既包括实体性的，也包括程序性的；其次，税法构成要素是所有完善的单行税法都共同具备的，仅为某一税法所单独具有而非普遍性的内容，不构成税法要素，如扣缴义务人。税法的构成要素一般包括总则、纳税人、征税对象、税目、税率、纳税环节、纳税期限、纳税地点、减税免税、罚则、附则等项目。

一、总则

总则主要包括立法依据、立法目的、适用原则等。

二、纳税义务人

纳税人是税法规定直接负有纳税义务的单位和个人，也称纳税主体，它规定了税款的法律承担者。纳税人可以是自然人，也可以是法人。自然人是基于自然规律而出生的，有民事权利和义务的主体，包括本国公民、外国人和无国籍人。法人是自然人的对称，是基于法律规定享有权利能力和行为能力，具有独立的财产和经费，依法独立承担民事责任的社会组织。在我国，法人主要有机关法人、事业法人、企业法人和社团法人四种。

与纳税人紧密联系的两个概念是代扣代缴义务人和代收代缴义务人。扣缴或收缴义务人是税法规定的，在其经营活动中负有代扣（或代收）税款并向国库交纳义务的单位。

随着数字经济的不断发展，纳税主体的范围也呈现逐渐分散的趋势。数字经济颠覆了传统经济模式下以卖方为中心的经营模式，生产者与消费者之间的界限逐渐消失，传统意义的消费者身份因其更多地参与产品开发与设计而变为"产消者"，一些集团化、跨地区的大型企业可以通过数字技术平台，非常快捷地打通产销两端，活跃于供需各方。纳税主体分散化、难追踪、不易监管，难以准确清晰地界定每一笔交易的生产方、供应商及消费者，对纳税人的确定也造成了一些困难，传统经济模式下以具体纳税人为征管对象的征管方式也遇到了挑战。数字

纳税人与
负税人

经济依托互联网平台，可以创新出多样化的商业模式和交易方式，也使从事商业经营的门槛大大降低，纳税主体逐渐出现个人化倾向，同时也催生出更多平台与个人的合作模式，导致数字经济下对纳税主体的监管存在诸多盲点、真空和薄弱环节，需要我们以纳税主体的法定化为基本前提，依法合理界定具有纳税义务的纳税主体，充分发挥税法对数字经济的保驾护航作用。

三、征税对象

征税对象又称课税对象，是征税的目的物，是征税的客体，是一种税区别于另一种税的主要标志。我国现行税收法律、法规都有自己特定的征税对象。例如，企业所得税的征税对象是应税所得；增值税的征税对象是商品或劳务在生产和流通过程中的增值额。按征税对象的不同，一般把税种分为四大类：流转税类、所得税类、财产行为税类、资源税类。

计税依据（税基）：是税法规定的据以计算各种应征税款的依据或标准。

课税对象与计税依据的关系：课税对象是指征税的目的物，计税依据则是在目的物已经确定的前提下，对目的物据以计算税款的依据或标准；课税对象是从质的方面对征税所作的规定，而计税依据则是从量的方面对征税所作的规定，是课税对象量的表现。

传统工业经济模式下，税制要素主要是针对纳税主体单一的生产经营活动设计的，其主要特点是企业生产经营范围在空间上比较固定，交易活动涉及的实体企业业务边界清晰，如经营方式、交易地点、收入来源等都很容易判定。相比之下，数字经济突破了时空限制，使生产要素的流动更加迅速，但也使经营主体业务范围的边界变得更加模糊不清，给课税对象的合理确定和准确判定带来困难。数字企业涉及的数字经济交易活动往往涉及知识产权、数据转让等无形产品的流通和交易，课税对象由以往有形的商品转变为数字化虚拟产品，且随着数字经济领域新业态、新模式的不断涌现，往往存在传统业务与数字业务深度融合共同创造价值的情况，依据现行税制课税对象的标准，已无法把数字业务剥离出来单独征税，难以将二者进行甄别并合理确定课税对象。因此，数字经济下的课税对象应将数字产品纳入征税范围。

四、税目

税目是税法中规定应征税的具体项目，是征税对象的具体化，反映各税种具体的征税范围，是对征税对象质的界定，体现每个税种的征税广度。制定税目有利于明确征收的具体范围；对不同的征税项目加以区分，制定高低不同的税率。

数字经济时代
税收制度变革
的畅想

五、税率

税率是对征税对象的征收比例或征收额度。税率是计算税额的尺度，也是衡量税负轻重与否的重要标志。我国现行的税率主要有以下几种，如图 1 – 1 所示。

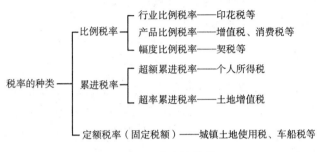

税率的种类
- 比例税率
  - 行业比例税率——印花税等
  - 产品比例税率——增值税、消费税等
  - 幅度比例税率——契税等
- 累进税率
  - 超额累进税率——个人所得税
  - 超率累进税率——土地增值税
- 定额税率（固定税额）——城镇土地使用税、车船税等

图 1 – 1　税率的种类

（一）比例税率

比例税率即对同一征税对象，不分数额大小，规定相同的征收比例。我国的增值税、城市维护建设税、企业所得税等采用的是比例税率。

【例 1 – 4·单选题】比例税率是指（　　）。

A. 对不同征税对象或不同税目，不论数额大小只规定一个比例的税率，税额与课税对象成正比关系

B. 对不同征税对象或不同税目，不论数量大小只规定一个比例的税率，税额与课税对象成反比关系

C. 对同一征税对象或同一税目，不论数额大小只规定一个比例的税率，税额与课税对象成正比关系

D. 对同一征税对象或同一税目，不论数额大小只规定一个比例的税率，税额与课税对象成反比关系

【答案】C

（二）累进税率

累进税率有两种形式：超额累进税率；超率累进税率。

超额累进税率即把征税对象按数额的大小分成若干等级，每一等级规定一个税率，税率依次提高，但每一纳税人的征税对象则依所属等级同时适用几个税率分别计算，将计算结果相加后得出应纳税款的税率。目前采用这种税率的有个人所得税。

【例 1 – 5·单选题】下列关于累进税率的表述正确的是（　　）。

A. 超额累进税率计算复杂，累进程度缓和，税收负担透明度高

B. 全额累进税率计算简单，但在累进分界点上税负呈跳跃式，不尽合理

C. 计税基数是绝对数时，超倍累进税率实际上是超率累进税率

D. 计税基数是相对数时，超额累进税率实际上是超倍累进税率

【答案】B

超率累进税率即以征税对象数额的相对率划分若干级距，分别规定相应的差别税率，相对率每超过一个级距的，对超过的部分就按高一级的税率计算征税。目前，采用这种税率的是土地增值税。

（三）定额税率

定额税率即按征税对象确定的计算单位，直接规定一个固定的税额。目前采用定额税率有城镇土地使用税、车船税。

六、纳税环节

纳税环节是指按税法规定对处于不断运动中的纳税对象选定的应当征税的环节，纳税环节识别如图 1-2 所示。例如，流转税在生产和流通环节纳税；所得税在分配环节纳税等。

图 1-2　纳税环节识别

七、纳税期限

纳税时间是指税法规定的关于税款缴纳时间方面的限定，具体包括：纳税义务发生时间；纳税期限；缴库期限。纳税期限见表 1-1。

表 1-1　　　　　　　　　　　　　　　　纳税期限

项目	具体规定
纳税义务发生时间	指应税行为发生的时间。例如，《中华人民共和国增值税暂行条例》（以下简称《增值税暂行条例》）规定，采取预收货款方式销售货物的，其纳税义务发生时间为货物发出的当天
纳税期限	每隔固定时间汇总一次纳税义务的时间。纳税人的具体纳税期限，由主管税务机关根据纳税人应纳税额的大小分别核定，不能按照固定期限纳税的，可以按次纳税
缴库期限	税法规定的纳税期满后，纳税人将应纳税款缴入国库的期限

各税种纳税期
限大全

八、纳税地点

与纳税环节密切相关的是纳税地点，它是指税法规定的纳税人缴纳税款的地点。

九、减税免税

减税免税是指对某些纳税人和征税对象采取减少征税或者免予征税的特殊规定。具体可以分为税基式减免、税率式减免和税额式减免3种形式。

十、罚则

罚则是指对纳税人违反税法的行为采取的处罚措施。

十一、附则

附则一般都规定与该税法紧密相关的内容，如该税法的解释权、生效时间等。

第三节　我国现行的税法体制

税法基础知识
认知

一、税法的制定

税收立法是指有权力的机关依据一定的程序，遵循一定的原则，运用一定的技术，制定、公布、修改、补充和废止有关税收法律、法规、规章的活动。

（一）税收立法机关

根据我国《中华人民共和国宪法》（以下简称《宪法》）、《中华人民共和国全国人民代表大会组织法》（以下简称《全国人民代表大会组织法》）、《中华人民共和国国务院组织法》（以下简称《国务院组织法》）、《中华人民共和国地方各级人民代表大会和地方各级人民政府组织法》（以下简称《地方各级人民代表大会和地方各级人民政府组织法》）的规定，我国的立法体制是：全国人民代表大会及其常务委员会行使立法权，制定法律；国务院及所属各部委有权根据宪法和法律制定行政法规和规章；地方人民代表大会及其常务委员会在不同宪法、法律、行政法规抵触的前提下，有权制定地方性法规，但要报全国人大常委会和国务院备案；民族自治地方的人大有权依照当地民族政治、经济和文化的特点，制定自治条例和单行条例。

各有权机关根据国家立法体制规定，所制定的一系列税收法律、法规、规章和规范性文件，构成了我国的税收法律体系。需要说明的是，我们平时所说的税法，有广义和狭义之分。广义概念上的税法包括所有调整税收关系的法律、法规、规章和规范性文件，是税法体系的总称；而狭义概念上的税法特指由全国人民代表大会及其常务委员会制定和颁布的税收法律。

由于制定税收法律、法规和规章的机关不同，其法律层级不同，因而其法律效力也不同。下面我们简单地介绍一下。

1. 全国人民代表大会和全国人大常委会制定的税收法律

我国税收法律的立法权由全国人大及其常委会行使，其他任何机关都没有制定税收法律的权力。在国家税收中，凡是基本的、全局性的问题，如国家税收的性质，税收法律关系中征纳双方权利和义务的确定，税种的设置，税目、税率的确定等，都需要由全国人大及其常委会以税收法律的形式制定实施，并且在全国范围内，无论是对国内纳税人，还是涉外纳税人都普遍适用。在现行税法中，如《中华人民共和国企业所得税法》（以下简称《企业所得税法》）、《中华人民共和国税收征收管理法》（以下简称《征管法》）都是税收法律。除宪法外，在税收法律体系中，税收法律具有最高的法律效力，是其他机关制定税收法规、规章的法律依据，其他各级机关制定的税收法规、规章，都不得与宪法和税收法律相抵触。

2. 全国人大或人大常委会授权立法

授予权立法是指全国人民代表大会及其常务委员会根据需要授权国务院制定某些具有法律效力的暂行规定或者条例。授权立法与制定行政法规不同。国务院经授权立法所制定的规定或条例等，具有国家法律的性质和地位，它的法律效力高于行政法规，在立法程序上还需报全国人大常委会备案。授权立法在一定程度上解决了我国经济体制改革和对外开放工作急需法律保障的当务之急。

3. 国务院制定的税收行政法规

国务院作为最高国家权力机关的执行机关，是最高的国家行政机关，拥有广泛的行政立法权。行政法规作为一种法律形式，在中国法律形式中处于低于宪法、法律和高于地方法规、部门规章、地方规章的地位，也是在全国范围内普遍适用的。行政法规的立法目的在于保证宪法和法律的实施，行政法规不得与宪法、法律相抵触，否则无效。

4. 地方人民代表大会及其常委会制定的税收地方性法规

省、自治区、直辖市的人民代表大会以及省、自治区的人民政府所在地的市和经国务院批准的较大的市的人民代表大会有制定地方性法规的权力。由于我国在税收立法上坚持的是"统一税法"的原则，因而地方权力机关制定税收地方法规不是无限制的，而是要严格按照税收法律的授权行事。目前，除了海南省、民族自治地区按照全国人大授权立法规定，在遵循宪法、法律和行政法规的原则基础上，可以制定有关税收的地方性法规外，其他省、市一般都无权自定税收地方性法规。

5. 国务院税务主管部门制定的税收部门规章

有权制定税收部门规章的税务主管机关是财政部和国家税务总局。其制定规章的范围包括：对有关税收法律、法规的具体解释，税收征收管理的具体规定、办法等，税收部门规章在全国范围内具有普遍适用效力，但不得与税收法律、行政法规相抵触。例如，财政部颁发的《中华人民共和国增值税暂行条例实施细则》、国家税务总局颁发的《税务代理试行办法》等都属于税收部门规章。

6. 地方政府制定的税收地方规章

地方政府制定税收规章，都必须在税收法律、法规明确授权的前提下进行，并且不得与税收法律、行政法规相抵触。没有税收法律、法规的授权，地方政府是无权自定税收规章的，凡越权自定的税收规章没有法律效力。例如，国务院发布实施的城市维护建设税、车船税、房产税等地方性税种暂行条例，都规定省、自治区、直辖市人民政府可根据条例制定实施细则。

【例1-6·多选题】下列税种中，由全国人民代表大会立法确立的有（　　）。

A. 增值税　　　B. 企业所得税　　　C. 消费税　　　D. 个人所得税

【答案】BD

【例1-7·判断题】国务院经授权立法制定的《增值税暂行条例》具有国家法律的性质和地位。　　　　　　　　　　　　　　　　　　　（　　）

【答案】√

（二）税收立法程序

税收立法程序是指有权的机关，在制定、认可、修改、补充、废止等税收立法活动中，必须遵循的法定步骤和方法。

目前我国税收立法程序主要包括以下几个阶段。

1. 提议阶段

无论是税法的制定，还是税法的修改、补充和废止，一般由国务院授权其税务主管部门（财政部或国家税务总局）负责立法的调查研究等准备工作，并提出立法方案或税法草案，上报国务院。

2. 审议阶段

税收法规由国务院负责审议。税收法律在经国务院审议通过后，以议案的形式提交全国人民代表大会常务委员会的有关工作部门，在广泛征求意见并作修改后，提交全国人民代表大会或其常务委员会审议通过。

3. 通过和公布阶段

税收行政法规，由国务院审议通过后，以国务院总理名义发布实施。税收法律，在全国人民代表大会或其常务委员会开会期间，先听取国务院关于制定税法议案的说明，然后经过讨论，以简单多数的方式通过后，以国家主席名义发布实施。

自党的十八届三中全会明确提出"落实税收法定原则"以来，税收立法进程明显加快，现行 18 个税种已完成 13 个税种立法。我国目前的税收法律见表 1-2。

表 1-2　　　　　　　　　　我国目前的税收法律

法律名称	时间
《中华人民共和国税收征收管理法》	自 1993 年 1 月 1 日起施行（2023 年最新修订）
《中华人民共和国个人所得税法》	自 1980 年 9 月 10 日起施行（2018 年最新修订）
《中华人民共和国企业所得税法》	自 2008 年 1 月 1 日起施行（2018 年最新修订）
《中华人民共和国车船税法》	自 2012 年 1 月 1 日起施行
《中华人民共和国环境保护税法》	自 2018 年 7 月 1 日起施行
《中华人民共和国烟叶税法》	自 2018 年 7 月 1 日起施行
《中华人民共和国船舶吨税法》	自 2018 年 1 月 1 日起施行
《中华人民共和国车辆购置税法》	自 2019 年 7 月 1 日起施行
《中华人民共和国耕地占用税法》	自 2020 年 9 月 1 日起施行
《中华人民共和国资源税法》	自 2019 年 9 月 1 日起施行
《中华人民共和国城市维护建设税法》	自 2021 年 9 月 1 日起施行
《中华人民共和国契税法》	自 2021 年 9 月 1 日起施行
《中华人民共和国印花税法》	自 2022 年 7 月 1 日起施行

二、我国现行的税法体系

从法律角度来讲，一个国家在一定时期内、一定体制下以法定形式规定的各种税收法律、法规的总和，被称为税法体系。但从税收工作的角度来讲，所谓的税法体系也往往被称为税收制度，即一个国家的税收制度是指既定的各级成文法律、行政法规、部门规章等的总和。换句话说，税法体系就是通常所说的税收制度（简称税制）。

一个国家的税收制度，可按照构成方法和形式分为简单型税制及复合型税制。结构简单的税制主要是指税种单一、结构简单的税收制度；而结构复杂的税制主要是指由多个税种构成的税收制度。在现代社会中，世界各国一般都采用多种税并存的复税制税收制度。一个国家为了有效取得财政收入或调节社会经济活动，必须设置一定数量的税种，并规定每种税的征收和缴纳办法，包括对什么征税、向谁征税、征多少税以及何时纳税、何地纳税、按什么手续纳税、不纳税如何处理等。因此，税收制度的内容主要有以下三个层次。一是不同的要素构成税种。二是不同的税种构成税收制度。构成税收制度的具体税种，国与国之间差异较大，但一般都包括所得税（直接税），如企业（法人）所得税、个人所得税，也包括流转税（间接税），如增值税、消费税，以及其他一些税种，如财产税（房产税、车船税）、关税、社会保障税等。三是规范税款征收程序的法律法规，如《征管法》等。

税种的设置及每种税的征税办法，一般是以法律形式确定的，这些法律就是税法。一个国家的税法一般包括税法通则、税法（条例）、实施细则、具体规定四个层次。其中，"税法通则"规定一个国家的税种设置和每个税种的立法精神；各个税种的"税法（条例）"分别规定每种税的征税办法；"实施细则"是对各税税法（条例）的详细说明和解释；"具体规定"则是根据不同地区、不同时期的具体情况制定的补充性法规。目前，世界上只有少数国家单独制定税法通则，大多数国家都把税法通则的有关内容包含在税法（条例）之中，我国的税法就属于这种情况。

1994 年我国通过大规模的工商税制改革，在主体上形成了工商税制的整体格局，连同其他税种，共有 26 种税。此后的 20 多年，又多次作了调整，目前开征的共有 18 个税种，关税、船舶吨税由海关征收，进出口环节中的增值税、消费税等由海关代征，其他税由税务机关负责征收。出口产品退税（增值税、消费税）由税务机关负责办理，部分非税收入和社会保险费的征收也由税务机关负责。

三、税法的分类

（一）以税法内容和职能为标准的分类

按照其基本内容和职能作用的不同，税法可分为税收基本法、税收实体法、税收程序法三种。

税收基本法是规定税收性质、立法、种类、体制和税务机构以及征纳双方权利与义务等内容的法律规范。

税收实体法是规定税种及其征税对象、纳税人、税目税率、计税依据、纳税地点等要素内容的法律规范。

税收程序法是规定税收管理工作的步骤和方法等方面的法律规范。

（二）以征税对象为标准的分类

按照其所规定的征税对象的不同，税法可分为流转税法、所得税法、资源税法、财产税法和行为目的税法五种。

流转税法是规定对货物流转额和劳务收入额征税的法律规范。它是我国现行税制中最大的一类税收。

所得税法是规定对纳税单位和个人获取各种所得或利润额征税的法律规范。

资源税法是规定对纳税人利用各种资源所获得收入征税的法律规范。

财产税法是规定对纳税人财产的价值或数量征税的法律规范。

行为目的税法是规定对某些特定行为及为实现国家特定政策目的征税的法律规范。

以税款缴纳和税负负担承受情况来区分，这些税可以分为直接税和间接税。

（三）以税收管辖权为标准的分类

按照主权国家行使税收管辖权的不同，税法可分为国内税法、国际税法和外国税法三种。

（四）以税收收入归属和征管权限为标准的分类

按照税收收入归属和征管权限的不同，税法可分为中央税、地方税和共享税三种。

根据分税制财政管理体制，税收收入分为中央收入、地方收入和中央地方共享收入。

我国现行税种见表1-3。

直接税与
间接税

表1-3　　　　　　　　我国现行税种

序号	税种	中央税	地方税	中央地方共享税	备注
1	增值税	√		√	海关代征的增值税为中央固定收入；其他为共享，中央分享50%，地方政府分享50%
2	消费税	√			含海关代征的消费税
3	关税	√			
4	企业所得税	√		√	2002年起铁道运输、邮电、国有商业银行、开发行、农发行、进出口行以及海洋石油天然气企业缴纳的所得税为中央收入；其他由中央与地方共享，中央分享60%，地方政府分享40%
5	个人所得税			√	2002年开始调整为共享税，中央分享60%，地方政府分享40%
6	房产税		√		
7	契税		√		
8	车船税		√		2007年1月1日起由车船使用税改为车船税；2012年1月1日起执行新的车船税法
9	印花税		√		证券交易印花税，属于中央固定收入

续表

序号	税种	中央税	地方税	中央地方共享税	备注
10	城市维护建设税	√	√		铁道部门、各银行总行、各保险总公司等集中缴纳的城市维护建设税为中央固定收入，其他为地方收入
11	耕地占用税		√		
12	车辆购置税	√			2001 年 1 月 1 日起开征
13	资源税		√		按不同的资源品种划分，大部分资源税作为地方收入，海洋石油企业缴纳的资源税作为中央收入
14	城镇土地使用税		√		
15	土地增值税		√		
16	烟叶税		√		2006 年 4 月 1 日起开征
17	船舶吨税	√			仅对境外港口进入境内港口的船舶征税
18	环境保护税		√		

注："√"表示"是"。

第四节 我国税法改革历程及数字化税收

一、我国税收制度的改革历程

（一）1978 年以前的税制状况

从 1949 年中华人民共和国成立到 1978 年的 29 年间，我国税制建设的发展历程十分坎坷。中华人民共和国成立后，立即着手建立新税制。1950 年 1 月 30 日，中央人民政府政务院发布《全国税政实施要则》，规定全国共设 14 种税收，即货物税、工商业税（包括营业税和所得税两个部分）、盐税、关税、薪给报酬所得税、存款利息所得税、印花税、遗产税、交易税、屠宰税、房产税、地产税、特种消费行为税和使用牌照税。此外，还有各地自行征收的一些税种，如农业税、牧业税等。在执行中，税制作了一些调整。例如，将房产税和地产税合并为城市房地产税，将特种消费行为税并入文化娱乐税（新增）和营业税，增加契税和船舶吨税，试行商品流通税，农业税由全国人民代表大会常务委员会正式立法。薪给报酬所得税和遗产税始终未开征。

1958 年，我国进行了第二次大规模的税制改革，其主要内容是简化工商税制，试行工商统一税，甚至一度在城市国营企业试行"税利合一"，在农村人民公社试行"财政包干"。至此，我国的工商税制共设 9 个税种，即工商统一税、工商所得税、盐税、屠宰税、利息所得税（1958 年停征）、城市房地产税、车船使用牌照税、文化娱乐税（1966 年停征）和牲畜交易税（无全国性统一法规）。1962 年，开征了集市交易税，1966 年以后各地基本停征。

在"文化大革命"当中，已经简化的税制仍然被批判为"烦琐哲学"。1973 年，我国进行了第三次大规模的税制改革，其核心仍然是简化工商税制。至此，我国的工商税制一共设有 7 种税，即工商税（包括盐税）、工商所得税、城市房地产税、车船使用牌照税、屠宰税、工商统一税和集市交易税。对国营企业只征收一道工商税，对集体企业只征收工商税和工商所得税两种税，城市房地产税、车船使用牌照税、屠宰税仅对个人和极少数单位征收，工商统一税仅对外适用。

从生产资料私有制的社会主义改造基本完成到 1978 年的 20 多年间，由于"左"的指导思想的作用和苏联经济理论及财税制度的影响，我国的税制建设受到了极大的干扰。税种越来越少，税制越来越简单，从而大大缩小了税收在经济领域中的活动范围，严重地影响了税收职能作用的发挥。

（二）1978～1982 年的税制改革

这一时期可以说是我国税制建设的恢复时期和税制改革的准备、起步时期，从思想上、理论上、组织上、税制上为后来的改革做了大量的准备工作，打下了坚实的基础。在此期间，我国的税制改革取得了改革开放以后的第一次全面重大突破。

从 1980 年 9 月到 1981 年 12 月，我国第五届全国人民代表大会先后通过并公布了《中华人民共和国中外合资经营所得税法》（以下简称《中外合资经营所得税法》）、《中华人民共和国个人所得税法》（以下简称《个人所得税法》）和《中华人民共和国外国企业所得税法》（以下简称《外国企业所得税法》）。同时，对中外合资企业、外国企业和外国人继续征收工商统一税、城市房地产税和车船使用牌照税。这样，就初步形成了一套大体适用的涉外税收制度，适应了我国对外开放初期引进外资，开展对外经济技术合作的需要。国务院还批准开征了烧油特别税，发布了《中华人民共和国牲畜交易税暂行条例》（以下简称《牲畜交易税暂行条例》）。

（三）1983～1991 年的税制改革

这一时期可以说是我国税制改革全面探索的时期，取得了改革开放以后税制改革的第二次重大突破。作为企业改革和城市改革的一项重大措施，1983 年，国务院决定在全国试行国营企业利改税，即将中华人民共和国成立以后实行了 30 多年的国营企业向国家上缴利润的制度改为缴纳企业所得税的制度，并取得了初步的成功。这一改革从理论上和实践上突破了国营企业只能向国家缴纳利润，国家不能向国营企业征收所得税的禁区。这是国家与企业分配关系改革的一个历史性转变。

经第六届全国人民代表大会及其常委会批准，国务院决定从 1984 年 10 月起在全国实施第二步利改税和工商税制改革，发布了关于征收国营企业所得税、国营企业调节税、产品税、增值税、营业税、盐税、资源税的一系列行政法规。这是我国改革开放以后第一次、中华人民共和国成立以后第四次大规模的税制改革。

此后，国务院又陆续发布了关于征收集体企业所得税、私营企业所得税、城乡个体工商户所得税、个人收入调节税、城市维护建设税、奖金税（包括国营企业奖金税、集体企业奖金税和事业单位奖金税，其中国营企业奖金税暂行规定于 1984 年 6 月、1985 年修订发布）、国营企业工资调节税、固定资产投资方向调节税（其前身为 1983 年开征的建筑税）、特别消费税、房产税、车船使用税、城镇土地使用税、印花税、筵席税等税收的法规。1991 年，第七届全国人民代表大会第四次会议将《中外合资所得税法》与《外国企业所得税法》合并为《中华人民共和国外商投资企业和外国企业所得税法》（以下简称《外商投资企业和外国企业所得税法》）。

至此，我国的工商税制共有 32 种税收，即产品税、增值税、营业税、资源税、盐税、城镇土地使用税、国营企业所得税、国营企业调节税、集体企业所得税、私营企业所得税、城乡个体工商户所得税、个人收入调节税、国营企业奖金税、集体企业奖金税、事业单位奖金税、国营企业工资调节税、固定资产投资方向调节税、城市维护建设税、烧油特别税、筵席税、特别消费税、房产税、车船使用税、印花税、屠宰税、集市交易税、牲畜交易税、外商投资企业和外国企业所得税、个人所得税、工商统一税、城市房地产税和车船使用牌照税。

这套税制的建立，在理论上、实践上突破了长期以来封闭型税制的约束，转向开放型税制；突破了统收统支的财力分配的关系，重新确立了国家与企业的分配关系；突破了以往税制改革片面强调简化税制的限制，注重多环节、多层次、多方面地发挥税收的经济杠杆作用，由单一税制转变为复合税制。这些突破使中国的税制建设开始进入健康发展的新轨道，与国家经济体制、财政体制改革的总体进程协调一致。

（四）1992～1994 年的税制改革

1992 年 9 月召开的党的十四大提出了建立社会主义市场经济体制的战略目标，给我国的经济改革与发展指明了方向，同时为全面推行税制改革提供了一次极好的机遇。从 1992 年起，财税部门就开始加快税制改革的准备工作，1993 年更是抓住机遇，迅速制定了全面改革工商税制的总体方案和各项具体措施，并完成了有关法律、法规的必要程序，于 1993 年底之前陆续公布，从 1994 年起在全国实施。这是我国改革开放以后第二次、中华人民共和国成立以后第五次大规模的税制改革。

1994 年税制改革的主要内容是：第一，全面改革了流转税制，实行了以比较规范的增值税为主体，消费税、营业税并行，内外统一的流转税制。第二，改革了企业所得税制，将过去对国有企业、集体企业和私营企业分别征收的多种所得税合并为统一的企业所得税。第三，改革了个人所得税制，将过去对外国人征收的个人所得税、对中国人征收的个人收入调节税和个体工商户所得税合并为统一的个人所得税。第四，对资源税、特别目的税、财产税、行为税作了大幅度的调整，如扩大了资源税的征收范围，开征了土地增值税，取消了盐税、奖金税、集市交易税等 7 个税种，并将屠宰税、筵席税的管理权下放到省级地方政府，新设了遗产税和证券交易税（但是一直没有立法开征）。

（五）废止农业税条例

2005 年 12 月 29 日，第十届全国人民代表大会常务委员会第十九次会议通过，自 2006 年 1 月 1 日起，废止 1958 年 6 月 3 日通过的《中华人民共和国农业税条例》。2006 年 4 月 28 日公布《中华人民共和国烟叶税暂行条例》。2017 年 12 月 27 日通过《中华人民共和国烟叶税法》，并于 2018 年 7 月 1 日起施行。

（六）合并内外资企业所得税

2007 年 3 月 16 日，第十届全国人民代表大会第五次会议决定，自 2008 年 1 月 1 日起，将外商投资企业和外国企业所得税与企业所得税合并，开始施行《中华人民共和国企业所得税法》。

（七）增值税转型

2008 年 12 月 19 日，财政部、国家税务总局发布《关于全国实施增值税转型改革若干问题的通知》，决定自 2009 年 1 月 1 日起，在全国实施增值税转型改革。增值税由原来的生产型转成消费型。自 2009 年 1 月 1 日起，增值税一般纳税人（以下简称纳税人）购进（包括接受捐赠、实物投资，下同）或者自制（包括改扩建、安装，下同）固定资产发生的进项税额（以下简称固定资产进项税额），可根据《中华人民共和国增值税暂行条例》（以下简称条例）和《中华人民共和国增值税暂行条例实施细则》（以下简称细则）的有关规定，凭增值税专用发票、海关进口增值税专用缴款书和运输费用结算单据（以下简称增值税扣税凭证）从销项税额中抵扣。

（八）营改增

2011 年 10 月，国务院决定开展营改增试点，逐步将征收营业税的行业改为征收增值税。2012 年 1 月 1 日起，率先在上海实施了交通运输业和部分现代服务业营改增试点。

2012 年 9 月 1 日至 2012 年 12 月 1 日，交通运输业和部分现代服务业营改增试点由上海市分 4 批次扩大至北京市、江苏省、安徽省、福建省（含厦门市）、广东省（含深圳市）、天津市、浙江省（含宁波市）、湖北省 8 个省份；2013 年 8 月 1 日起，交通运输业和部分现代服务业营改增试点推向全国，同时将广播影视服务纳入试点范围；2014 年 1 月 1 日起，铁路运输业和邮政业在全国范围实施营改增试点；2014 年 6 月 1 日起，电信业在全国范围内实施营改增试点。2016 年 5 月 1 日起，全面推行营改增试点，将建筑业、房地产业、金融业、生活服务业纳入试点范围。2017 年 10 月 30 日，国务院常务会议通过《国务院关于废止〈中华人民共和国营业税暂行条例〉和修改〈中华人民共和国增值税暂行条例〉的决定（草案）》。2018 年 5 月 1 日，下调增值税税率。2019 年 4 月 1 日起，增值税税率再度下调。

（九）开征环境保护税

2016 年 12 月 25 日，第十二届全国人大常委会第二十五次会议表决通过了《中华人民共和国环境保护税法》（以下简称《环境保护税法》），决定将于 2018 年 1 月 1 日起施行，法律施行之日起，依照法律规定征收环境保护税，不再征收排污费。

（十）个人所得税大幅度减税

自 2018 年 10 月 1 日起，个人所得税的免征额由 3 500 元/月调至 5 000 元/月，自 2019 年 1 月 1 日起，除了原来可以扣除的各种费用，个人所得税增加了专项附加扣除，从而大幅度减轻了纳税人个人所得税的负担。

（十一）变更企业所得税小微企业标准

2019 年 1 月 9 日国务院常务会议决定：自 2019 年 1 月 1 日起，大幅放宽可享受企业所得税优惠的小型微利企业标准，同时加大所得税优惠力度，对小型微利企业由年应纳税所得额不超过 100 万元调整为不超过 300 万元。

（十二）完成部分税种的立法工作

2019 年后我国加快税收立法进程，完成了多个税种的立法工作，全面落实了税收法定原则。2018 年 12 月 29 日，第十三届全国人民代表大会常务委员会第七次会议通过《中华人民共和国车辆购置税法》（以下简称《车辆购置税法》），自 2019 年 7 月 1 日起执行。2019 年 8 月 26 日，中华人民共和国第十三届全国人民代表大会常务委员会第十二次会议通过《中华人民共和国资源税法》（以下简称《资源税法》），自 2020 年 9 月 1 日起施行。第十三届全国人大常委会第二十一次会议表决通过《中华人民共和国契税法》（以下简称《契税法》）、《中华人民共和国城市维护建设税法》（以下简称《城建税法》），自 2021 年 9 月 1 日起施行。第十三届全国人大常委会第二十九次会议表决通过《中华人民共和国印花税法》（以下简称《印花税法》），自 2022 年 7 月 1 日起施行。

二、税收征管制度及改革

近年来，我国经济持续高速发展，跃居世界第二大经济体，经济的发展呈现出总量大、速度快、业态丰富的特征。随着我国税收制度改革不断深化，税收征管体制持续优化，纳税服务和税务执法的规范性、便捷性、精准性不断提升。

我国税收征管体制伴随着税收制度沿革，经历了单一产品税驻点现场征收、分税制管理员集中征收、以信息技术为依托的属地集中征收和以大数据为依托的电子征收几个阶段，目前基本完成了信息管税的基础阶段，并呈现如下特征。

一是征管基础制度日趋完善。由税收法律、行政法规、部门性规章和地方性法规组成的法治体系，和《征管法》与部门性规章制度构成的征管制度体系共同构成现行征管基础制度，细致规范了税法调整对象的权利、义务、基本要素，以及所有具体业务的征管程序和标准。

二是优化服务制度基本形成。2001 年修订的《征管法》及细则将纳税服务作为税务机关的法定义务列入条款，我国纳税服务经历了由零散的规范性文件向部门性规章的演变，《全国纳税服务规范》进一步优化了纳税服务结构和流程。

三是信息管税格局基本形成。我国征管和服务的信息化是以两大网域的三大骨干系统和若干子系统为依托，以国家税务总局集中大数据枢纽、各省应用数据库和市县信息应用层组成。基于税务内网的核心征管和防伪税控系统构成金税三期的核心部分，基于互联网的电子税务局、增值税发票综合服务平台是当前征收管理的主要信息化支撑，为我国现代税收征管奠定了坚实的信息化基础。

四是征管体制与经济发展的矛盾日趋突出。伴随着经济高速发展和社会的深刻变革，我国税收的征管和服务不断面临巨大挑战，其基本制度和服务手段存在着明显的局限性，在征管资源配置、服务效能、征管质效和社会满意度等方面仍然存在诸多问题，税收监管和服务体制与经济高速发展状况不相适应是主要矛盾，深化征管改革迫在眉睫。

征管改革不停步 科技强税提质效

伴随着税收征管手段和方式的变革，税务机构的设置也进行了相应的调整和改革。

三、数字化税收的进展及未来

当今世界正经历百年未有之大变局，其中信息技术是重要的变量。互联网、大数据、云计算、人工智能、区块链等技术加速创新，日益融入经济社会发展各领域、全过程。税收在国家治理中发挥着基础性、支柱性、保障性作用，税收工作广泛而深入地融入经济社会的各个方面。为适应新一轮科技革命和产业变革，推动数字化转型已成为国际税收领域的主流趋势，近年来，各国税收征管数字化转型明显加快。当前，各国税务部门推动数字化转型多以制定战略规划为前提，发展路径逐渐从信息技术战略扩展到税收征管业务转型，从被动转向主动，逐步建立税务系统与涉税相关主体的嵌入式连接，向"无缝"税收征管愿景不断迈进。

一方面，数字世界带来的新业态、新模式丰富了生产要素内涵和征税对象范围，需要对税收征管体系进行适应数字化的改革。数字经济时代，征税对象和收入分配体系呈现出新特点和新变化，需要税收体系进行适时调整和不断完善，从而推动数字世界的收入分配格局持续优化、合理有序。为应对数字化时代的税务挑战，以税收现代化服务中国式现代化，需要加快推动税收的数字化、智能化转型升级，全面深化征管改革、加快建设智慧税务，以高质量的税收现代化服务中国式现代化。建设智慧税务是全面深化征管改革的总体目标，是以税收现代化服务中国式现代化的"破题之钥"。在税务征管方面，围绕立足新发展阶段、贯彻新发展理念、构建新发展格局，深化税收征管制度改革，着力建设以服务纳税人缴费人为中心、以发票电子化改革为突破口、以税收大数据为驱动力的具有高集成功能、高安全性能、高应用效能的智慧税务，深入推进精确执法、精细服务、精准监管、精诚共治。目前，我国的"金税四期"工程项目正在快速推进中，这标志着税务行业正在加速数字化转型。

另一方面，构建可持续的数字世界，离不开税收的有力支撑，需要配以高质量的税收体系。数字世界以数据作为新型生产要素，全面参与生产、分配、交换、消费各环节，在对传统经济模式进行重构的基础上，也将深刻影响税制改革发展。例如，通过实施一系列支持数字经济发展的税收政策，鼓励企业加大对数字化转型领域的投入，促进产业结构优化升级，推动数字经济与实体经济的深度融合，提高经济发展的质量和效益。目前我国也在不断完善税收对重点领域和关键环节的支持机制，充分发挥税收政策的作用，健全税收规则和制度，促进新质生产力聚集与形成。

【小结】

关键术语：税法、税收法律关系、税法构成要素、纳税人、课税对象、税率、税收管理体制

本章小结：本章主要从税法定义、税法关系、税法特征、税法要素和税法分类五个视角切入，内容包括我国税法如何制定与实施，我国税法体系内容，重大税制改革的基本情况以及我国税收管理体制。

从合作、合并到合成：税收征管改革不断实现新突破

【习题】

一、复习思考题

1. 税收有什么特征？

2. 税收制度的构成要素有哪些？

3. 扣缴义务人和纳税人有何区别和联系？

4. 什么是实体法，什么是程序法？

5. 特别法优于普通法，如何理解？

6. 目前我国税收征收管理范围是如何划分的？

二、单选题

1. 下列各项中，表述正确的是（　　）。

A. 税目是区分不同税种的主要标志

B. 税率是衡量税负轻重的重要标志

C. 纳税人就是履行纳税义务的法人和自然人

D. 征税对象就是税收法律关系中征纳双方权利义务所指的物品

2. 下列税法要素中，规定具体征税范围、体现征税广度的是（　　）。

A. 税率　　　　　　B. 税目　　　　　　C. 纳税环节　　　　　　D. 征税对象

3. 若某税种适用 20% 的比例税率，按规定应税收入超过 5 万元的部分，按应纳税额加征五成，当某纳税人应税收入为 8 万元时，其应纳税额为（　　）万元。

A. 2.4　　　　　　B. 5.5　　　　　　C. 1.9　　　　　　D. 1.6

4. 税收法律关系产生、变更与消灭的决定性因素是（　　）。

A. 征税对象　　　　B. 权利和义务　　　　C. 税收法律事实　　　　D. 税法

5. 下列各项税收法律法规中，属于部门规章的是（　　）。

A. 《中华人民共和国个人所得税法》

B. 《中华人民共和国消费税暂行条例》

C. 《中华人民共和国企业所得税实施条例》

D. 《中华人民共和国增值税暂行条例实施细则》

6. 以下属于中央和地方共享税收收入的税种是（　　）。

A. 关税　　　　　　B. 消费税　　　　　　C. 增值税　　　　　　D. 土地增值税

三、多选题

1. 税收的特征包括（　　）。

A. 强制性　　　　　B. 无偿性　　　　　C. 稳定性　　　　　D. 固定性

2. 下列税种属于流转税的有（　　）。

A. 印花税　　　　　B. 消费税　　　　　C. 关税　　　　　　D. 增值税

3. 税法中关于规定纳税时限的概念包括（　　）。

A. 申报期限　　　　　　　　　　　　B. 纳税期限

C. 纳税义务发生时间　　　　　　　　D. 缴库期限

4. 国家税务主管机关的权利有（　　　）。

A. 依法征税　　　　　　　　　　　B. 制定税收法律

C. 进行税务检查　　　　　　　　　D. 对违章者进行税务处罚

5. 税法的构成要素中，（　　　）是基本要素。

A. 纳税人　　　　B. 征税对象　　　　C. 纳税期限　　　　D. 税率

四、判断题

1. 地区性地方税收的立法权可经省级立法机关或经省级立法机关授权的下级政府行使。

（　　　）

2. 国务院经授权立法制定的《中华人民共和国增值税暂行条例》具有国家法律的性质和地位。　　　　　　　　　　　　　　　　　　　　　　　　　　　（　　　）

3. 根据国家有关法律、法规的规定，税务机关是国家税收征收的唯一行政执法主体。

（　　　）

4. 税率是征税对象的具体化。　　　　　　　　　　　　　　　　　（　　　）

5. 所得税一般是直接税，流转税是间接税。　　　　　　　　　　　（　　　）

【阅读拓展】

1. 李平. 推动税收改革发展　高质量推进新发展阶段税收现代化 [J]. 税务研究，2022 (1)：10 - 12.

2. 程俊峰. 优化税务绩效管理增强税收征管改革内生动力 [J]. 中国行政管理，2022 (3)：152 - 154.

3. 胡怡建. 十年来中国税收改革发展十大趋势 [J]. 税务研究，2022 (9)：5 - 13.

第二篇

税收实务篇

第二章 增值税

通过本章学习，你应能够：

➢ 了解增值税的概念和纳税人分类；

➢ 掌握增值税的征税范围及区分；

➢ 熟练进行一般纳税人销项税额、进项税额和应纳税额的计算；

➢ 掌握增值税纳税申报流程及申报表填写。

【引入案例】

某市明光公司为增值税一般纳税人，2023 年 10 月发生如下业务：

（1）销售一批棉服，取得不含税收入 200 万元，当月收到货款 180 万元，余款 20 万元下月收回。

（2）销售一批牛仔裤，取得含税收入 339 万元。

（3）销售 60 箱特制户外服给特约经销商，每箱不含税售价 10 万元，向特约经销商开具了税控增值税专用发票，注明价款 600 万元、增值税 78 万元，由于特约经销商当月支付了全部货款，明光企业给予特约经销商原售价 3% 的现金折扣。

（4）逾期没收去年的一批包装物押金 5.65 万元。

（5）将本企业自用车辆后视窗的广告位提供给飞度公司贴广告，取得飞度公司支付的含税广告费 80 万元；将本企业外墙广告位租给鸿雁广告公司发布广告，取得鸿雁公司支付的含税广告费 120 万元。

（6）外购原材料一批，取得专用发票，注明税额 30 万元；另从运输公司取得运费的增值税专用发票一张，注明运费 20 万元，税额 1.8 万元。

（7）以 6 元/千克的价格向农业生产者收购棉花 4 000 千克，开具了农产品收购凭证。

（8）外购机器设备一套，取得普通发票一张，注明价款 35 万元。

（9）外购一批 D 产品，取得增值税专用发票一张，注明价款 100 万元，税款 13 万元，当月将产品的 20% 部分作为节日礼物发放给公司员工。

（10）该公司月初增值税进项税额余额 8 万元。

要求：分别计算各项业务的销项税额、进项税额，并计算该公司 10 月应纳增值税税额。

【本章导读】

增值税是以商品在生产、流通、销售等各环节产生的增值额作为征税对象而课征的一种流转税，因其税收中性的特质而为世界各国广泛采纳，迄今为止，全球有 160 多个国家和地区开征了增值税。我国于 1979 年引进增值税并开始试点，1984 年正式确定增值税制度，2012 年在上海市开展营业税改增值税试点，之后陆续扩大到其他行业和地区，直到 2016 年 5 月 1 日，在全国范围内全面推开"营改增"改革。至此，营业税退出历史舞台，我国开始形成增值税普遍征收、消费税特定调节的货物和劳务税制结构。目前，增值税是我国第一大税种，其税收收入占全部税收的 1/3 以上。

【知识结构图】

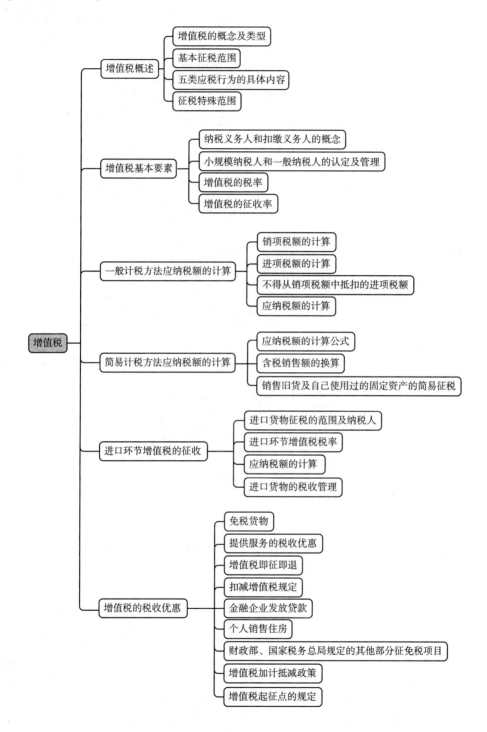

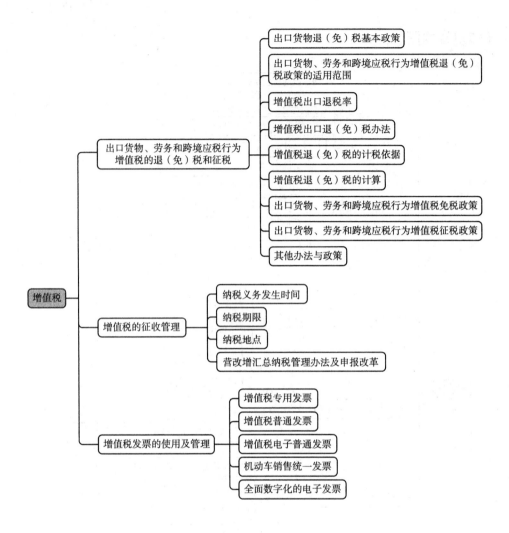

第一节　增值税概述

一、增值税的概念及类型

（一）增值税的概念

增值税是对销售货物或劳务过程中实现的增值额征收的一种流转税。

增值税之所以被世界上众多国家推广，是因为其征税基础为增值额，可以有效防止商品在流通过程中的重复征税的问题，保持税收中性，并且普遍征收，税收负担由最终的消费者承担。我国的增值税采用比例税率，实行税款抵扣制度和价外税制度，采用间接计算法计算增值额。

（二）增值税的类型

增值税的类型见表 2 - 1。

增值税的计算方法

表 2 - 1　　　　区分标志——扣除项目中对外购固定资产的处理方式不同

类型	特点	优点	缺点
生产型增值税 （1994 ~ 2008 年）	（1）确定法定增值额不允许扣除任何外购固定资产价款； （2）法定增值额 > 理论增值额	保证财政收入	重复征税 不利于鼓励投资
收入型增值税	（1）对外购固定资产只允许扣除当期计入产品价值的折旧费部分； （2）法定增值额 = 理论增值额	完全避免重复征税	给以票扣税造成困难
消费型增值税 （2009 年至今）	（1）当期购入固定资产价款一次全部扣除； （2）法定增值额 < 理论增值额	体现增值税优越性，便于操作	减少财政收入

【例 2 - 1 · 多选题】按对外购固定资产价款处理方式的不同进行划分，增值税的类型有（　　）。

A. 生产型增值税　　　　　　　B. 收入型增值税

C. 消费型增值税　　　　　　　D. 积累型增值税

【答案】ABC

二、基本征税范围

现行《中华人民共和国增值税暂行条例》（以下简称《增值税暂行条例》）

规定，增值税是对在中华人民共和国境内销售货物或进口货物，提供加工、修理修配劳务，销售服务、无形资产或者不动产进行征税的税种。

（一）四个条件

增值税征税范围应该满足以下四个条件：

（1）应税行为发生在中华人民共和国境内；

（2）应税行为是相关法律规定的业务活动；

（3）应税服务是为他人提供的；

（4）应税行为是有偿的。

（二）在境内的含义

（1）上述境内是指关境之内。

（2）在境内销售货物指所销售货物的起运地或所在地在我国境内。

（3）在境内提供加工、修理修配劳务，指提供的加工、修理修配劳务发生地在境内。

（4）在境内销售服务、无形资产或者不动产。

（三）对应税服务的要求

（1）应税服务的提供对象必须是其他单位或者个人，不是自己，自我服务不征税。自我服务包括以下两种情形：

①单位或者个体工商户聘用的员工为本单位或者雇主提供取得工资的服务；

②单位或者个体工商户为聘用的员工提供服务。

并不是说只要具备了员工的条件，对员工为本单位或者雇主提供的所有服务都不征税。员工为本单位或者雇主提供的服务不征税，应仅限于员工为本单位或雇主提供职务性服务，员工向用人单位或雇主提供与工作（职务）无关的服务，凡属于应税服务征收范围的，应当征收增值税。例如，某公司财务人员利用自己的交通工具为本单位运输货物收取运费等应按规定缴纳增值税。

（2）非营业活动中提供的服务不属于应税服务。

非营业活动是指，非企业性单位按照法律和行政法规的规定，为履行国家行政管理和公共服务职能收取政府性基金或者行政事业性收费的活动。

（四）有偿的含义

有偿，是指取得货币、货物或者其他经济利益。其他经济利益是指非货币、货物形式的收益，具体包括固定资产（不含货物）、生物资产（不含货物）、无形资产（包括特许权）、股权投资、存货、不准备持有至到期的债券投资、服务以及有关权益等。

（五）五类应税行为

应税行为包括五大类：销售货物或进口货物，提供加工、修理修配劳务，销售应税服务，销售无形资产，销售不动产。

三、五类应税行为的具体内容

（一）销售或者进口货物

货物是指有形动产，包括电力、热力、气体在内。销售货物是指有偿转让货物的所有权。

（二）提供加工、修理修配劳务

加工是指受托加工货物，即委托方提供原料及主要材料，受托方按照委托方的要求制造货物并收取加工费的业务；修理修配是指受托方对损伤和丧失功能的货物进行修复，使其恢复原状和功能的业务。

提供应税劳务，是指有偿提供劳务。单位或者个体工商户聘用的员工为本单位或者雇主提供劳务，不包括在内。

（三）销售应税服务

服务包括交通运输服务、邮政服务、电信服务、建筑服务、金融服务、现代服务、生活服务。具体征税范围如下。

1. 交通运输服务

交通运输服务是指利用运输工具将货物或者旅客送达目的地，使其空间位置得到转移的业务活动，包括陆路运输服务、水路运输服务、航空运输服务和管道运输服务。

（1）陆路运输服务。陆路运输服务是指通过陆路（地上或者地下）运送货物或者旅客的运输业务活动，包括铁路运输服务和其他陆路运输服务。其中铁路运输服务是指通过铁路运送货物或者旅客的运输业务活动。其他陆路运输服务是指铁路运输以外的陆路运输业务活动，包括公路运输、缆车运输、索道运输、地铁运输、城市轻轨运输等。

出租车公司向使用本公司自有出租车的出租车司机收取的管理费用，按照陆路运输服务缴纳增值税。

（2）水路运输服务。水路运输服务是指通过江、河、湖、川等天然、人工水道或者海洋航道运送货物或者旅客的运输业务活动。

水路运输的程租、期租业务，属于水路运输服务。程租业务，是指运输企业为租船人完成某一特定航次的运输任务并收取租赁费的业务。期租业务，是指运输企业将配备有操作人员的船舶承租给他人使用一定期限，承租期内听候承租方调遣，不论是否经营，均按天向承租方收取租赁费，发生的固定费用均由船东负担的业务。

(3) 航空运输服务。航空运输服务是指通过空中航线运送货物或者旅客的运输业务活动。

航空运输的湿租业务，属于航空运输服务。湿租业务是指航空运输企业将配备有机组人员的飞机承租给他人使用一定期限，承租期内听候承租方调遣，不论是否经营，均按一定标准向承租方收取租赁费，发生的固定费用均由承租方承担的业务。

航天运输服务按照航空运输服务缴纳增值税。航天运输服务是指利用火箭等载体将卫星、空间探测器等空间飞行器发射到空间轨道的业务活动。

航空运输企业已售票但未提供航空运输服务取得的逾期票证收入，按照航空运输服务征收增值税。

(4) 管道运输服务。管道运输服务是指通过管道设施输送气体、液体、固体物质的运输业务活动。

无运输工具承运业务，按照交通运输服务缴纳增值税。无运输工具承运业务是指经营者以承运人身份与托运人签订运输服务合同，收取运费并承担承运人责任，然后委托实际承运人完成运输服务的经营活动。

(5) 自2018年1月1日起，纳税人已售票但客户逾期未消费取得的运输逾期票证收入，按照"交通运输服务"缴纳增值税。

2. 邮政服务

邮政服务是指中国邮政集团公司及其所属邮政企业提供邮件寄递、邮政汇兑和机要通信等邮政基本服务的业务活动，包括邮政普遍服务、邮政特殊服务和其他邮政服务。

(1) 邮政普遍服务。邮政普遍服务是指函件、包裹等邮件寄递，以及邮票发行、报刊发行和邮政汇兑等业务活动。

(2) 邮政特殊服务。邮政特殊服务是指义务兵平常信函、机要通信、盲人读物和革命烈士遗物的寄递等业务活动。

(3) 其他邮政服务。其他邮政服务是指邮册等邮品销售、邮政代理等业务活动。

3. 电信服务

电信服务是指利用有线、无线的电磁系统或者光电系统等各种通信网络资源，提供语音通话服务，传送、发射、接收或者应用图像、短信等电子数据和信息的业务活动，包括基础电信服务和增值电信服务。

(1) 基础电信服务。基础电信服务，是指利用固网，移动网、卫星、互联网提供语音通话服务的业务活动，以及出租或者出售带宽、波长等网络元素的业务活动。

（2）增值电信服务。增值电信服务是指利用固网、移动网、卫星、互联网、有线电视网络，提供短信和彩信服务、电子数据和信息的传输及应用服务、互联网接入服务等业务活动。

卫星电视信号落地转接服务，按照增值电信服务缴纳增值税。

4. 建筑服务

建筑服务是指各类建筑物、构筑物及其附属设施的建造、修缮、装饰，线路、管道、设备、设施等的安装以及其他工程作业的业务活动，包括工程服务、安装服务、修缮服务、装饰服务和其他建筑服务。

（1）工程服务。工程服务，是指新建、改建各种建筑物、构筑物的工程作业，包括与建筑物相连的各种设备或者支柱、操作平台的安装或者装设工程作业，以及各种窑炉和金属结构工程作业。

（2）安装服务。安装服务是指生产设备、动力设备、起重设备、运输设备、传动设备、医疗实验设备以及其他各种设备、设施的装配、安置工程作业，包括与被安装设备相连的工作台、梯子、栏杆的装设工程作业，以及被安装设备的绝缘、防腐、保温、油漆等工程作业。

固定电话、有线电视、宽带、水、电、燃气、暖气等经营者向用户收取的安装费、初装费、开户费、扩容费以及类似收费，按照安装服务缴纳增值税。

（3）修缮服务。修缮服务是指对建筑物、构筑物进行修补、加固、养护、改善，使之恢复原来的使用价值或者延长其使用期限的工程作业。

（4）装饰服务。装饰服务是指对建筑物、构筑物进行修饰装修，使之美观或者具有特定用途的工程作业。物业服务企业为业主提供的装修服务，按照"建筑服务"缴纳增值税。

（5）其他建筑服务。其他建筑服务是指上列工程作业之外的各种工程作业服务，如钻井（打井）、拆除建筑物或者构筑物、平整土地、园林绿化、疏浚（不包括航道疏浚）、建筑物平移、搭脚手架、爆破、矿山穿孔、表面附着物（包括岩层、土层、沙层等）剥离和清理等工程作业。纳税人将建筑施工设备出租给他人使用并配备操作人员的，按照"建筑服务"缴纳增值税。

【例2-2·单选题】根据增值税法律制度的规定，下列各项中，应按照"销售服务——建筑服务"税目计缴增值税的是（　　）。

A. 出售住宅　　　　　　　　B. 平整土地
C. 出租办公楼　　　　　　　D. 转让土地使用权

【答案】B

5. 金融服务

金融服务是指经营金融保险的业务活动，包括贷款服务、直接收费金融服务、保险服务和金融商品转让。"保本收益、报酬、资金占用费、补偿金"是指合同中明确承诺到期本金可全部收回的投资收益。金融商品持有期间（含到期）取得的非保本的上述收益，不属于利息或利息性质的收入，不征收增值税。

（1）贷款服务。贷款是指将资金贷与他人使用而取得利息收入的业务活动。各种占用、拆借资金取得的收入，包括金融商品持有期间（含到期）利息（保本收益、报酬、资金占用费、补偿金等）收入、信用卡透支利息收入、买入返售金融商品利息收入、融资融券收取的利息收入，以及融资性售后回租、押汇、罚息、票据贴现、转贷等业务取得的利息及利息性质的收入，按照贷款服务缴纳增值税。

融资性售后回租是指承租方以融资为目的，将资产出售给从事融资性售后回租业务的企业后，从事融资性售后回租业务的企业将该资产出租给承租方的业务活动。以货币资金投资收取的固定利润或者保底利润，按照贷款服务缴纳增值税。

（2）直接收费金融服务。直接收费金融服务是指为货币资金融通及其他金融业务提供相关服务并且收取费用的业务活动，包括提供货币兑换、账户管理、电子银行、信用卡、信用证、财务担保、资产管理、信托管理、基金管理、金融交易场所（平台）管理、资金结算、资金清算、金融支付等服务。

（3）保险服务。保险服务是指投保人根据合同约定，向保险人支付保险费，保险人对于合同约定的可能发生的事故因其发生所造成的财产损失承担赔偿保险金责任，或者当被保险人死亡、伤残、疾病或者达到合同约定的年龄、期限等条件时承担给付保险金责任的商业保险行为，包括人身保险服务和财产保险服务。

（4）金融商品转让。金融商品转让是指转让外汇、有价证券、非货物期货和其他金融商品所有权的业务活动。

其他金融商品转让包括基金、信托、理财产品等各类资产管理产品和各种金融衍生品的转让。纳税人购入基金、信托、理财产品等各类资产管理产品持有至到期，不属于金融商品转让。

6. 现代服务

现代服务是指围绕制造业、文化产业、现代物流产业等提供技术性、知识性服务的业务活动，包括研发和技术服务、信息技术服务、文化创意服务、物流辅助服务、租赁服务、鉴证咨询服务、广播影视服务、商务辅助服务和其他现代服务。

（1）研发和技术服务。研发和技术服务包括研发服务、合同能源管理服务、工程勘察勘探服务、专业技术服务。

（2）信息技术服务。信息技术服务是指利用计算机、通信网络等技术对信息进行生产、收集、处理、加工、存储、运输、检索和利用，并提供信息服务的业务活动，包括软件服务、电路设计及测试服务、信息系统服务、业务流程管理服务和信息系统增值服务。

（3）文化创意服务。文化创意服务包括设计服务、知识产权服务、广告服务和会议展览服务。

宾馆、旅馆、旅社、度假村和其他经营性住宿场所提供会议场地及配套服务的活动，按照"会议展览服务"缴纳增值税。

（4）物流辅助服务。物流辅助服务包括航空服务、港口码头服务、货运客运场站服务、打捞救助服务、装卸搬运服务、仓储服务和收派服务。

航空服务包括航空地面服务和通用航空服务。

港口设施经营人收取的港口设施保安费按照港口码头服务缴纳增值税。

（5）租赁服务。租赁服务包括融资租赁服务和经营租赁服务。

融资租赁服务是指具有融资性质和所有权转移特点的租赁活动，即出租人根据承租人所要求的规格、型号、性能等条件购入有形动产或者不动产租赁给承租人，合同期内租赁物所有权属于借租人，承租人只拥有使用权，合同期满付清租金后，承租人有权按照残值购入租赁物，以拥有其所有权。不论出租人是否将租赁物销售给承租人，均属于融资租赁。

按照标的物的不同，融资租赁服务可分为有形动产融资租赁服务和不动产融资租赁服务。

融资性售后回租不按照本税目缴纳增值税。

经营租赁服务是指在约定时间内将有形动产或者不动产转让他人使用且租赁物所有权不变更的业务活动。按照标的物的不同，经营租赁服务可分为有形动产经营租赁服务和不动产经营租赁服务。

将建筑物、构筑物等不动产或者飞机、车辆等有形动产的广告位出租给其他单位或者个人用于发布广告，按照经营租赁服务缴纳增值税。

车辆停放服务、道路通行服务（包括过路费、过桥费、过闸费等）等按照不动产经营租赁服务缴纳增值税。

水路运输的光租业务、航空运输的干租业务，属于经营租赁。

光租业务是指运输企业将船舶在约定的时间内出租给他人使用，不配备操作人员，不承担运输过程中发生的各项费用，只收取固定租赁费的业务活动。

干租业务是指航空运输企业将飞机在约定的时间内出租给他人使用，不配备机组人员，不承担运输过程中发生的各项费用，只收取固定租赁费的业务活动。

【例2-3·多选题】根据增值税法律制度的规定，下列各项中，应按照"交通运输服务"税目计缴增值税的有（　　　　）。

A. 光租　　　　　B. 程租　　　　　C. 湿租　　　　　D. 期租

【答案】BCD

（6）鉴证咨询服务。鉴证咨询服务，包括认证服务、鉴证服务和咨询服务。

认证服务是指具有专业资质的单位利用检测、检验、计量等技术，证明产品、服务、管理体系符合相关技术规范、相关技术规范的强制性要求或者标准的业务活动。

鉴证服务是指具有专业资质的单位受托对相关事项进行鉴证，发表具有证明力的意见的业务活动，包括会计鉴证、税务鉴证、法律鉴证、职业技能鉴定、工程造价鉴证、工程监理、资产评估、环境评估、房地产土地评估、建筑图纸审核、医疗事故鉴定等。

咨询服务是指提供信息、建议、策划、顾问等服务的活动，包括金融、软件、技术、财务、税收、法律、内部管理、业务运作、流程管理、健康等方面的咨询。

翻译服务和市场调查服务按照咨询服务缴纳增值税。

（7）广播影视服务。广播影视服务包括广播影视节目（作品）的制作服务、发行服务和播映（含放映，下同）服务。

（8）商务辅助服务。商务辅助服务包括企业管理服务、经纪代理服务、人力资源服务、安全保护服务。

（9）其他现代服务。其他现代服务是指除研发和技术服务、信息技术服务、文化创意服务、物流辅助服务、租赁服务、鉴证咨询服务、广播影视服务和商务辅助服务以外的现代服务。

纳税人为客户办理退票而向客户收取的退票费、手续费等收入，按照"其他现代服务"缴纳增值税。纳税人对安装运行后的电梯提供的维护保养服务，按照"其他现代服务"缴纳增值税。

7. 生活服务

生活服务是指为满足城乡居民日常生活需求提供的各类服务活动，包括文化体育服务、教育医疗服务、旅游娱乐服务、餐饮住宿服务、居民日常服务和其他生活服务。

提供餐饮服务的纳税人销售的外卖食品，按照"餐饮服务"缴纳增值税。

（1）文化体育服务。文化体育服务包括文化服务和体育服务。

纳税人在游览场所经营索道、摆渡车、电瓶车、游船等取得的收入，按照"文化体育服务"缴纳增值税。

（2）教育医疗服务。教育医疗服务包括教育服务和医疗服务。

教育服务是指提供学历教育服务、非学历教育服务、教育辅助服务的业务活动。

医疗服务是指提供医学检查、诊断、治疗、康复、预防、保健、接生、计划生育、防疫服务等方面的服务，以及与这些服务有关的提供药品、医用材料器具、救护车、病房住宿和伙食的业务。

（3）旅游娱乐服务。旅游娱乐服务包括旅游服务和娱乐服务。

（4）餐饮住宿服务。餐饮住宿服务包括餐饮服务和住宿服务。

（5）居民日常服务。居民日常服务是指主要为满足居民个人及其家庭日常生活需求而提供的服务，包括市容市政管理、家政、婚庆、养老、殡葬、照料和护理、救助救济、美容美发、按摩、桑拿、氧吧、足疗、沐浴、洗染、摄影扩印等服务。

（6）其他生活服务。其他生活服务是指除文化体育服务、教育医疗服务、旅游娱乐服务、餐饮住宿服务和居民日常服务之外的生活服务。

纳税人提供植物养护服务，按照"其他生活服务"缴纳增值税。

（四）销售无形资产

无形资产是指不具实物形态，但能带来经济利益的资产，包括技术、商标、著作权、商誉、自然资源使用权和其他权益性无形资产。

技术包括专利技术和非专利技术。

自然资源使用权包括土地使用权、海域使用权、探矿权、采矿权、取水权和其他自然资源使用权。

其他权益性无形资产包括基础设施资产经营权、公共事业特许权、配额、经营权（包括特许经营权、连锁经营权、其他经营权）、经销权、分销权、代理权、会员权、席位权、网络游戏虚拟道具、域名、名称权、肖像权、冠名权、转会费等。

销售无形资产是指转让无形资产所有权或者使用权的业务活动。

（五）销售不动产

不动产是指不能移动或者移动后会引起性质、形状改变的财产，包括建筑物、构筑物等。

建筑物包括住宅、商业营业用房、办公楼等可供居住、工作或者进行其他活动的建造物。

构筑物包括道路、桥梁、隧道、水坝等建造物。

销售不动产是指转让不动产所有权的业务活动。

转让建筑物有限产权或者永久使用权的，转让在建的建筑物或者构筑物所有权的，以及在转让建筑物或者构筑物时一并转让其所占土地的使用权的，按照销售不动产缴纳增值税。

四、征税特殊范围

对于实务中某些特殊项目或行为是否属于增值税的征税范围，还需要具体确定。

（一）不征增值税的特殊项目

（1）罚没物品的增值税处理。

①执罚部门和单位查处的属于一般商业部门经营的商品，具备拍卖条件的，其拍卖收入作为罚没收入由执罚部门和单位如数上缴财政，不予征税；对经营单位购入拍卖物品再销售的应照章征收增值税。

②执罚部门按商定价格所取得的变价收入作为罚没收入如数上缴财政，不予征税。国家指定销售单位将罚没物品纳入正常销售渠道销售的，应照章征收增值税。

③执罚部门和单位查处的属于专管机关管理或专营企业经营的财物，如金银（不包括金银首饰）、外币、有价证券、非禁止出口文物，应交由专管机关或专营企业收兑或收购。执罚部门和单位以收兑或收购价所取得的收入作为罚没收入如数上缴财政，不予征税。专管机关或专营企业经营上述物品中属于应征增值税的货物，应照章征收增值税。

（2）纳税人取得的中央财政补贴，不属于增值税应税收入，不征收增值税。

（3）融资性售后回租业务中，承租方出售资产的行为不属于增值税的征税范围，不征收增值税。

（4）药品生产企业销售自产创新药的销售额，为向购买方收取的全部价款和价外费用，其提供给患者后续免费使用的相同创新药，不属于增值税视同销售范围。创新药是指经国家食品药品监督管理部门批准注册、获批前未曾在中国境内外上市销售，通过合成或者半合成方法制得的原料药及其制剂。

（5）根据国家指令无偿提供的铁路运输服务、航空运输服务，用于公益事业的服务。

（6）存款利息不征收增值税。

（7）被保险人获得的保险赔付不征收增值税。

（8）房地产主管部门或者其指定机构、公积金管理中心、开发企业以及物业管理单位代收的住宅专项维修资金，不征收增值税。

（9）纳税人在资产重组过程中，通过合并、分立、出售、置换等方式，将全部或者部分实物资产以及与其相关联的债权、债务和劳动力一并转让给其他单位和个人，不属于增值税的征税范围。

（10）单用途卡和多用途卡按具体规定执行。

（二）属于征税范围的特殊行为

1. 视同发生应税销售行为

单位或者个体工商户的下列行为，视同发生应税销售行为：

（1）将货物交付其他单位或者个人代销。

不缴纳增值税
妙记

（2）销售代销货物。

（3）设有两个以上机构并实行统一核算的纳税人，将货物从一个机构移送至其他机构用于销售，但相关机构设在同一县（市）的除外。

（4）将自产或者委托加工的货物用于非应税项目。

（5）将自产、委托加工的货物用于集体福利或者个人消费。

（6）将自产、委托加工或者购进的货物作为投资，提供给其他单位或者个体工商户。

（7）将自产、委托加工或者购进的货物分配给股东或者投资者。

（8）将自产、委托加工或者购进的货物无偿赠送其他单位或者个人。

（9）向其他单位或者个人无偿提供应税服务、无偿转让无形资产或者不动产，但用于公益事业或者以社会公众为对象的除外。

（10）财政部和国家税务总局规定的其他情形。

视同发生应税销售行为，均应征收增值税。其确定的目的主要有以下三个：一是保证增值税税款抵扣制度的实施，不致因发生上述行为而造成各相关环节税款抵扣链条的中断；二是避免因发生上述行为而造成应税销售行为之间税收负担不平衡的矛盾，防止以上述行为逃避纳税的现象；三是体现增值税计算的配比原则。

公益捐赠的视同销售

注意：上述视同销售行为，仅指单位和个体工商户，不包括其他个人。

【例2-4·多选题】企业的下列行为中属于视同销售行为的有（　　）。

A. 将自产的货物用于非应税项目　　B. 将购买的货物委托外单位加工

C. 将购买的货物无偿赠送他人　　　D. 将购买的货物用于集体福利

【答案】AC

【例2-5·多选题】按照现行增值税制度的规定，下列行为中，应计算增值税销项税额的有（　　）。

A. 将委托加工的货物用于对外投资　　B. 将购买的货物用于职工福利

C. 将自产的货物分配给股东　　　　　D. 将购买的货物无偿赠送他人

E. 统一核算的两个机构在同一县内移送货物用于销售

【答案】ACD

2. 混合销售行为

从事货物的生产、批发或者零售的单位和个体工商户的混合销售，按照销售货物缴纳增值税；其他单位和个体工商户的混合销售，按照销售服务缴纳增值税。

视同销售货物行为归纳

上述从事货物的生产、批发或者零售的单位和个体工商户，包括以从事货物的生产、批发或者零售为主，并兼营销售服务的单位和个体工商户在内。

混合销售行为：一项销售行为如果既涉及增值税应税货物又涉及应税劳务，则为混合销售行为。

混合销售行为成立的行为标准有两点：一是其销售行为必须是一项，二是该项行为必须既涉及货物销售又涉及应税行为。两点必须同时存在。

3. 兼营非应税劳务行为

纳税人兼营销售货物、劳务、服务、无形资产或者不动产，适用不同税率或者征收率的，应分别核算适用不同税率或者征收率的销售额；未分别核算的，从高适用税率。

纳税人兼营免税、减税项目的，应分别核算免税、减税项目的销售额；未分别核算的，不得免税、减税。

纳税人销售活动板房、机器设备、钢结构件等自产货物的同时提供建筑、安装服务，不属于混合销售，应分别核算货物和建筑服务的销售额，分别适用不同的税率或者征收率。

【例2-6·多选题】 下列行为中，属于混合销售行为的有（　　　　）。

A. 饭店提供餐饮服务并销售酒水

B. 电信部门自己销售移动电话并为客户进行有偿电信服务

C. 装潢公司为客户包工包料装修房屋

D. 零售商店既销售家具也销售农产品

E. 电视机厂销售液晶电视机并向买方收取安装费

【答案】 ABCE

第二节　增值税基本要素

一、纳税义务人和扣缴义务人的概念

（一）纳税义务人

增值税的纳税义务人是指在中华人民共和国境内销售货物、劳务、服务、无形资产、不动产以及进口货物的单位和个人。其中单位包括企业、行政单位、事业单位、军事单位、社会团体及其他单位；个人包括个体工商户及其他个人。企业租赁或承包给他人经营的，以承租人或承包人为纳税义务人。

（二）扣缴义务人

境外的单位或个人在境内销售应税劳务而在境内未设有经营机构的，以代理人为扣缴义务人；没有代理人的，以购买方为扣缴义务人。

二、小规模纳税人和一般纳税人的认定及管理

(一) 小规模纳税人的认定标准及管理

小规模纳税人是指年销售额在规定标准以下，并且会计核算不健全，不能按规定报送有关税务资料的增值税纳税人。所称会计核算不健全是指不能正确核算增值税的销项税额、进项税额和应纳税额。

自 2018 年 5 月 1 日起，年应税销售额未超过 500 万元的纳税人为小规模纳税人。

年应税销售额超过小规模纳税人标准个体工商户以外的其他个人按小规模纳税人纳税。

非企业性单位、不经常发生应税行为的企业和个体工商户可选择按小规模纳税人纳税。对小规模纳税人的确认，由主管税务机关依税法规定的标准认定。

(二) 一般纳税人的认定标准

一般纳税人是指年应征增值税销售额（以下简称年应税销售额，指连续不超过 12 个月或 4 个季度的经营期内累计应税销售额），超过《增值税暂行条例实施细则》规定的小规模纳税人标准的企业和企业性单位（以下简称企业）。

上述销售额包括纳税申报销售额、稽查查补销售额、纳税评估调整销售额。

销售服务、无形资产或者不动产（以下简称应税行为）有扣除项目的纳税人，其应税行为年应税销售额按未扣除之前的销售额计算。纳税人偶然发生的销售无形资产、转让不动产的销售额，不计入应税行为年应税销售额。

年应税销售额未超过规定标准的纳税人，会计核算健全，能够提供准确税务资料的，可以向主管税务机关办理一般纳税人登记。

(三) 一般纳税人的管理

纳税人应当向其机构所在地主管税务机关办理一般纳税人登记手续。

纳税人登记为一般纳税人后，不得转为小规模纳税人，国家税务总局另有规定的除外。

纳税人应在年应税销售额超过规定标准的月份（或季度）的所属申报期结束后 15 日内按照规定办理一般纳税人登记相关手续；未按规定时限办理的，主管税务机关应当在规定时限结束后 5 日内制作《税务事项通知书》，告知纳税人应当在 5 日内向主管税务机关办理相关手续；逾期仍不办理的，次月起按销售额依照增值税税率计算应纳税额，不得抵扣进项税额，直至纳税人办理相关手续为止。

纳税人自一般纳税人生效之日起，按照增值税一般计税方法计算应纳税额，

并可以按照规定领用增值税专用发票，财政部、国家税务总局另有规定的除外。

所称的生效之日，是指纳税人办理登记的当月 1 日或者次月 1 日，由纳税人在办理登记手续时自行选择。

三、增值税的税率

增值税税率自 2019 年 1 月 1 日起进行了调整，现行一般纳税人适用的税率见表 2 - 2。

表 2 - 2 一般纳税人适用的税率一览表

税率	征收对象	主要行业	备注
13%	1. 销售货物	工业、商业、电力、气体	除 9%、0 税率的货物
	2. 劳务	加工、修理修配	
	3. 有形动产租赁服务	汽车租赁、机械设备租赁等	不含融资租赁
	4. 进口货物		
9%	1. 交通运输	物流、铁路、公路、航空等运输	不含物流辅助
	2. 邮政	邮政公司	
	3. 基础电信	移动、电信	不含增值电信服务
	4. 建筑	建筑、安装、装饰、绿化	清包工可简易
	5. 不动产租赁	房屋出租、土地租赁等	除个人住房出租
	6. 销售不动产	房地产开发等	
	7. 转让土地使用权	土地转让	
	8. 粮食等农产品、食用植物油、食用盐	粮油初级提供商	限农业初级产品、不含工业制品
	9. 自来水、热水等	自来水公司	可简易计税
	10. 暖气、冷气、煤气、天然气等	煤气公司、液化气站	
	11. 图书、报纸、杂志、音像制品等	书店、音像店等	
	12. 饲料、化肥、农药、农机、农膜	农资生产销售公司	不含农机配件
	13. 国务院规定的其他货物		
6%	1. 销售服务	增值电信、金融、现代服务、生活服务	不含有形动产、不动产租赁
	2. 销售无形资产	转让商标、商誉、特许权等	转让土地使用权除外
0	1. 出口货物	外贸、生产、销售	
	2. 跨境应税行为	跨境销售规定范围内的服务、无形资产	

具体来说，增值税适用的税率如下。

（一）基本税率

增值税一般纳税人销售或者进口货物，提供加工、修理修配劳务，提供有形动产租赁服务，除低税率适用范围和特殊情况适用征收率外，税率一律为13%，这就是通常所说的基本税率。

（二）低税率

一般纳税人销售交通运输、邮政、基础电信、建筑、不动产租赁服务，销售不动产，转让土地使用权，销售或者进口下列货物，适用税率为9%。

（1）粮食、食用植物油及其他农业产品（包括种植业、养殖业、林业、牧业、水产业生产的各种植物、动物的初级产品）、食用植物油、食用盐。

①农产品是指种植业、养殖业、林业、牧业、水产业生产的各种植物、动物的初级产品。具体征税范围暂继续按照《农业产品征税范围注释》及现行相关规定执行，包括挂面、干姜、姜黄、玉米胚芽、动物骨粒等。

麦芽、复合胶、人发不属于《农业产品征税范围注释》中规定的农业产品范围，适用13%的增值税税率。

按照《食品安全国家标准——巴氏杀菌乳》生产的巴氏杀菌乳和按照《食品安全国家标准——灭菌乳》生产的灭菌乳，均属于初级农业产品，可依照《农业产品征收范围注释》中的鲜奶按9%的税率征收增值税；按照《食品安全国家标准——调制乳》生产的调制乳，不属于初级农业产品，应按照13%的税率征收增值税。

淀粉不属于农业产品的范围，应按照13%的税率征收增值税。

②食用植物油。

花椒油、橄榄油、核桃油、杏仁油、葡萄籽油和牡丹籽油按照食用植物油适用9%的税率征收增值税。环氧大豆油、氢化植物油不属于食用植物油征收范围，适用13%的增值税税率。

肉桂油、桉油、香茅油不属于《农业产品征税范围注释》中规定的农业产品，适用13%的增值税税率。

（2）自来水、暖气、冷气、热水、煤气、石油液化气、天然气、二甲醚、沼气、居民用煤炭制品。

（3）图书、报纸、杂志、音像制品、电子出版物。

国内印刷企业承印的经新闻出版主管部门批准印刷且采用国际标准书号编序的境外图书，属于《增值税暂行条例》第二条规定的"图书"，适用9%的增值税税率。

（4）饲料、化肥、农药、农机、农膜。

饲料是指用于动物饲养的产品或其加工品，包括豆粕、宠物饲料、饲用鱼油、矿物质微量元素舔砖、饲料级磷酸二氢钙产品等。

农机是指用于农业生产（包括林业、牧业、副业、渔业）的各种机器和机械化与半机械化农具，以及小农具，包括农用水泵、农用柴油机、不带动力的手扶拖拉机、三轮农用运输车、密集型烤房设备、频振式杀虫灯、自动虫情测报灯、黏虫板、卷帘机、农用挖掘机、养鸡设备系列、养猪设备系列产品、动物尸体降解处理机、蔬菜清洗机等农机零部件不属于本货物的征收范围。

（5）国务院规定的其他货物。上述适用9%税率的货物按《农业产品征税范围注释》《增值税部分货物征税范围注释》及其他相关规定执行。

除农业生产者销售自产农业产品予以免征增值税外，一切单位和个人销售外购农业产品或外购农业产品生产、加工后销售的仍然属于注释所列农业产品的。

【例2-7·多选题】依照增值税制度的有关规定，下列货物销售，适用9%增值税税率的有（　　　）。

A. 粮店加工切面销售　　　　　　B. 食品店加工方便面销售

C. 粮食加工厂加工玉米面销售　　D. 食品厂加工速冻水饺销售

【答案】AC

【例2-8·多选题】按照增值税制度的规定，下列货物中适用9%税率的有（　　　）。

A. 煤气　　　　　　B. 古旧图书　　　　　　C. 图书

D. 酸奶　　　　　　E. 鲜奶

【答案】ACE

（三）6%税率适用范围

纳税人销售增值电信服务、金融服务、现代服务（不动产租赁除外）、生活服务以及销售无形资产（转让土地使用权除外），税率为6%。下列情形也按6%的税率征收增值税。

（1）纳税人通过省级土地行政主管部门设立的交易平台转让补充耕地指标，按照"销售无形资产"缴纳增值税，税率为6%。

（2）纳税人受托对垃圾、污泥、污水、废气等废弃物进行专业化处理，采取填埋、焚烧等方式进行专业化处理后未产生货物的，受托方属于提供"现代服务"中的"专业技术服务"，其收取的处理费用适用6%的增值税税率。

（3）纳税人受托对垃圾、污泥、污水、废气等废弃物进行专业化处理，采取填埋、焚烧等方式进行专业化处理后产生货物，且货物归属受托方的，受托方属于提供"专业技术服务"，其收取的处理费用适用6%的增值税税率。受托方将产生的货物用于销售时，适用货物的增值税税率。

（四）零税率适用范围

（1）纳税人出口货物，税率为零，国务院另有规定的除外。

（2）境内单位和个人跨境销售国务院规定范围内的服务、无形资产，税率为零。

①国际运输服务。国际运输服务是指：在境内载运旅客或者货物出境；在境外载运旅客或者货物入境；在境外载运旅客或者货物。

②航天运输服务。

③向境外单位提供的完全在境外消费的研发服务、合同能源管理服务、设计服务、广播影视节目（作品）的制作和发行服务、软件服务、电路设计及测试服务、信息系统服务、业务流程管理服务、离岸服务外包业务、转让技术。

④财政部和国家税务总局规定的其他服务。

四、增值税的征收率

增值税税率变化历史

小规模纳税人以及一般纳税人的简易计税适用3%或5%的征收率。

1. 3%征收率的适用范围

（1）小规模纳税人销售货物、提供服务、转让无形资产等。

（2）一般纳税人销售自产的下列货物，选择按照简易计税办法依照3%的征收率计算增值税的情形：①县及县以下小型水力发电单位生产的电力；②建筑用和生产建筑材料所用的砂、土、石料；③以自己采掘的砂、土、石料或其他矿物连续生产的砖、瓦、石灰（不含粘土实心砖、瓦）；④用微生物、微生物代谢产物、动物毒素、人或动物的血液或组织制成的生物制品；⑤自来水；⑥商品混凝土（仅限于以水泥为原料生产的水泥混凝土）；⑦单采血浆站销售非临床用人体血液；⑧寄售商店代销寄售物品（包括居民个人寄售的物品在内）；⑨典当业销售死当物品。

（3）一般纳税人提供的公共交通运输服务、电影放映服务、仓储服务、装卸搬运服务、收派服务、文化体育服务，选择适用简易计税方法的情形。

（4）资管产品管理人运营资管产品过程中发生的增值税应税行为，暂适用简易计税方法，按照3%的征收率缴纳增值税。

（5）提供物业管理服务的纳税人，向服务接受方收取的自来水费，以扣除其对外支付的自来水费后的余额为销售额，按照简易计税方法以3%的征收率计算缴纳增值税。

（6）提供非学历教育服务、教育辅助服务选择适用简易计税方法的。

（7）以清包工方式提供的建筑服务选择适用简易计税方法的。

（8）销售电梯的同时提供安装服务，其安装服务可以按照甲供工程选择适用简易计税方法计税。

(9) 自 2018 年 5 月 1 日起,增值税一般纳税人生产销售和批发、零售抗癌药品,可选择按照简易办法依照 3% 征收率计算缴纳增值税。

(10) 自 2019 年 3 月 1 日起,增值税一般纳税人生产销售和批发、零售罕见病药品,可选择按照简易办法依照 3% 征收率计算缴纳增值税。

2. 5% 征收率的适用范围

(1) 小规模纳税人出售自己建造或者取得的不动产;

(2) 一般纳税人选择简易计征的房地产销售以及不动产经营租赁;

(3) 房地产开发企业是小规模纳税人的销售自己开发的房地产项目;

(4) 其他个人销售其取得的(不含自建的)不动产(不含自己购买的住房);

(5) 小规模纳税人出租(经营租赁)其取得的房地产(不包括个人租赁住房);

(6) 其他个人出租(经营租赁)其取得的不动产(住房除外),个人租赁住房,按 5% ~ 1.5% 的征收率扣除应纳税额;

(7) 提供劳务派遣服务的一般纳税人和小规模纳税人在纳税上的选择差额纳税;

(8) 提供安全保护服务、人力资源外包服务的一般纳税人选择差额纳税;

(9) 收取试点前开工的桥、闸通行费;

(10) 转让营改增前取得的土地使用权选择适用差额征税的;

(11) 中外合作油(气)田开采的原油、天然气按实物征收增值税等。

3. 依照 3% 征收率减按 2% 征收的情况

依照 3% 征收率减按 2% 征收的情况见表 2 - 3。

表 2 - 3 3% 征收率减按 2% 征收的情况

纳税人身份	征收项目	计算方法
一般纳税人	销售自己使用过的购入时不得抵扣且未抵扣进项税额的固定资产	含税售价 ÷(1 + 3%)× 2%
	销售旧货	
小规模纳税人	销售自己使用过的固定资产	
	销售旧货	

旧货是指进入二次流通的具有部分使用价值的货物(含旧汽车、旧摩托车和旧游艇),但不包括自己使用过的物品。

4. 征收率优惠

根据《财政部、税务总局关于明确增值税小规模纳税人减免增值税等政策的公告》文件的规定,自 2023 年 1 月 1 日至 2027 年 12 月 31 日,增值税小规模纳税人适用 3% 征收率的应税销售收入,减按 1% 征收率征收增值税;适用 3% 预征率的预缴增值税项目,减按 1% 预征率预缴。

第三节　一般计税方法应纳税额的计算

增值税的计税方法分为一般计税方法和简易计税方法，其中一般计税方法适用于大部分一般纳税人，简易计税方法适用于小规模纳税人和依照规定选择简易计税方法的一般纳税人。一般计税方法的计算公式为：

$$应纳税额 = 当期销项税额 - 当期进项税额$$

一、销项税额的计算

销项税额是指纳税人销售货物或者提供应税劳务，按照销售额或应税劳务收入和规定的税率计算并向购买方收取的增值税税额。销项税额的计算公式为：

$$销项税额 = 销售额 \times 适用税率$$

销项税额是由购买方支付给销售方的税额；对于属于一般纳税人的销售方来讲，在没有抵扣其进项税额前，销售方收取的销项税额还不是其应纳增值税税额。增值税是价外税，公式中的"销售额"必须是不包括收取的销项税额的销售额。

1. 一般销售方式下的销售额

销售额是指纳税人销售货物或者提供应税劳务向购买方（承受应税劳务也视为购买方）收取的全部价款和价外费用。

销售额包括以下三项内容：销售货物或应税劳务取自购买方的全部价款，向购买方收取的各种价外费用（即价外收入），消费税税金。

价外费用（实属价外收入）是指价外向购买方收取的手续费、补贴、基金、集资费、返还利润、奖励费、违约金（延期付款利息）、包装费、包装物租金、储备费、优质费、运输装卸费、代收款项、代垫款项及其他各种性质的价外收费。

下列项目不包括在价外费用内：

（1）受托加工应征消费税的消费品所代收代缴的消费税。

（2）同时符合以下条件代为收取的政府性基金或者行政事业性收费：

①由国务院或者财政部批准设立的政府性基金，由国务院或者省级人民政府及其财政、价格主管部门批准设立的行政事业性收费；

②收取时开具省级以上财政部门印制的财政票据；

③所收款项全额上缴财政。

（3）以委托方名义开具发票代委托方收取的款项。

（4）销售货物的同时代办保险等而向购买方收取的保险费，以及向购买方收取的代购买方缴纳的车辆购置税、车辆牌照费。

凡随同销售货物或提供应税劳务向购买方收取的价外费用，无论其会计制度如何核算，均应并入销售额计算应纳税额。税法规定各种性质的价外收费都要并入销售额计算征税，目的是防止以各种名目的收费减少销售额逃避纳税的现象。

注意：对增值税一般纳税人（包括纳税人自己或代其他部门）向购买方收取的价外费用和逾期包装物押金，应视为含税收入，在征税时换算成不含税收入再并入销售额。

销售额应以人民币计算。纳税人以人民币以外的货币结算销售额的，应当折合成人民币计算。折合率可以选择销售额发生的当天或者当月 1 日的人民币汇率中间价。纳税人应当在事先确定采用何种折合率，确定后 12 个月内不得变更。

【例 2 - 9 · 计算题】某机械厂 2022 年发生如下经济业务：

（1）6 月销售其生产的车床 10 台，开出增值税专用发票，其标明的不含税单价为 1 000 元，另外收取集资费（优质费）2 260 元，收到转账支票一张。

（2）7 月销售电机 30 台，每台批发价 0.7 万元（不含税），开出增值税专用发票，另外收取包装费和售后服务费共 3 万元，开出普通发票一张。

要求：（1）计算 6 月应确认的销项税额；（2）计算 7 月应确认的销项税额。

【答案及解析】（1）6 月销项税额 = 1 000 × 10 × 13% + 2 260 ÷ (1 + 13%) × 13% = 1 300 + 260 = 1 560（元）

（2）7 月销项税额 = 30 × 7 000 × 13% + [30 000 ÷ (1 + 13%)] × 13% = 27 300 + 3 451.32 = 30 751.32（元）

【例 2 - 10 · 计算题】某企业 2022 年 8 月库存产成品销售业务：

（1）销售给甲公司某商品 50 000 件，每件不含税售价为 18 元，另外收取运费共 5 800 元。

（2）销售给乙公司同类商品 15 000 件，每件不含税售价为 20.5 元，交给 A 运输公司运输，代垫运输费用 6 800 元，运费发票已转交给乙公司。要求：计算销项税额。

【答案及解析】（1）销项税额 = [50 000 × 18 + 5 800 ÷ (1 + 13%)] × 13% = 117 667.25（元）

（2）销项税额 = 15 000 × 20.5 × 13% = 39 975（元）

2. 特殊销售方式下的销售额

（1）采取折扣方式销售。折扣销售（会计上称商业折扣）是指销货方在销售货物或应税劳务时，因购货方购货数量较大等，而给予购货方的价格优惠（如购买 5 件，销售价格折扣 10%，购买 10 件，折扣 20% 等）。由于折扣是在实现销售时同时发生的，因此，税法规定，如果销售额和折扣额在同一张发票上分别注明的，可以以折扣后的余额作为销售额计算增值税；如果将折扣额另开发票，不论其在财务上如何处理，均不得从销售额中减除折扣额。这样规定，是从保证增值税征税、扣税相一致的角度考虑的。如果允许对销售额开一张销货发票，对折扣额再开一张退款红字发票，就可能造成销货方按减除折扣额后的销售额计算销项税额，而购货方却按未减除折扣额的销售额及其进项税额进行抵扣的问题。这种造成增值税计算征收混乱的做法是不被允许的。

折扣销售仅限于货物价格的折扣，如果销货者将自产、委托加工和购买的货物用于实物折扣的，则该实物款额不能从货物销售额中减除，且该实物应按增值税条例"视同销售货物"中的"赠送他人"计算征收增值税。

销售折扣（会计上称现金折扣）是指销货方在销售货物或应税劳务后，为了鼓励购货方及早偿还货款，而协议许诺给予购货方的一种折扣优待（如10天内付款，货款折扣2%；20天内付款，折扣1%；30天内全价付款）。销售折扣发生在销货之后，是一种融资性质的理财费用，因此，销售折扣不得从销售额中减除。企业在确定销售额时应把折扣销售与销售折扣严格区分开。

销售折让是指货物销售后，由于其品种、质量等原因购货方未予退货，但销货方需给予购货方的一种价格折让。销售折让与销售折扣相比较，虽然都是在货物销售后发生的，但因为销售折让是由于货物的品种和质量引起销售额的减少，因此，销售折让可以以折让后的货款为销售额。

【例 2 - 11·计算题】甲企业销售给客户商品一批，由于货款回笼及时，根据合同规定，给予专卖商店 2% 折扣，甲企业实际取得不含税销售额 245 万元。计算销项税额。

【答案及解析】计税销售额 = 245 ÷ 98% = 250（万元）

销项税额 = 250 × 13% = 32.5（万元）

【例 2 - 12·计算题】某新华书店批发图书一批，每册标价 20 元，共计 1 000 册，由于购买方购买数量多，按七折优惠价格成交，并将折扣部分与销售额同开在一张发票上。10 日内付款再给 2% 折扣，购买方如期付款。计算销项税额。

【答案及解析】计税销售额 = 20 × 70% × 1 000 ÷（1 + 9%）= 12 844.03（元）

销项税额 = 12 844.03 × 9% = 1 155.96（元）

（2）采取以旧换新方式销售。以旧换新是指纳税人在销售自己的货物时，有偿收回旧货物的行为。采取以旧换新方式销售货物的，应按新货物的同期销售价格确定销售额，不得扣减旧货物的收购价格。考虑到金银首饰以旧换新业务的特殊情况，对金银首饰以旧换新业务，可以按销售方实际收取的不含增值税的全部价款征收增值税。

【例 2 - 13·计算题】某企业采取以旧换新方式零售洗衣机 200 台，旧洗衣机收购价 200 元/台，新洗衣机出售实际收款 1 800 元/台，计算销项税额。

【答案及解析】销项税额 $= 200 \times [(1\,800 + 200)/(1 + 13\%)] \times 13\% = 46\,017.69$（元）

【例 2 – 14 · 计算题】某金店（中国人民银行批准的金银首饰经销单位）为增值税一般纳税人采取以旧换新方式销售 24K 纯金项链 1 条，新项链对外销售价格 5 000 元，旧项链作价 3 000 元，从消费者手中收取新旧差价款 2 000 元，计算该金店的销项税额。

【答案及解析】销项税额 $= 2\,000 \div (1 + 13\%) \times 13\% = 230.09$（元）

（3）采取还本销售方式销售。还本销售是指纳税人在销售货物后，到一定期限由销售方一次或分次退还给购货方全部或部分价款。这实际上是一种筹集资金的方式，是以货物换取资金的使用价值，到期还本不付息的方法。采取还本销售方式销售货物，其销售额就是货物的销售价格，不得从销售额中减除还本支出。

【例 2 – 15 · 单选题】某钢琴厂为增值税一般纳税人，采取还本方式销售钢琴。本月采用这种方式零售，共收取了货款 25 万元，本月支付了前期销售的还本支出 2 万元，则本月增值税计税销售额为（　　）万元。

A. 25　　　　　　B. 23　　　　　　C. 22.12　　　　　　D. 19.66

【答案】C

【解析】本月增值税计税销售额 $= 25 \div (1 + 13\%) = 22.12$（万元）

（4）采取以物易物方式销售。以物易物是一种较为特殊的购销活动，指购销双方不是以货币结算，而是以同等价款的货物相互结算，实现货物购销的一种方式。以物易物双方都应作购销处理，以各自发出的货物核算销售额并计算销项税额，以各自收到的货物按规定核算购货额并计算进项税额。应分别开具合法的票据，如收到的货物不能取得相应的增值税专用发票或其他合法票据的，不能抵扣进项税额。

【例 2 – 16 · 单选题】甲企业销售给乙企业一批货物，乙企业因资金紧张，无法支付货币资金，经双方友好协商，乙企业用自产的产品抵顶货款，则下列说法正确的是（　　）。

A. 甲企业收到乙企业的抵顶货物不应作购货处理

B. 乙企业发出抵顶货款的货物不应作销售处理，不应计算销项税额

C. 甲、乙双方发出货物都作销售处理，但收到货物所含增值税额一律不能计入进项税额

D. 甲、乙双方都应作购销处理，可对开增值税专用发票，分别核算销售额和购进额，并计算销项税额和进项税额

【答案】D

【例 2 – 17 · 计算题】某电机厂为增值税一般纳税人，本月用 15 台电机与原材料供应商换取等值电机材料，双方均开具增值税专用发票，不含税销售额为

23 100 元，原材料已入库。

【答案及解析】销项税额 = 23 100 × 13% = 3 003（元）

进项税额 = 23 100 × 13% = 3 003（元）

应纳增值税 = 3 003 – 3 003 = 0

（5）包装物押金的计税处理。包装物是指纳税人包装本单位货物的各种物品。包装物的押金是否计入货物销售额呢？纳税人为销售货物而出租出借包装物收取的押金，单独记账核算的，时间在一年以内，又未过期的，不并入销售额征税；但对因逾期未收回包装物不再退还的押金，应按所包装货物的适用税率计算销项税额。这其中，"逾期"是指按合同约定实际逾期或以一年为期限，对收取一年以上的押金，无论是否退还均并入销售额征税。当然，在将包装物押金并入销售额征税时，需要先将该押金换算为不含税价，再并入销售额征税。对于个别包装物周转使用期限较长的，报经税务机关确定后，可适当放宽逾期期限。另外，包装物押金不应混同于包装物租金，包装物租金在销货时作为价外费用并入销售额计算销项税额。对销售除啤酒、黄酒外的其他酒类产品而收取的包装物押金，无论是否返还以及会计上如何核算，均应并入当期销售额征税。包装物的税务处理见表 2 - 4。

表 2 - 4　　　　　　　　　　包装物的税务处理

货物类型	一般货物（含啤酒、黄酒）			酒类产品（不含啤酒、黄酒）的包装物
	包装物单独核算		包装物不单独核算	
	未逾期	逾期		
税务处理	暂不并入销售额	并入销售额	直接并入销售额	直接并入销售额

【例 2 - 18·单选题】某酒厂为一般纳税人。本月向一小规模纳税人销售白酒，并开具普通发票，发票上注明金额 93 600 元；同时收取单独核算的包装物押金 2 000 元（尚未逾期），此业务酒厂应计算的销项税额为（　　）元。

A. 13 600　　　B. 10 998.23　　　C. 15 011.32　　　D. 15 301.92

【答案】B

【解析】$[93\ 600 \div (1 + 13\%) + 2\ 000 \div (1 + 13\%)] \times 13\% = 10\ 998.23$（元）

（6）贷款服务的销售额。贷款服务以提供贷款服务取得的全部利息及利息性质的收入为销售额。

银行提供贷款服务按期计收利息的，结息日当日计收的全部利息收入均应计入结息日所属期的销售额，按照现行规定计算缴纳增值税。

自 2018 年 1 月 1 日起，资管产品管理人运营资管产品提供的贷款服务以2018 年 1 月 1 日起产生的利息及利息性质的收入为销售额。

（7）直接收费金融服务的销售额。直接收费金融服务，以提供直接收费金融服务收取的手续费、佣金、酬金、管理费、服务费、经手费、开户费、过户费、结算费、转托管费等各类费用为销售额。

3. 视同销售行为销售额的确定

对视同销售征税而无销售额，或者纳税人发生应税销售行为，价格明显偏低并无正当理由，由主管税务机关按照下列顺序核定销售额：

（1）按照纳税人最近时期发生同类应税销售行为的平均价格确定。

（2）按照其他纳税人最近时期发生同类应税销售行为的平均价格确定。

（3）按照组成计税价格确定。组成计税价格的公式为：

$$组成计税价格 = 成本 \times (1 + 成本利润率)$$

征收增值税的货物，同时又征收消费税的，其组成计税价格中应加计消费税税额。其组成计税价格公式为：

$$组成计税价格 = 成本 \times (1 + 成本利润率) + 消费税税额$$

对于从价计征消费税的应税消费品，其组成计税价格公式为：

$$组成计税价格 = 成本 \times (1 + 成本利润率) \div (1 - 消费税税率)$$

其中，成本是指销售自产货物的为实际生产成本，销售外购货物的为实际采购成本；成本利润率一般为10%。但属于应从价定率征收消费税的货物，其成本利润率为《消费税若干具体问题的规定》中规定的成本利润率（详见第三章）。

【例2－19·计算题】 某服装厂（一般纳税人）将自产的200件服装出售给本企业职工，每件成本40元，每件售价30元（无同类产品售价），计算销项税额。

【答案及解析】 每件售价30元低于成本价40元，因此为售价明显偏低且无正当理由，应采用组成计税价格来计算。

组成计税价格 $= 40 \times (1 + 10\%) \times 200 = 8\ 800$（元）

销项税额 $= 8\ 800 \times 13\% = 1\ 144$（元）

【例2－20·计算题】 某企业销售某商品300件，每件售价为10元（税务机关认定价格偏低，税务机关核定的当月商品每件平均售价为19元。单价均为不含税价格），计算销项税额。

【答案及解析】 销项税额 $= 300 \times 19 \times 13\% = 741$（元）

4. 提供加工劳务的销项税额的计算

纳税人提供加工劳务，由于从委托方收取的只有加工费，因此，其销项税额以加工费（含代垫辅料）为计税依据。

【例2－21·计算题】 甲企业委托乙企业加工服装，甲企业提供布料2 000元（不含税），乙企业加工时提供辅料，服装加工完成后乙企业收取加工费（含辅料费）34 800元（含税），计算乙企业的销项税额。

【答案及解析】 销项税额 $= 34\ 800 \div (1 + 13\%) \times 13\% = 4\ 003.53$（元）

5. 含税销售额的换算

为了符合增值税作为价外税的要求，纳税人在填写进销货及纳税凭证、进行账务处理时，应分项记录不含税销售额、销项税额和进项税额，以正确计算应纳增值税额。然而，在实际工作中，一般纳税人对销售货物或者应税劳务，常常采用销售额和销项税额合并定价收取的方法，这样，就会形成含税销售额。一般纳税人销售货物或者应税劳务取得的含税销售额在计算销项税额时，必须将其换算为不含税的销售额。

将含税销售额换算为不含税销售额的计算公式为：

$$不含税销售额 = 含税销售额 \div (1 + 税率)$$

6. 按差额确定销售额

虽然原营业税的征税范围全行业均纳入了增值税的征收范围，但是目前仍然有无法通过抵扣机制避免重复征税的情况存在，因此，引入了差额征税的办法，解决纳税人税收负担增加问题。以下项目属于按差额确定销售额。

（1）金融商品转让的销售额。金融商品转让按照卖出价扣除买入价后的余额为销售额。

转让金融商品出现的正负差，按盈亏相抵后的余额为销售额。若相抵后出现负差，可结转下一纳税期与下期转让金融商品销售额相抵，但年末时仍出现负差的，不得转入下一个会计年度。

证券公司、保险公司、金融租赁公司、证券基金管理公司、证券投资基金以及其他经人民银行、国家金融监督管理总局、证监会批准成立且经营金融保险业务的机构发放贷款后，自结息日起90日内发生的应收未收利息按现行规定缴纳增值税，自结息日起90日后发生的应收未收利息暂不缴纳增值税，待实际收到利息时按规定缴纳增值税。金融商品的买入价，可以选择按照加权平均法或者移动加权平均法进行核算，选择后36个月内不得变更。

金融商品转让不得开具增值税专用发票。

【例2-22·计算题】假设某经营金融业务的公司（一般纳税人）2017年第四季度转让债券卖出价为100 000元（含增值税价格，下同），该债券是2016年9月购入的，买入价为60 000元，2017年1月取得利息1 000元，缴纳了增值税。该公司2017年第四季度之前转让金融商品亏损15 000元。计算转让债券的销项税额。

销售额 = 100 000 - 60 000 - 15 000 = 25 000（元）

【答案及解析】销项税额 = 25 000 ÷ (1 + 6%) × 6% = 1 415.09（元）

自2018年1月1日起，资管产品管理人运营资管产品发生的部分金融商品转让业务，转让2017年12月31日前取得的股票（不包括限售股）、债券、基金、非货物期货，可以选择按照实际买入价计算销售额，或者以2017年最后一个交易日的股票收盘价（2017年最后一个交易日处于停牌期间的股票，为停牌前最后一个交易日收盘价）、债券估值（中债金融估值中心有限公司或中证指数有限公司提供的债券估值）、基金份额净值、非货物期货结算价格作为买入价计算销售额。

（2）经纪代理服务的销售额。

经纪代理服务，以取得的全部价款和价外费用，扣除向委托方收取并代为支付的政府性基金或者行政事业性收费后的余额为销售额。向委托方收取的政府性基金或者行政事业性收费，不得开具增值税专用发票。

（3）融资租赁和融资性售后回租业务的销售额。

①经人民银行、国家金融监督管理总局或者商务部批准从事融资租赁业务的试点纳税人（包括经上述部门备案从事融资租赁业务的试点纳税人），提供融资租赁服务，以取得的全部价款和价外费用，扣除支付的借款利息（包括外汇借款和人民币借款利息）、发行债券利息和车辆购置税后的余额为销售额。

②经人民银行、国家金融监督管理总局或者商务部批准从事融资租赁业务的试点纳税人，提供融资性售后回租服务，以取得的全部价款和价外费用（不含本金），扣除对外支付的借款利息（包括外汇借款和人民币借款利息）、发行债券利息后的余额作为销售额。

③试点纳税人根据 2016 年 4 月 30 日前签订的有形动产融资性售后回租合同，在合同到期前提供的有形动产融资性售后回租服务，可继续按照有形动产融资租赁服务缴纳增值税。

④经商务部授权的省级商务主管部门和国家经济技术开发区批准的从事融资租赁业务的试点纳税人，2016 年 5 月 1 日后实收资本达到 1.7 亿元的，从达到标准的当月起按照上述第①～③点规定执行；2016 年 5 月 1 日后实收资本未达到 1.7 亿元的，2016 年 8 月 1 日后开展的融资租赁业务和融资性售后回租业务不得按照上述第①～③点规定执行。

（4）航空运输企业的销售额。航空运输企业的销售额，不包括代收的机场建设费和代售其他航空运输企业客票而代收转付的价款。

（5）一般纳税人提供客运场站服务的销售额。试点纳税人中的一般纳税人提供客运场站服务，以其取得的全部价款和价外费用，扣除支付给承运方运费后的余额为销售额。

（6）提供旅游服务的销售额。试点纳税人提供旅游服务，可以选择以取得的全部价款和价外费用，扣除向旅游服务购买方收取并支付给其他单位或者个人的住宿费、餐饮费、交通费、签证费、门票费和支付给其他接团旅游企业的旅游费用后的余额为销售额。选择上述办法计算销售额的试点纳税人，向旅游服务购买方收取并支付的上述费用，不得开具增值税专用发票，可以开具普通发票。

（7）提供建筑服务适用简易计税方法的销售额。试点纳税人提供建筑服务适用简易计税方法的，以取得的全部价款和价外费用扣除支付的分包款后的余额为销售额。

（8）房地产开发企业中的一般纳税人销售其开发的房地产项目。房地产开发企业中的一般纳税人销售其开发的房地产项目（选择简易计税方法的房地产老项目除外），以取得的全部价款和价外费用，扣除受让土地时向政府部门支付的土地价款后的余额为销售额。"向政府部门支付的土地价款"，包括土地受让人向政府部门支付的征地和拆迁补偿费用、土地前期开发费用和土地出让收益等。

（9）纳税人转让不动产缴纳增值税差额扣除的有关规定。

①纳税人转让不动产，按照有关规定差额缴纳增值税的，如因丢失等原因无法提供取得不动产时的发票，可向税务机关提供其他能证明契税计税金额的完税凭证等资料，进行差额扣除。

②纳税人以契税计税金额进行差额扣除的，2016年5月1日及以后缴纳契税的：按照下列公式计算增值税应纳税额：增值税应纳税额＝［全部交易价格（含增值税）÷（1＋5%）－契税计税金额（不含增值税）］×5%

③纳税人同时保留取得不动产时的发票和其他能证明契税计税金额的完税凭证等资料的，应当凭发票进行差额扣除。

试点纳税人按照上述第（2）~（9）款的规定从全部价款和价外费用中扣除的价款，应当取得符合法律、行政法规和国家税务总局规定的有效凭证。否则，不得扣除。纳税人取得的上述凭证属于增值税扣税凭证的，其进项税额不得从销项税额中抵扣。

二、进项税额的计算

进项税额是与销项税额相对应的另一个概念。进项税额是指纳税人购进货物、劳务、服务、无形资产、不动产所支付或者负担的增值税税额。

在开具增值税专用发票的情况下，它们之间的对应关系是，销售方收取的销项税额就是购买方支付的进项税额。每一个一般纳税人都会有收取的销项税额和支付的进项税额。增值税的核心就是用纳税人收取的销项税额抵扣其支付的进项税额，其余额为纳税人实际应缴纳的增值税税额。这样，进项税额作为可抵扣的部分，对于纳税人实际纳税多少就产生了举足轻重的作用。然而，并不是纳税人支付的所有进项税额都可以从销项税额中抵扣，如果违反税法规定，随意抵扣进项税额就将以偷税论处。因此，严格把握哪些进项税额可以抵扣，哪些进项税额不能抵扣是十分重要的，这些方面也是纳税人在缴纳增值税实务中差错出现最多的地方。

1. 以票扣税

纳税人购进货物、加工修理修配劳务、服务、无形资产、不动产取得下列法定扣税凭证，可根据凭证上注明的增值税税款直接抵扣，这些凭证包括：

（1）从销售方取得的增值税专用发票（含"机动车销售统一发票"，下同）上注明的增值税税额。增值税专用发票具体包括以下两种：

①增值税专用发票。增值税专用发票是增值税一般纳税人发生应税销售行为开具的发票。

②机动车销售统一发票。机动车销售统一发票是增值税一般纳税人从事机动车零售业务开具的发票。

（2）从海关取得的进口增值税专用缴款书上注明的增值税税额。纳税人进口货物，凡已缴纳了进口环节增值税的，不论其是否已经支付货款，其取得的海关完税凭证均可作为增值税进项税额抵扣凭证，在规定的期限内申报抵扣进项税额。对海关开具的增值税专用缴款书上标明有两个单位名称，既有代理进口单位名称，又有委托进口单位名称的，只准予其中取得专用缴款书原件的一个单位抵扣税款。

（3）自境外单位或者个人购进劳务、服务、无形资产或者境内的不动产，从税务机关或者扣缴义务人取得的代扣代缴税款的完税凭证上注明的增值税税额。

【例2-23·案例题】贝茜设计印务有限公司2019年6月取得增值税专用发票一张（如图2-1所示），计算其可以确认的进项税额。

图2-1　增值税专用发票

【答案及解析】贝茜设计印务有限公司可在该发票开具后的180天内确认抵扣21 932.31元进项税额。

【例2-24·案例题】贝茜设计印务有限公司2018年取得进口增值税专用缴款书一份（如图2-2所示），计算其可以确认的进项税额。

深圳海关进口增值税专用缴款书

收入系统：海关系统　　填发日期：2018 年 06 月 07 日　　号码 No 053012019060715219O-L01

收款单位	收入机关	中央金库			缴款单位或人	名称	贝茜设计印务有限公司
	科目	进口增值税	预算级次	中央		账号	254682312020005
	收款国库	深圳农行金库				开户银行	中行
税号	货物名称	数量	单位	完税价格（￥）	税率（%）	税款金额（￥）	
3917220000	电脑	1	台	6425.00	13%	835.25	
金额人民币（大写）柒仟贰佰陆拾元贰角伍分					合计（￥）	[illegible]0.25	
申请单位编号	3206987002	报关单编号	230220121020021103		填制单位	收款国库（银行）	
合同（批文）号		运输工具（号）					
缴款期限	2019 年 06 月 22 日前	提/装货单号	TMLID59500911				
备注					制单人 复核人		

从填发缴款书之日起限 15 日内缴纳（期末遇法定节假日顺延），逾期按日征收税款总额万分之五的滞纳金

第一联 收据 国库收款签章后交缴款单位或缴纳人

图 2－2　增值税专用缴款书

【**答案及解析**】贝茜设计印务有限公司可在该专用缴款书开具后的 180 天内确认抵扣 835.25 元进项税额。

【**例 2－25 · 计算题**】甲建筑公司为增值税一般纳税人，本年 7 月，外购建筑设备 20 万元，购入运输车辆 40 万元，购入建筑钢材 50 万元，均为不含税金额，均按规定取得了增值税专用发票。计算进项税额。

【**答案及解析**】进项税额 =（20 + 40 + 50）× 13% = 14.3（万元）

2. 计算抵扣

（1）一般免税农产品。纳税人购进农产品，按下列规定抵扣进项税额。

①购进农产品，取得增值税专用发票或者海关进口增值税专用缴款书的，以增值税专用发票或海关进口增值税专用缴款书上注明的增值税税额为进项税额；从按照简易计税方法依照 3% 征收率计算缴纳增值税的小规模纳税人取得增值税专用发票的，以增值税专用发票上注明的金额和 9% 的扣除率计算进项税额；取得（开具）农产品销售发票或收购发票用以继续生产初级农产品的，以农产品销售发票或收购发票上注明的农产品买价和 9% 的扣除率计算进项税额。

准予抵扣的进项税额 = 买价 × 扣除率

【**例 2－26 · 计算题**】2022 年 6 月，某一般纳税人购进某国有农场自产玉米用于加工玉米面，收购凭证注明价款为 65 000 元，从某供销社（一般纳税人）购进玉米，增值税专用发票上注明不含税销售额 300 000 元。计算进项税额和采购成本。

【**答案及解析**】进项税额 = 65 000 × 9% + 300 000 × 9% = 32 850（元）

采购成本 = 65 000 ×（1 − 9%）+ 300 000 = 359 150（元）

②2019 年 4 月 1 日以后，纳税人购进用于生产销售或深加工 13% 税率货物的农产品，按 10% 的扣除率扣除进项税额。

【例 2 - 27 · 计算题】2022 年 7 月，某一般纳税人购进某国有农场自产玉米，收购凭证注明价款为 80 000 元，用于生产玉米酒。计算 7 月的进项税额和采购成本。

【答案及解析】7 月进项税额 = 80 000 × 10% = 8 000（元）

采购成本 = 80 000 × (1 - 10%) = 72 000（元）

③纳税人从批发、零售环节购进适用免征增值税政策的蔬菜、部分鲜活肉蛋而取得的普通发票，不得作为计算抵扣进项税额的凭证。

④纳税人购进农产品既用于生产销售或委托加工 13% 税率的货物又用于生产销售其他货物服务的，应当分别核算用于生产销售或委托受托加工税率货物和其他货物服务的农产品进项税额。未分别核算的，统一以增值税专用发票或海关进口增值税专用缴款书上注明的增值税税额为进项税额，或以农产品收购发票或销售发票上注明的农产品买价和 9% 的扣除率计算进项税额。

注意：所谓"农业产品"是指直接从事植物的种植、收割和动物的饲养、捕捞的单位和个人销售的自产农业产品，免征增值税。

购买农业产品的买价，仅限于经主管税务机关批准使用的收购凭证上注明的价款。

（2）特殊农产品——烟叶税。对烟叶税纳税人按规定缴纳的烟叶税，准予并入烟叶产品的买价计算增值税的进项税额，并在计算增值税时予以抵扣。烟叶收购金额包括纳税人支付给烟叶销售者的烟叶收购价款和价外补贴，价外补贴统一按烟叶收购价的 10% 计算。公式如下：

$$烟叶收购金额 = 烟叶收购价款 × (1 + 10\%)$$

$$烟叶税应纳税额 = 烟叶收购金额 × 税率(20\%)$$

$$准予抵扣的进项税额 = (烟叶收购金额 + 烟叶税应纳税额) × 扣除率(9\%)$$

【例 2 - 28 · 计算题】某烟厂本月购货业务如下：

（1）从农民手中收购烟叶，收购价款 20 万元，缴纳烟叶税 4.4 万元，并取得收购凭证。

（2）从某生产企业购进烟丝，取得的防伪税控系统开具的增值税专用发票上注明金额 15 万元、税额 1.95 万元。

（3）支付烟叶及烟丝运输费 2 万元（不含税），取得增值税专用发票。

计算本月可抵扣的进项税额。

【答案及解析】烟叶进项税 = (20 × 1.1 + 4.4) × 9% = 2.37（万元）

烟丝进项税为 1.95 万元。

运费进项税 = 2 × 9% = 0.18（万元）

合计准予抵扣的进项税额 = 2.37 + 1.95 + 0.18 = 4.5（万元）

（3）收费公路通行费增值税抵扣规定。自 2018 年 1 月 1 日起，纳税人支付的道路、桥、闸通行费，按照以下规定抵扣进项税额。

①纳税人支付的道路通行费，按照收费公路通行费增值税电子普通发票上注明的增值税税额抵扣进项税额。

2018年1月1日至6月30日，纳税人支付的高速公路通行费，如暂未能取得收费公路通行费增值税电子普通发票，可凭取得的通行费发票（不含财政票据，下同）上注明的收费金额按照下列公式计算可抵扣的进项税额：

$$高速公路通行费可抵扣进项税额 = \frac{高速公路通行费发票上注明的金额}{(1+3\%)} \times 3\%$$

2018年1月1日至12月30日，纳税人支付的一级、二级公路通行费，如暂未能取得收费公路通行费增值税电子普通发票，可凭取得的通行费发票上注明的收费金额按照下列公式计算可抵扣进项税额：

$$一级、二级公路通行费可抵扣进项税额 = \frac{一级、二级公路通行费发票上注明的金额}{(1+5\%)} \times 5\%$$

②纳税人支付的桥、闸通行费，暂凭取得的通行费发票上注明的收费金额按照下列公式计算可抵扣的进项税额：

$$桥、闸通行费可抵扣进项税额 = \frac{桥、闸通行费发票上注明的金额}{(1+5\%)} \times 5\%$$

③通行费是指有关单位依法或者依规设立并收取的过路、过桥和过闸费用。

（4）购进的旅客运输服务。自2019年4月1日起，纳税人购进的旅客运输服务未取得增值税专用发票的，暂按照以下规定确定进项税额：

①取得增值税电子普通发票的，为发票上注明的税额；

②取得注明旅客身份信息的航空运输电子客票行程单的，按照下列公式计算进项税额：

$$航空旅客运输进项税额 = (票价+燃油附加费) \div (1+9\%) \times 9\%$$

③取得注明旅客身份信息的铁路车票的，按照下列公式计算进项税额：

$$铁路旅客运输进项税额 = 票面金额 \div (1+9\%) \times 9\%$$

④取得注明旅客身份信息的公路、水路等其他客票的，按照下列公式计算进项税额：

$$公路、水路等其他旅客运输进项税额 = 票面金额 \div (1+3\%) \times 3\%$$

【例2-29·计算题】某一般纳税人2022年4月购进国内旅客运输服务。取得注明旅客身份信息的航空运输电子客票行程单1张，注明的票价2 700元，燃油附加费120元。请问该纳税人可抵扣的进项税额如何计算？

【答案及解析】进项税额 = (2 700+120) ÷ (1+9\%) × 9\% = 232.84（元）

三、不得从销项税额中抵扣的进项税额

纳税人购进货物、劳务、服务、无形资产、不动产，取得的增值税扣税凭证不符合法律、行政法规或者国务院税务主管部门有关规定的，其进项税额不得从销项税额中抵扣。所称增值税扣税凭证，是指增值税专用发票、海关进口增值税专用缴款书、农产品收购发票和农产品销售发票、从税务机关或者境内代理人取得的解缴税款的税收缴款凭证及增值税法律法规允许抵扣的其他扣税凭证。下列项目的进项税额不得从销项税额中抵扣。

（1）用于简易计税方法计税项目、免征增值税项目、集体福利或者个人消费的购进货物、劳务、服务、无形资产和不动产。

其中涉及的固定资产、无形资产、不动产，仅指专用于上述项目的固定资产、无形资产（不包括其他权益性无形资产）、不动产。但是发生兼用于上述不允许抵扣项目情况的，该进项税额准予全部抵扣。

另外纳税人购进其他权益性无形资产无论是专用于简易计税方法计税项目、免征增值税项目、集体福利或者个人消费，还是兼用于上述不允许扣除项目，均可以抵扣进项税额。纳税人的交际应酬消费属于个人消费，即交际应酬消费不属于生产经营中的生产投入和支出。

无形资产是指不具实物形态，但能带来经济利益的资产，包括技术、商标、著作权、商誉、自然资源使用权和其他权益性无形资产。其中，自然资源使用权，包括土地使用权、海域使用权、探矿权、采矿权、取水权和其他自然资源使用权。

其他权益性无形资产包括基础设施资产经营权、公共事业特许权、配额、经营权（包括特许经营权、连锁经营权、其他经营权）、经销权、分销权、代理权、会员权、席位权、网络游戏虚拟道具、域名、名称权、肖像权、冠名权、转会费等。

（2）非正常损失的购进货物，以及相关劳务和交通运输服务。

（3）非正常损失的在产品、产成品所耗用的购进货物（不包括固定资产）、劳务和交通运输服务。

（4）非正常损失的不动产，以及该不动产所耗用的购进货物、设计服务和建筑服务。

（5）非正常损失的不动产在建工程所耗用的购进货物、设计服务和建筑服务。纳税人新建、改建、扩建、修缮、装饰不动产，均属于不动产在建工程。

上述第（2）~（5）项所说的非正常损失，是指因管理不善造成货物被盗、丢失、霉烂变质，以及因违反法律法规造成货物或者不动产被依法没收、销毁、拆除的情形。这些非正常损失是由纳税人自身原因造成的，导致征税对象实体的

灭失，为保证税负公平，其损失不应由国家承担，因而纳税人无权要求抵扣进项税额。

【例 2 - 30 · 多选题】根据我国《增值税暂行条例》的规定，下列项目中，其进项税额不得从销项税额中抵扣的有（　　　）。

A. 因自然灾害毁损的库存商品

B. 企业被盗窃的产成品所耗用的外购原材料

C. 在建工程耗用的外购原材料

D. 生产免税产品接受的劳务

【答案】BD

（6）购进的贷款服务、餐饮服务、居民日常服务和娱乐服务。一般情况下，餐饮服务、居民日常服务和娱乐服务的主要接受对象是个人。对于一般纳税人购买的餐饮服务、居民日常服务和娱乐服务，难以准确地界定接受劳务的对象是企业还是个人，因此，一般纳税人购进的餐饮服务、居民日常服务和娱乐服务的进项税额不得从销项税额中抵扣。对于贷款服务进项税不得抵扣，也就是利息支出进项税不得抵扣的规定，主要是考虑如果允许抵扣借款利息，从根本上打通融资行为的增值税抵扣链条，按照增值税"道道征道道扣"的原则，首先就应当对存款利息征税。但在现有条件下难度很大，一方面涉及对居民存款征税，无法解决专用发票的开具问题，也与当下实际存款利率为负的现状不符。对于住宿服务和旅游服务未列入不得抵扣项目，主要考虑是这两个行业属于公私消费参半的行业，因而用个人消费来进行规范。

（7）纳税人接受贷款服务向贷款方支付的与该笔贷款直接相关的投融资顾问费、手续费、咨询费等费用，其进项税额不得从销项税额中抵扣。

（8）财政部和国家税务总局规定的其他情形。上述第（4）项、第（5）项所称货物，是指构成不动产实体的材料和设备，包括建筑装饰材料和给排水、采暖、卫生、通风、照明、通信、煤气、消防、中央空调、电梯、电气、智能化楼宇设备及配套设施。

（9）适用一般计税方法的纳税人，兼营简易计税方法计税项目、免征增值税项目而无法划分不得抵扣的进项税额，按照下列公式计算不得抵扣的进项税额：

$$\text{不得抵扣的进项税额} = \frac{\text{当期无法划分的全部进项税额} \times \left(\text{当期简易计税方法计税项目销售额} + \text{免征增值税项目销售额} \right)}{\text{当期全部销售额}}$$

主管税务机关可以按照上述公式依据年度数据对不得抵扣的进项税额进行清算。这是因为对于纳税人而言，进项税额转出是按月进行的，但由于年度内取得进项税额的不均衡性，有可能会造成按月计算的进项税额转出与按年度计算的进项税额转出产生差异，主管税务机关可在年度终了对纳税人进项税额转出计算公式进行清算，可对相关差异进行调整。

（10）一般纳税人已抵扣进项税额的固定资产、无形资产或者不动产，发生不得从销项税额中抵扣进项税额情形的，按照下列公式计算不得抵扣的进项税额：

不得抵扣的进项税额＝固定资产、无形资产或者不动产净值×适用税率

固定资产、无形资产或者不动产净值，是指纳税人根据财务会计制度计提折旧或摊销后的余额。

（11）有下列情形之一者，应当按照销售额和增值税税率计算应纳税额，不得抵扣进项税额，也不得使用增值税专用发票：

①一般纳税人会计核算不健全，或者不能够提供准确税务资料的。

②应当办理一般纳税人资格登记而未办理的。

该规定是为了加强对符合一般纳税人条件的纳税人的管理，防止利用一般纳税人和小规模纳税人的两种不同的征税办法少缴税款。

（12）购进的货物、劳务、服务、无形资产和不动产如果发生了不得抵扣进项税额的情况，已经抵扣了进项税额的，要做进项税额转出。

【例2－31·单选题】某增值税一般纳税人8月外购材料10 000千克，每千克支付价款和税款2元和0.26元。在运输途中因管理不善被盗1 000千克。运回后以每3千克材料生产出成品1盒的工艺生产产品3 000盒，其中2 200盒用于直接销售，300盒用于发放企业职工福利，500盒因管理不善被盗。那么，该纳税人当月允许抵扣的进项税额应为（　　　　）元。

A. 3 400　　　　B. 3 060　　　　C. 1 950　　　　D. 2 244

【答案】C

【解析】允许抵扣的进项税额＝0.26×（10 000－1 000）－500×3×0.26＝1 950（元）

四、应纳税额的计算

一般纳税人在计算出销项税额和进项税额后就可以得出实际应纳税额。纳税人销售货物或提供应税劳务，其应纳税额为当期销项税额抵扣当期进项税额后的余额。基本计算公式为：

应纳税额 ＝ 当期销项税额 － 当期进项税额

1. 计算应纳税额的时间限定

为了保证计算应纳税额的合理、准确性，纳税人必须严格把握当期进项税额从当期销项税额中抵扣这个要点。"当期"是个重要的时间限定，具体是指税务机关依照税法规定为纳税人确定的纳税期限，只有在纳税期限内实际发生的销项

税额、进项税额，才是法定的当期销项税额或当期进项税额。

为了制止纳税人通过延后销项税、前提进项税以减少当期应纳税额的行为，税法首先对销售货物或应税劳务应计入当期销项税额的时间加以限定。

销项税额是增值税一般纳税人销售货物或提供应税劳务按照实现的销售额计算的金额。税法对计算销项税额的时间作了严格的规定（详见本章第十节增值税的征收管理），以保证准时、准确记录和核算当期销项税额。

【例 2－32·计算题】某涂料厂（增值税一般纳税人）2022 年 7 月发生下列经济业务：

（1）购进化工原料一批，取得的增值税专用发票上注明价款 100 000 元、增值税税款 13 000 元。在购货过程中支付运输费用，取得运输部门开具的增值税专用发票上注明运费 240 元。

（2）购进包装物，取得的增值税专用发票上注明价款 5 000 元、增值税税款 650 元。

（3）销售甲种涂料 2 500 桶，并向对方开具增值税专用发票，销售额为 150 000 元，同时收取包装物押金 24 360 元，并单独记账。

（4）由于客户损坏包装物，没收其包装物押金 23 200 元。

（5）为粉刷办公科室、车间，从成品仓库领用乙种涂料 20 桶，已按成本价转账核算。乙种涂料的单位生产成本为 40 元/桶。

要求：根据上述资料，计算该厂当月应纳增值税额。

【答案及解析】（1）进项税额 = 16 000 + 2 400 × 9% = 13 216（元）

（2）进项税额为 650 元。

（3）销项税额 = 150 000 × 13% = 19 500（元）

（4）销项税额 = [23 200 ÷ (1 + 13%)] × 13% = 2 669.02（元）

（5）销项税额 = 40 × (1 + 10%) × 20 × 13% = 114.4（元）

当月应纳增值税额 = (19 500 + 2 669.02 + 114.4) － (13 216 + 650) = 8 417.42（元）

2. 扣减发生期进项税额的规定

由于增值税实行以当期销项税额抵扣当期进项税额的"购进扣税法"，当期购进的货物、劳务、服务、无形资产、不动产如果事先并未确定将用于不得抵扣进项税额项目，其进项税额会在当期销项税额中予以抵扣。但已抵扣进项税额的购进货物、劳务、服务、无形资产、不动产，如果事后改变用途，用于不得抵扣进项税额项目将如何处理？根据规定，应当将该项购进货物、劳务、服务、无形资产、不动产的进项税额从当期的进项税额中扣减；无法确定该项进项税额的，按当期实际成本计算应扣减的进项税额。

这里需要注意的是，所称"从当期发生的进项税额中扣减"，是指已抵扣进项税额的购进货物、劳务、服务、无形资产、不动产在发生应当扣减行为的当期内的进项税额中扣减，而无须追溯到这些购进货物、劳务、服务、无形资产、不动产抵扣进项税额的那个时期。另外，对无法准确确定该项进项税额的，"按当期实际成本计算应扣减的进项税额"。该做法是指其扣减进项税额的计算依据不是按该货物、劳务、服务、无形资产、不动产的原进价，而是按发生上述情况的当期该货物、劳务、服务、无形资产、不动产的"实际成本"与征税时该货物、劳务、服务、无形资产、不动产适用的税率计算应扣减的进项税额。

$$实际成本 = 进价 + 运费 + 保险费 + 其他有关费用$$

上述实际成本的计算公式，如果属于进口货物是完全适用的；如果是国内购进的货物、劳务、服务、无形资产、不动产，主要包括进价和运费两大部分。

如果一般纳税人会计核算不健全，或者不能够提供准确税务资料的，应当按照销售额和增值税税率计算应纳税额，不得抵扣进项税额，也不得使用增值税专用发票；如已抵扣进项税额的购进货物、劳务、服务、无形资产、不动产事后改变用途，用于不得抵扣进项税额项目的，应按销售额比例划分作为进项税额转出处理。不得抵扣的进项税额 = 相关的全部进项税额 × 免税项目或非应税项目的收入额/免税项目或非应税项目收入额与相关应税收入额的合计。

（1）原来购进的货物是凭票扣税的。

【例 2 - 33·计算题】 某商业企业 8 月初购进一批饮料，专用发票上注明的金额 90 000 元、税款 11 700 元；支付运费，取得增值税专用发票上注明运费 1 000 元。月末将其中的 5% 发给职工。问：当期可抵扣的进项税额是多少？

【答案及解析】 进项税额 = 11 700 + 1 000 × 9% = 11 790（元）

月末将其中的 5% 发给职工，改变了用途，用于个人消费，因此，进项税额要转出，对应的运费也要转出：

进项税额转出 = 11 790 × 5% = 589.5（元）

当期可抵扣的进项税额 = 11 790 - 589.5 = 11 200.5（元）

【例 2 - 34·计算题】 某生产企业月末发现上月购进的原材料被盗，原材料的成本 50 000 元，其中含分摊的运费 4 640 元，问进项税额应转出多少？

【答案及解析】 购进的货物成本部分 = 50 000 - 4 640 = 45 360（元）

当初（上月）的进项税额 = 45 360 × 13% + 4 640 × 9% = 5 896.8 + 417.6 = 6 314.4（元），转出。

（2）已知成本总额，其中购进时一部分原来是凭票扣税，一部分是计算扣税。

【例 2 - 35·计算题】 某企业 8 月从农民手中购进的玉米账面成本 117 500 元，已经按 10% 抵扣了进项税额，9 月发现账面成本减少了（霉烂）38 140 元（含运输成本 520 元，该运费是支付给运输部门的）。进项税额应转出多少？

【答案及解析】 玉米本身的成本 = 38 140 - 520 = 37 620（元）

玉米购进成本的部分占收购价的91%，则玉米收购价 = 37 620 ÷ 91% = 41 340.65（元）

玉米已抵扣的进项税额 = 收购价 × 9% = 41 340.65 × 9% = 3 720.65（元）

运费已抵扣的进项税额 = 520 × 9% = 46.8（元）

进项税额转出 = 3 720.65 + 46.8 = 3 767.45（元）

（3）按现在的成本 × 税率转出。

【例 2 - 36·计算题】 自行车生产企业9月末发现生产的10辆自行车被盗，每辆产成品成本200元，其中原料占了50%，问应转出的进项税额是多少？

【答案及解析】 应转出的进项税额 = 10 × 200 × 50% × 13% = 130（元）

（4）按公式计算转出。

纳税人兼营免税项目或非应税项目（不包括固定资产在建工程）无法准确划分不得抵扣的进项税额部分，按下列公式计算不得抵扣的进项税额：

$$不得抵扣的进项税额 = \frac{免税项目或非应税项目销售额}{不含税销售总额} × 全部进项税额$$

【例 2 - 37·计算题】 某制药厂3月销售抗生素113万元（含税），销售免税药品50万元，当月购进生产用的原料，增值税专用发票上注明的税额6.6万元，计算当月应纳税额。

【答案及解析】 销项税额 = [113 ÷ (1 + 13%)] × 13% = 13（万元）

不得抵扣的进项税额 = 6.6 × 50 ÷ [50 + 113 ÷ (1 + 13%)] = 2.2（万元）

可以抵扣的进项税额 = 6.6 - 2.2 = 4.4（万元）

当月应纳税额 = 13 - 4.4 = 8.6（万元）

3. 销售折让、中止或者退回涉及销项税额和进项税额的税务处理

增值税一般纳税人因发生应税销售行为退回或者折让而退还给购买方的增值税额，应从发生应税销售行为中退回或者折让当期的销项税额中扣减；因购进货物、劳务、服务、无形资产、不动产退出或者折让而收回的增值税额，应从发生应税销售行为退出或者折让当期的进项税额中扣减。

对于一些企业在发生购进货物、劳务、服务、无形资产、不动产退出或折让并收回价款和增值税额时，没有相应减少当期进项税额，造成进项税额虚增、减少纳税的现象，这是税法所不能允许的，都将被认定为逃避缴纳税款行为，并按逃避缴纳税款予以处罚。

4. 纳税人跨县（市、区）提供建筑服务增值税征收管理暂行办法

纳税人跨县（市、区）提供建筑服务，按文件规定的纳税义务发生时间和计税方法，向建筑服务发生地主管税务机关预缴税款，向机构所在地主管税务机关申报纳税。

《建筑工程施工许可证》未注明合同开工日期，但建筑工程承包合同注明的开工日期在2016年4月30日前的建筑工程项目，可以选择简易计税方法。

跨县（市、区）提供建筑服务，是指单位和个体工商户（以下简称纳税人）在其机构所在地以外的县（市、区）提供建筑服务。

5. 应纳税额计算实例

【例 2 - 38 · 计算题】 某生产企业（增值税一般纳税人）2022 年 7 月业务资料如下：

（1）购进生产用材料一批，取得的增值税专用发票上注明的价款 160 000 元、增值税款 20 800 元；发生运输费用，已取得运输部门开具的专用发票上注明不含税运费 1 500 元。

（2）购进辅料，取得增值税专用发票上注明的价款 40 000 元、增值税 5 200元。

（3）购进建筑材料一批，取得的增值税专用发票注明的价款 20 000 元、增值税款 2 600 元；该批材料已运抵企业，并用于厂房建设工程；货款已转账付讫。

（4）购进生产用设备 1 台，取得对方开具的普通发票，注明的金额为 585 000 元；发生运输费用，运输部门开具的专用发票上注明不含税运费 3 200 元。

（5）向 A 公司销售自制产品一批，开具的增值税专用发票上注明的销售额为 280 000 元。代垫运费，取得由运输部门开具给该企业的专用发票上注明运费 2 000 元、增值税 180 元；该企业另开普通发票（金额 2 180 元）向 A 公司收取该笔代垫运费。

（6）因管理不善，致使库存生产用材料丢失，账面成本 50 000 元。上月购进该批材料时已取得增值税专用发票，进项税额已在购进月份申报抵扣。

要求：各类货物增值税税率均为 13%，请计算该企业当月应纳的增值税额。

【答案及解析】（1）进项税额 = 20 800 + 1 500 × 9% = 20 935（元）

（2）进项税额为 5 200 元。

（3）进项税额为 2 600 元。

（4）进项税额为 3 200 × 9% = 288（元）

（设备由于是普通发票，所以不可以抵扣）

（5）销项税额 = 280 000 × 13% + [2 180 ÷ (1 + 13%)] × 13% = 36 400 + 250.79 = 36 650.79（元）

进项税额为 180 元。

（6）进项税额转出 = 50 000 × 13% = 6 500（元）

当月应纳增值税额 = 36 650.79 - (20 935 + 5 200 + 2 600 + 288 + 180 - 6 500) = 13 947.79（元）

【例 2 - 39 · 计算题】 某商场（增值税一般纳税人）2022 年 8 月发生以下业务：

（1）购进一批货物 200 000 元，按合同规定分三次付款。本月已付清应付款

项 60 000 元，取得销货方开具的专用发票上注明的全部税金 26 000 元。

（2）购进一批货物 100 000 元，取得的专用发票上注明的税金 13 000 元。

（3）零售一批空调，取得零售收入 174 000 元。

（4）批发一批货物不含税销售额 200 000 元，因对方提前 10 天支付货款，所以按合同规定给予 5% 的折扣，实收 190 000 元。

（5）因质量问题，顾客退回 4 月零售的空调，退款 5 800 元。与厂方联系，将此空调退回厂家，并提供了税务局开具的退货证明单，收回退货款及税金共 4 640 元。

（6）从果农手中购进鲜果支付价款 7 000 元，用于直接出售。

要求：根据上述资料，计算该商场当月应纳的增值税税额。

【答案及解析】（1）进项税额 = 26 000 + 13 000 + 7 000 × 9% = 39 630（元）

（2）销项税额 = [174 000 ÷ (1 + 13%)] × 13% + 200 000 × 13% − [5 800 ÷ (1 + 13%)] × 13% = 20 017.69 + 26 000 − 867.25 = 45 350.44（元）

进项税额转出 = [4 640 ÷ (1 + 13%)] × 13% = 533.80（元）

应纳的增值税税额 = 45 350.44 − (39 630 − 533.80) = 45 350.44 − 39 096.2 = 6 254.24（元）

【例 2 - 40·计算题】某生产企业为增值税一般纳税人，适用增值税税率 13%，2022 年 9 月有关生产经营业务如下：

（1）销售甲产品给某大商场，开具增值税专用发票，取得不含税销售额 80 万元；另外，开具普通发票，取得销售甲产品的送货运输费收入 5.8 万元；

（2）销售乙产品，开具普通发票，取得含税销售额 29 万元；

（3）将试制的一批应税新产品用于集体福利，成本价为 20 万元，成本利润率为 10%，该新产品无同类产品市场销售价格；

（4）销售使用过的进口摩托车 5 辆，开具普通发票，每辆取得含税销售额 1.03 万元；

（5）购进货物取得增值税专用发票，注明支付的货款 60 万元、进项税额 7.8 万元，货物验收入库；另外，支付购货的运输费用，取得运输公司开具的专用发票上注明运费 6 万元；

（6）向农业生产者购进免税农产品一批，支付收购价 30 万元，支付给运输单位的运费，取得专用发票上注明运费 5 万元，农产品验收入库。本月下旬将购进的农产品的 20% 用于本企业职工福利，其余 80% 生产领用，用于生产税率为 13% 的货物。

要求：计算该企业 2022 年 9 月应缴纳的增值税税额。

【答案及解析】（1）销售甲产品的销项税额 = 80 × 13% + 5.8 ÷ (1 + 13%) × 13% = 10.4 + 0.66 = 11.06（万元）

（2）销售乙产品的销项税额 = 29 ÷ (1 + 13%) × 13% = 3.33（万元）

（3）自用新产品的销项税额 $= 20 \times (1 + 10\%) \times 13\% = 2.86$（万元）

（4）销售使用过的摩托车应纳税额 $= 1.03 \div (1 + 3\%) \times 2\% \times 5 = 0.1$（万元）

（5）外购货物应抵扣的进项税额 $= 7.8 + 6 \times 9\% = 8.34$（万元）

（6）外购免税农产品生产税率为13%的货物应抵扣的进项税额 $= (30 \times 10\% + 5 \times 9\%) \times (1 - 20\%) = 2.76$（万元）

（20%用于职工福利部分不允许抵扣进项税额）

9月应缴纳的增值税额 $= 11.06 + 3.33 + 2.86 + 0.1 - 8.34 - 2.52 - 0.24 = 6.25$（万元）

【例2-41·计算题】甲公司为增值税一般纳税人，主要从事大型机械设备制造和销售业务。2022年10月有关经营情况如下：

（1）购入原材料取得增值税专用发票注明税额39万元；进口检测仪器取得海关进口增值税专用缴款书注明税额26万元。

（2）报销销售人员国内差旅费，取得网约车费增值税电子普通发票注明税额0.09万元；取得住宿费增值税普通发票注明税额0.6万元；取得注明销售人员身份信息的铁路车票，票面金额合计10.9万元；取得注明销售人员身份信息的公路客票，票面金额合计5.15万元。

（3）采取分期收款方式销售W型大型机械设备一台，含增值税价款226万元，合同约定当月收取50%价款，次年4月再收取50%价款；采取预收货款方式销售Y型大型机械设备一台，设备生产工期18个月，合同约定本月应预收含增值税价款960.5万元，甲公司当月实际收到该笔预收款。

（4）支付境外乙公司专利技术使用费，合同约定含增值税价款99.64万元，乙公司在境内未设有经营机构且无代理人。

已知：销售货物增值税税率为13%；销售无形资产增值税税率6%；铁路旅客运输服务按照9%计算进项税额；公路旅客运输服务按照3%计算进项税额；取得的扣税凭证均符合抵扣规定。

要求：根据上述资料，不考虑其他因素，计算每小题涉及的增值税。

【答案及解析】（1）进项税额 $= 39 + 26 = 65$（万元）

（2）进项税额 $= 0.09 + 10.9 \div (1 + 9\%) \times 9\% + 5.15 \div (1 + 3\%) \times 3\% = 1.14$（万元）

（住宿费取得的是增值税普通发票，不得抵扣进项税额）

（3）销项税额 $= (226 \times 50\% + 960.5) \div (1 + 13\%) \times 13\% = 123.5$（万元）

（4）甲公司支付专利技术使用费应代扣代缴增值税税额 $= 99.64 \div (1 + 6\%) \times 6\% = 5.64$（万元）

第四节　简易计税方法应纳税额的计算

一、应纳税额的计算公式

简易计税方法的应纳税额，是指按照销售额和增值税征收率计算的增值税税额，不得抵扣进项税额。

小规模纳税人一律采用简易计税方法计税，一般纳税人发生可以选择适用简易计税方法的应税销售行为，可以选择按照简易计税方法计算缴纳增值税。

小规模纳税人以及一般纳税人适用简易计税方法的，按照销售额的 5% 或 3% 的征收率计算应纳税额，不得抵扣进项税额。应纳税额计算公式为：

$$应纳税额 = 销售额 \times 征收率$$

小规模纳税人取得的销售额与一般纳税人取得的销售额所包含的内容是一致的，都是销售货物或提供应税劳务向购买方收取的全部价款和价外费用，但是不包括按 5% 或 3% 的征收率收取的增值税税额。

二、含税销售额的换算

由于小规模纳税人在销售货物或应税劳务时，只能开具普通发票，取得的销售收入均为含税销售额。为了符合增值税作为价外税的要求，小规模纳税人在计算应纳税额时，必须将含税销售额换算为不含税的销售额后才能计算应纳税额。小规模纳税人不含税销售额的换算公式为：

$$不含税销售额 = 含税销售额 \div (1 + 征收率)$$

【例 2 - 42 · 计算题】汽车修理厂为小规模纳税人，本月修车收入 8 万元，销售汽车零部件的收入 4 万元，本月购进各种修理用配件 5 万元。要求：计算应纳增值税税额。

【答案及解析】应纳税额 = [(8 + 4) ÷ (1 + 3%)] × 3% = 0.349515（万元）= 3 495.15（元）

【例 2 - 43 · 计算题】某餐馆为增值税小规模纳税人，2022 年 5 月取得含增值税的餐饮收入额为 25.75 万元。计算该餐馆 5 月应缴纳的增值税税额。

【答案及解析】5 月取得的不含税销售额 = 25.75 ÷ (1 + 3%) = 25（万元）

5 月应缴纳增值税税额 = 25 × 3% = 0.75（万元）

纳税人适用简易计税方法计税的，因销售折让、中止或者退回而退还给购买方的销售额，应当从当期销售额中扣减。扣减当期销售额后仍有余额造成多缴的税款，可以从以后的应纳税额中扣减。

对小规模纳税人发生上述情况而退还销售额给购买方，依照规定将所退的款项扣减当期销售额的，如果小规模纳税人已就该项业务委托税务机关为其代开了增值税专用发票的，应按规定申请开具红字专用发票。

【例2-44·计算题】某广告公司（小规模纳税人）2022年第二季度发生应税服务销售额为102万元，另由于合理原因销售额为20万元的业务发生退款，出租不动产取得租金收入30万元，销售额均不含税。要求：计算该公司应纳增值税税额。

【答案及解析】该企业应缴纳的增值税税额 = (102 - 20) × 3% + 30 × 5% = 2.46 + 1.5 = 3.96（万元）

三、销售旧货及自己使用过的固定资产的简易征税

一般纳税人和小规模纳税人销售旧货，小规模纳税人销售自己使用过的固定资产，采用简易征税方式，适用3%减按2%征税。

一般纳税人销售自己使用过的固定资产，购进时未抵扣过进项税额，转让时采用简易征税方式，适用3%减按2%征税。

【例2-45·计算题】某咨询公司（小规模纳税人）2022年第三季度取得咨询服务含税销售额为82.4万元，转让了一批自用3年的设备，转让收入合计为10.3万元。要求：计算该公司应纳增值税税额。

【答案及解析】该企业应缴纳的增值税税额 = 82.4 ÷ (1 + 3%) × 3% + 10.3 ÷ (1 + 3%) × 2% = 2.4 + 0.2 = 2.6（万元）

第五节　进口环节增值税的征收

对进口货物征税是国际上大多数国家的通常做法。在中华人民共和国境内一切进口货物的单位和个人都应当依照规定缴纳增值税。对进口货物征税需要掌握以下几个主要方面。

一、进口货物征税的范围及纳税人

（一）进口环节征税的范围

（1）申报进入中华人民共和国海关境内的货物，均应缴纳增值税。确定一项货物是否属于进口货物，必须先看其是否有报关进口手续。只要是报关进口的应税货物，不论其是国外产制还是我国已出口而转销国内的货物，是进口者自行

采购还是国外捐赠的货物，是进口者自用还是作为贸易或其他用途等，均应按照规定缴纳进口环节的增值税。

（2）进口《跨境电子商务零售进口商品清单》范围内的以下商品适用于跨境电子商务零售进口增值税税收政策：

①所有通过与海关联网的电子商务交易平台交易，能够实现交易、支付、物流电子信息"三单"比对的跨境电子商务零售进口商品；

②未通过与海关联网的电子商务交易平台交易，但快递、邮政企业能够统一提供交易、支付、物流等电子信息，并承诺承担相应法律责任进境的跨境电子商务零售进口商品。

不属于跨境电子商务零售进口的个人物品以及无法提供交易、支付、物流等电子信息的跨境电子商务零售进口商品，按现行规定执行。

（二）进口环节的纳税人

进口货物的收货人或办理报关手续的单位和个人，为进口货物增值税的纳税义务人。也就是说，进口货物增值税纳税人的范围较宽，包括了国内一切从事进口业务的企业事业单位、机关团体和个人。

对于企业、单位和个人委托代理进口应征增值税的货物，鉴于代理进口货物的海关完税凭证，有开具给委托方和受托方的不同情况，对代理进口货物以海关开具的完税凭证上的纳税人为增值税纳税人。在实际工作中一般由进口代理者代缴进口环节增值税。纳税后，由代理者将已纳税款和进口货物价款费用等与委托方结算，由委托者承担已纳税款。

跨境电子商务零售进口商品按照货物征收关税和进口环节增值税、消费税，购买跨境电子商务零售进口商品的个人作为纳税义务人。电子商务企业、电子商务交易平台企业或物流企业可作为代收代缴义务人。

【例2－46·单选题】甲进出口公司代理乙工业企业进口设备，委托丙货代公司办理托运手续，海关进口增值税专用缴款书上的缴款单位为甲公司。该进口设备的纳税人是（　　）。

A. 甲公司　　　　B. 乙工业企业　　C. 丙货代公司　　D. 国外销售商

【答案】A

【解析】代理进口货物以海关进口增值税专用缴款书上的纳税人为增值税纳税人。

二、进口环节增值税税率

进口环节的增值税税率与本章第四节的内容相同。但是对跨境电子商务零售进口商品的单次交易限值为人民币2 000元，个人年度交易限值为人民币20 000

元以内进口的跨境电子商务零售进口商品，关税税率暂设为 0。特别要注意的是，小规模纳税人发生进口行为，其适用的增值税与一般纳税人相同，不适用简易计算办法所适用的税率。

三、应纳税额的计算

纳税人进口货物，按照组成计税价格和规定的税率计算应纳税额，不得抵扣任何税额。组成计税价格和应纳税额的计算公式是：

$$组成计税价格 = 关税完税价格 + 关税 + （消费税税额）$$
$$应纳税额 = 组成计税价格 × 税率$$

纳税人在计算进口货物的增值税时应该注意以下问题。

（1）进口货物增值税的组成计税价格中包括已纳关税税额，如果进口货物属于消费税应税消费品，其组成计税价格中还要包括进口环节应纳消费税税额。

（2）在计算进口环节的应纳增值税税额时不得抵扣任何税额，即在计算进口环节的应纳增值税税额时，不得抵扣发生在我国境外的各种税金。

以上两点实际上是贯彻了出口货物的目的地原则或称消费地原则，即对进口货物原则上在实际消费地征收商品或货物税。对进口货物而言，出口这些货物的出口国在出口时并没有征收出口关税和增值税、消费税，到我国口岸时货物的价格基本就是到岸价格，即所谓的关税完税价格。如果此时不征收关税和其他税收则与国内同等商品的税负差异就会很大。因此，在进口时首先要对其征收进口关税。如果是应征消费税的商品则要征消费税。在这基础上才形成了增值税的计税依据即组成计税价格。这与国内同类商品的税基是一致的。由于货物出口时出口国并没有征收过流转税，因此，在进口时我们计算增值税时就不用进行进项税额抵扣。

（3）按照规定，一般贸易下进口货物的关税完税价格以海关审定的成交价格为基础的到岸价格作为完税价格。所谓成交价格是一般贸易项下进口货物的买方为购买该项货物向卖方实际支付或应当支付的价格；到岸价格，包括货价，加上货物运抵我国关境内输入地点起卸前的包装费、运费、保险费和其他劳务费等费用构成的一种价格。特殊贸易下进口的货物，由于进口时没有"成交价格"可作依据，为此，《进出口关税条例》对这些进口货物制定了确定其完税价格的具体办法。

（4）纳税人进口货物取得的合法海关完税凭证，是计算增值税进项税额的唯一依据，其价格差额部分以及从境外供应商取得的退还或返还的资金，不作进项税额转出处理。

（5）跨境电子商务零售进口商品按照货物征收关税和进口环节增值税、消费税，以实际交易价格（包括货物零售价格、运费和保险费）作为完税价格。

（6）跨境电子商务零售进口商品的进口环节增值税、消费税取消免征税额，暂按法定应纳税额的70%征收。超过单次限值、累加后超过个人年度限值的单次交易，以及完税价格超过2 000元限值的单个不可分割商品，均按照一般贸易方式全额征税。

国家在规定对进口货物征税的同时，对某些进口货物制定了减免税的特殊规定，如属于"来料加工、进料加工"贸易方式进口国外的原材料、零部件等在国内加工后复出口的，对进口的料件按规定给予免税或减税，但这些进口免、减税的料件若不能加工复出口，而是销往国内的，就要予以补税。对进口货物是否减免税由国务院统一规定，任何地方、部门都无权规定减免税项目。

【例2-47·计算题】某商场于2023年2月进口货物一批。该批货物在国外的买价为40万元，另该批货物运抵我国海关前发生的包装费、运输费、保险费等共计20万元。货物报关后，商场按规定缴纳了进口环节的增值税并取得了海关开具的完税凭证。假定该批进口货物在国内全部销售，取得不含税销售额80万元。

要求：计算该批货物进口环节、国内销售环节分别应缴纳的增值税税额（货物进口关税税率15%，增值税税率13%）。

【答案及解析】（1）关税完税计税价格＝40＋20＝60（万元）

（2）应缴纳进口关税＝60×15%＝9（万元）

（3）进口环节应纳增值税的组成计税价格＝60＋9＝69（万元）

（4）进口环节应缴纳增值税的税额＝69×13%＝8.97（万元）

（5）国内销售环节的销项税额＝80×13%＝10.4（万元）

（6）国内销售环节应缴纳增值税税额＝10.4－8.97＝1.43（万元）

四、进口货物的税收管理

进口货物，增值税纳税义务发生时间为报关进口的当天，其纳税地点应当由进口人或其代理人向报关地海关申报纳税，其纳税期限应当自海关填发税款缴款书之日起15日内缴纳税款；进口货物的增值税由海关代征。

个人携带或者邮寄进境自用物品的增值税，连同关税一并计征。

进口货物增值税纳税义务发生时间为报关进口的当天，其纳税地点应当由进口人或其代理人向报关地海关申报纳税，其纳税期限应当自海关填发海关进口增值税专用缴款书之日起15日内缴纳税款。

跨境电子商务零售进口商品自海关放行之日起30日内退货的，可申请退税，并相应调整个人年度交易总额。

跨境电子商务零售进口商品购买人（订购人）的身份信息应进行认证；未进行认证的，购买人（订购人）身份信息应与付款人一致。

第六节　增值税的税收优惠

一、免税货物

（1）农业生产者销售的自产农产品。

（2）避孕药品和用具。

（3）古旧图书是指向社会收购的古书和旧书。

（4）直接用于科学研究、科学试验和教学的进口仪器、设备。

（5）外国政府、国际组织无偿援助的进口物资和设备。

（6）由残疾人的组织直接进口供残疾人专用的物品。

（7）销售的自己使用过的物品。自己使用过的物品，是指其他个人自己使用过的物品。

二、提供服务的税收优惠

（一）专项民生服务

（1）托儿所、幼儿园提供的保育和教育服务。

（2）养老机构提供的养老服务。

（3）残疾人福利机构提供的育养服务。

（4）婚姻介绍服务。

（5）殡葬服务。

（6）医疗机构提供的医疗服务。

（7）家政服务企业为员工制家政服务员提供家政服务取得的收入。

（二）符合规定的教育服务

（1）从事学历教育的学校提供的教育服务。

（2）政府举办的从事学历教育的高等、中等和初等学校，举办进修班、培训班取得的全部归学校所有的收入。

（3）政府举办的职业学校设立的主要为在校学生提供实习场所、并由学校出资自办、由学校负责经营管理、经营收入归学校所有的企业，从事现代服务、生活服务业务取得的收入。

（4）境外教育机构与境内从事学历教育的学校开展中外合作办学，提供学历教育服务取得的收入。

（三）特殊群体提供的应税服务

（1）残疾人员本人为社会提供的服务。

（2）学生勤工俭学提供的服务。

（四）农业机耕、排灌、病虫害防治、植物保护、农牧保险以及相关技术培训业务，家禽、牲畜、水生动物的配种和疾病防治

（五）文化和科普类服务

（1）纪念馆、博物馆、文化馆、文物保护单位管理机构、美术馆、展览馆、书画院、图书馆等在自己的场所提供文化体育服务取得的第一道门票收入。

（2）寺院、宫观、清真寺和教堂举办文化、宗教活动的门票收入。

（3）个人转让著作权。

（六）纳税人提供技术转让、技术开发和与之相关的技术咨询、技术服务

（七）特殊运输相关的服务

（1）台湾航运公司、航空公司从事海峡两岸海上直航、空中直航业务在大陆取得的运输收入。

（2）纳税人提供的直接或者间接国际货物运输代理服务。

（3）青藏铁路公司提供的铁路运输服务免征增值税。

（八）以下利息收入

（1）国家助学贷款。

（2）国债、地方政府债。

（3）人民银行对金融机构的贷款。

（4）住房公积金管理中心用住房公积金在指定的委托银行发放的个人住房贷款。

（5）外汇管理部门在从事国家外汇储备经营过程中，委托金融机构发放的外汇贷款。

（6）统借统还业务中，企业集团或企业集团中的核心企业以及集团所属财务公司按不高于支付给金融机构的借款利率水平或者支付的债券票面利率水平，向企业集团或者集团内下属单位收取的利息。

统借方向资金使用单位收取的利息，高于支付给金融机构借款利率水平或者支付的债券票面利率水平的，应全额缴纳增值税。

（7）自 2018 年 11 月 7 日起至 2025 年 12 月 31 日止，对境外机构投资境内债券市场取得的债券利息收入暂免征收增值税。

（九）被撤销金融机构以货物、不动产、无形资产、有价证券、票据等财产清偿债务

除另有规定外，被撤销金融机构所属、附属企业，不享受被撤销金融机构增值税免税政策。

（十）保险公司开办的一年期以上人身保险产品取得的保费收入

一年期以上人身保险，是指保险期间为一年期及以上返还本利的人寿保险、养老年金保险，以及保险期间为一年期及以上的健康保险。养老年金保险应当同时符合下列条件：①保险合同约定给付被保险人生存保险金的年龄不得小于国家规定的退休年龄。②相邻两次给付的时间间隔不得超过一年。

（十一）下列金融商品转让收入

（1）香港市场投资者（包括单位和个人）通过沪港通买卖上海证券交易所上市 A 股；内地投资者（包括单位和个人）通过沪港通买卖香港联交所上市股票。

（2）对香港市场投资者（包括单位和个人）通过基金互认买卖内地基金份额。

（3）证券投资基金（封闭式证券投资基金，开放式证券投资基金）管理人运用基金买卖股票、债券。

（4）个人从事金融商品转让业务。

（5）全国社会保障基金理事会、全国社会保障基金投资管理人运用全国社会保障基金买卖证券投资基金、股票、债券取得的金融商品转让收入，免征增值税。

（6）个人投资者转让创新企业 CDR 取得的差价收入。创新企业 CDR 是"创新企业境内发行存托凭证"的英文简称，创新科技公司除了在境外发行股票以外，还可以拿出部分股票暂存于内地托管机构中，该托管机构可以以存放的股票为标的，发放存托凭证（CDR）。

（十二）金融同业往来利息收入

（1）金融机构与人民银行所发生的资金往来业务。

（2）银行联行往来业务。

（3）金融机构间的资金往来业务。

（4）金融机构之间开展的转贴现业务。

除上述情况外，同业存款、同业借款、同业代付、买断式买入返售金融商品、持有金融债券、同业存单等的利息也属于同业往来利息收入。

（十三）非经营性活动或非经营性收入及部分特殊服务

（1）各党派、共青团、工会、妇联、中科协、青联、台联、侨联收取党费、团费、会费，以及政府间国际组织收取会费，属于非经营活动，不征收增值税。

（2）国家商品储备管理单位及其直属企业承担商品储备任务，从中央或者地方财政取得的利息补贴收入和价差补贴收入。

（3）符合条件的合同能源管理服务。

（4）福利彩票、体育彩票的发行收入。

（5）军队空余房产租赁收入。

（十四）住房、土地使用权、自然资源使用权类

（1）个人销售自建自用住房。

（2）为了配合国家住房制度改革，企业、行政事业单位按房改成本价、标准价出售住房取得的收入。

（3）将土地使用权转让或出租给农业生产者用于农业生产。

（4）土地所有者出让土地使用权和土地使用者将土地使用权归还给土地所有者。

（5）县级以上地方人民政府或自然资源行政主管部门出让、转让或收回自然资源使用权（不含土地使用权）。

（6）涉及家庭财产分割的个人无偿转让不动产、土地使用权。包括下列情形：离婚财产分割；无偿赠与配偶、父母、子女、祖父母、外祖父母、孙子女、外孙子女、兄弟姐妹；无偿赠与对其承担直接抚养或者赡养义务的抚养人或者赡养人；房屋产权所有人死亡，法定继承人、遗嘱继承人或者受遗赠人依法取得房屋产权。

（十五）就业类

（1）随军家属就业。

①为安置随军家属就业而新开办的企业，自领取税务登记证之日起，其提供的应税服务3年内免征增值税。享受税收优惠政策的企业，随军家属必须占企业总人数的60%（含）以上，并有军（含）以上政治和后勤机关出具的证明。

②从事个体经营的随军家属，自办理税务登记事项之日起，其提供的应税服务3年内免征增值税。随军家属必须有师以上政治机关出具的可以表明其身份的证明。按照上述规定，每一名随军家属可以享受一次免税政策。

（2）军队转业干部就业。

①从事个体经营的军队转业干部，自领取税务登记证之日起，其提供的应税

服务 3 年内免征增值税。

②为安置自主择业的军队转业干部就业而新开办的企业，凡安置自主择业的军队转业干部占企业总人数 60%（含）以上的，自领取税务登记证之日起，其提供的应税服务 3 年内免征增值税。享受上述优惠政策的自主择业的军队转业干部必须持有师以上部队颁发的转业证件。

（十六）改革开放类

（1）自 2018 年 11 月 30 日至 2023 年 11 月 29 日，对经国务院批准对外开放的货物期货品种保税交割业务，暂免征收增值税。

（2）海南离岛免税店销售离岛免税商品免征增值税和消费税的处理。

①离岛免税店销售离岛免税商品，按规定免征增值税和消费税。离岛免税店按月进行增值税、消费税纳税申报。

②离岛免税店销售非离岛免税商品，按现行规定向主管税务机关申报缴纳增值税和消费税。

③离岛免税店兼营应征增值税、消费税项目的，应分别核算离岛免税商品和应税项目的销售额；未分别核算的，不得免税。

④离岛免税店销售离岛免税商品应开具增值税普通发票，不得开具增值税专用发票。

三、增值税即征即退

（1）增值税一般纳税人销售其自行开发生产的软件产品，按基本税率征收增值税后，对其增值税实际税负超过 3% 的部分实行即征即退政策。

（2）一般纳税人提供管道运输服务，对其增值税实际税负超过 3% 的部分实行增值税即征即退政策。

（3）除例外情况，经人民银行、国家金融监督管理总局或者商务部批准从事融资租赁业务的一般纳税人，提供有形动产融资租赁服务和有形动产融资性售后回租服务，对其增值税实际税负超过 3% 的部分实行增值税即征即退政策。

（4）纳税人享受安置残疾人增值税即征即退优惠政策。本规定所称增值税实际税负，是指纳税人当期提供应税服务实际缴纳的增值税额占纳税人当期提供应税服务取得的全部价款和价外费用的比例。

（5）资源综合利用产品和劳务增值税优惠政策。纳税人销售自产的综合利用产品和提供资源综合利用劳务，可享受增值税即征即退政策。目录中将资源综合利用类别分为"共、伴生矿产资源""废渣、废水（液）、废气""再生资源""农林剩余物及其他""资源综合利用劳务"五大类。退税比例有 30%、50%、70%、90% 和 100% 五个档次。纳税人从事优惠目录所列的资源综合利用项目，享受规定的增值税即征即退政策时，应同时符合一些条件。

四、扣减增值税规定

对退役士兵和重点群体两类创业就业人员的优惠政策：从事个体经营的，在3年内按每户每年12 000元为限额，依次扣减其当年实际应缴纳的增值税、城市维护建设税、教育费附加、地方教育附加和个人所得税。企业安置其就业的，在3年内按每实际招用人数每年6 000元为限额，依次扣减增值税、城市维护建设税、教育费附加、地方教育附加和企业所得税。

五、金融企业发放贷款

金融企业发放贷款后，自结息日起90日内发生的应收未收利息按现行规定缴纳增值税，自结息日起90日后发生的应收未收利息暂不缴纳增值税，待实际收到利息时按规定缴纳增值税。

六、个人销售住房

个人将购买不足2年的住房对外销售的，按照5%的征收率全额缴纳增值税；个人将购买2年（含）以上的住房对外销售的，免征增值税。上述政策适用于北京市、上海市、广州市和深圳市以外的地区。

个人将购买2年（含）以上的非普通住房对外销售的，以销售收入减去购买住房价款后的差额按照5%的征收率缴纳增值税；个人将购买2年（含）以上的普通住房对外销售的，免征增值税。上述政策仅适用于北京市、上海市、广州市和深圳市。

七、财政部、国家税务总局规定的其他部分征免税项目

1. 免征蔬菜、部分鲜活肉蛋产品流通环节增值税

经国务院批准，自2012年1月1日起，免征蔬菜流通环节增值税。

（1）对从事蔬菜批发、零售的纳税人销售的蔬菜免征增值税。蔬菜是指可作副食的草本、木本植物，包括各种蔬菜、菌类植物和少数可作副食的木本植物。蔬菜的主要品种参照《蔬菜主要品种目录》执行。经挑选、清洗、切分、晾晒、包装、脱水、冷藏、冷冻等工序加工的蔬菜，属于所述蔬菜的范围。各种蔬菜罐头不属于所述蔬菜的范围。

（2）对从事农产品批发、零售的纳税人销售的部分鲜活肉蛋产品免征增

值税。

（3）纳税人既销售蔬菜又销售其他增值税应税货物的，应分别核算蔬菜和其他增值税应税货物的销售额；未分别核算的，不得享受蔬菜增值税免税政策。

2. 饲料、制种的优惠政策

（1）豆粕属于征收增值税的饲料产品，除豆粕以外的其他粕类饲料产品，均免征增值税。

（2）制种企业利用自有土地或承租土地，雇用农户或雇工进行种子繁育，再经烘干、脱粒、风筛等深加工后销售种子。制种企业提供亲本种子委托农户繁育并从农户手中收回，再经烘干、脱粒、风筛等深加工后销售种子。其属于农业生产者销售自产农业产品，应根据有关规定免征增值税。

3. 有机肥产品免征增值税政策

自 2008 年 6 月 1 日起，纳税人生产销售和批发、零售符合条件的有机肥产品免征增值税。享受免税政策的纳税人应按照规定，单独核算有机肥产品的销售额。未单独核算销售额的，不得免税。纳税人销售免税的有机肥产品，应按规定开具普通发票，不得开具增值税专用发票。纳税人申请免征增值税，应向主管税务机关提供相关的资料，凡不能提供的，一律不得免税。

4. 自 2019 年 1 月 1 日至 2023 年 12 月 31 日，对广播电视运营服务企业收取的有线数字电视基本收视维护费和农村有线电视基本收视费，免征增值税

5. 小规模纳税人的税收优惠

自 2021 年 4 月 1 日至 2022 年 12 月 31 日，对月销售额 15 万元以下（含本数）的增值税小规模纳税人，免征增值税。

自 2023 年 1 月 1 日至 2027 年 12 月 31 日，对月销售额 10 万元以下（含本数）的增值税小规模纳税人，免征增值税。

小规模纳税人月销售额超过 15 万元，但扣除本期发生的销售不动产的销售额后未超过 15 万元或 10 万元的，其销售货物、劳务、服务、无形资产取得的销售额，免征增值税。

假设 1：A 小规模纳税人 2022 年 1 月销售货物 4 万元，提供服务 3 万元，销售不动产 2 万元，合计销售额 = 4 + 3 + 2 = 9（万元），因此，该纳税人销售货物、服务和不动产取得的销售额 9 万元，可享受小规模纳税人的免税政策。

假设 2：A 小规模纳税人 2022 年 1 月销售货物 4 万元，提供服务 3 万元，销售不动产 15 万元，合计销售额 = 4 + 3 + 15 = 22（万元），剔除销售不动产后的销售额为 7 万元，因此，该纳税人销售货物和服务的销售额 7 万元，可享受小规模纳税人的免税政策，销售不动产 15 万元应照章纳税。

6. 研发机构采购设备增值税政策

为了鼓励科学研究和技术开发，促进科技进步，经国务院批准，对符合规定的研发机构（包括内资研发机构和外资研发中心）采购的国产设备，按规定实行全额退还增值税。

7. 城镇公共供水企业缴纳的水资源税所对应的水费收入

原对城镇公共供水用水户在基本水价（自来水价格）外征收水资源费的试点省份，在水资源费改税试点期间，按照不增加城镇公共供水企业负担的原则，城镇公共供水企业缴纳的水资源税所对应的水费收入，不计征增值税，按"不征税自来水"项目开具增值税普通发票。

8. 向目标脱贫地区的单位和个人的公益性捐赠

自 2019 年 1 月 1 日至 2025 年 12 月 31 日，对单位或者个体工商户将自产、委托加工或购买的货物通过公益性社会组织、县级及以上人民政府及其组成部门和直属机构，或直接无偿捐赠给目标脱贫地区的单位和个人，免征增值税。在政策执行期限内，目标脱贫地区实现脱贫的，可继续适用上述政策。

八、增值税加计抵减政策

根据《财政部、税务总局关于明确增值税小规模纳税人减免增值税等政策的公告》文件的规定，自 2023 年 1 月 1 日至 2023 年 12 月 31 日，增值税加计抵减政策按照以下规定执行：

（1）允许生产性服务业纳税人按照当期可抵扣进项税额加计 5% 抵减应纳税额。生产性服务业纳税人，是指提供邮政服务、电信服务、现代服务、生活服务取得的销售额占全部销售额的比重超过 50% 的纳税人。

（2）允许生活性服务业纳税人按照当期可抵扣进项税额加计 10% 抵减应纳税额。生活性服务业纳税人，是指提供生活服务取得的销售额占全部销售额的比重超过 50% 的纳税人。

九、增值税起征点的规定

按期纳税的，为月销售额 5 000 ~ 20 000 元（含本数）。

按次纳税的，为每次（日）销售额 300 ~ 500 元（含本数）。

起征点的调整由财政部和国家税务总局规定。省、自治区、直辖市财政厅（局）和国家税务局应当在规定的幅度内，根据实际情况确定本地区适用的起征点，并报财政部和国家税务总局备案。

增值税起征点的适用范围仅限于个人，包括个体工商户和其他个人，不适用于登记为一般纳税人的个体工商户。

第七节　出口货物、劳务和跨境应税行为增值税的退（免）税和征税

我国的出口货物、劳务和跨境应税行为退（免）增值税是指在国际贸易业务中，对我国报关出口的货物、劳务和跨境应税行为退还或免征其在国内各生产和流转环节按税法规定缴纳的增值税，即对应征收增值税的出口货物、劳务和跨境应税行为实行零税率（国务院另有规定除外）。

增值税出口货物、劳务和跨境应税行为的零税率，从税法上理解有以下两层含义：一是对本道环节生产或销售货物、劳务和跨境应税行为的增值部分免征增值税；二是对出口货物、劳务和跨境应税行为前道环节所含的进项税额进行退付。当然，由于各种货物、劳务和跨境应税行为出口前涉及征免税情况有所不同，且由于出口政策是国家调控经济的手段，因此，对货物、劳务和跨境应税行为出口的不同情况，国家在遵循"征多少、退多少""未征不退和彻底退税"基本原则的基础上，制定了不同的增值税退（免）税处理办法。

一、出口货物退（免）税基本政策

世界各国为了鼓励本国货物出口，在遵循世界贸易组织（WTO）基本规则的前提下，一般都采取优惠的税收政策。我国根据本国的实际，采取出口退税与免税相结合的政策。免税是指对货物、劳务和跨境应税行为在出口销售环节免征增值税，这是把货物、劳务和跨境应税行为出口环节与出口前的销售环节都同样视为一个征税环节；出口退税是指对货物、劳务和跨境应税行为在出口前实际承担的税收负担，按规定的退税率计算后予以退还。

目前，我国的出口货物、劳务和跨境应税行为的增值税税收政策分为以下三种形式。

（一）出口免税并退税

适用于出口货物、劳务和跨境应税行为以往环节纳过税而需要退税的情况。

（二）出口免税不退税

适用这个政策的出口货物、劳务和跨境应税行为因在前一道生产、销售环节或进口环节是免税的，因而出口时该货物、劳务和跨境应税行为的价格中本身就不含税，也无须退税。

（三）出口不免税也不退税

适用于国家限制或禁止出口的某些货物、劳务和跨境应税行为的出口环节视同内销环节，照常征税；出口不退税是指对这些货物、劳务和跨境应税行为出口不退还出口前其所负担的税款。

二、出口货物、劳务和跨境应税行为增值税退（免）税政策的适用范围

对出口的凡属于已征或应征增值税、消费税的货物，除国家明确规定不予退（免）税的货物和出口企业从小规模纳税人购进并持普通发票的部分货物外，都是出口货物退（免）税的货物范围，均应予以退还已征增值税和消费税或免征应征的增值税和消费税。

以下是增值税退（免）税政策的范围，对下列出口货物、劳务和跨境应税行为，除适用增值税免税政策的出口货物和劳务，以及适用增值税征税政策的出口货物和劳务规定外，实行免征和退还增值税（以下称增值税退（免）税）政策。

1. 出口企业出口货物

出口货物是指向海关报关后实际离境并销售给境外单位或个人的货物，分为自营出口货物和委托出口货物两类。

（1）对满足规定条件的出口企业自营或委托出口的货物实施退（免）税；对不能满足规定条件的非出口企业委托出口的货物实施免税。

（2）企业出口给外商的新造集装箱，交付到境内指定堆场，并取得出口货物报关单（出口退税专用），同时符合其他出口退（免）税规定的，准予按照现行规定办理出口退（免）税。

（3）对融资租赁企业、金融租赁公司及其设立的项目子公司，以融资租赁方式出租给境外承租人且租赁期限在5年（含）以上，并向海关报关后实际离境的货物，试行增值税、消费税出口退税政策。

2. 出口企业或其他单位视同出口的货物

出口企业或其他单位视同出口的货物具体包括以下几个方面。

（1）出口企业对外援助、对外承包、境外投资的出口货物。

（2）出口企业经海关报关进入国家批准的出口加工区、保税物流园区、保税港区、综合保税区、珠澳跨境工业区（珠海园区）、中哈霍尔果斯国际边境合作中心（中方配套区域）、保税物流中心（B型）（以下统称特殊区域），并销售给特殊区域内单位或境外单位、个人的货物。

（3）免税品经营企业销售的货物（国家规定不允许经营和限制出口的货物、

卷烟和超出免税品经营企业的《企业法人营业执照》中规定经营范围的货物除外）。具体是指：

①中国免税品（集团）有限责任公司向海关报关运入海关监管仓库，专供其经国家批准设立的统一经营、统一组织进货、统一制定零售价格、统一管理的免税店销售的货物；

②国家批准的除中国免税品（集团）有限责任公司外的免税品经营企业，向海关报关运入海关监管仓库，专供其所属的首都机场口岸海关隔离区内的免税店销售的货物；

③国家批准的除中国免税品（集团）有限责任公司外的免税品经营企业所属的上海虹桥、浦东机场海关隔离区内的免税店销售的货物。

（4）出口企业或其他单位销售给用于国际金融组织或外国政府贷款国际招标建设项目的中标机电产品（包括外国企业中标再分包给出口企业或其他单位的机电产品）。

（5）出口企业或其他单位销售给国际运输企业用于国际运输工具上的货物。该规定暂仅适用于外轮供应公司、远洋运输供应公司销售给外轮、远洋国轮的货物，国内航空供应公司生产销售给国内和国外航空公司国际航班的航空食品。

（6）出口企业或其他单位销售给特殊区域内生产企业生产耗用且不向海关报关而输入特殊区域的水（包括蒸汽）、电力、燃气（以下称输入特殊区域的水电气）。

3. 生产企业视同出口货物的满足条件

（1）持续经营以来从未发生骗取出口退税、虚开增值税专用发票或农产品收购发票、接受虚开增值税专用发票（善意取得虚开增值税专用发票除外）行为且同时符合下列条件的生产企业出口的外购货物，可视同自产货物适用增值税退（免）税政策：①已取得增值税一般纳税人资格；②已持续经营2年及2年以上；③纳税信用等级A级；④上一年度销售额5亿元以上；⑤外购出口的货物与本企业自产货物同类型或具有相关性。

（2）持续经营以来从未发生骗取出口退税、虚开增值税专用发票或农产品收购发票、接受虚开增值税专用发票（善意取得虚开增值税专用发票除外）行为但不能同时符合上述规定的条件的生产企业，出口的外购货物符合下列条件之一的，可视同自产货物申报适用增值税退（免）税政策：

①同时符合下列条件的外购货物：与本企业生产的货物名称、性能相同；使用本企业注册商标或境外单位或个人提供给本企业使用的商标；出口给进口本企业自产货物的境外单位或个人。

②与本企业所生产的货物属于配套出口，且出口给进口本企业自产货物的境外单位或个人的外购货物，符合下列条件之一的：用于维修本企业出口的自产货物的工具、零部件、配件，或者不经过本企业加工或组装，出口后能直接与本企

业自产货物组合成成套设备的货物。

③经集团公司总部所在地的地级以上国家税务局认定的集团公司，其控股的生产企业之间收购的自产货物以及集团公司与其控股的生产企业之间收购的自产货物。

④同时符合下列条件的委托加工货物：与本企业生产的货物名称、性能相同，或者是用本企业生产的货物再委托深加工的货物；出口给进口本企业自产货物的境外单位或个人；委托方与受托方必须签订委托加工协议，且主要原材料必须由委托方提供，受托方不垫付资金，只收取加工费，开具加工费（含代垫的辅助材料）的增值税专用发票。

⑤用于本企业中标项目下的机电产品。

⑥用于对外承包工程项目下的货物。

⑦用于境外投资的货物。

⑧用于对外援助的货物。

⑨生产自产货物的外购设备和原材料（农产品除外）。

4. 出口企业对外提供加工修理修配劳务

对外提供加工修理修配劳务是指对进境复出口货物或从事国际运输的运输工具进行的加工修理修配。

5. 融资租赁货物出口退税

对融资租赁出口货物试行退税政策。对融资租赁企业、金融租赁公司及其设立的项目子公司（以下统称融资租赁出租方），以融资租赁方式租赁给境外承租人且租赁期限在5年（含）以上，并向海关报关后实际离境的货物，试行增值税、消费税出口退税政策。

融资租赁出口货物的范围，包括飞机、飞机发动机、铁道机车、铁道客车车厢、船舶及其他货物，具体应符合《增值税暂行条例实施细则》第二十一条"固定资产"的相关规定。

上述融资租赁企业，仅包括金融租赁公司、经商务部批准设立的外商投资融资租赁公司、经商务部和国家税务总局共同批准开展融资业务试点的内资融资租赁企业、经商务部授权的省级商务主管部门和国家经济技术开发区批准的融资租赁公司。

上述金融租赁公司，仅包括经中国银行业监督管理委员会批准设立的金融租赁公司。上述所称融资租赁，是指具有融资性质和所有权转移特点的有形动产租赁活动，即出租人根据承租人所要求的规格、型号、性能等条件购入有形动产租赁给承租人，合同期内有形动产所有权属于出租人，承租人只拥有使用权，合同期满付清租金后，承租人有权按照残值购入有形动产，以拥有其所有权。不论出租人是否将有形动产残值销售给承租人，均属于融资租赁。

三、增值税出口退税率

自 2019 年 4 月 1 日起，出口货物退税率分别为 13%、10%、9%、6% 和零税率。

四、增值税出口退（免）税办法

（一）"免、抵、退"税的计算方法

适用增值税一般计税方法的生产企业出口自产货物与视同自产货物、对外提供加工修理修配劳务，以及列名的 74 家生产企业出口非自产货物，免征增值税，相应的进项税额抵减应纳增值税额（不包括适用增值税即征即退、先征后退政策的应纳增值税额），未抵减完的部分予以退还。

境内的单位和个人提供适用增值税零税率的服务或者无形资产，如果属于适用增值税一般计税方法的，生产企业实行"免、抵、退"税办法，外贸企业直接将服务或自行研发的无形资产出口，视同生产企业连同其出口货物统一实行"免、抵、退"税办法。

实行退（免）税办法的研发服务和设计服务，如果主管税务机关认定出口价格偏高的，有权按照核定的出口价格计算退（免）税，核定的出口价格低于外贸企业购进价格的，低于部分对应的进项税额不予退税，转入成本。

境内的单位和个人提供适用增值税零税率应税服务的，可以放弃适用增值税零税率，选择免税或按规定缴纳增值税。放弃适用增值税零税率后，36 个月内不得再申请适用增值税零税率。

实行"免、抵、退"税管理办法的"免"税，是指对生产企业出口的自产货物，免征本企业生产销售环节增值税；"抵"税，是指生产企业出口自产货物所耗用的原材料、零部件、燃料、动力等所含应予退还的进项税额，抵顶内销货物的应纳税额；"退"税，是指生产企业出口的自产货物在当月内应抵顶的进项税额大于应纳税额时，对未抵顶完的部分予以退税。

（二）"免、退"税办法

不具有生产能力的出口企业（以下称外贸企业）或其他单位出口货物、劳务，免征增值税，相应的进项税额予以退还。适用增值税一般计税方法的外贸企业外购服务或者无形资产出口实行"免、退"税办法。外贸企业外购研发服务和设计服务免征增值税，其对应的外购应税服务的进项税额予以退还。

五、增值税退（免）税的计税依据

（1）生产企业出口货物、劳务（进料加工复出口货物除外）增值税退（免）税的计税依据，为出口货物、劳务的实际离岸价（FOB）。实际离岸价应以出口发票上的离岸价为准，但如果出口发票不能反映实际离岸价，主管税务机关有权予以核定。

（2）对进料加工出口货物，企业应以出口货物人民币离岸价扣除出口货物耗用的保税进口料件金额的余额为增值税退（免）税的计税依据。"保税进口料件"是指海关以进料加工贸易方式监管的出口企业从境外和特殊区域等进口的料件，包括出口企业从境外单位或个人购买并从海关保税仓库提取且办理海关进料加工手续的料件，以及保税区外的出口企业从保税区内的企业购进并办理海关进料加工手续的进口料件。

（3）生产企业国内购进无进项税额且不计提进项税额的免税原材料加工后出口的货物的计税依据，按出口货物的离岸价（FOB）扣除出口货物所含的国内购进免税原材料的金额后确定。

（4）外贸企业出口货物（委托加工修理修配货物除外）增值税退（免）税的计税依据，为购进出口货物的增值税专用发票注明的金额或海关进口增值税专用缴款书注明的完税价格。

（5）外贸企业出口委托加工修理修配货物增值税退（免）税的计税依据，为加工修理修配费用增值税专用发票注明的金额。外贸企业应将加工修理修配使用的原材料（进料加工海关保税进口料件除外）作价销售给受托加工修理修配的生产企业，受托加工修理修配的生产企业应将原材料成本并入加工修理修配费用开具发票。

（6）出口进项税额未计算抵扣的已使用过的设备增值税退（免）税的计税依据，按下列公式确定：

$$退（免）税计税依据 = \frac{增值税专用发票上的金额或海关进口增值税专用缴款书注明的完税价格 \times 已使用过的设备固定资产净值}{已使用过的设备原值}$$

$$已使用过的设备固定资产净值 = 已使用过的设备原值 - 已使用过的设备已提累计折旧$$

"已使用过的设备"是指出口企业根据财务会计制度已经计提折旧的固定资产。

（7）免税品经营企业销售的货物增值税退（免）税的计税依据，为购进货物的增值税专用发票注明的金额或海关进口增值税专用缴款书注明的完税价格。

（8）中标机电产品增值税退（免）税的计税依据，生产企业为销售机电产品的普通发票注明的金额，外贸企业为购进货物的增值税专用发票注明的金额或海关进口增值税专用缴款书注明的完税价格。

（9）输入特殊区域的水电气增值税退（免）税的计税依据，为作为购买方的特殊区域内生产企业购进水（包括蒸汽）、电力、燃气的增值税专用发票注明的金额。

（10）跨境应税行为的退（免）税计税依据按下列规定执行。

其一，实行"免、抵、退"税办法的退（免）税计税依据：

①以铁路运输方式载运旅客的，为按照铁路合作组织清算规则清算后的实际运输收入。

②以铁路运输方式载运货物的，为按照铁路运输进款清算办法，对"发站"或"到站（局）"名称包含"境"字的货票上注明的运输费用以及直接相关的国际联运杂费清算后的实际运输收入。

③以航空运输方式载运货物或旅客的，如果国际运输或港、澳、台地区运输各航段由多个承运人承运的，为中国航空结算有限责任公司清算后的实际收入；如果国际运输或港、澳、台地区运输各航段由一个承运人承运的，为提供航空运输服务取得的收入。

④其他实行"免、抵、退"税办法的增值税零税率应税行为，为提供增值税零税率应税行为取得的收入。

其二，实行免退税办法的退（免）税计税依据为购进应税服务的增值税专用发票或解缴税款的中华人民共和国税收缴款凭证上注明的金额。

实行退（免）税法的服务和无形资产，如果主管税务机关认定出口价格偏高的，有权按照核定的出口价格计算退（免）税，核定的出口价格低于外贸企业购进价格的，低于部分对应的进项税额不予退税，转入成本。

六、增值税退（免）税的计算

（一）具体计算方法与计算公式

生产企业出口货物、劳务、服务和无形资产的增值税"免、抵、退"税，按下列公式计算。

1. 当期应纳税额的计算

$$当期应纳税额 = 当期销项税额 - \left(当期进项税额 - 当期不得免征和抵扣税额\right) - 上期留抵税额$$

其中，当期不得免征和抵扣税额＝出口货物离岸价×外汇人民币牌价×（出口货物适用税率－出口货物退税率）－不得免征和抵扣税额和抵减额。

出口货物离岸价（FOB）以出口发票计算的离岸价为准。如果出口发票不能如实反映实际离岸价的，主管税务机关有权予以核定。

$$\begin{array}{l}\text{不得免征和抵扣} \\ \text{税额抵减额}\end{array} = \begin{array}{l}\text{当期免税购进} \\ \text{原材料价格}\end{array} \times \left(\begin{array}{l}\text{出口货物} \\ \text{适用税率}\end{array} - \begin{array}{l}\text{出口货物} \\ \text{退税率}\end{array}\right)$$

免税购进原材料包括从国内购进免税原材料和进料加工免税进口料件，其中进料加工免税进口料件的价格为组成计税价格。

$$\begin{array}{l}\text{进料加工免税进口料} \\ \text{件的组成计税价格}\end{array} = \text{货物到岸价} + \begin{array}{l}\text{海关实征关} \\ \text{税和消费税}\end{array}$$

如果当期没有免税购进原材料价格，前述公式中的免抵退税不得免征和抵扣税额抵减额，以及后面公式中的免抵退税额抵减额，就不用计算。

2. 当期免抵退税额的计算

$$\text{免抵退税额} = \begin{array}{l}\text{出口货物} \\ \text{离岸价}\end{array} \times \begin{array}{l}\text{外汇人民币} \\ \text{牌价}\end{array} \times \begin{array}{l}\text{出口货物} \\ \text{退税率}\end{array} - \begin{array}{l}\text{免抵退税} \\ \text{额抵减额}\end{array}$$

其中，免抵退税额 = 免税购进原材料价格 × 出口货物退税率。

3. 当期应退税额和免抵税额的计算

（1）如当期期末留抵税额 ≤ 当期免抵退税额，则：

当期应退税额 = 当期期末留抵税额

当期免抵税额 = 当期免抵退税额 − 当期应退税额

当期期末留抵税额为当期增值税纳税申报表中"期末留抵税额"。

（2）如当期期末留抵税额 > 当期免抵退税额，则：

当期应退税额 = 当期免抵退税额

当期免抵税额 = 0

当期期末留抵税额根据当期《增值税纳税申报表》中"期末留抵税额"确定。

4. 当期免税购进原材料价格的计算

当期免税购进原材料价格包括当期国内购进的无进项税额且不计提进项税额的免税原材料的价格和当期进料加工保税进口料件的价格，其中，当期进料加工保税进口料件的价格为进料加工出口货物耗用的保税进口料件金额：

$$\begin{array}{l}\text{进料加工出口货物耗用的} \\ \text{保税进口料件金额}\end{array} = \begin{array}{l}\text{进料加工出口货} \\ \text{物人民币离岸价}\end{array} \times \text{进料加工计划分配率}$$

$$\text{计划分配率} = \text{计划进口总值} \div \text{计划出口总值} \times 100\%$$

计算不得免征和抵扣税额时，应按当期全部出口货物的销售额扣除当期全部进料加工出口货物耗用的保税进口料件金额后的余额乘以征退税率之差计算。

进料加工出口货物收齐有关凭证申报免抵退税时，以收齐凭证的进料加工出口货物人民币离岸价扣除其耗用的保税进口料件金额后的余额计算免抵退税额。

5. 零税率应税行为增值税退（免）税的计算

零税率应税行为增值税"免、抵、退"税，依下列公式计算。

（1）当期"免、抵、退"税额的计算：

$$
\begin{array}{l}
\text{当期零税率应税行为} \\
\text{"免、抵、退"税额}
\end{array} =
\begin{array}{l}
\text{当期零税率应税行为} \\
\text{"免、抵、退"} \\
\text{税计税依据}
\end{array} \times
\begin{array}{l}
\text{外汇人民币} \\
\text{折合率}
\end{array} \times
\begin{array}{l}
\text{零税率应税} \\
\text{行为增值税} \\
\text{退税率}
\end{array}
$$

（2）当期应退税额和当期免抵税额的计算：

当期期末留抵税额≤当期"免、抵、退"税额时，

当期应退税额=当期期末留抵税额

当期免抵税额=当期"免、抵、退"税额-当期应退税额

当期期末留抵税额>当期"免、抵、退"税额时，

当期应退税额=当期"免、抵、退"税额

当期免抵税额=0

6. 企业"免、抵、退"税计算实例

【例2-48·计算题】假设某自营出口的生产企业为增值税一般纳税人，出口货物的征税税率为13%，退税税率为9%。9月的有关经营业务为：购进原材料一批，取得的增值税专用发票注明的价款220万元，外购货物准予抵扣的进项税额28.6万元，货已验收入库。上月末留抵税款3万元。本月内销货物不含税销售额100万元，收款113万元存入银行。本月出口货物的销售额折合人民币200万元。试计算该企业当期的"免、抵、退"税额。

【答案及解析】（1）当期免抵退税不得免征和抵扣税额=200×（13%-9%）=8（万元）

（2）当期应纳税额=100×13%-（28.6-8）-3=13-20.6-3=-10.6（万元）

（3）出口货物"免、抵、退"税额=200×9%=18（万元）

（4）该企业当期应退税额为10.6万元。

（5）当期免抵税额=当期免抵退税额-当期应退税额

当期免抵税额=18-10.6=7.4（万元）

【例2-49·计算题】假设某自营出口的生产企业为增值税一般纳税人，出口货物的征税税率为13%，退税税率为9%。8月有关经营业务为：购原材料一批，取得的增值税专用发票注明的价款400万元，外购货物准予抵扣的进项税额52万元，货已验收入库。上期末留抵税款3万元。本月内销货物不含税销售额100万元，收款113万元存入银行。本月出口货物的销售额折合人民币200万元。试计算该企业当期的"免、抵、退"税额。

【答案及解析】（1）当期免抵退税不得免征和抵扣税额=200×（13%-9%）=8（万元）

（2）当期应纳税额 $= 100 \times 13\% - (52 - 8) - 3 = 13 - 44 - 3 = -34$（万元）

（3）出口货物"免、抵、退"税额 $= 200 \times 9\% = 18$（万元）

（4）该企业当期应退税额 $= 18$ 万元。

（5）当期免抵税额 $=$ 当期免抵退税额 $-$ 当期应退税额

该企业当期免抵税额 $= 18 - 18 = 0$

（6）8月期末留抵结转下期继续抵扣税额为16万元（34 − 18）。

【例 2 − 50·计算题】 假设某自营出口生产企业是增值税一般纳税人，出口货物的征税税率为13%，退税税率为9%。9月有关经营业务为：购原材料一批，取得的增值税专用发票注明的价款220万元，外购货物准予抵扣进项税额28.6万元，货已验收入库。当月进料加工免税进口料件的组成计税价格为100万元。上期期末留抵税款3万元。本月内销货物不含税销售额100万元。收款113万元存入银行。本月出口货物销售额折合人民币200万元。试计算该企业当期的"免、抵、退"税额。

【答案及解析】（1）免抵退税不得免征和抵扣税额 $= (200 - 100) \times (13\% - 9\%) = 4$（万元）

（2）当期应纳税额 $= 100 \times 13\% - (28.6 - 4) - 3 = 16 - 24.6 - 3 = -11.6$（万元）

（3）出口货物"免、抵、退"税额 $= (200 - 100) \times 9\% = 9$（万元）

（4）即该企业应退税额 $= 9$ 万元。

（5）当期该企业免抵税额 $= 9 - 9 = 0$

（6）9月期末留抵结转下期继续抵扣税额为2.6万元（11.6 − 9）。

【例 2 − 51·计算题】 假设某国际运输公司，已登记为一般纳税人，该企业实行"免、抵、退"税管理办法。该企业 2023 年 8 月实际发生如下业务：①该企业当月承接国际运输业务，取得确认的收入80万元人民币。②企业增值税纳税申报时，期末留抵税额为17万元人民币。要求：计算该企业当月的退税额。

【答案及解析】 当期零税率应税行为"免、抵、退"税额 $=$ 当期零税率应税行为"免、抵、退"税计税依据 $\times$ 外汇人民币折合率 $\times$ 零税率应税行为增值税退税率 $= 80 \times 9\% = 7.2$（万元）

因为当期期末留抵税额17万元 > 当期"免、抵、退"税额7.2万元。

所以当期应退税额 $=$ 当期"免、抵、退"税额 $= 7.2$ 万元。

退税申报后，结转下期留抵的税额为9.8万元（17 − 7.2）。

（二）"先征后退"的计算方法

（1）外贸企业"先征后退"的计算办法。

①外贸企业出口委托加工修理修配货物以外的货物：

$$应退税额 = 退（免）税计税依据 \times 退税率$$

【例2－52·计算题】某进出口公司2023年7月出口美国平纹布2 000米，进货增值税专用发票列明单价30元/平方米，计税金额60 000元，退税率13%，其应退税额为多少？

【答案及解析】应退税额＝2 000×30×13%＝7 800（元）

②外贸企业出口委托加工修理修配货物：

$$出口委托加工修理修配货物的增值税在退税额 = 委托加工修理修配的增值税退（免）税计税依据 × 出口货物退税率$$

【例2－53·计算题】某进出口公司2023年6月购进牛仔布委托加工成服装出口，取得牛仔布增值税发票一张，注明计税金额10 000元；取得服装加工费计税金额2 000元，受托方将原材料成本并入加工修理修配费用并开具了增值税专用发票。假设增值税出口退税率为13%。要求：计算当期应退的增值税税额。

【答案及解析】应退税额＝（10 000＋2 000）×13%＝1 560（元）

③外贸企业兼营的零税率应税行为增值税免退税的计算：

$$外贸企业兼营的零税率应税服务应退税额 = 外贸企业兼营的零税率应税行为（免）退税计税依据 × 零税率应税行为增值税退税率$$

（2）融资租赁出口货物退税的计算。

融资租赁出租方将融资租赁出口货物租赁给境外承租方、将融资租赁海洋工程结构物租赁给海上石油天然气开采企业，向融资租赁出租方退还其购进租赁货物所含增值税。计算公式如下：

$$增值税应退税额 = 购进融资租赁货物的增值税专用发票注明的金额或海关（进口增值税）专用缴款书注明的完税价格 × 融资租赁货物适用的增值税退税率$$

【例2－54·计算题】2023年8月某融资租赁公司根据合同规定将一设备以融资租赁方式出租给境外的甲企业使用。融资租赁公司购进该设备的增值税专用发票上注明的金额为100万元人民币。假设增值税出口退税率为13%。要求：计算该企业当期应退的增值税税额。

【答案及解析】应退增值税税额＝100×13%＝13（万元）

融资租赁出口货物适用的增值税退税率，按照统一的出口货物适用退税率执行。从增值税一般纳税人购进的按简易办法扣税的融资租赁货物和从小规模纳税人购进的融资租赁货物，其适用的增值税退税率，按照购进货物适用的征收率和退税率孰低的原则确定。

（3）退税率低于适用税率的，相应计算出的差额部分的税款计入出口货物劳务成本。

（4）出口企业既有适用增值税"免、抵、退"项目，也有增值税即征即退、先征后退项目的，增值税即征即退和先征后退项目不参与出口项目"免、抵、退"税计算。出口企业应分别核算增值税免抵退项目和增值税即征即退、先征后退项目，并分别申请享受增值税即征即退、先征后退和"免、抵、退"税政策。

用于增值税即征即退或者先征后退项目的进项税额无法划分的，按照下列公式计算：

$$\frac{\text{无法划分进项税额中用}}{\text{于增值税即征即退或者}} = \frac{\text{当月无法划分} \times \text{当月增值税即征即退或者}}{\text{全部进项税额} \qquad \text{先征后退项目销售额}}{\text{当月全部销售额、营业额合计}}$$

（5）实行"免、抵、退"税办法的零税率应税行为提供者如同时有货物、劳务（劳务指对外加工修理修配劳务，下同）出口且未分别计算的，可一并计算"免、抵、退"税额。

税务机关在审批时，按照出口货物、劳务、零税率应税行为"免、抵、退"税额比例划分出口货物劳务、零税率应税行为的退税额和免抵税额。

七、出口货物、劳务和跨境应税行为增值税免税政策

对符合下列条件的出口货物、劳务和跨境应税行为，除另有规定外，按下列规定实行免征增值税（以下称增值税免税）政策。

（一）适用增值税免税政策的范围

适用增值税免税政策的出口货物、劳务和应税行为如下。

1. 出口企业或其他单位出口规定的货物

（1）增值税小规模纳税人出口的货物。

（2）避孕药品和用具，古旧图书。

（3）软件产品。其具体范围是指海关税则号前四位为"9803"的货物。

（4）含黄金、铂金成分的货物，钻石及其饰品。

（5）国家计划内出口的卷烟。其具体范围如下。

①有出口经营权的卷烟生产企业（具体范围包括湖南中烟工业公司、浙江中烟工业公司、河南中烟工业公司、贵州中烟工业公司、湖北中烟工业公司、陕西中烟工业公司、安徽中烟工业公司）按国家批准的免税出口卷烟计划（以下简称出口卷烟计划）自营出口的自产卷烟。

②卷烟生产企业按出口卷烟计划委托卷烟出口企业（具体范围包括深圳烟草进出口有限公司、中国烟草辽宁进出口公司、中国烟草黑龙江进出口有限责任公司）出口的自产卷烟，北京卷烟厂按出口卷烟计划委托中国烟草上海进出口有限责任公司出口的自产"中南海"牌卷烟。

③口岸国际隔离区免税店销售的卷烟。

④卷烟出口企业（具体范围包括中国烟草上海进出口有限责任公司、中国烟草广东进出口有限公司、中国烟草山东进出口有限责任公司、云南烟草国际有限公司、川渝中烟工业公司、福建中烟工业公司）按出口卷烟计划出口的外购卷烟。

（6）非出口企业委托出口的货物。

（7）非列名生产企业出口的非视同自产货物。

（8）农业生产者自产农产品，农产品的具体范围按照《农业产品征税范围注释》的规定执行。

（9）油、花生果仁、黑大豆等财政部和国家税务总局规定的出口免税的货物。

（10）外贸企业取得普通发票、废旧物资收购凭证、农产品收购发票、政府非税收入票据的货物。

（11）来料加工复出口的货物。

（12）特殊区域内的企业出口的特殊区域内的货物。

（13）以人民币现金作为结算方式的边境地区出口企业从所在省（自治区）的边境口岸出口到接壤国家的一般贸易和边境小额贸易出口货物。

（14）以旅游购物贸易方式报关出口的货物。

（15）已使用过的设备。其具体范围是指购进时未取得增值税专用发票、海关进口增值税专用缴款书但其他相关单证齐全的已使用过的设备。

2. 出口企业或其他单位视同出口的下列货物和劳务

（1）国家批准设立的免税店销售的免税货物〔包括进口免税货物和已实现退（免）税的货物〕。

（2）特殊区域内的企业为境外的单位或个人提供加工修理修配劳务。

（3）同一特殊区域、不同特殊区域内的企业之间销售特殊区域内的货物。

3. 出口企业或其他单位未按规定申报或未补齐增值税退（免）税凭证的出口货物和劳务

（1）未在国家税务总局规定的期限内申报增值税退（免）税的出口货物和劳务。

（2）未在规定期限内申报开具《代理出口货物证明》的出口货物和劳务。

（3）已申报增值税退（免）税，却未在国家税务总局规定的期限内向税务机关补齐增值税退（免）税凭证的出口货物和劳务。

对于适用增值税免税政策的出口货物和劳务，出口企业或其他单位可以依照现行增值税有关规定放弃免税，并依照《财政部 国家税务总局关于出口货物劳务增值税和消费税政策的通知》第七条（适用增值税免税政策的出口货物和劳务）的规定缴纳增值税。

4. 境内的单位和个人销售的下列跨境应税行为免征增值税，但财政部和国家税务总局规定适用增值税零税率的除外

（1）工程项目在境外的建筑服务。工程总承包方和工程分包方为施工地点在境外的工程项目提供的建筑服务，均属于工程项目在境外的建筑服务。

（2）工程项目在境外的工程监理服务。

（3）工程、矿产资源在境外的工程勘查勘探服务。

（4）会议展览地点在境外的会议展览服务。

（5）存储地点在境外的仓储服务。

（6）标的物在境外使用的有形动产租赁服务。

（7）在境外提供的广播影视节目（作品）的播映服务。

（8）在境外提供的文化体育服务、教育医疗服务、旅游服务。

（9）为出口货物提供的邮政服务、收派服务、保险服务。

（10）向境外单位提供的完全在境外消费的电信服务。

（11）向境外单位销售的完全在境外消费的知识产权服务。服务实际接受方为境内单位或者个人的知识产权服务，不属于完全在境外消费的知识产权服务。

（12）向境外单位销售的完全在境外消费的物流辅助服务（仓储服务、收派服务除外）。境外单位从事国际运输和港澳台运输业务经停我国机场、码头、车站、领空、内河、海域时，纳税人向其提供的航空地面服务、港口码头服务、货运客运站场服务、打捞救助服务、装卸搬运服务，属于完全在境外消费的物流辅助服务。

（13）向境外单位销售的完全在境外消费的鉴证咨询服务。

（14）向境外单位销售的完全在境外消费的专业技术服务。

（15）向境外单位销售的完全在境外消费的商务辅助服务。

（16）向境外单位销售的广告投放地在境外的广告服务。广告投放地在境外的广告服务，是指为在境外发布的广告提供的广告服务。

（17）向境外单位销售的完全在境外消费的无形资产（技术除外）。

（18）为境外单位之间的货币资金融通及其他金融业务提供的直接收费金融服务，且该服务与境内的货物、无形资产和不动产无关。

（19）符合条件的国际运输服务。

（20）符合零税率政策但适用简易计税方法或声明放弃适用零税率选择免税的国际运输服务；航天运输服务；向境外单位提供的完全在境外消费的研发服务、合同能源管理服务、设计服务、广播影视节目（作品）的制作和发行服务、软件服务、电路设计及测试服务、信息系统服务、业务流程管理服务、离岸服务外包业务；向境外单位转让完全在境外消费的技术。

纳税人向国内海关特殊监管区域内的单位或者个人销售服务、无形资产，不属于跨境应税行为，应照章征收增值税。

纳税人发生上述所列跨境应税行为，除第（9）项、第（20）项外，必须签订跨境销售服务或无形资产书面合同。否则，不予免征增值税。

纳税人向境外单位销售服务或无形资产，按上述规定免征增值税的，该项销售服务或无形资产的全部收入应从境外取得，否则，不予免征增值税。

纳税人发生跨境应税行为免征增值税的，应单独核算跨境应税行为的销售额，准确计算不得抵扣的进项税额，其免税收入不得开具增值税专用发票。

纳税人为出口货物提供收派服务，按照下列公式计算不得抵扣的进项税额：

$$\text{不得抵扣的进项税额} = \frac{\text{当期无法划分的全部进项税额} \times \left(\begin{array}{l} \text{当期简易计税} \\ \text{方法计税项目} \\ \text{销售额} \end{array} + \begin{array}{l} \text{免征增值} \\ \text{税项目销} \\ \text{售额} \end{array} - \begin{array}{l} \text{为出口货物提供收} \\ \text{派服务支付给境外} \\ \text{合作方的费用} \end{array} \right)}{\text{当期全部销售额}}$$

5. 市场经营户自营或委托市场采购贸易经营者以市场采购贸易方式出口的货物免征增值税

"市场采购贸易方式出口货物"，是指经国家批准的专业市场集聚区内的市场经营户自营或委托从事市场采购贸易经营的单位，按照海关总署规定的市场采购贸易监管办法办理通关手续，并纳入涵盖市场采购贸易各方经营主体和贸易全流程的市场采购贸易综合管理系统管理的货物（国家规定不适用市场采购贸易方式出口的商品除外）。

（二）进项税额的处理和计算

（1）适用增值税免税政策的出口货物和劳务，其进项税额不得抵扣和退税，应当转入成本。

（2）出口卷烟不得抵扣的进项税额，依下列公式计算：

$$\text{不得抵扣的进项税额} = \frac{\text{出口卷烟含消费税金额}}{\left(\begin{array}{l} \text{出口卷烟含} \\ \text{消费税金额} \end{array} + \begin{array}{l} \text{内销卷烟} \\ \text{销售额} \end{array} \right)} \times \text{当期全部进项税额}$$

①当生产企业销售的出口卷烟在国内有同类产品销售价格时：

$$\text{出口卷烟含消费税金额} = \text{出口销售数量} \times \text{销售价格}$$

"销售价格"为同类产品生产企业国内实际调拨价格。如实际调拨价格低于税务机关公示的计税价格的，"销售价格"为税务机关公示的计税价格；高于公示计税价格的，销售价格为实际调拨价格。

②当生产企业销售的出口卷烟在国内没有同类产品销售价格时：

$$\text{出口卷烟含消费税金额} = \frac{\text{出口销售额} + \text{出口销售数量} \times \text{消费税定额税率}}{1 - \text{消费税比例税率}}$$

"出口销售额"以出口发票上的离岸价为准。若出口发票不能如实反映离岸价，生产企业应按实际离岸价计算，否则，税务机关有权按照有关规定予以核定调整。

（3）除出口卷烟外，适用增值税免税政策的其他出口货物、劳务和应税行为的计算，按照增值税免税政策的统一规定执行。其中，如果涉及销售额，除来料加工复出口货物为其加工费收入外，其他均为出口离岸价或销售额。

（4）纳税人发生跨境应税行为时，纳税人以承运人身份与托运人签订运输服务合同，收取运费并承担承运人责任，然后委托实际承运人完成全部或部分运输服务时，自行采购并交给实际承运人使用的成品油和支付的道路、桥、闸通行费，同时符合下列条件的，其进项税额准予从销项税额中抵扣：①成品油和道路、桥、闸通行费，应用于纳税人委托实际承运人完成的运输服务；②取得的增值税扣税凭证符合现行规定。

八、出口货物、劳务和跨境应税行为增值税征税政策

下列出口货物和劳务，不适用增值税退（免）税和免税政策，按下列规定及视同内销货物征税的其他规定征收增值税（以下称增值税征税）。

（一）适用增值税征税政策的范围

适用增值税征税政策的出口货物、劳务和跨境应税行为，包括：

（1）出口企业出口或视同出口财政部和国家税务总局根据国务院决定明确取消出口退（免）税的货物（不包括来料加工复出口货物、中标机电产品、列名原材料、输入特殊区域的水电气、海洋工程结构物）。

（2）出口企业或其他单位销售给特殊区域内的生活消费用品和交通运输工具。

（3）出口企业或其他单位因骗取出口退税被税务机关停止办理增值税退（免）税期间出口的货物。

（4）出口企业或其他单位提供虚假备案单证的货物。

（5）出口企业或其他单位增值税退（免）税凭证有伪造或内容不实的货物。

（6）出口企业或其他单位未在国家税务总局规定期限内申报免税核销以及经主管税务机关审核不予免税核销的出口卷烟。

（7）出口企业或其他单位具有以下情形之一的出口货物和劳务：

①将空白的出口货物报关单、出口收汇核销单等退（免）税凭证交由除签有委托合同的货代公司、报关行，或由境外进口方指定的货代公司（提供合同约定或者其他相关证明）以外的其他单位或个人使用的。

②以自营名义出口，其出口业务实质上是由本企业及其投资的企业以外的单

位或个人借该出口企业名义操作完成的。

③以自营名义出口，其出口的同一批货物既签订购货合同，又签订代理出口合同（或协议）的。

④出口货物在海关验放后，自己或委托货代承运人对该笔货物的海运提单或其他运输单据等的品名、规格等进行修改，造成出口货物报关单与海运提单或其他运输单据有关内容不符的。

⑤以自营名义出口，但不承担出口货物的质量、收款或退税风险之一的，即出口货物发生质量问题不承担购买方的索赔责任（合同中有约定质量责任承担者除外）；不承担未按期收款导致不能核销的责任（合同中有约定收款责任承担者除外）；不承担因申报出口退（免）税的资料、单证等出现问题造成不退税责任的。

⑥未实质参与出口经营活动、接受并从事由中间人介绍的其他出口业务，但仍以自营名义出口的。

（8）不适应跨境应税行为适用增值税零税率和免税政策规定的出口服务和无形资产。

（二）应纳增值税的计算

适用增值税政策的出口货物、劳务和跨境应税行为，其应纳增值税按下列办法计算：

1. 一般纳税人出口货物、劳务和跨境应税行为

$$销项税额 = \frac{出口货物、劳务和跨境应税行为离岸价 - 出口货物耗用的进料加工保税进口料件金额}{1 + 适用税率} \times 适用税率$$

（1）出口货物、劳务和跨境应税行为若已按征退税率之差计算不得免征和抵扣税额并已经转入成本的，相应的税额应转回进项税额。

$$出口货物耗用的进料加工保税进口料件金额 = 主营业务成本 \times \left(投入的保税进口料件金额 + 生产成本 \right)$$

主营业务成本、生产成本均为不予退（免）税的进料加工出口货物的主营业务成本、生产成本。当耗用的保税进口料件金额大于不予退（免）税的进料加工出口货物金额时，耗用的保税进口料件金额为不予退（免）税的进料加工出口货物金额。

（2）出口企业应分别核算内销货物、劳务、跨境应税行为和增值税征税的出口货物的生产成本、主营业务成本。未分别核算的，其相应的生产成本、主营业务成本由主管税务机关核定。

进料加工手册海关核销后，出口企业应对出口货物耗用的保税进口料件金额

进行清算。

清算公式为：

$$\begin{array}{c}\text{清算耗用的} \\ \text{保税进口} \\ \text{料件总额}\end{array} = \begin{array}{c}\text{实际保税进} \\ \text{口料件总额}\end{array} - \begin{array}{c}\text{退（免）税出口} \\ \text{货物耗用的保税} \\ \text{进口料件总额}\end{array} - \begin{array}{c}\text{进料加工副产品} \\ \text{耗用的保税进口} \\ \text{料件总额}\end{array}$$

若耗用的保税进口料件总额与各纳税期扣减的保税进口料件金额之和存在差额，应在清算的当期相应调整销项税额。当耗用的保税进口料件总额大于出口货物离岸金额时，其差额部分不得扣减其他出口货物金额。

2. 小规模纳税人出口货物、劳务和跨境应税行为

$$\text{应纳税额} = \text{出口货物、劳务和跨境应税行为离岸价} \div (1 + \text{征收率}) \times \text{征收率}$$

九、其他办法与政策

（1）外国驻华使（领）馆及其馆员在中华人民共和国境内购买货物和服务可按照规定予以退税。

（2）在全国符合条件的地区实施境外旅客购物离境退税政策。

第八节 增值税的征收管理

一、纳税义务发生时间

纳税义务发生时间是指纳税人发生应税行为应当承担纳税义务的起始时间。按销售结算方式的不同，具体确定为如下几个方面。

（一）应税销售行为纳税义务发生时间的一般规定

（1）纳税人发生应税销售行为，其纳税义务发生时间为收讫销售款项或者取得索取销售款项凭据的当天；先开具发票的，为开具发票的当天。

收讫销售款项是指纳税人发生应税销售行为过程中或者完成后收到的款项。

取得索取销售款项凭据的当天是指书面合同确定的付款日期；未签订书面合同或者书面合同未确定付款日期的，为应税销售行为完成的当天或者不动产权属变更的当天。

（2）进口货物，为报关进口的当天。

（3）增值税扣缴义务发生时间为纳税人增值税纳税义务发生的当天。

（二）应税销售行为纳税义务发生时间的具体规定

（1）采取直接收款方式销售货物，不论货物是否发出，均为收到销售款或者取得索取销售款凭据的当天。

纳税人生产经营活动中采取直接收款方式销售货物，已将货物移送对方并暂估销售收入入账，但既未取得销售款或取得索取销售款凭据，也未开具销售发票的，其增值税纳税义务发生时间为取得销售款或取得索取销售款凭据的当天；先开具发票的，为开具发票的当天。

（2）采取托收承付和委托银行收款方式销售货物，为发出货物并办妥托收手续的当天。

（3）采取赊销和分期收款方式销售货物，为书面合同约定的收款日期的当天，无书面合同的或者书面合同没有约定收款日期的，为货物发出的当天。

（4）采取预收货款方式销售货物，为货物发出的当天，但生产销售生产工期超过 12 个月的大型机械设备、船舶、飞机等货物，为收到预收款或者书面合同约定的收款日期的当天。

（5）委托其他纳税人代销货物，为收到代销单位的代销清单或者收到全部或者部分货款的当天。未收到代销清单及货款的，为发出代销货物满 180 天的当天。

（6）销售劳务，为提供劳务同时收讫销售款或者取得索取销售款的凭据的当天。

（7）纳税人发生除将货物交付其他单位或者个人代销和销售代销货物以外的视同销售货物行为，为货物移送的当天。

（8）纳税人提供租赁服务采取预收款方式的，其纳税义务发生时间为收到预收款的当天。例如，某纳税人出租一辆小轿车，租金 5 000 元/月，一次性预收了对方一年的租金共 60 000 元，该纳税人则应在收到 60 000 元租金的当天确认纳税义务发生，并按 60 000 元确认收入。而不能将 60 000 元租金采取按月分摊确认收入的方法，也不能在该业务完成后再确认收入。

（9）纳税人从事金融商品转让的，为金融商品所有权转移的当天。

（10）纳税人发生视同销售服务、无形资产或者不动产情形的，其纳税义务发生时间为服务、无形资产转让完成的当天或者不动产权属变更的当天。

企业必须按上述规定的时限及时、准确地记录销售额和计算当期销项税额。

【例 2-55·判断题】企业委托其他纳税人代销货物，对于发出代销货物超过 180 天仍未收到代销清单及货款的，视同销售实现，一律征收增值税。（　　）

【答案】√

【解析】符合对代销货物超期付款的征税制约规定。

二、纳税期限

增值税的纳税期限分别为 1 日、3 日、5 日、10 日、15 日、1 个月或者 1 个季度。纳税人的具体纳税期限，由主管税务机关根据纳税人应纳税额的大小分别核定。不能按照固定期限纳税的，可以按次纳税。

以 1 个季度为纳税期限的规定适用于小规模纳税人、银行、财务公司、信托投资公司、信用社，以及财政部和国家税务总局规定的其他纳税人。

纳税人以 1 个月或者 1 个季度为 1 个纳税期的，自期满之日起 15 日内申报纳税；以 1 日、3 日、5 日、10 日或者 15 日为 1 个纳税期的，自期满之日起 5 日内预缴税款，于次月 1 日起 15 日内申报纳税并结清上月应纳税款。

扣缴义务人解缴税款的期限，依照前述款项规定执行。

纳税人进口货物，应当自海关填发进口增值税专用缴款书之日起 15 日内缴纳税款。

【例 2 – 56 · 单选题】下列增值税纳税人中，以 1 个月为纳税期限的是（ ）。

A. 财务公司   B. 信用社   C. 保险公司   D. 信托投资公司

【答案】C

【解析】银行、财务公司、信托投资公司、信用社以 1 个季度为纳税期。保险公司以 1 个月为纳税期。

三、纳税地点

为了保证纳税人按期申报纳税，根据企业跨地区经营和搞活商品流通的特点及不同情况，税法还具体规定了增值税的纳税地点：

（1）固定业户应当向其机构所在地主管税务机关申报纳税。总机构和分支机构不在同一县（市）的，应当分别向各自所在地主管税务机关申报纳税；经财政部和国家税务总局或者其授权的财政和税务机关批准，可以由总机构汇总向总机构所在地的主管税务机关申报纳税。

（2）固定业户到外县（市）销售货物或者劳务，应当向其机构所在地的主管税务机关报告外出经营事项，并向其机构所在地的主管税务机关申报纳税；未报告的，应当向销售地或者劳务发生地的主管税务机关申报纳税；未向销售地或者劳务发生地的主管税务机关申报纳税的，由其机构所在地的主管税务机关补征税款。

（3）非固定业户销售货物或者劳务，应当向销售地或者劳务发生地主管税务机关申报纳税；未向销售地或者劳务发生地的主管税务机关申报纳税的，由其机构所在地或者居住地主管税务机关补征税款。

（4）进口货物，应当向报关地海关申报纳税。

（5）扣缴义务人应当向其机构所在地或者居住地主管税务机关申报缴纳扣缴的税款。

【例2–57·单选题】 以下关于增值税纳税地点的表述中，错误的是（ ）。

A. 进口货物向报关进口地海关申报纳税

B. 固定业户在机构所在地申报纳税

C. 非固定业户在居住地申报纳税

D. 总分机构不在同一县市的，分别向各自所在地主管税务机关申报纳税

【答案】 C

【解析】 非固定业户销售货物或者劳务应当向销售地或者劳务发生地主管税务机关申报纳税。

四、营改增汇总纳税管理办法及申报改革

经财政部和国家税务总局批准的总机构试点纳税人及其分支机构，按照《总分机构试点纳税人增值税计算缴纳暂行办法》计算缴纳增值税。

为进一步优化办税流程、减轻办税负担、提高办税质效，国家税务总局规定自2021年8月1日起，在全国推行增值税、消费税及附加费申报表整合。

总分支机构试点纳税人增值税计算缴纳暂行办法

第九节　增值税发票的使用及管理

增值税发票管理作为税收管控的重要手段，一直都是税务监管以及企业财务工作的重要内容。增值税一般纳税人发生应税销售行为，应使用增值税发票管理新系统（以下简称新系统）开具增值税专用发票、增值税普通发票、机动车销售统一发票、增值税电子普通发票。随着经济发展和技术进步，对增值税发票的管理也在逐步变化，自2021年12月1日起，国家税务总局在多个地区开始推行全面数字化的电子发票（以下简称数电票），目前已在全国范围内推广使用。

发票管理概述

一、增值税专用发票

（一）增值税专用发票的联次

增值税专用发票由基本联次或者基本联次附加其他联次构成，基本联次为三

联：发票联、抵扣联和记账联。发票联，作为购买方核算采购成本和增值税进项税额的记账凭证；抵扣联，作为购买方报送主管税务机关认证和留存备查的凭证；记账联，作为销售方核算销售收入和增值税销项税额的记账凭证。其他联次用途，由一般纳税人自行确定。

（二）增值税专用发票的开具

增值税专用发票应按下列要求开具：

（1）项目齐全，与实际交易相符。

（2）字迹清楚，不得压线、错格。

（3）发票联和抵扣联加盖财务专用章或者发票专用章。

（4）按照增值税纳税义务的发生时间开具。

对不符合上列要求的增值税专用发票，购买方有权拒收。

（5）一般纳税人发生应税销售行为可汇总开具增值税专用发票。汇总开具增值税专用发票的，同时使用防伪税控系统开具《销售货物或者提供应税劳务清单》，并加盖财务专用章或者发票专用章。

（6）保险机构作为车船税扣缴义务人，在代收车船税并开具增值税发票时，应在增值税发票备注栏中注明代收车船税税款信息。具体包括：保险单号、税款所属期（详细至月）、代收车船税金额、滞纳金金额、金额合计等。该增值税发票可作为纳税人缴纳车船税及滞纳金的会计核算原始凭证。

除上述规定外，"营改增"的相关文件还结合实际情况对增值税专用发票的开具作出了相应规定。

（三）增值税专用发票的领购

一般纳税人凭《发票领购簿》、TC 卡和经办人身份证明领购增值税专用发票。一般纳税人有下列情形之一的，不得领购、开具增值税专用发票：

（1）会计核算不健全，不能向税务机关准确提供增值税销项税额、进项税额、应纳税额数据及其他有关增值税税务资料的。

上列其他有关增值税税务资料的内容，由省、自治区、直辖市和计划单列市税务局确定。

专用发票开具
的相关规定

（2）有《税收征收管理法》规定的税收违法行为，拒不接受税务机关处理的。

（3）有下列行为之一，经税务机关责令限期改正而仍未改正的：①虚开增值税专用发票；②私自印制增值税专用发票；③向税务机关以外的单位和个人买取增值税专用发票；④借用他人增值税专用发票；⑤未按要求开具发票的；⑥未按规定保管专用发票和专用设备；⑦未按规定申请办理防伪税控系统变更发行；⑧未按规定接受税务机关检查。

有上列情形的，如已领购增值税专用发票，主管税务机关应暂扣其结存的增值税专用发票和 IC 卡。

（四）增值税专用发票开具范围

（1）一般纳税人发生应税销售行为，应向购买方开具增值税专用发票。

（2）一般纳税人不得开具增值税专用发票的规定：商业企业一般纳税人零售的烟、酒、食品、服装、鞋帽（不包括劳保专用部分）、化妆品等消费品不得开具增值税专用发票；销售免税货物不得开具增值税专用发票。

（3）增值税小规模纳税人需要开具增值税专用发票的，可自愿使用增值税发票管理系统自行开具。选择自行开具的，税务机关不再为其代开增值税专用发票。未使用增值税发票管理系统的，也可以向主管税务机关申请代开。

【例 2－58·多选题】 增值税一般纳税销售货物时，下列情况不能开具增值税专用发票的有（   ）。

A. 境内易货交易

B. 商店零售化妆品

C. 购货方购进免税药品要求开具增值税专用发票

D. 消费者个人购进电脑要求开具增值税专用发票

【答案】 BCD

【解析】 销售免税药品、商店零售化妆品、向消费者个人销售货物，均不得开具增值税专用发票。

（五）开具增值税专用发票后发生退货或开票有误的处理

（1）增值税一般纳税人开具增值税专用发票后，发生销货退回、开票有误、应税服务中止等情形但不符合发票作废条件，或者因销货部分退回及发生销售折让，需要开具红字增值税专用发票的，按照规定的程序进行。

（2）税务机关为小规模纳税人代开增值税专用发票，需要开具红字增值税专用发票的，按照一般纳税人开具红字增值税专用发票的方法处理。

（3）纳税人需要开具红字增值税普通发票的，可以在所对应的蓝字发票金额范围内开具多份红字发票。红字机动车销售统一发票需与原蓝字机动车销售统一发票一一对应。

二、增值税普通发票

虚开增值税发票案例

增值税普通发票，是将除商业零售以外的增值税一般纳税人纳入增值税防伪税控系统开具和管理，也就是说一般纳税人可以使用同一套增值税防伪税控系统开具增值税专用发票、增值税普通发票等，俗称"一机多票"。

（1）增值税普通发票的格式、字体、栏次、内容与增值税专用发票完全一致，按发票联次分为两联票和五联票两种，基本联次为两联，第一联为记账联，销货方用作记账凭证；第二联为发票联，购货方用作记账凭证。此外为满足部分纳税人的需要，在基本联次后添加了三联的附加联次，即五联票，供企业选择使用。

（2）增值税普通发票代码的编码原则与增值税专用发票基本一致，发票左上角 10 位代码的含义：第 1～4 位代表各省；第 5～6 位代表制版年度；第 7 位代表印制批次；第 8 位代表发票种类，普通发票用"6"表示；第 9 位代表几联版，普通发票二联版用"2"表示，普通发票五联版用"5"表示；第 10 位代表金额版本号，"0"表示电脑版。

（3）增值税普通发票第二联（发票联）采用防伪纸张印制代码，采用专用防伪油墨印刷，号码的字形为专用异形体。各联次的颜色依次为蓝、橙、绿蓝、黄绿和紫红色。

（4）凡纳入"一机多票"系统（包括试运行）的一般纳税人，自纳入之日起，一律使用全国统一的增值税普通发票，并通过防伪税控系统开具。

三、增值税电子普通发票

推行通过增值税电子发票系统开具的增值税电子普通发票，对降低纳税人经营成本、节约社会资源、方便消费者保存使用发票、营造健康公平的税收环境有着重要作用。

（1）增值税电子普通发票的开票方和受票方需要纸质发票的，可以自行打印增值税电子普通发票的版式文件，其法律效力、基本用途、基本使用规定等与税务机关监制的增值税普通发票相同。

（2）增值税电子普通发票的发票代码为 12 位，编码规则：第 1 位为 0，第 2～5 位代表省、自治区、直辖市和计划单列市，第 6 位代表年度，第 8～10 位代表批次，第 11～12 位代表票种（第 11 位代表增值税电子普通发票）。发票号码为 8 位，按年度、分批次编制。

四、机动车销售统一发票

（一）机动车销售统一发票联次

《机动车销售统一发票》为电脑六联式发票。第一联发票联（购货单位付款凭证），第二联抵扣联（购货单位扣税凭证），第三联报税联（车购税征收单位留存），第四联注册登记联（车辆登记单位留存），第五联记账联（销货单位记账凭证），第六联存根联（销货单位留存）。第一联印色为棕色，第二联印色为绿色，第三联印色为紫色，第四联印色为蓝色，第五联印色为红色，第六联印色为黑色。发票代码、发票号码印色为黑色，当购货单位不是增值税一般纳税人时，第二联抵扣联由销货单位留存。

（二）机动车销售统一发票适用范围

凡从事机动车零售业务的单位和个人，自 2006 年 8 月 1 日起，在销售机动车（不包括销售旧机动车）收取款项时，必须开具税务机关统一印制的新版《机动车销售统一发票》，并在发票联加盖财务专用章或发票专用章，抵扣联和报税联不得加盖印章。《机动车销售统一发票》注册登记联一律加盖开票单位印章。

五、全面数字化的电子发票

全面数字化的电子发票（以下简称数电票）是与纸质发票具有同等法律效力的全新发票，不以纸质形式存在、不用介质支撑、无须申请领用、发票验旧及申请增版增量。纸质发票的票面信息全面数字化，将多个票种集成归并为电子发票单一票种，数电票实行全国统一赋码、自动流转交付。数电票的法律效力、基本用途与现有纸质发票相同。其中，带有"增值税专用发票"字样的数电票，其法律效力、基本用途与现有增值税专用发票相同；带有"普通发票"字样的数电票，其法律效力、基本用途与现有普通发票相同，如图 2 - 3 所示。

数电票发票号码为 20 位，其中：第 1 ~ 2 位代表公历年度后两位，第 3 ~ 4 位代表行政区划代码，第 5 位代表数电票开具渠道等信息，第 6 ~ 20 位代表顺序编码。

数电票与增值税专用发票及电子普通发票票面、开具流程等有较大区别，主要体现在：

（1）取消了发票密码区、发票代码、校验码；取消了"地址、电话"栏和"开户行及账号"栏；取消了收款人和复核人栏；取消了"销售方（章）"栏，不需要加盖发票专用章。

（2）将销售方信息栏从发票的左下角调整至右上角。

（3）数电票号码为 20 位。

（4）税务机关暂不为纳税人代开数电票，自行登录电子税务局开具。

（5）数电票的载体为电子文件，无最大开票行数限制，交易项目明细能够在数电票中全部展示，无须开具销货清单。

（6）常见必写的备注栏：货物运输服务、差额征税开票、建筑服务、销售、出租不动产、保险代收车船税发票、销售预付卡、铁路运输企业提供货物运输服务、农业机械销售。

纳税人开具货物运输服务等特定业务发票的，其票面按照特定内容展示相应信息，票面左上角展示该业务类型的字样，便于纳税人使用。

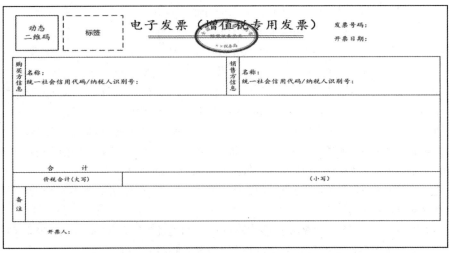

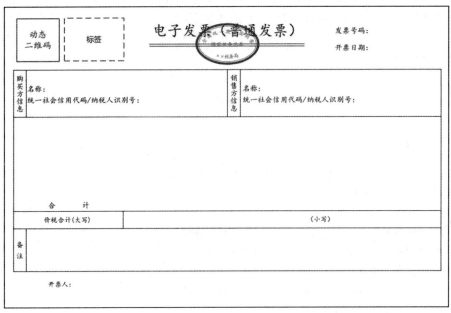

图 2-3 数电票

2022 年起，广东、上海、内蒙古开展数电票试点工作，全国 36 省区市的纳税人作为受票方都可以接收全电发票。2023 年起试点地区全电发票开始全面扩围，新设立登记的纳税人纳入数字化电子发票开票试点范围。随着"金税四期"的推广和上线，今后数电票会成为增值税发票领域的主体。

【小结】

关键术语：视同销售行为、混合销售行为、兼营行为、小规模纳税人、一般纳税人、销项税额、进项税额、价外费用、平销返利行为、进口货物组成计税价格

数电票的优势

长沙"11·25"专案：虚开魔高一尺 打虚道高一丈

本章小结：增值税是对在中华人民共和国境内发生应税销售行为以及进口货物的单位和个人征收的一种税。在征税范围中，特别规定了视同销售行为，对视同销售行为一律要增收增值税。对于混合销售行为和兼营非应税劳务要区别清楚，采取不同的方法处理。增值税纳税人分为一般纳税人和小规模纳税人，一般纳税人采用一般征税方法，适用13%、9%、6%的税率，小规模纳税人和依法选择了简易征税办法的一般纳税人，适用5%或3%的征收率。

计算销项税额以不含税销售额为依据，销售额包括全部价款和价外费用，没有销售额的按三个顺序确定销售额，其中组成计税价格＝成本＋利润（＋消费税）；采用一般计税方法计算应纳增值税税额应抵扣进项税额，采用简易征税办法计算应纳增值税税额则不得抵扣进项税额。一般纳税人支付的进项税额分为可抵扣的和不可以抵扣的两部分。

进口产品的组成计税价格＝关税完税价格＋关税（＋消费税）。提供加工劳务以加工费为计算增值税销项税额的依据。

对出口货物可根据不同情况给予免税或退税，出口退税率包括七档，我国目前采用两种退税办法：对生产企业采用免、抵、退办法，对外贸企业采用先征后退办法。

正确使用增值税专用发票十分重要，国家在专用发票领购使用范围、开具范围、开具要求、开具时限，以及进项税额的抵扣等方面都作了具体规定，对在增值税专用发票上出现的各种违法行为给予严厉惩处。

【习题】

一、复习思考题

1. 为什么《增值税暂行条例》将纳税人按其经营规模大小及会计核算健全与否划分为一般纳税人和小规模纳税人？

2. 请对外购货物的抵扣规定进行总结。

3. 小规模纳税人与一般纳税人应纳税额的计算有何异同？

4. 请对购买的货物是否属于视同销售行为进行总结。

5. 新办商贸企业增值税一般纳税人如何认定？

6. 请对小规模纳税人和一般纳税人的税率规定进行总结。

7. 请对运费的规定进行总结。

8. 对进项税额转出从成本的角度进行分类总结。

9. 对出口退税的基本步骤进行总结。

二、单选题

1. 下列项目中，使用增值税9%低税率的是（　　）。

A. 调制乳　　　　　　B. 麦芽　　　　　　C. 洗发水　　　　　　D. 农用挖掘机

2. 下列各项中，不属于"租赁服务"的是（　　）。

A. 融资性售后回租　　　　　　　　B. 不动产经营租赁服务

C. 车辆停放服务　　　　　　　　　D. 道路通行服务

3. 下列各项中，应按照"交通运输服务"征收增值税的是（　　）。

A. 信件寄递　　　　　　　　　　　B. 建筑物平移

C. 高速公路通行服务　　　　　　　D. 无运输工具承运

4. 某旧货经营单位为增值税小规模纳税人，2023 年 8 月销售旧货共取得含税销售收入 50 000 元，销售自己使用过的固定资产共取得含税销售收入 20 000 元，该单位未放弃减税，则该旧货经营单位 2023 年 8 月应缴纳增值税（   ）元。

  A. 1 359.22   B. 1 372.55   C. 2 038.83   D. 3 876.86

5. 某生产企业为增值税一般纳税人，2022 年 9 月对部分资产盘点后进行处理：销售边角废料，取得含税收入 82 400 元；销售 2015 年 2 月购入的小汽车 1 辆，取得含税收入 72 100 元；销售 2007 年进口的生产设备 1 台，取得含税收入 120 000 元，当时未抵扣进项税额。假设企业当月无可抵扣的进项税额，以下关于企业上述业务的增值税处理，正确的是（   ）。

  A. 销售边角废料应缴纳增值税 1 584.62 元

  B. 销售小汽车应缴纳增值税 8 294.69 元

  C. 销售生产设备应缴纳增值税 2 307.69 元

  D. 企业上述业务共计应缴纳增值税 37 862.06 元

6. 根据增值税法律制度的规定，下列各项中，适用的增值税税率为 9% 的是（   ）。

  A. 出租车公司向使用本公司自有出租车的出租车司机收取的管理费用

  B. 商务辅助服务

  C. 市场调查服务

  D. 娱乐服务

7. 根据增值税的有关规定，下列说法中，正确的是（   ）。

  A. 企业销售货物发生销售折扣的，按折扣后的销售额征收增值税

  B. 商场采取以旧换新方式销售冰箱的，按照新冰箱的同期销售价格减除旧冰箱的收购价格确定销售额

  C. 企业采取还本销售方式销售货物，实际上是一种融资行为，不征收增值税

  D. 企业采取以物易物方式销售货物的，双方都应作购销处理，以各自发出的货物核算销售额并计算销项税额，以各自收到的货物核算购货金额并按规定计算进项税额

8. 单位将自产、委托加工和购进的货物用于下列项目的，均属于增值税视同销售货物行为，应征收增值税的是（   ）。

  A. 继续生产增值税应税货物   B. 集体福利

  C. 个人消费   D. 无偿赠送给其他单位

9. 某企业为增值税一般纳税人，2023 年 7 月从汽车制造厂购入小汽车一辆，取得税控增值税专用发票上注明价款 350 000 元、增值税 45 500 元；支付运输企业不含税运输费用 8 000 元，取得运输企业开具的增值税专用发票，企业将该小汽车作为固定资产用于管理部门使用。则企业上述业务可以抵扣的进项税额为（   ）元。

  A. 0   B. 56 800   C. 60 380   D. 46 220

10. 某企业（增值税一般纳税人）9 月生产货物用于销售，取得不含税销售收入 100 000 元，当月外购原材料取得增值税专用发票上注明增值税 3 200 元。当月将 7 月购入的一批原材料改变用途，用于生产免征增值税的项目。已知该批原材料的账面成本为 10 000 元（含运费 465 元），则该企业当期应纳增值税税额为（   ）元。

  A. 14 372.1   B. 11 081.4   C. 11 458.05   D. 15 272.1

11. B 市的甲建筑企业是小规模纳税人，2019 年 9 月在 A 市取得含税建筑收入总额为 500 万元，支付分包款 200 万元，则甲企业在建筑服务发生地 A 市预缴税款（   ）万元。

A. 8.74　　　　　　B. 14.56　　　　　　C. 9　　　　　　D. 15

12. 位于 A 市的甲企业是增值税一般纳税人，2023 年 7 月将其位于 B 市的一座办公楼（2014 年取得）出租，取得含税租金收入 100 000 元，选择简易计税办法，则其应在 B 市预缴增值税（　　）元。

A. 2 912.62　　　　B. 3 000　　　　C. 4 761.90　　　　D. 5 000

13. 房地产开发企业的一般纳税人采取预收款方式销售所开发的房地产项目，在收到预收款时按照一定的预征率预缴增值税，该预征率为（　　）。

A. 2%　　　　　　B. 3%　　　　　　C. 4%　　　　　　D. 5%

14. 某生产企业为增值税一般纳税人，同时生产免税货物甲（以下简称货物甲）和应税货物乙（以下简称货物乙），2022 年 8 月购入生产货物甲的原材料一批，取得增值税专用发票上注明价款 20 000 元，增值税 2 600 元；购入生产货物乙的原材料一批，取得增值税专用发票上注明价款 30 000 元、增值税 3 900 元；购入生产货物甲和货物乙共同使用的包装材料一批，取得增值税专用发票上注明价款 28 000 元，增值税 3 640 元，企业无法准确划分货物甲和货物乙包装材料的使用情况；本月对外销售货物共取得不含税收入 240 000 元，其中销售货物乙取得不含税收入 180 000 元。则该生产企业本月应缴纳增值税（　　）元。

A. 24 310　　　　B. 16 770　　　　C. 20 640　　　　D. 27 540

15. 某企业为增值税小规模纳税人，2022 年 9 月销售自产的货物，开具的普通发票上注明含税金额 500 000 元，当期外购原材料取得增值税专用发票上注明增值税 1 600 元，上月销售的货物在本月发生销货退回，退还给购买方 2 000 元价款（不含税）并按规定开具红字增值税专用发票。则该企业 9 月应纳增值税（　　）元。

A. 12 286.05　　　　B. 12 861.31　　　　C. 13 983.06　　　　D. 14 503.11

16. 某企业为增值税一般纳税人，2023 年 8 月进口 10 辆小汽车，其中 2 辆自用，另外 8 辆用于对外销售，进口这 10 辆小汽车共支付买价 40 万元，另支付小汽车运抵我国境内输入地点起卸前发生的运费、保险费共计 15 万元。货物报关后，该企业按规定缴纳了进口环节的增值税，并取得海关进口增值税专用缴款书。当月销售小汽车取得不含税销售收入 250 万元，则该企业 2019 年 8 月应缴纳增值税（　　）万元（已知小汽车关税税率为 20%，消费税税率为 9%）。

A. 23.07　　　　B. 28.4　　　　C. 33.45　　　　D. 35.58

17. 甲企业为增值税一般纳税人，2023 年 8 月 1 日，采取分期收款方式向乙企业销售一批货物，价税合计 585 万元，合同约定分三次等额支付，付款日期分别为 8 月 20 日、9 月 20 日和 10 月 20 日，乙企业因资金紧张于 2023 年 9 月 4 日才支付了第一笔款项 195 万元。甲企业 2023 年 8 月应确认的增值税销项税额为（　　）万元。

A. 0　　　　　　B. 22.43　　　　C. 33.15　　　　D. 85

18. 汽车销售公司销售小汽车时一并向购买方收取的下列款项中，应作为价外费用集散增值税的是（　　）。

A. 收取的小汽车改装费　　　　　　B. 代办保险收取的保险费
C. 因代办缴税收取的车辆购置税　　　　D. 代办牌照收取的车辆牌照费

19. 境内单位和个人提供适用增值税零税率应税服务的，可以放弃适用增值税零税率，选择免税或按规定缴纳增值税。放弃适用增值税零税率后，（　　）个月内不得再申请适用增值税零税率。

A. 12　　　　　　B. 24　　　　　　C. 36　　　　　　D. 48

20. 某生产企业（具有出口经营权）为增值税一般纳税人，2023年9月从国内采购生产用原材料一批，取得增值税专用发票，注明价款810万元；当月国内销售货物取得不含税销售额150万元，出口自产货物取得收入折合人民币690万元；已知，适用的增值税税率为13%，出口退税率为9%，月初无留抵税额，相关发票均已经通过主管税务机关认证并允许抵扣。则下列关于该企业增值税的税务处理中，说法正确的是（　　）。

A. 应缴纳增值税25.5万元，免抵增值税额为89.7万元

B. 应退增值税58.2万元，免抵增值税额为0

C. 应退增值税58.16万元，免抵增值税额为31.54万元

D. 应退增值税64.2万元，免抵增值税额为4.8万元

三、多选题

1. 下列各项中，属于增值税征税范围的有（　　）。

A. 汽车维修　　　　B. 手机修配　　　C. 金银首饰加工　　　D. 电力销售

2. 下列各项中，属于增值税混合销售的有（　　）。

A. 百货商店在销售商品的同时又提供送货服务

B. 餐饮公司提供餐饮服务的同时又销售烟酒

C. 建材商店在销售木质地板的同时提供安装服务

D. 歌舞厅在提供娱乐服务的同时销售食品

3. 下列项目应按照"交通运输服务"缴纳增值税的有（　　）。

A. 远洋运输中的程租服务　　　　　　B. 远洋运输中的期租服务

C. 融资性售后回租　　　　　　　　　D. 航空运输中的干租服务

4. 根据增值税法律制度的规定，下列各项中，应按照"金融服务"税目计算缴纳增值税的有（　　）。

A. 转让外汇　　　　　　　　　　　　B. 融资性售后回租

C. 货币兑换服务　　　　　　　　　　D. 财产保险服务

5. 应当视同销售增值税的有（　　）。

A. 委托加工实木书柜奖给员工　　　　B. 将购进的机床作为投资给丁家具工厂

C. 资产会议桌交给丙家具城代销　　　D. 外购300台空调发职工福利

6. 根据增值税法律制度的规定，下列各项中，不征收增值税的有（　　）。

A. 物业管理单位收取的物业费

B. 被保险人获得的医疗保险赔付

C. 物业管理单位代收的住宅专项维修资金

D. 存款利息

7. 根据增值税法律制度的规定，一般纳税人提供的下列服务中，可以选择适用简易计税方法的有（　　）。

A. 收派服务　　　　　　　　　　　　B. 仓储服务

C. 电影放映服务　　　　　　　　　　D. 文化体育服务

8. 甲公司下列增值税进项税额中，准予抵扣的有（　　）。

A. 购进柴油的进项税额51 000元

B. 购进职工食堂用货物的进项税额8 500元

C. 上期留抵的增值税税额6 800元

D. 购进小轿车的进项税额 25 500 元

9. 根据增值税法律制度的规定，下列各项中，不可以从销项税额中抵扣进项税额的有（　　）。

A. 因管理不善被盗材料所支付的增值税款

B. 购进用于集体福利所支付的增值税款

C. 购进生产用电力所支付的增值税款

D. 购进用于个人消费的材料所支付的增值税款

10. 根据增值税制度的规定，下列关于固定业户纳税人地点的表述中，不正确的有（　　）。

A. 销售商标使用权，应当向商标使用权购买方所在地主管税务机关申报纳税

B. 销售采矿权，应当向矿产所在地主管税务机关申报纳税

C. 销售设计服务，应当向设计服务发生地主管税务机关申报纳税

D. 销售广告服务，应当向机构所在地主管税务机关申报纳税

11. 根据增值税法律制度的规定，一般纳税人发生的下列业务中，不得开具增值税专用发票的有（　　）。

A. 律师事务所向消费者个人提供咨询服务

B. 酒店向消费者个人提供餐饮服务

C. 百货公司向消费者个人销售家用电器

D. 装修公司向一般纳税人提供装修服务

四、判断题

1. 出租车公司向使用本公司自有出租车的出租车司机收取的管理费用，按照"现代服务"缴纳增值税。　　　　　　　　　　　　　　　　　　　　　　　　　　（　　）

2. 将建筑物的广告位出租给其他单位用于发布广告，应按照"广告服务"税目计缴增值税。　　　　　　　　　　　　　　　　　　　　　　　　　　　　　　（　　）

3. 以货币资金投资收取的固定利润或者保底利润，应按照"租赁服务"税目计缴增值税。　　　　　　　　　　　　　　　　　　　　　　　　　　　　　　　（　　）

4. 银行存款利息不征收增值税。　　　　　　　　　　　　　　　　　　（　　）

5. 银行以 1 个季度为纳税期限申报缴纳增值税。　　　　　　　　　　（　　）

五、计算问答题

1. 某高科技公司是增值税一般纳税人，2023 年 5 月发生如下经济业务：

（1）向甲企业转让专有技术，开具发票列明专有技术金额 80 万元和相关的技术服务费 5 万元。

（2）向乙企业提供技术咨询，开具增值税专用发票列明金额 20 万元。

（3）进口 1 台研发专用设备，到岸价折合 50 万元。

（4）将 3 年前购置设备出售，取得销售额一共 28 万元。

（5）本月购置材料，取得专用发票注明金额 10 万元，增值税 1.3 万元，购置办公用品一批，取得专用发票注明金额 15 万元，增值税 1.95 万元，支付材料的运输费取得专用发票上注明的金额 8 万元。

要求：根据上述材料，计算该公司本月应纳增值税额。

2. 某城市服装厂（增值税一般纳税人）当年11月有关业务情况如下：

（1）购进生产用原料，取得增值税专用发票上注明价款210 000元、税款27 300元。

（2）购进生产用设备1台，支付款项合计4 640元，取得专用发票；支付运费，取得运输部门开具的增值税专用发票上注明运费200元。

（3）接受某单位捐赠的生产用材料一批，取得的增值税专用发票上注明价款10 000元、税款1 300元。

（4）以自制服装100套向某纺织厂换取布匹一批，服装厂开具的增值税专用发票上注明的销售额为50 000元；取得的纺织厂开具的增值税专用发票上注明价款40 000元、税款5 200元。

（5）发出各式服装委托某商场代销。月末收到商场送来的代销清单，代销服装的零售金额81 200元；服装厂按零售金额的10%支付给商场代销手续费8 120元。

（6）向某百货公司销售服装一批，货已发出，开具的增值税专用发票上注明的销售额为200 000元，货款尚未收回。

（7）为某客户加工服装100套，双方商定，服装面料由服装厂按客户要求选购，每套服装价格（含税）1 160元。该厂为加工该批服装从某厂购进面料300米并取得增值税专用发票，价、税款分别为30 000元、3 900元，货款已付。该批服装已于当月加工完成并送交客户，货款已结清。

（8）赠送给某学校运动服100套，实际成本7 000元；该批运动服无同类产品售价。

（9）上月未抵扣完的进项税额为18 500元。

要求根据上述资料，计算该厂当月应纳的增值税。

3. 某生产企业（增值税一般纳税人），当年8月有关业务资料如下：

（1）购进生产用材料，取得增值税专用发票上注明价款300 000元、增值税款39 000元。

（2）接受某单位投资转入生产用材料一批，取得增值税专用发票上注明价款100 000元、增值税款13 000元。

（3）收回上月委托加工的包装物一批，并部分地投入使用；但月末尚未支付加工费，未取得增值税专用发票；根据委托加工协议规定，该批包装物加工费（不含税）10 000元。

（4）将上月购进的生产用材料无偿赠送给某单位，账面实际成本20 000元；该批材料已在上月申报抵扣进项税额。

（5）向某公司销售自制产品1 000件，每件不含税售价500元。

（6）本月销售货物发生运输费用，已取得运输部门开具的增值税专用发票上注明运费2 900元。

（7）经营设备修理修配业务，取得修理修配收入（含税）5 800元。

要求：计算该企业本期应纳的增值税额。

4. 某服装厂（增值税一般纳税人）位于市区，当年9月发生下列业务：

（1）取得增值税专用发票上注明的价款40 000元、税额5 200元，支付采购运费，取得专用发票上注明的运费5 000元。

（2）进口A种面料，关税完税价格36 000元，关税税率为5%，支付从港口到厂区运费，取得增值税专用发票上注明运费2 000元。

（3）用A种面料生产300件连衣裙，单位成本每件40元；将200件委托某商厦代销，当月月末收到商厦代销清单，注明售出100件，商厦与该厂结算的含税金额15 000元，另向商厦支付不含税结算金额 20% 的代售手续费,取得普通发票。

(4) 生产 600 件西服,单位成本每件 100 元,成本中外购比例 60% (假设成本中不含运费),将其中 100 件发给本厂职工作为福利,将其中 400 件以每件 180 元的不含税批发价批发给某集团企业,30 件因保管不善损毁。

当月取得的相关票据符合税法规定,并在当月通过认证和抵扣。

根据上述资料回答下列问题:

(1) 该企业进口环节应该缴纳的各项税额合计;

(2) 该企业当期可从销项税额中抵扣的全部进项税;

(3) 该企业当期内销销项税额;

(4) 该企业当期应向税务机关缴纳的增值税。

5. 某设计公司为增值税一般纳税人,当年 6 月发生以下经济业务:(1) 为甲个人提供服装设计服务,取得收入 100 000 元;(2) 为乙个人提供创意策划服务,取得收入 80 000 元;(3) 为丙企业提供环境设计服务,取得收入 60 000 元;(4) 为丁个人提供美容服务时一并提供的发型设计服务,收入 2 000 元;(5) 提供的创意策划服务,取得收入 10 000 元;(6) 购买办公用电脑 5 台,取得增值税专用发票上注明金额 40 000 元。

要求:计算该公司当月应纳增值税额。

6. 某食品加工厂(增值税一般纳税人)2023 年 8 月发生下列业务:

(1) 向农民收购大麦 10 吨,收购凭证上注明价款 20 000 元,验收后移送另一食品加工厂(增值税一般纳税人)加工膨化食品(已全部领用),支付加工费价税合计 3 000 元,取得增值税专用发票。

(2) 从县城某五金厂(小规模纳税人)购入小工具一批,取得小规模纳税人通过增值税发票管理系统自开的适用 3% 征收率的增值税专用发票,发票金额合计 10 500 元。

(3) 将以前月份购入的 10 吨玉米渣对外销售 8 吨,取得不含税销售额 25 200 元,将 2 吨玉米渣无偿赠送给客户。

(4) 生产夹心饼干销售,开具的增值税专用发票上注明销售额 100 000 元。

(5) 上月向农民收购的用于生产玉米渣的玉米因保管不善霉烂,账面成本 4 500 元(含运费 500 元),已抵扣进项税额。

(6) 转让 2018 年 3 月购入的检测设备 1 台,从购买方取得支票 9 040 元(含税)。

(7) 允许广告公司在本厂 2018 年 4 月建成的围墙上喷涂家电、服装广告,价税合计收取 50 000 元。

(8) 修缮产品展示厅,该展示厅在工作日中午兼用作职工食堂,为修缮购进货物和设计服务共支出 30 万元,取得增值税专用发票的进项税合计 10 000 元。

(其他相关资料:上述合法扣税凭证均在当月抵扣)

要求:根据上述资料,回答下列问题。

(1) 计算业务(1)和业务(2)可抵扣的进项税额合计数;

(2) 计算业务(8)可抵扣的进项税额;

(3) 计算业务(5)转出的进项税额;

(4) 计算该食品加工厂当期可以抵扣的进项税额合计数;

(5) 计算业务(3)的销项税额;

(6) 计算该食品加工厂当期的增值税销项税额合计数;

（7）计算该食品加工厂当期应缴纳的增值税税额。

7. 有进出口经营权的某外贸公司，当年 10 月发生以下经营业务：

（1）经有关部门批准从境外进口新轿车 30 辆，每辆小轿车货价 15 万元，运抵我国海关前发生的运输费用、保险费用无法确定，经海关查实其他运输公司相同业务的运输费用占货价的比例为 2%。向海关缴纳了相关税款，并取得完税凭证。公司委托运输公司将小轿车从海关运回本单位，支付运输公司运输费用，取得了运输公司开具的增值税专用发票上注明的运费 9 万元。当月售出 24 辆，每辆取得含税销售额 40.6 万元，公司自用 2 辆并作为本企业固定资产。

（2）月初将上月购进的库存材料价款 40 万元，经海关核准委托境外公司加工一批货物，月末该批加工货物在海关规定的期限内复运进境供销售，支付给境外公司的加工费 20 万元、进境前的运输费和保险费共 3 万元。向海关缴纳了相关税款，并取得了完税凭证。

（提示：小轿车关税税率 60%、货物关税税率 20%、增值税税率 13%、消费税税率 9%）

要求：（1）计算小轿车在进口环节应缴纳的关税和增值税。

（2）计算加工货物在进口环节应缴纳的关税、增值税。

（3）计算国内销售环节 10 月应缴纳的增值税。

8. 某服装厂（增值税一般纳税人）位于市区，当年 9 月发生下列业务：

（1）取得增值税专用发票上注明的价款 40 000 元、税额 5 200 元，支付采购运费，取得专用发票上注明的运费 500 元。

（2）进口 A 种面料，关税完税价格 36 000 元，关税税率为 5%，支付从港口到厂区运费，取得增值税专用发票上注明运费 2 000 元。

（3）用 A 种面料生产 300 件连衣裙，单位成本每件 40 元；将 200 件委托某商厦代销，当月月末收到商厦代销清单，注明售出 100 件，商厦与该厂结算的含税金额 15 000 元，另向商厦支付不含税结算金额 20% 的代售手续费，取得普通发票。

（4）生产 600 件西服，单位成本每件 100 元，成本中外购比例 60%（假设成本中不含运费），将其中 100 件发给本厂职工作为福利，将其中 400 件以每件 180 元的不含税批发价批发给某集团企业，30 件因保管不善损毁。

当月取得的相关票据符合税法规定，并在当月通过认证和抵扣。

根据上述资料回答下列问题：（1）该企业进口环节应该缴纳的各项税额合计；

（2）该企业当期可从销项税额中抵扣的全部进项税；

（3）该企业当期内销项税额；

（4）该企业当期应向税务机关缴纳的增值税。

9. 某农机生产企业为增值税一般纳税人，2023 年 12 月发生以下业务：

（1）从一般纳税人处购进农机零配件，取得的增值税专用发票上注明价款 120 000 元，本月生产领用价值 80 000 元的农机零配件；另支付给运输企业（一般纳税人）含税运输费用 4 142 元，取得开具的增值税专用发票。

（2）外购原材料，取得普通发票上注明价税合计金额 48 000 元，原材料已入库；另支付给运输企业含税运输费用 3 815 元，取得一般纳税人开具的增值税专用发票。

（3）企业为修建职工食堂领用 8 月从一般纳税人处外购的钢材一批，成本 60 000 元（其中含向一般纳税人支付的运输费用 3 500 元），钢材购入时已按规定抵扣了进项税。

（4）销售自产农机整机一批，取得不含税销售额 220 000 元，另收取该批农机的包装费

11 990 元。

    （5）销售外购的农机零配件一批，取得含税销售额 35 030 元。

    （6）提供农机维修业务，开具的发票上注明不含税金额 24 000 元。

    （7）转让 1 台自用过 11 年的小轿车，取得含税收入 90 000 元。

    （其他相关资料：企业取得的增值税专用发票均合规并在当月抵扣；纳税人销售自己使用过的固定资产，未放弃减税）

    要求：根据上述资料，回答下列问题。

    （1）该企业当月增值税的销项税额；

    （2）该企业当月可抵扣的进项税额；

    （3）该企业转让小轿车应缴纳的增值税；

    （4）该企业当月应缴纳的增值税。

六、案例分析题

    不同的纳税人身份，对应的增值税税率不同。小规模纳税人增值税征收率为 3%（2021 年后减按 1% 征收），一般纳税人增值税税率一般为 6%、9%、13%。虽然一般纳税人增值税税率总体高于小规模纳税人，但一般纳税人可以通过取得进项来抵扣增值税，而小规模纳税人增值税是按照征收率来计算，不能抵扣。因此，可以利用不同的纳税人身份为公司节税。

    经过测算，当一般纳税人的增值税税率为 13%，小规模纳税人增值税税率为 3% 时，当毛利率为 23.07% 时，一般纳税人与小规模纳税人的税负相同；当毛利率大于 23.07% 时，一般纳税人的增值税税负要高于小规模纳税人的税负；当毛利率小于 23.07% 时，一般纳税人的增值税税负会轻于小规模纳税人的税负。

    举例说明：

    1. 假设一家公司年销售额为 300 万元，销售成本为 240 万元（上述价格均为不含税价格）。

    若该公司为一般纳税人，年应纳增值税税额 =（300 − 240）× 13% = 7.8（万元）

    若该公司为小规模纳税人，年应纳增值税税额 = 300 × 3% = 9（万元）

    这样的话该公司选择一般纳税人，就会少缴增值税 1.2 万元。

    2. 假设一家公司年销售额为 300 万元，销售成本为 200 万元（上述价格均为不含税价格）。

    若该公司为一般纳税人，年应纳增值税税额 =（300 − 200）× 13% = 13（万元）

    若该公司为小规模纳税人，年应纳增值税税额 = 300 × 3% = 9（万元）

    该公司选择一般纳税人和小规模纳税人的分析：

    （300 − 240）÷ 300 = 20%

    （300 − 200）÷ 300 = 33.3%

    可得出，按毛利率为 23.07%，作为选择一般和小规模的标准。

    从以上分析中，请你完成以下两个案例的增值税筹划：

    1. 某企业为商业企业，下设 A、B 两个批发部，预计 2022 年 A 批发部年不含税销售额 300 万元，不含税购货成本 210 万元，B 批发部年不含税销售额 260 万元，不含税购货成本 170 万元，怎样可以做到节税？

    2. 某生产性企业，2023 年应纳增值税销售额为 400 万元，会计核算制度比较健全，符合作为一般纳税人的条件，适用 13% 增值税税率，但该企业准予从销项税额中抵扣的进项税额较少，只占销项税额的 35%。该企业应如何进行纳税人身份的增值税筹划？

【阅读拓展】

1. 胡天龙. 增值税历史沿革与改革动向——基于国际实践和国内发展的研究 [J]. 国际税收, 2021 (3)：3 – 10.

2. 姜明耀. 现代产业体系视角下的增值税改革 [J]. 税务研究, 2022 (5)：33 – 39.

第三章　消费税

【学习目标】

通过本章学习，你应能够：

➢ 理解消费税的核心概念、政策意义、特征及其与增值税的关系；

➢ 掌握消费税的征税范围、从量定额、从价定率和复合计征办法的应纳税额计算、计税依据的特殊规定；

➢ 掌握计税价格的核定、销售额中扣除外购已税消费品已纳消费税的规定；

➢ 掌握委托加工应税消费品代收代缴税款的规定、连续生产应税消费品计算；

➢ 掌握进口应税消费品组成计税价格的计算；

➢ 了解消费税的税率；了解消费税的征收管理、纳税申报。

【引入案例】

烟酒厂应如何缴纳消费税和增值税？

甲烟酒厂（简称甲厂）为增值税一般纳税人，2023年3月发生以下业务：

（1）直接销售方式销售A牌卷烟80箱，取得销售额256万元。

（2）分期收款方式销售A牌卷烟350箱，销售额1 330万元，合同约定当月收取50%的货款，实际收到30%的货款。

（3）甲厂提供烟叶委托乙卷烟厂加工一批烟丝，烟叶成本120万元；乙卷烟厂收取加工费20万元、代垫部分辅助材料费用5万元；当月完工交付甲厂，乙卷烟厂无同类价格。

（4）甲厂委托加工收回烟丝20%直接对外销售，取得销售额58万元。

（5）由于业务完善需要，进口IQQS牌电子烟100盒，经海关核定成交额158元/盒，运费200元，保险费105元。已取得海关开具进口增值税缴款额，关税税率10%。代丙电子烟生产企业加工电子烟（不持有该电子烟商标）20 000盒，共计含税金额1 808 000元（已分开核算）。

（6）购入一批烟丝，甲厂用5 000千克自产酱香白酒抵顶含税款1 130 000

元，双方已经互开增值税专用发票。

（7）销售 B 型啤酒 20 吨，开具的增值税专用发票注明价款 58 500 元，收取包装物押金 3 300 元（含塑料周转筐押金 300 元）。

税率资料见表 3-1。

表 3-1 税率资料

征税对象	比例税率	定额税率
白酒	20%	1 元/千克
啤酒	×	甲类 250 元/吨 乙类 220 元/吨
甲类卷烟	56%	0.003 元/支
乙类卷烟	36%	0.003 元/支
电子烟（生产进口）	36%	×
烟丝	30%	×

酱香型白酒销售最高价 271.2 元/千克　平均价 226 元/千克

要求：根据上述资料，分析甲厂委托加工收回烟丝后直接对外销售是否需要缴纳消费税；计算甲厂应纳的消费税和增值税。

【本章导读】

消费税是指我国制定的用以调整消费税征收与纳税人之间的权利及义务关系的法律规范。消费税是以特定消费品为课税对象所征收的一种间接税，其税收负担具有转嫁性，最终由消费者承担。在对货物普遍征收增值税的基础上，选择部分消费品再征收一道消费税，目的是调节产品结构，引导消费方向，保证国家财政收入。消费税因其特殊作用，受到世界各国的普遍重视，目前已有 120 多个国家开征了这一税种或类似税种。

消费税的历史源远流长，在我国可追溯到西汉时期对酒的课税。现行的消费税始于国务院 1993 年颁布的《中华人民共和国消费税暂行条例》和同年财政部制定的《消费税暂行条例实施细则》。1994 年至今，根据经济社会发展的需要以及国家产业政策的要求，我国对消费税的征税范围、税率结构和征收环节都不断地进行完善和调整，未来消费税也将朝着助力经济高质量发展的绿色税收制度方向继续完善。

【知识结构图】

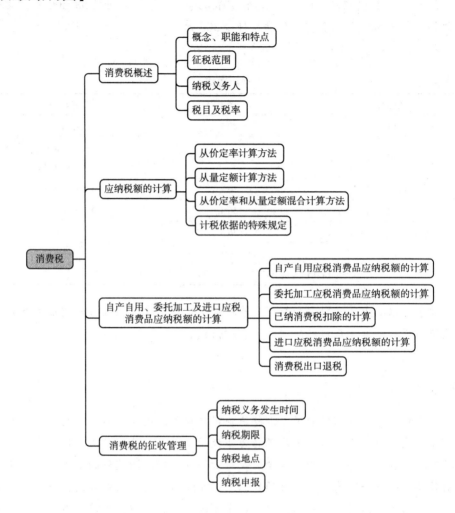

第一节 消费税概述

一、概念、职能和特点

(一) 消费税的概念

消费税 (consumption tax) 是指在我国境内从事生产、委托加工和进口应税消费品的单位和个人就其应税消费品的销售额或销售量征收的一种流转税。

(二) 消费税的职能

我国现行消费税设立于 1994 年,其征收的目的性和导向性十分明显,现实中消费税与大家的日常生活密切相关,如日常相关的金银首饰、卷烟、白酒、小汽车等,它们的价格构成均含有消费税。不同于增值税的"中性税收"特征,消费税还承担着调节收入分配等职能,具体体现为以下三点。

1. 贯彻国家产业政策和消费政策

有些商品对人民身心健康、自然环境造成不良影响,如烟、酒、鞭炮等。通过对这些商品征收消费税,能引导人们的消费行为和控制消极消费,减缓其在经济发展中的副作用和负外部性。

政府从社会生活大格局出发,有选择地将一些高档或者奢侈品及危害品开征消费税,可以正确引导消费方向,调节消费结构。

消费税还将汽油、柴油等非可再生资源产品纳入征税范围,可以在一定程度上鼓励清洁或可再生能源产业发展,引导对部分资源消耗品的节制消费,从而引导生产、体现节能环保。

2. 保证国家财政收入稳定增长

通过消费税的再分配,可以将一部分消费基金转化为财政资金,用于国家整体需要。消费税按应税消费品的销售收入或者数量计税,税金不受商品成本和利润变动影响,随着国民经济不断发展,税收收入也将稳定增长,以满足国家执行其职能的资金需求。

3. 调节消费水平,缓解社会分配不公

对某些奢侈品和特殊消费品征收消费税,间接增加这些消费者的税收负担,可以调节人们的支付能力,体现量能课税原则,有利于缓解目前存在的社会分配不公的矛盾,树立正确的消费观。

近年来,我国正迅速成长为数字经济和数字贸易大国,为了深化财税制度体系转型,政府将加速消费税统筹立法进程,迎来第 4 次重大变革。

消费税对节能环保、绿色转型的作用

2010~2023 年消费税收入规模及占比情况

（三）消费税的特点

消费税具有以下五个特点。

1. 消费税征税项目具有选择性

消费税以税法规定的特定产品为征税对象，并不是所有消费品都征收消费税，即国家可以根据宏观产业政策和消费政策的要求，有目的地、有重点地选择一些消费品征收消费税，以适当地限制某些特殊消费品的消费需求，达到特定税收调节作用。

2. 征税环节具有相对单一性

消费税实行单一环节征收（卷烟、电子烟、超豪华小汽车除外），纳税环节主要为生产环节、委托加工环节和进口环节。这样可以一定程度上避免重复征税，也可以集中征税，降低税收成本，防止税款流失。

3. 平均税率较高、差异大且实行价内征收

国家通过消费税的税收杠杆对某些特殊消费品进行特殊调节，总体税率区间跨度大，从1%到56%，税负差异较大，普遍税率较高。不同于增值税，消费税实行价内征收，税与价格互补，共同发挥调节经济的杠杆作用。

4. 征收方法具有灵活性

消费税实行从价定率、从量定额和从价从量复合计征三种方法征税。具体适用方法可以根据调节需求、价格差异及品种规格等灵活选择。

5. 税负具有转嫁性

消费税是价内税，是价格的组成部分，消费者是消费税的最终负担者。

【拓展阅读】 直接税与间接税的区别

核心区别在于税负能否转嫁他人承担。直接税的纳税义务人不能或不便于把税收负担转嫁给他人，而间接税的纳税义务人能够用提高价格或提高收费标准等方法把税收负担转嫁给实际负税人。一般认为，间接税主要包括增值税、消费税和营业税；直接税主要包括个人所得税和企业所得税。所得税类税种的纳税人本身就是负税人，一般不存在税负转移或转嫁的问题。我国目前是以间接税和直接税为双主体的税制结构；未来的改革方向是提升直接税，降低间接税。

二、征税范围

在中华人民共和国境内生产、委托加工和进口应税消费品为消费税的征税范围。

（一）生产应税消费品

由于消费税具有单一环节征税的特点，大部分应税消费品在生产销售环节征税以后，进入后续流通环节无论再转销多少次，不用再缴消费税。

纳税人将生产的应税消费品换取生产资料、消费资料、投资入股、偿还债务，以及用于继续生产应税消费品以外的其他方面都应缴纳消费税。

视同生产应税消费品的特殊情况：工业企业以外的单位和个人的下列行为视为应税消费品的生产行为，按规定进行征收消费税：

（1）将外购的消费税非应税产品以消费税应税产品对外销售的；

（2）将外购的消费税低税率应税产品以高税率应税产品对外销售的。

（二）委托加工应税消费品

委托加工应税消费品是指委托方提供原料和主要材料，受托方只收取加工费和代垫部分辅助材料加工的应税消费品。受托加工的应税消费品收回后，再继续用于生产应税消费品销售的，其加工环节缴纳的消费税款可以扣除。

（三）进口应税消费品

单位和个人进口应税消费品也要缴纳消费税。进口环节的消费税由海关代征。

（四）零售应税消费品

金银首饰消费税在零售环节征收。在零售环节征收的金银首饰仅限于金基、银基合金首饰以及金、银和金基、银基合金的镶嵌首饰。零售环节适用税率为5%，在纳税人销售金银首饰、钻石及钻石饰品时征收。带料加工的金银首饰，应按受托方销售同类金银首饰的销售价格确定计税依据。没有同类金银首饰的销售价格的，按组成计税价格纳税。

自2016年12月1日起，"小汽车"税目下设"超豪华小汽车"子税目。超豪华小汽车指每辆零售价130万元（不含增值税）及以上的乘用车和中轻型商用客车。在生产（进口）环节按现行税率征收消费税基础之上，在零售环节加征消费税，税率为10%。

（五）卷烟、电子烟批发

自2015年5月10日起，将卷烟批发环节从价税税率由5%提高至11%，并按0.005元/支加征从量税。纳税人兼营卷烟批发和零售业务的，应当分别核算批发和零售环节的销售额、销售数量；未分别核算批发和零售环节销售额、销售数量的，按照全部销售额、销售数量计征批发环节消费税。

为了更好地发挥消费税引导健康消费的作用，2022年财政部、海关总署、税务总局联合发布《关于对电子烟征收消费税的公告》。电子烟消费税征收对象为电子烟产品，包括烟弹、烟具以及烟弹与烟具组合销售的电子烟产品。烟弹是指含有雾化物的电子烟组件；烟具是指将雾化物雾化为可吸入气溶胶的电子装置。

电子烟消费税实行从价定率的办法计算纳税，生产（进口）环节的税率为36%，批发环节的税率为11%。

【例3-1·多选题】 下列各项中，应同时计算缴纳增值税和消费税的有（   ）。

A. 批发环节销售的卷烟　　　　　B. 零售环节销售的合金首饰

C. 批发环节销售的高档化妆品　　D. 进口小汽车

【答案】 ABD

【解析】 高档化妆品在生产环节征收消费税，在批发环节不再征收消费税，只征收增值税。

【例3-2·单选题】 企业发生的下列经营行为中，应同时计算缴纳增值税和消费税的是（   ）。

A. 食品加工厂将自产的啤酒用于生产熟食制品

B. 百货公司零售金基首饰

C. 连锁超市零售卷烟

D. 门店销售大型商用汽车

【答案】 B

三、纳税义务人

消费税征税范围的选择

在中华人民共和国境内（起运地或者所在地）生产、委托加工和进口应税消费品的单位和个人，为消费税纳税义务人。

单位指国有企业、集体企业、私有企业、股份制企业、外商投资企业和外国企业、其他企业和行政单位、事业单位、军事单位、社会团体及其他单位。

个人指个体经营者及其他个人。

拓展调研

在中华人民共和国境内是指生产、委托加工和进口属于应当征收消费税的消费品和起运地或所在地在中国境内。

【例3-3·多选题】 下列单位中属于消费税纳税人（非金银首饰）的有（   ）。

A. 生产销售应税消费品　　　　　B. 委托加工应税消费品

C. 进口应税消费品　　　　　　　D. 受托加工应税消费品

【答案】 ABC

【例3-4·多选题】 下列关于消费税纳税人的说法正确的有（   ）。

A. 零售金银首饰的纳税人是消费者

B. 委托加工高档化妆品的纳税人是受托加工方

C. 携带卷烟入境的纳税人是携带者

D. 邮寄入境高档手表的纳税人是收件人

【答案】CD

【解析】A 选项：零售方是消费税纳税人，选项 B：委托加工方是纳税人。

具体纳税环节包含以下几个方面（含视同生产），见表 3 – 2。

表 3 – 2　　　　　　　　　　　　具体纳税环节

消费税纳税人	备注
自产自销应税消费品	销售时缴纳
自产自用应税消费品	纳税人自产的应税消费品用于连续生产新的应税消费品，不缴纳；反之移送时缴纳
进口应税消费品	收货人或者办理报关手续的单位和个人，海关代征
委托加工应税消费品	除受托方是个人除外，由受托方向委托方交货时代收代缴
零售应税消费品	（1）每辆零售价130 万元（不含增值税）及以上的乘用车和中轻型商用客车。在生产（进口）环节按现行税率征收消费税基础之上，在零售环节加征消费税。 （2）在零售环节征收的金银首饰仅限于金基、银基合金首饰以及金、银和金基、银基合金的镶嵌首饰。其他环节不征收
批发应税消费品	卷烟、电子烟批发商销售给纳税人以外的单位和个人的卷烟、电子烟于销售时纳税。批发商之间销售的卷烟、电子烟不缴纳消费税

四、税目及税率

（一）税目

目前，消费税设置了 15 个税目，有的税目还进一步划分若干子目。消费税属于价内税并实行单一环节征收，大部分应税消费品在生产、委托加工和进口环节缴纳，进入以后的批发、零售等环节中，由于价款中已包含消费税，因此不必再缴纳消费税。自 1995 年 1 月 1 日起，金银首饰由生产销售环节征税改为零售环节征税；自 2002 年 1 月 1 日起，钻石及钻石饰品由生产、进口环节征税改为零售环节征税。自 2016 年 12 月 1 日起，"小汽车"税目下设"超豪华小汽车"子税目。在生产（进口）环节按现行税率征收消费税基础之上，在零售环节加征消费税。2022 年，财政部、国家税务总局、海关总署联合声明将电子烟生产（进口）纳入征税范围。

1. 烟

凡是以烟叶为原料加工生产的产品，不论使用何种辅料，均属于本税目的征收范围，包括卷烟（进口卷烟、白包卷烟、手工卷烟和未经国务院批准纳入计划的企业及个人生产的卷烟）、雪茄烟和烟丝。

自 2001 年 12 月 20 日起，对既有自产卷烟，同时又委托联营企业加工与自产卷烟牌号、规格相同卷烟的工业企业（以下简称卷烟回购企业），从联营企业购进后再直接销售的卷烟，对外销售时不论是否加价，凡是符合下述条件的，不再征收消费税。不符合下述条件的则征收消费税。

（1）回购企业在委托联营企业加工卷烟时，除提供给联营企业所需加工卷烟牌号外，还同时提供税务机关已公示的消费税计税价格。联营企业必须按照已公示的调拨价格申报缴税。

（2）回购企业将联营企业加工卷烟回购后再销售的，其销售收入应与自产卷烟的销售收入分开核算，以备税务机关检查；如不分开核算，则一并计入自产卷烟销售收入征收消费税。

为完善消费税制度，更好地发挥消费税引导健康消费的作用，财政部、海关总署、税务总局在 2022 年联合发布《关于对电子烟征收消费税的公告》，将电子烟的生产（进口）、批发环节纳入消费税征税范围。电子烟生产环节消费税纳税人是指拥有烟草专卖生产企业许可证并取得或经许可使用他人电子烟产品注册商标的企业。按照规定，通过代加工方式生产电子烟的，由持有商标的企业申报缴纳消费税。只从事代加工电子烟产品业务的企业不属于电子烟消费税纳税人。电子烟的批发环节纳税人是指取得烟草专卖批发企业许可证并经营电子烟批发业务的企业。

2. 酒

酒是酒精度在 1 度以上的各种酒类饮料，包括粮食白酒、薯类白酒、黄酒、啤酒和其他酒。对饮食业、商业、娱乐业举办的啤酒屋（啤酒坊）利用啤酒生产设备生产的啤酒应当按 250 元/吨的税率征收消费税。

注意：酒精、调味料不属于消费税征税范围；果啤属于啤酒。

其他酒：对以蒸馏酒或食用酒精为酒基，具有国食健字或卫食健字文号且酒精度低于 38 度（含）的配制酒，或以发酵酒为酒基，酒精度低于 20 度（含）的配制酒按"其他酒"10% 适用税率征收消费税。其他配制酒，按"白酒"适用税率征收消费税。

葡萄酒消费税适用"其他酒"子目。葡萄酒是指以葡萄为原料，经破碎（压榨）、发酵而成的酒精度在 1 度（含）以上的葡萄原酒和成品酒，不含以葡萄为原料的蒸馏酒。

3. 高档化妆品

高档化妆品是日常生活中用于修饰美化人体表面的用品，包括高档美容、修饰类、高档护肤类化妆品和成套化妆品。高档化妆品的具体标准是指生产（或进口）环节销售（完税）价格（不含增值税）在 10 元/毫升（克）或 15 元/片（张）及以上的化妆品。

它不包括舞台、戏剧、影视演员化妆用的上妆油、卸妆油、油彩、发胶和头发漂白剂等。

4. 贵重首饰及珠宝玉石

凡以金、银、白金、宝石、珍珠、钻石、翡翠、珊瑚、玛瑙等高贵稀有物质以及其他金属、人造宝石等制作的各种纯金银首饰及镶嵌首饰和经采掘、打磨、加工的各种珠宝玉石，具体税目及征税环节如图 3-1 所示。对出国人员免税商店销售的金银首饰也征收消费税。

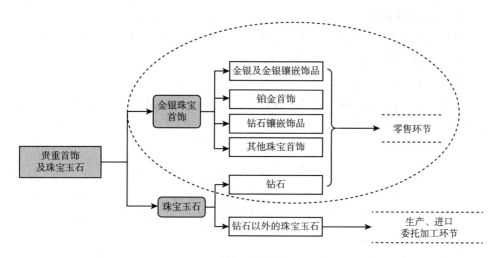

图 3-1　贵重首饰及珠宝玉石税目及征税环节

5. 鞭炮、焰火

鞭炮、焰火的征收范围包括各种鞭炮、焰火。体育上用的发令纸、鞭炮药引线，不按本税目征收。

6. 成品油

成品油包括汽油、柴油、石脑油、溶剂油、航空煤油、润滑油、燃料油 7 个子目。航空煤油暂缓征收。

7. 小汽车

小汽车是指由动力驱动，具有 4 个或 4 个以上车轮的非轨道承载的车辆，包括含驾驶员座位在内的不超过 9 个座位（含）的乘用车和含驾驶员座位在内 10~23 座（含 23 座）的轻型商用客车。用排气量 1.5 升（含）的乘用车底盘（车架）改装改制的车辆属于征收范围。电动汽车、沙滩车、雪地车、卡丁车、高尔夫车，不属于征税范围。

对于企业购进货车或厢式货车改装生产的商务车、卫星通信车等专用汽车不属于消费税征税范围，不征收消费税。但购进乘用车和中轻型商用客车整车改装生产的汽车，应征收消费税。

自 2016 年 12 月 1 日起，"小汽车"税目下增设"超豪华小汽车"子税目，征收范围为每辆零售价格 130 万元（不含增值税）及以上的乘用车和中轻型商用客车，即乘用车和中轻型商用客车子税目中的超豪华小汽车。

8. 摩托车

征收范围包括轻便摩托车和摩托车（两轮、三轮）两种。对发动机气缸总工作容量在 250 毫升（不含）以下的小排量摩托车不征收消费税。

最大车速不超 50 公里/时，气缸容量不超 50 毫升的三轮摩托车不征收消费税。

9. 高尔夫球及球具

征收范围包括高尔夫球、高尔夫球杆及高尔夫球包（袋）等。高尔夫球杆的杆头、杆身、握把属于本税目的征收范围。

10. 高档手表

高档手表是指销售价格（不含增值税）每只在 10 000 元（含）以上的各类手表。

11. 游艇

游艇是指长度大于 8 米（含）小于 90 米（含），船体由玻璃钢、钢、铝合金、塑料等多种材料制作，本税目只包括内置发动机，可以在水上移动，一般为私人或团体购置，主要用于水上运动和休闲娱乐等非谋利活动的各类机动艇。

12. 木制一次性筷子

必须同时具备"木制""一次性"两个特征。木制一次性筷子，又称卫生筷子，是指以木材为原料加工而成的各类供一次性使用的筷子，包括未经打磨、倒角的木制一次性筷子。

13. 实木地板

实木地板是指以木材为原料，经多道工序加工而成的块状或者条状的地面装饰材料。含各类规格的实木地板、实木指接地板、实木复合地板及用于装饰墙壁、天棚的侧端面为样、槽的实木装饰板，以及未经涂饰的素板。

14. 电池

电池是一种将化学能、光能等直接转换为电能的装置，一般由电极、电解质、容器、极端、隔离层等组成的基本功能单元，以及用一个或多个基本功能单元装配成的电池组。

电池的征收范围包括原电池、蓄电池、燃料电池、太阳能电池和其他电池。

自 2016 年 1 月 1 日起，对铅蓄电池按 4% 税率征收消费税。

免税规定：对无汞原电池、金属氢化物镍蓄电池（氢镍蓄电池、镍氢蓄电池）、锂原电池、锂离子蓄电池、太阳能电池、燃料电池和全钒液流电池免征消费税。

15. 涂料

涂于物体表面能形成具有保护、装饰或特殊性能的固态涂膜的一类液体或者固体材料。

自 2015 年 2 月 1 日起，对涂料征收消费税，施工状态下挥发性有机物（VOC）含量低于 420 克/升（含）的涂料免征消费税。

【例 3 - 5·单选题】依据消费税的有关规定，下列行为中应缴纳消费税的是（　　）。

A. 进口卷烟　　　　　　　B. 进口服装

C. 零售高档化妆品　　　　D. 零售白酒

【答案】A

【例 3 - 6·单选题】下列消费品中属于消费税征税范围的是（　　）。

A. 高尔夫球包　　B. 竹制筷子　　C. 护肤护发品　　D. 电动汽车

【答案】A

【例 3 - 7·单选题】以下属于消费税"其他酒"税目的是（　　）。

A. 葡萄酒　　　B. 调味料酒　　C. 果汁啤酒　　D. 食用酒精

【答案】A

【例 3 - 8·单选题】下列商品中，属于消费税征税范围的是（　　）。

A. 铅蓄电池　　B. 鞭炮引线　　C. 变压器油　　D. 电动汽车

【答案】A

（二）税率

消费税实行从价定率的比例税率、从量定额的定额税率和两者结合的复合税率三种形式，不同税率的征税对象存在差异（见表 3 - 3）。纳税人兼营不同税率的应税消费品，应当分别核算不同税率应税消费品的销售额或销售数量，未分别核算的按最高税率征税；将不同税率的应税消费品与非应税消费品组成成套消费品销售的，按其中最高税率征消费税。

表 3 - 3　　　　　　　　　　　　　税率适用情况

税率形式	适用应税项目
定额税率	啤酒、黄酒、成品油
比例税率	除"白酒、卷烟、啤酒、黄酒、成品油"之外的所有应税消费品
定额税率与比率税率的复合税率	白酒、卷烟

消费税根据不同的税目或子目确定相应的税率或单位税额。现行消费税税目、税率见表 3 - 4。

表 3 - 4 应税消费品税率表

税目	子目	定额税率	比例税率
一、烟	卷烟、电子烟、雪茄烟、烟丝		
	生产（含进口）环节：		
	（1）甲类卷烟	150 元/标准箱	56% 调拨价≥70 元/标准条
	（2）乙类卷烟		36% 调拨价＜70 元/标准条
	（3）电子烟	—	36%
	批发环节：	—	—
	雪茄	—	36%
	烟丝	—	30%
	卷烟	250 元/标准箱	11%
	电子烟	—	11%
二、酒	粮食、薯类白酒	0.5 元/500 克（毫升）	20%
	黄酒	240 元/吨	—
	其他酒		10%
	啤酒		
	（1）甲类啤酒	250 元/吨包括包装物和包装物押金，每吨出厂价在 3 000 元（含）以上；娱乐业和饮食业自制的	—
	（2）乙类啤酒	220 元/吨包括包装物和包装物押金，每吨出厂价在 3 000 元以下	—
三、高档化妆品	≥10 元/毫升（克）或者 15 元/片（张）	—	15%
四、贵重首饰及珠宝玉石	零售环节：		
	金银、珀金首饰和钻石及其饰品	—	5%
	生产进口、委托加工环节：		
	其他贵重首饰和珠宝玉石	—	10%
五、鞭炮、焰火		—	15%
六、成品油	汽油、石脑油、溶剂油、润滑油	1.52 元/升	—
	航空煤油（暂缓）、燃料油、柴油	1.2 元/升	—

续表

税目	子目	定额税率	比例税率
七、小汽车	乘用车：	—	
	（1）气缸容量在 1.0 升（含）以下		1%
	（2）气缸容量在 1.0 升至 1.5 升（含）		3%
	（3）气缸容量在 1.5 升至 2.0 升（含）		5%
	（4）气缸容量在 2.0 升至 2.5 升（含）		9%
	（5）气缸容量在 2.5 升至 3.0 升（含）		12%
	（6）气缸容量在 3.0 升至 4.0 升（含）		25%
	（7）气缸容量在 4.0 升以上的		40%
	中轻型商用客车		5%
	超豪华小汽车（零售环节征税）		10%（≥130 万元/辆）
八、摩托车	气缸容量 250 毫升的		3%
	气缸容量 >250 毫升的		10%
九、高尔夫球及球具			10%
十、高档手表			20%
十一、游艇			10%
十二、木制一次性筷子			5%
十三、实木地板			5%
十四、电池			4%
十五、涂料			4%

【回味与思考】比较消费税和增值税在特点、征税范围、纳税人及税率方面的异同

消费税和增值税构成对流转额交叉征税（双层征收）的格局。缴纳增值税的货物并不都缴纳消费税，而缴纳消费税的货物都是增值税征税范围内的货物，且都属于适用增值税基本税率的货物范围，不涉及低税率，但若是增值税小规模纳税人会涉及增值税的征收率。鉴于消费税与增值税双层征收的关系，加之消费税的征收既限定了特定消费品的范围，又限定了具体征税的环节，使得缴纳消费税的纳税人一般也是缴纳增值税的纳税人。

消费税与增值税混合计算基本上是核心知识点，同学们必须厘清消费税和增值税在具体纳税环节上的不同。可以通过表格的形式比较消费税和增值税在特点、征税范围、纳税人及税率方面的异同。

第二节 应纳税额的计算

按照现行消费税法的基本规定，消费税应纳税额的计算分为从价定率、从量

定额，或者从价定率和从量定额复合计税三种计算方法。具体计算方法如下。

一、从价定率计算方法

从价定率方法下的应纳税额取决于应税消费品的销售额和适用税率两个因素。其基本计算公式为：

$$应纳税额 = 应税消费品的销售额 \times 适用税率$$

（一）销售额的确定

销售额为纳税人销售应税消费品向购买方收取的全部价款和价外费用，包括消费税但不包括增值税。"价外费用"与增值税计税销售额相同。

（1）应税消费品连同包装物销售的，无论包装物是否单独计价，无论在财务上如何核算，均应并入应税消费品的销售额中征收消费税。

（2）如果包装物不作价随同产品销售，而是收取押金（收取酒类产品、成品油的包装物押金除外）且单独核算又未过期的，此项押金则不并入应税消费品的销售额中征税。但对因逾期未收回的包装物不再退还的和已收取1年以上的押金，应并入销售额，按照应税消费品的适用税率征收消费税。

（3）既作价随同应税消费品销售，又另外收取押金的包装物押金，凡纳税人在规定的期限内不予退还的，均应并入应税消费品的销售额，按照应税消费品的税率征收消费税。

（4）对酒类产品生产企业销售酒类产品（除啤酒、黄酒外）而收取的包装物押金，无论押金是否返还以及会计上如何核算，均应并入酒类产品销售额中征收消费税，具体征税规定见表3-5。

表3-5   包装物押金计税情况归纳

包装物	计税依据	
	收取押金时	没收押金或收取1年以上时
酒类、成品油以外的应税消费品	不纳增值税、消费税	换算成不含增值税税基计算增值税和消费税
啤酒、黄酒	不纳增值税、消费税	换算成不含增值税税基计算增值税
啤酒、黄酒以外的其他酒	换算成不含增值税税基计算增值税和消费税	不重复计算增值税消费税

（5）销售应税消费品同时收取包装物租金的，属于"价外费用"，应并入应税消费品的销售额中征收消费税。

纳税人销售的应税消费品，以外汇结算销售额的，其销售额的人民币折合率可以选择结算的当天或者当月1日的国家外汇牌价（原则上为中间价）。纳税人应在事先确定采取何种折合率，确定后 1 年内不得变更。

关联方交易要符合独立企业之间业务往来的作价原则；白酒生产企业向商业销售单位收取的"品牌使用费"应属于白酒销售价款的组成部分。

对销售额的相关说明

【例 3 - 9·多选题】消费税应税消费品生产企业收取的下列款项，应计入消费税计税依据的有（　　）。

A. 白酒品牌使用费

B. 葡萄酒包装物押金

C. 购买方延期付款支付的利息

D. 随同高档手表销售收取的包装盒费用

【答案】ABCD

【例 3 - 10·多选题】消费税纳税人销售货物一并收取的下列款项中应计入消费税计税依据的有（　　）。

A. 增值税税款

B. 运输发票开给购货方收回的代垫运费

C. 销售白酒收取的包装物押金

D. 价外收取的返还利润

【答案】CD

【例 3 - 11·单选题】2023 年 12 月，甲高尔夫球具厂（一般纳税人）生产了一批成本价 70 万元的高尔夫球具，将其中 80% 销售，取得含税销售额 76.36 万元，收取冠名使用费 5 万元。高尔夫球具的消费税税率为 10%，成本利润率为 10%，该高尔夫球具厂此项业务应缴纳的消费税税额为（　　）万元。

A. 6.77　　　　　B. 7.7　　　　　C. 7.2　　　　　D. 7.636

【答案】C

【解析】征税销售额 = (76.36 + 5)/(1 + 13%) = 72（万元）

应纳消费税 = 72 × 10% = 7.2（万元）

（二）含增值税销售额的换算

按照《消费税暂行条例实施细则》的规定，应税消费品的销售额不包括应向购货方收取的增值税税款。应税消费品在缴纳消费税的同时，与一般货物一样，还应缴纳增值税。

如果纳税人应税消费品的销售额中未扣除增值税税款，或者因不得开具增值税专用发票而发生价款和增值税税款合并收取的，在计算消费税时，应将含增值税的销售额换算为不含增值税税款的销售额。其换算公式为：

应税消费品的销售额 = 含增值税的销售额 /（1 + 增值税税率或征收率）

在使用换算公式时，应根据纳税人的具体情况分别使用增值税税率或征收率。

如果消费税的纳税人同时又是增值税一般纳税人的，应适用 13% 的增值税税率；如果消费税的纳税人是增值税小规模纳税人的，应适用3%的征收率。

【例3-12·计算题】某化妆品生产企业为一般纳税人，2023年8月销售高档化妆品500箱，每箱不含税价格为850元，同时收取包装物押金2 000元；当月赠送给客户同类高档化妆品10箱作为试用，计算该企业当月应纳消费税（高档化妆品消费税率为15%）。

【答案及解析】收取的包装物押金暂时不纳税，赠送的10箱作为视同销售，需要纳税。

应纳消费税 = (500 + 10) × 850 × 15% = 65 025 （元）

二、从量定额计算方法

在从量定额计算方法下，应纳税额的计算取决于应税消费品的销售数量和单位税额两个因素。

计算公式为：

$$应纳税额 = 应税消费品的销售数量 × 单位税额$$

（一）销售数量的确定

销售数量是指纳税人生产、加工和进口应税消费品的数量。具体规定为：

（1）销售应税消费品的，为应税消费品的销售数量；

（2）自产自用应税消费品的，为应税消费品的移送使用数量；

（3）委托加工应税消费品的，为纳税人收回的应税消费品数量；

（4）进口的应税消费品为海关核定的应税消费品进口征税数量。

（二）计量单位的换算标准

考虑到在实际销售过程中，一些纳税人会把吨或升这两个计量单位混用，为了规范不同产品的计量单位，准确计算应纳税额，我们整理了吨与升两个计量单位的换算标准，见表3-6。

表3-6　　　　　　常见应税消费品吨与升的换算标准

应税消费品	换算标准	应税消费品	换算标准	应税消费品	换算标准
啤酒	1吨=988升	汽油	1吨=1 388升	石脑油	1吨=1 385升
黄酒	1吨=962升	柴油	1吨=1 176升	溶剂油	1吨=1 282升
润滑油	1吨=1 126升	燃料油	1吨=1 015升	航空煤油	1吨=1 246升

黄酒、啤酒以吨为单位规定单位税额；成品油以升为单位规定单位税额；卷烟的从量计税部分以支为单位规定单位税额；白酒从量计税部分以500克或500毫升为单位规定单位税额。在确定计税数量时应注意使用的数据单位要与固定税

额的计量单位口径一致。

【例 3 – 13 · 计算题】某啤酒厂 8 月销售啤酒 400 吨，每吨出厂价格为 2 200 元。计算 8 月应纳多少消费税税额？

【答案及解析】应纳税额 = 销售数量 × 单位税额 = 400 × 220 = 88 000（元）

【例 3 – 14 · 多选题】下列各项关于从量计征消费税计税依据确定方法的表述中，正确的有（　　）。

A. 销售应税消费品的，为应税消费品的销售数量

B. 进口应税消费品的，为海关核定的应税消费品数量

C. 以应税消费品投资入股的，为应税消费品移送使用数量

D. 委托加工应税消费品的，为加工完成的应税消费品数量

【答案】ABC

【解析】选项 D：委托加工应税消费品的，应为收回的应税消费品数量。

三、从价定率和从量定额混合计算方法

现行消费税的征税范围中，只有卷烟、白酒采用复合计算方法。其基本计算公式为：

$$应纳税额 = 应税销售数量 × 定额税率 + 应税销售额 × 比例税率$$

生产销售卷烟、粮食白酒、薯类白酒从量定额计税依据为实际销售数量。生产、进口、委托加工、自产自用卷烟、粮食白酒、薯类白酒从量定额计税依据分别为海关核定的进口征税数量、委托方收回数量、移送使用数量。

【例 3 – 15 · 计算题】某企业 2023 年 9 月销售白酒 100 斤，不含税价格 220 元/斤，计算应纳消费税额。

【答案及解析】应纳消费税额 = 100 × 220 × 20% + 100 × 0.5 = 4 450（元）

四、计税依据的特殊规定

（1）纳税人通过自设非独立核算门市部销售自产应税消费品的，应当按照门市部对外销售额或者销售数量征收消费税。

根据图 3 – 2 所示，应按照门市部对外销售的 80 件计征消费税。

图 3 – 2 移送非独立核算门市部计税依据的确定

【例3-16·计算题】某摩托车生产企业为增值税一般纳税人，6月将生产的某型号摩托车40辆，以每辆出厂价12 000元（不含增值税）给自设非独立核算的门市部，门市部又以每辆15 820元（含增值税）售给消费者，本月售出30辆。摩托车生产企业6月应缴纳消费税多少（摩托车适用消费税税率为10%）？

【答案及解析】应纳税额 = 15 820/(1 + 13%) × 30 × 10% = 420 000 × 10% = 42 000（元）

（2）纳税人用于换取生产资料和消费资料、投资入股和抵偿债务等方面消耗应税消费品的，应当以纳税人同类应税消费品的最高销售价格作为计税依据计算消费税。

【例3-17·计算题】某汽车制造厂以自产小汽车10辆换取某钢厂钢材200吨，每吨钢材3 000元。该厂生产的同一型号小汽车不含税销售价格分别为9.5万元/辆、9万元/辆和8.5万元/辆，计算用于换取钢材的小汽车应纳消费税额。小汽车适用的消费税税率为5%，应缴纳消费税多少？

【解析】应纳税额 = 9.5 × 10 × 5% = 4.75（万元）

【例3-18·多选题】按《消费税暂行条例》的规定，下列情形的应税消费品，以纳税人同类应税消费品的最高销售价格作为计税依据计算消费税的有（　　）。

A. 用于抵债的应税消费品

B. 用于馈赠的应税消费品

C. 用于换取生产资料的应税消费品

D. 对外投资入股的应税消费品

【答案】ACD

（3）关联方交易要符合独立企业之间业务往来的作价原则；白酒生产企业向商业销售单位收取的"品牌使用费"应属于白酒销售价款的组成部分。

（4）对既销售金银首饰，又销售非金银首饰的生产经营单位，应将两类商品划分清楚并分别核算销售额。凡划分不清楚或不能分别核算的，在生产环节销售一律从高适用税率征收消费税（10%），在零售环节一律按金银首饰征收消费税。

连同包装物销售的，无论包装物是否单独计价，也无论会计上如何核算，均应并入金银首饰的销售额，计征消费税。带料加工的金银首饰，应按受托方销售同类金银首饰的销售价格确定计税依据征收消费税。没有同类金银首饰销售价格的，按照组成计税价格计算纳税。

纳税人采用以旧换新（含翻新改制）方式销售的金银首饰，应按实际收取的不含增值税的全部价款确定计税依据征收消费税。

（5）兼营不同税率应税消费品的税务处理。

兼营不同税率的应税消费品（即生产、销售两种税率以上的应税消费品时），纳税人应当分别核算不同税率应税消费品的销售额或销售数量，未分别核算的，按最高税率征税；纳税人兼营不同税率的应税消费品，是指纳税人生产销售两种税率以上的应税消费品。

纳税人将应税消费品与非应税消费品以及适用税率不同的应税消费品组成成套消费品销售的，应根据成套消费品的销售金额按应税消费品中适用最高税率的消费品税率征税。

【例3－19·单选题】纳税人将应税消费品与非应税消费品以及适用税率不同的应税消费品组成成套消费品销售的，应按（　　）。

A. 应税消费品的平均税率计征

B. 应税消费品的最高税率计征

C. 应税消费品的不同税率，分别计征

D. 应税消费品的最低税率计征

【答案】B

【例3－20·多选题】下列关于消费税适用税率的说法中，正确的有（　　）。

A. 啤酒生产企业生产销售啤酒时收取的包装物押金应并入销售额计税

B. 白酒厂向商业销售单位收取的品牌使用费应并入白酒销售额计税

C. 纳税人自产应税消费品用于抵偿债务应以最高销售价格计税

D. 白酒生产企业实际销售价格低于核定计税价格，按实际销售价格计税

【答案】BC

【例3－21·多选题】下列关于卷烟消费税适用税率的说法中，错误的有（　　）。

A. 残次品卷烟一律按照卷烟最高税率征税

B. 自产自用卷烟一律按照卷烟最高税率征税

C. 白包卷烟不分征税类别，一律按照56%卷烟税率征税

D. 进口卷烟不分征税类别，一律按照56%卷烟税率征税

E. 卷烟因改变包装等原因提高售价，应按照新的销售价格确定征税类别、适用税率

【答案】ABD

第三节　自产自用、委托加工及进口应税消费品应纳税额的计算

在纳税人生产销售应税消费品中，有一种自产自用的形式。所谓自产自用，就是纳税人生产应税消费品后，不是用于直接对外销售，而是用于自己连续生产

应税消费品，或用于其他方面。这种自产自用应税消费品形式，在实际经济活动中是常见的，但也是在是否纳税或如何纳税上最容易出现问题的。例如，有的企业把自己生产的应税消费品，以福利或奖励等形式发给本厂职工，以为不是对外销售不必计入销售额，无须纳税，这样就出现了漏缴税款的现象。因此，有必要认真理解税法对自产自用应税消费品的有关规定。

一、自产自用应税消费品应纳税额的计算

（一）用于连续生产应税消费品的含义

纳税人自产自用的应税消费品，用于连续生产应税消费品的，不纳税。所谓"纳税人自产自用的应税消费品，用于连续生产应税消费品的"，是指作为生产最终应税消费品的直接材料并构成最终产品实体的应税消费品。例如，卷烟厂生产出烟丝，烟丝已是应税消费品，卷烟厂再用生产出的烟丝连续生产卷烟，这样，用于连续生产卷烟的烟丝就不缴纳消费税，只对生产的卷烟征收消费税。当然，生产出的烟丝如果是直接销售，则要缴纳消费税。税法规定对自产自用的应税消费品，用于连续生产应税消费品的不征税，体现了税不重征且计税简便的原则。

（二）用于其他方面的规定

纳税人自产自用的应税消费品，除用于连续生产应税消费品外，凡用于其他方面的，于移送使用时纳税。其他方面的是指纳税人用于生产非应税消费品和在建工程，管理部门、非生产机构，提供劳务，以及用于馈赠、赞助、集资、广告、样品、职工福利、奖励等方面的应税消费品。

所谓"用于生产非应税消费品"，是指把自产的应税消费品用于生产消费税税目税率表所列产品以外的产品。所谓"用于在建工程"，是指把自产的应税消费品用于本单位的各项建设工程。例如，石化工厂把自己生产的柴油用于本厂基建工程的车辆、设备使用。

"用于管理部门、非生产机构"，是指把自己生产的应税消费品用于与本单位有隶属关系的管理部门或非生产机构。例如，汽车制造厂把生产出的小汽车提供给上级主管部门使用。

"用于馈赠、赞助、集资、广告、样品、职工福利、奖励"，是指把自己生产的应税消费品无偿赠送给他人或以资金的形式投资于外单位或作为商品广告、经销样品或以福利、奖励的形式发给职工。例如，摩托车厂把自己生产的摩托车赠送或赞助给摩托车拉力赛赛手使用，兼作商品广告；酒厂把生产的滋补药酒以福利的形式发给职工等。

总之，企业自产的应税消费品虽然没有用于销售或连续生产应税消费品，

但只要是用于税法所规定的范围的都要视同销售，依法缴纳消费税，具体区分如图 3 - 3 所示。

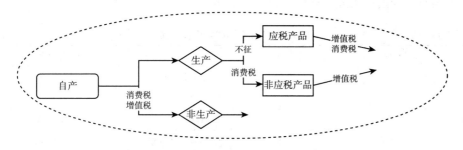

图 3 - 3　自产自用应税消费品纳税情况

（三）组成计税价格及税额的计算

纳税人自产自用的应税消费品，凡用于其他方面，应当纳税的，按照纳税人生产的同类消费品的销售价格计算纳税。同类消费品的销售价格是指纳税人当月销售的同类消费品的销售价格，如果当月同类消费品各期销售价格高低不同，应按销售数量加权平均计算。但销售的应税消费品有下列情况之一的，不得列入加权平均计算。

（1）销售价格明显偏低又无正当理由的。

（2）无销售价格的，如果当月无销售或者当月未完结，应按照同类消费品上月或最近月份的销售价格计算纳税。没有同类消费品销售价格的，按照组成计税价格计算纳税。

组成计税价格计算公式是：

$$应纳税额 = 组成计税价格 \times 适用税率$$

$$组成计税价格 = 成本 + 利润 + 消费税$$

根据不同应税消费品税率的区别，上述公式又可以转化为：

实行从价定率计税办法的，组成计税价计算公式为：

$$组成计税价格 = (成本 + 利润)/(1 - 消费税税率)$$

实行复合计税办法的，组成计税价计算公式为：

$$应纳税额 = 组成计税价格 \times 适用税率 + 自产自用数量 \times 定额税率$$

$$组成计税价格 = \frac{成本 + 利润 + 自产自用数量 \times 定额税率}{1 - 消费税税率}$$

上述公式中所说的"成本"，是指应税消费品的产品生产成本。

上述公式中所说的"利润"，是指根据应税消费品的全国平均成本利润率计算的利润。应税消费品全国平均成本利润率由国家税务总局确定。

2006 年 3 月，国家税务总局颁发的《消费税若干具体问题的规定》确定了应税消费品全国平均成本利润率表，见表 3 - 7。

表 3 - 7 应税消费品平均成本利润率表

货物名称	利润率（%）	货物名称	利润率（%）
1. 甲类卷烟	10	11. 贵重首饰及珠宝玉石	6
2. 乙类卷烟	5	12. 涂料	7
3. 雪茄烟	5	13. 摩托车	6
4. 烟丝	5	14. 高尔夫球及球具	10
5. 粮食白酒	10	15. 高档手表	20
6. 薯类白酒	5	16. 游艇	10
7. 其他酒	5	17. 木制一次性筷子	5
8. 酒精	4	18. 实木地板	5
9. 高档化妆品	5	19. 乘用车	8
10. 鞭炮、焰火	5	20. 中轻型商用客车	5

应税消费品组成计税价格计算案例

【例 3 - 22 · 计算题】某化妆品公司将一批自产的高档化妆品用作职工福利，化妆品的成本为 6 000 元，该化妆品无市场同类产品销售价格，已知其成本利润率为 5%，消费税税率为 15%。计算该批化妆品应缴纳的消费税税额。

【答案及解析】组成计税价格 = [6 000 + (6 000 × 5%)] / (1 - 15%) = 7 411.76（元）

应纳税额 = 7 411.76 × 15% = 1 111.76（元）

【例 3 - 23 · 计算题】某化妆品生产企业（增值税一般纳税人）2023 年 12 月生产高档香水精 50 千克，成本 40 万元，将 7 千克移送投入车间连续生产护手霜；30 千克移送用于连续生产调制高档香水；10 千克对外销售，取得不含税收入 14 万元。企业当期销售护手霜取得不含税收入 120 万元，销售高档香水取得不含税收入 200 万元，当期发生可抵扣增值税进项税 16 万元。已知高档化妆品适用的消费税税率为 15%，该企业当期应纳增值税和消费税合计数为多少万元？

【答案及解析】销售高档香水精和高档香水既缴纳增值税又缴纳消费税。高档香水精移送用于生产高档香水（应税消费品），在移送环节不缴纳消费税，也不缴纳增值税；高档香水精移送用于生产护手霜（非应税消费品），在移送环节缴纳消费税但不缴纳增值税；销售护手霜缴纳增值税不缴纳消费税。

用高档香水精（应税消费品）生产护手霜（非应税消费品），高档香水精视同销售，按照同类消费品同期销售价格（1 410 × 7）计算销售额并缴纳消费税。

该企业当期应纳的增值税 = (14 + 120 + 200) × 13% - 16 = 27.42（万元）

该企业当期应纳的消费税 = [14 - 10 × (10 + 7) + 200] × 15% = 33.57（万元）

当期应缴纳增值税、消费税合计 = 27.42 + 33.57 = 60.99（万元）

【疑难问题归纳】各种情形增值税和消费税征税规定归纳见表3-8。

表3-8　　　　　　　各种情形增值税和消费税征税规定归纳

行为	是否视同销售	
	增值税	消费税
将自产应税消费品连续生产应税消费品（如自产烟丝连续加工卷烟）	×	×
将自产应税消费品连续生产非应税消费品（如自产高档香水连续生产普通护肤品）	×	√按同类加权平均价计收入征税
将自产应税消费品用于馈赠、赞助、集资、广告、样品、职工福利、奖励等	√按同类加权平均价计收入征税	√按同类加权平均价计收入征税
将自产应税消费品以物易物、投资股、抵偿债务	√按同类加权平均价计收入征税	√按同类加权最高售价计收入征税

二、委托加工应税消费品应纳税额的计算

企业、单位或个人由于设备、技术、人力等方面的局限或其他方面的原因，常常要委托其他单位代为加工应税消费品，然后将加工好的应税消费品收回或直接销售或自己使用。这是生产应税消费品的另一种形式，也需要纳入征收消费税的范围。例如，某乡镇企业将购来的小客车底盘和零部件提供给某汽车改装厂，加工组装成小客车供自己使用，则加工、组装成的小客车就需要缴纳消费税。按照规定，委托加工的应税消费品，由受托方在向委托方交货时代收代缴税款。

（一）委托加工应税消费品的确定

委托加工的应税消费品是指由委托方提供原料和主要材料，受托方只收取加工费和代垫部分辅助材料加工的应税消费品。对于由受托方提供原材料生产的应税消费品，或者受托方先将原材料卖给委托方，然后再接受加工的应税消费品，以及由受托方以委托方名义购进原材料生产的应税消费品，不论纳税人在财务上是否做销售处理，都不得作为委托加工应税消费品，而应当按照销售自制应税消费品缴纳消费税。

【提醒您】

上述内容很重要。

第一，明确区分了什么是委托加工应税消费品，什么不是委托加工应税消费品。确定区分条件，就是由委托方提供原料和主要材料，受托方只收取加工费和代垫部分辅助材料。

第二，为什么要对委托加工应税消费品规定严格的限定条件呢？这是因为，委托加工应税消费品是由受托方代收代缴消费税的，且受托方只就其加工劳务缴

纳增值税。如果委托方不能提供原料和主要材料，而是受托方以某种形式提供原料，那就不称其为委托加工，而是受托方在自制应税消费品了。这种情况下就会出现受托方确定计税价格偏低，代收代缴消费税虚假的现象。同时，受托方也只以加工劳务缴纳增值税，逃避了自制应税消费品要缴纳消费税的责任，这是税法所不允许的。

第三，对于不符合委托加工应税消费品限定条件的如何处理？税法规定了严格的处理方法，即不论纳税人在财务上是否做销售处理，都不得作为委托加工应税消费品，而应当按照销售自制应税消费品缴纳消费税。

【例3-24·单选题】甲企业为增值税一般纳税，2023年6月接受某烟厂委托加工烟丝，甲企业自行提供烟叶的成本为35 000元，代垫辅助材料2 000元，发生加工支出4 000元（均不含税）；甲企业当月允许抵扣的进项税额为340元。烟丝成本利润率为5%，下列表述正确的是（　　）。

A. 甲企业应纳增值税360元，应代收代缴消费税18 450元

B. 甲企业应纳增值税1 020元，应代收代缴消费税17 571.43元

C. 甲企业应纳增值税680元，应纳消费税18 450元

D. 甲企业应纳增值税7 655元，应纳消费税18 450元

【答案】D

【解析】本题由受托方提供原料主料，不属于委托加工业务，而属于甲企业自制应税消费品销售，其应税消费品的组价：

$(35\,000+2\,000+4\,000)\times(1+5\%)\div(1-30\%)=61\,500$（元）

（二）代收代缴税款的规定

1. 受托方是非个体经营者

对于确实属于委托加工应税消费品的，由受托方在向委托方交货时代收代缴消费税。这样，受托方就是法定的代收代缴义务人。

对于受托方没有按规定代收代缴税款的，并不能因此免除委托方补缴税款的责任。委托方要补缴税款（对受托方不再重复补税了，但要按《税收征收管理法》的规定，处以应代收代缴税款50%以上3倍以下的罚款）。

对于受托方在交货时已代收代缴消费税的，则分以下三种情况处理。

第一，委托方收回后以不高于受托方的计税价格出售的，为直接出售，不再征收消费税。

第二，委托方收回后以高于受托方的计税价格出售的，不属于直接出售，需按照规定申报缴纳消费税，在计税时准予扣除受托方已代收代缴的消费税。

【例3-25·计算题】某化妆品厂（增值税一般纳税人），2023年5月的经济业务如下：

（1）销售成套高档化妆品取得不含增值税价款300 000元，增值税销项税额

39 000 元。

（2）当月委托外单位（为一般纳税人）加工高档化妆品，提供原料成本为100 000 元，月底收回 10 吨，受托方同类产品不含税售价为每吨 25 000 元。

（3）当月收回委托加工的化妆品直接出售 5 吨，不含增值税售价为每吨30 000 元。

（4）将自产高档化妆品一批以福利形式发放给本厂职工，成本为 30 000 元，无同类产品售价。

要求根据上述资料，计算该厂当月应纳的和被代收代缴的消费税额。

（高档化妆品消费税率为 15%，成本利润率为 5%）

【答案及解析】被代收代缴消费税 = 10 × 25 000 × 15% = 37 500（元）

应纳消费税 = 300 000 × 15% + 30 000 × 5 × 15% + 30 000 × (1 + 5%) ÷ (1 − 15%) × 15% − 37 500 × 5 ÷ 10 = 54 308.82（元）

第三，委托方收回后自用的，按以下办法处理：

收回的应税消费品用于连续生产应税消费品：生产出的最终应税消费品对外出售，要征收消费税和增值税，同时准予扣除委托加工环节征收的消费税。

用于其他方面：不征收消费税，只征收增值税。

2. 受托方是个体经营者

纳税人委托个体经营者加工应税消费品一律于委托方收回后，在委托方所在地缴纳消费税。

（三）组成计税价格的计算

委托加工的应税消费品，按照受托方的同类消费品的销售价格计算纳税。同类消费品的销售价格是指受托方（即代收代缴义务人）当月销售的同类消费品的销售价格，如果当月同类消费品各期销售价格高低不同，应按销售数量加权平均计算。

但销售的应税消费品有下列情况之一的不得列入加权平均计算：销售价格明显偏低又无正当理由的；无销售价格的。

当月无销售或者当月未完结，应按照同类消费品上月或最近月份的销售价格计算纳税。没有同类消费品销售价格的，按照组成计税价格计算纳税。

组成计税价格的计算公式为：

$$应纳税额 = 组成计税价格 × 适用税率$$

$$组成计税价格 = 材料成本 + 加工费 + 消费税税款$$

实行从价定率计税办法的，组成计税价计算公式为：

$$组成计税价格 = \frac{材料成本 + 加工费}{1 - 消费税税率}$$

实行复合计税办法纳税的组成计税价计算公式为：

$$组成计税价格 = \frac{材料成本 + 加工费 + 委托加工数量 \times 定额税率}{1 - 消费税税率}$$

$$应纳税额 = 组成计税价格 \times 适用税率 + 委托加工数量 \times 定额税率$$

上述组成计税价格公式中有以下两个重要的专有名词需要解释。

1. 材料成本

"材料成本"是指委托方所提供加工材料的实际成本。委托加工应税消费品的纳税人，必须在委托加工合同上如实注明（或以其他方式提供）材料成本，凡未提供材料成本的，受托方所在地主管税务机关有权核定其材料成本。可以看出，税法对委托方提供原料和主要材料，并要以明确的方式如实提供材料成本，其目的就是防止假冒委托加工应税消费品、少报材料成本，打击逃避纳税的现象。

2. 加工费

"加工费"是指受托方加工应税消费品向委托方所收取的全部费用（包括代垫辅助材料的实际成本，不包括增值税税金），这是税法对受托方的要求。受托方必须如实提供向委托方收取的全部费用，这样才能既保证组成计税价格及代收代缴消费税准确地计算出来，又使受托方按加工费正确计算其应纳的增值税。

【例 3 - 26·计算题】 甲酒厂为增值税一般纳税人，2023 年 6 月发生以下业务：

（1）从农业生产者手中收购粮食 30 吨，每吨收购价 2 000 元，共计支付收购价款 60 000 元。

（2）甲酒厂将收购的粮食从收购地直接运往异地的乙酒厂生产加工白酒，白酒加工完毕，企业收回白酒 8 吨，取得增值税专用发票，注明加工费 40 000 元，其中含代垫辅料 15 000 元，加工的白酒当地无同类产品市场价格。

要求：（1）乙酒厂代收代缴的消费税；（2）甲酒厂当期增值税的进项税额。

【答案及解析】（1）乙酒厂代收代缴的消费税的组成计税价格：

$[30 \times 2\ 000 \times (1 - 10\%) + 40\ 000 + 8 \times 1\ 000] \div (1 - 20\%) = 127\ 500$（元）

应代收代缴消费税 $= 127\ 500 \times 20\% + 8 \times 2\ 000 \times 0.5 = 33\ 500$（元）

（2）甲酒厂当期增值税的进项税额：

$60\ 000 \times 10\% + 40\ 000 \times 13\% = 11\ 200$（元）

（四）收回后处理的规定

委托方提取货物时已由受托方代收代缴了消费税，若委托方将收回的应税消费品以不高于受托方的计税价格出售的，不再缴纳消费税。

委托方以高于受托方的计税价格出售的，须按照规定申报缴纳消费税，在计税时准予扣除受托方已代收代缴的消费税。将收回的应税消费品用于连续生产成另一种应税消费品，销售时还应按新的应税消费品纳税。为了避免消费税在生产环节重复征税，依照税法规定的项目范围和抵税条件，按当期生产领用量抵扣委托加工收回的应税消费品已纳的消费税税款。

三、已纳消费税扣除的计算

（一）外购应税消费品已纳税款的扣除

由于某些应税消费品是用外购已缴纳消费税的应税消费品连续生产出来的，在对这些连续生产出来的应税消费品计算征税时，税法规定应按当期生产领用数量计算准予扣除外购的应税消费品已纳的消费税税款。扣除范围包括：

（1）外购已税烟丝生产的卷烟。

（2）外购已税化妆品生产的化妆品。

（3）外购已税珠宝玉石生产的贵重首饰及珠宝玉石。

（4）外购已税鞭炮焰火生产的鞭炮焰火。

（5）外购已税杆头、杆身和握把为原料生产的高尔夫球杆。

（6）外购已税木制一次性筷子为原料生产的木制一次性筷子。

（7）外购已税实木地板为原料生产的实木地板。

（8）外购已税汽油、柴油、石脑油、燃料油、润滑油用于连续生产应税成品油。

（9）从葡萄酒生产企业购进、进口葡萄酒连续生产应税葡萄酒（自2015年5月1日起）。

上述当期准予扣除外购应税消费品已纳消费税税款的计算公式为：

$$\text{当期准予扣除的外购应税消费品已纳税款} = \text{当期准予扣除的外购应税消费品买价} \times \text{外购应税消费品适用税率}$$

$$\text{当期准予扣除的外购应税消费品买价} = \text{期初库存的外购应税消费品的买价} + \text{当期购进的应税消费品的买价} - \text{期末库存的外购应税消费品的买价}$$

买价是指购货发票上的销售额，不包括增值税税额，也不包括运费发票的费用金额。

扣税计算公式中"当期准予扣除的外购应税消费品买价"的计算目的是算出当期生产领用量，计算方法用的是类似会计"实地盘存制"的倒轧的方法。

【例3-27·计算题】某卷烟生产企业，某月初库存外购应税烟丝金额20万元，当月又外购应税烟丝金额50万元（不含增值税），月末库存烟丝金额10万元，其余被当月生产卷烟领用。请计算当月准予扣除的外购烟丝已纳的消费税款。

【答案及解析】（1）当月准予扣除的外购烟丝买价 $=20+50-10=60$（万元）

（2）当月准予扣除的外购烟丝已纳消费税款 $=60×30\%=18$（万元）

外购已税消费品的买价是指购货发票上注明的不含税销售额。需要说明的是：纳税人用外购的已税珠宝玉石生产的改在零售环节征收消费税的金银首饰（镶嵌首饰），在计税时一律不得扣除外购珠宝玉石的已纳税款。

在零售环节纳税的金银首饰、铂金首饰、钻石及钻石饰品不得抵扣外购珠宝玉石的已纳税款；批发环节的卷烟、电子烟不得抵扣其生产环节缴纳的消费税；零售环节的超豪华小汽车不得抵扣其生产环节缴纳的消费税。

注意：对自己不生产应税消费品，而只是购进后再销售应税消费品的工业企业，其销售的化妆品、鞭炮焰火和珠宝玉石，凡不能构成最终消费品直接进入消费品市场，而需进一步生产加工的，应当征收消费税，同时允许扣除上述外购应税消费品的已纳税款。

（二）委托加工收回的应税消费品已纳税款的扣除

委托加工的应税消费品因为已由受托方代收代缴消费税。因此，委托方收回货物后用于连续生产应税消费品的，其已纳税款准予按规定从连续生产的应税消费品应纳消费税税额中抵扣。下列连续生产的应税消费品，准予从应纳消费税税额中按当期生产领用数量计算扣除委托加工收回的应税消费品已纳消费税税款：

（1）外购已税烟丝生产的卷烟。

（2）外购已税化妆品生产的化妆品。

（3）外购已税珠宝玉石生产的贵重首饰及珠宝玉石。

（4）外购已税鞭炮焰火生产的鞭炮焰火。

（5）外购已税杆头、杆身和握把为原料生产的高尔夫球杆。

（6）外购已税木制一次性筷子为原料生产的木制一次性筷子。

（7）外购已税实木地板为原料生产的实木地板。

（8）外购已税汽油、柴油、石脑油、燃料油、润滑油用于连续生产应税成品油。

（9）以委托加工收回的已税摩托车生产应税摩托车（外购两轮摩托车改装成三轮摩托车）。

该政策不包括大部分酒、小汽车、高档手表、游艇、涂料、电池类等对象。

与外购应税消费品的抵扣范围相比，委托加工收回消费品少了葡萄酒的抵扣项目。计算抵税时，无论外购还是委托加工收回的已税消费品，都按当期生产领用数量计算，都用倒轧的公式计算。同样，在零售环节缴纳消费税的金银首饰、铂金首饰、钻石及钻石饰品也不适用抵税政策。

扣税的制约：前一环节征税，后一生产环节扣税；批发、零售（流通环节）不得扣税。如厂商用委托加工收回的已税珠宝玉石，生产的改在零售环节征收消费税的金银首饰，在计税时该纳税人一律不得扣除委托加工收回的珠宝玉石的已纳消费税税款。

上述当期准予扣除委托加工收回的应税消费品已纳消费税税款的计算公式为：

$$
\begin{array}{l}
\text{当期准予扣除的委} \\
\text{托加工收回应税消} \\
\text{费品已纳税款}
\end{array} =
\begin{array}{l}
\text{期初库存的委} \\
\text{托加工应税消} \\
\text{费品已纳税款}
\end{array} +
\begin{array}{l}
\text{当期收回的委} \\
\text{托加工应税消} \\
\text{费品已纳税款}
\end{array} -
\begin{array}{l}
\text{期末库存的委} \\
\text{托加工应税消} \\
\text{费品已纳税款}
\end{array}
$$

纳税人以进口、委托加工收回应税油品连续生产应税成品油，分别依据《海关进口消费税专用缴款书》《税收缴款书（代扣代收专用)》，按照现行政策规定计算扣除应税油品已纳消费税税款。

【例 3-28·单选题】下列各项中，在计算缴纳消费税时准许扣除外购应税消费品已纳消费税的有（ ）。

A. 外购已税摩托车连续生产的应税摩托车

B. 外购已税溶剂油生产的应税涂料

C. 外购已税珠宝原料生产的金银镶嵌首饰

D. 外贸公司外购以发酒为酒基，酒精度数低于 20 度的配制酒连续生产的应税白酒

【答案】D

【解析】视同销售知识点考察。

【例 3-29·多选题】下列各项中，外购应税消费品已纳消费税税款准予扣除的有（ ）。

A. 外购已税烟丝生产的卷烟

B. 外购已税电池生产的小轿车

C. 外购已税珠宝原料生产的金银镶嵌首饰

D. 外购已税石脑油为原料生产的应税消费品

【答案】AD

【例 3-30·计算题】某酒厂 2023 年 6 月发生如下经济业务：

（1）销售粮食白酒 20 吨，不含税单价 6 000 元/吨，款项全部存入银行。

（2）销售以外购薯类白酒和自产糠麸白酒勾兑的散装白酒 4 吨，不含税单价 3 200 元/吨，货款已收回。

（3）委托某酒厂为其加工酒精，收回的酒精全部用于连续生产套装礼品白酒 6 吨，每吨不含税单价为 8 000 元，全部销售。

请计算该酒厂当月应纳消费税税额（注：白酒定额税率 0.5 元/500 克，比例税率为 20%）。

【答案及解析】应纳消费税税额 = 20 × 6 000 × 20% + 20 × 2 000 × 0.5 + 4 × 3 200 × 20% + 4 × 2 000 × 0.5 + 6 × 8 000 × 20% + 6 × 2 000 × 0.5 = 66 160（元）

【例 3 - 31·计算题】某卷烟厂（一般纳税人）生产销售卷烟和烟丝，2023 年 8 月发生如下经济业务：

（1）8 月 1 日期初结存烟丝买价 20 万元，8 月 31 日期末结存烟丝买价 5 万元。

（2）8 月 3 日购进已税烟丝买价 10 万元，取得增值税专用发票并通过验证。

（3）8 月 6 日发往烟厂烟叶一批，委托 B 烟厂加工烟丝，发出烟叶成本 20 万元，支付加工费 8 万元，烟厂没有同类烟丝销售价格。

（4）8 月 20 日委托 B 烟厂加工的烟丝收回，出售一半取得收入 20 万元，生产卷烟领用另一半。

（5）8 月 27 日销售甲级卷烟 20 大箱取得收入 100 万元，销售自产烟丝取得收入 10 万元。

（6）8 月 28 日没收逾期未收回的卷烟包装物押金 23 200 元。

（7）8 月 29 日收回委托个体户张某加工的烟丝（发出烟叶成本为 2 万元，支付加工费 1 060 元，该处同类烟丝销售价格为 3 万元），直接出售取得不含税收入 3.5 万元。

要求：计算当月应纳消费税额。

【答案及解析】（1）第 1 笔、第 2 笔业务的数据为计算扣除外购已税烟丝已纳的消费税时使用。

（2）第 3 笔业务的数据为收回烟丝时计算受托方代收代缴的消费税时使用，即受托方没有同类消费品价格，要按组成计税价格公式计算。第 4 笔业务，委托 B 烟厂加工的烟丝收回，应计算并支付受托方代收代缴的消费税为：

（200 000 + 80 000）÷（1 - 30%）× 30% = 120 000（元）

（3）第 4 笔业务，烟丝出售不再缴纳消费税，生成卷烟领用可扣除消费税：

120 000 × 50% = 60 000（元）

（4）第 5 笔业务应纳消费税为：

1 000 000 × 56% + 20 × 150 + 100 000 × 30% = 593 000（元）

（5）第 6 笔业务应纳消费税为：

23 200 ÷（1 + 13%）× 56% = 11 497.34（元）

注意：将包装物押金 23 200 元还原为不含增值税的销售额计算应缴消费税。

（6）第 7 笔业务应纳消费税为：35 000 × 30% = 10 500（元）

注意：委托个体经营者加工的应税消费品，不能由个体经营者代收代缴消费税，而应在收回后按实际售价计算应缴消费税。

（7）可扣除已纳消费税额：

（200 000 + 100 000 - 50 000）× 30% + 120 000 × 50% = 135 000（元）

（8）当月应纳消费税税额：

593 000 + 11 497.34 + 10 500 − 135 000 = 479 997.34（元）

四、进口应税消费品应纳税额的计算

进口的应税消费品于报关进口时缴纳消费税；进口的应税消费品的消费税由海关代征。

进口的应税消费品，由进口人或者其代理人向报关地海关申报纳税。纳税人进口应税消费品，按照关税征收管理的相关规定，应当自海关填发税款缴款书之日起 15 日内缴纳消费税款。进口应税消费品的收货人或办理报关手续的单位和个人，为进口应税消费品消费税的纳税义务人。纳税人进口应税消费品，按照组成计税价格和规定的税率计算应纳税额。其计算公式如下。

（一）实行比例税率的应税消费品的应纳税额的计算

$$组成计税价格 = （关税完税价格 + 关税）/（1 - 消费税税率）$$
$$应纳税额 = 组成计税价格 × 消费税税率$$

公式中所称"关税完税价格"是指海关核定的关税计税价格。

【例 3 − 32 · 计算题】某外贸公司，2023 年 5 月从国外进口一批应税消费品，已知该批应税消费品的关税完税价格为 90 万元，按规定应缴纳关税 18 万元，假定进口的应税消费品的消费税税率为 10%。进口环节应缴纳的消费税是多少？

【答案及解析】（1）组成计税价格 = （90 + 18）/（1 − 10%）= 120（万元）

（2）应纳消费税税额 = 120 × 10% = 12（万元）

（二）实行从量定额办法的应税消费品的应纳税额的计算

$$应纳税额 = 应税消费品数量 × 消费税单位税额$$

（三）实行从价定率和从量定额复合征收办法的应税消费品的应纳税额的计算

计算应纳税额的一般公式为：

$$应纳税额 = \frac{组成计税}{价格} × 消费税税率 + \frac{应税消费品}{进口数量} × \frac{消费税定额}{税率}$$

$$组成计税价格 = \frac{关税完税价格 + 关税 + 进口数量 × 消费税定额税率}{1 - 消费税税率}$$

进口环节消费税除国务院另有规定者外，一律不得给予减税、免税。

【例3－33·计算题】宁波羽动化妆品贸易公司发现，国外小众的化妆品销路更广，于是计划在英国知名美妆护肤购物网站上陆续进口高档化妆品、护肤品等产品。计算该企业进口环节的关税、增值税、消费税。

假设进口产品信息如下，每箱包括以下产品，预计第一批进口200箱。

化妆品系列、护肤护发系列	完税价格	是否高档消费品
＊＊＊香水	30ml　450元	√
＊＊＊哑光唇膏	4g　172元	√
＊＊＊指甲油	15ml　128.4元	×
＊＊＊面霜	170g　273.9元	×
＊＊＊发油	50ml　560元	√
＊＊＊净肤皂	100g　94.2元	×

【提示知识点】生产（进口）环节销售（完税）价格（不含增值税）在10元/毫升（克）或15元/片（张）及以上的美容、修饰类化妆品和护肤类化妆品。

注：关税税率统一为10%，成本利润率10%，高档化妆品消费税税率15%。

要求：（1）计算公司进口环节应纳关税；

（2）测算该公司在进口上述表格内产品时应缴纳的消费税；

（3）测算该公司进口环节的增值税。

【答案及解析】（1）进口环节的关税＝（450＋172＋128.4＋273.9＋94.2＋560）×200×10%＝33 370（元）

（2）根据条例，高档化妆品为应纳税消费品：香水、唇膏、发油。

进口高档化妆品的关税完税价格＝（450＋172＋560）×（1＋10%）×200/（1－15%）＝305 929.41（元）

进口时应当缴纳的消费税＝305 929.41×15%＝45 889.41（元）

（3）进口非高档化妆品的关税完税价格＝（128.4＋273.9＋94.2）×（1＋10%）×200＝109 230（元）

进口环节应纳增值税＝（305 929.41＋109 230）×13%＝53 970.72（元）

五、消费税出口退税

纳税人出口应税消费品与已纳增值税出口货物一样，国家都是给予退（免）税优惠的。出口应税消费品同时涉及退（免）增值税和消费税，且退（免）消费税与出口货物退（免）增值税在退（免）税范围的限定、退（免）税办理程序、退（免）税审核及管理上都有许多一致的地方（见第二章第九节）。

计算出口应税消费品应退消费税的税率或单位税额，依据《消费税暂行条例》所附《消费税税目税率（税额）表》执行。

这是退（免）消费税与退（免）增值税的一个重要区别。当出口的货物是应税消费品时，其退还增值税要按规定的退税率计算；其退还消费税则按该应税消费品所适用的消费税税率计算。企业应将不同消费税税率的出口应税消费品分开核算和申报，凡划分不清适用税率的，一律从低适用税率计算应退消费税税额。

出口应税消费品退（免）消费税在政策上分为以下三种情况。

（一）出口免税并退税

适用这个政策的是：有出口经营权的外贸企业购进应税消费品直接出口，以及外贸企业受其他外贸企业委托代理出口应税消费品。

这里需要重申的是，外贸企业只有受其他外贸企业委托代理出口应税消费品才可办理退税，外贸企业受其他企业（主要是非生产性的商贸企业）委托代理出口应税消费品是不予退（免）税的。这个政策限定与前述出口货物退（免）增值税的政策规定是一致的。

（二）出口免税但不退税

适用这个政策的是：有出口经营权的生产性企业自营出口或生产企业委托外贸企业代理出口自产的应税消费品，依据其实际出口数量免征消费税，不予办理退还消费税。这里免征消费税是指对生产性企业按其实际出口数量免征生产环节的消费税。

不予办理退还消费税是指因已免征生产环节的消费税，该应税消费品出口时，已不含有消费税，所以也就无须再办理退还消费税了。这项政策规定与前述生产性企业自营出口或委托代理出口自产货物退（免）增值税的规定是不一样的。

其政策区别的原因是，消费税仅在生产企业的生产环节征收，生产环节免税了，出口的应税消费品就不含有消费税了；而增值税却在货物销售的各个环节征收，生产企业出口货物时，已纳的增值税就需退还。

（三）出口不免税也不退税

适用这个政策的是：除生产企业、外贸企业外的其他企业，具体是指一般商贸企业，这类企业委托外贸企业代理出口应税消费品一律不予退（免）税。

【例3－34·计算题】某外贸企业从国外进口葡萄酒一批，关税完税价格为10万元人民币。从啤酒厂购进啤酒2吨出口，取得专用发票上注明的价款0.3万元。计算该外贸企业进出口应缴应退的消费税（假设葡萄酒进口关税税率为20%）。

【答案及解析】 进口葡萄酒应纳消费税 = [10 × (1 + 20%)/(1 − 10%)] × 10% = 1.33（万元）

出口啤酒应退消费税 = 2 × 0.022 = 0.044（万元）

出口的应税消费品办理退税后，发生退关或者国外退货进口时予以免税的，报关出口者必须及时向其所在地主管税务机关申报补缴已退的消费税税款。

纳税人直接出口的应税消费品办理免税后，发生退关或国外退货的，进口时已予以免税的，经所在地主管税务机关批准，可暂不办理补税，待其转为国内销售时，再向其主管税务机关申报补缴消费税。

浙江省出口退
税数据源

第四节 消费税的征收管理

一、纳税义务发生时间

纳税人生产的应税消费品于销售时纳税，进口消费品应当于应税消费品报关进口环节纳税，但金银首饰、钻石及钻石饰品在零售环节纳税。消费税纳税义务发生的时间，以货款结算方式或行为发生时间分别确定。

1. 纳税人销售的应税消费品

（1）采取赊销和分期收款结算方式的，其纳税义务的发生时间为销售合同规定的收款日期的当天。

（2）采取预收货款结算方式的，其纳税义务的发生时间为发出应税消费品的当天。

（3）采取托收承付和委托银行收款方式销售的应税消费品，其纳税义务的发生时间为发出应税消费品并办妥托收手续的当天。

（4）采取其他结算方式的，其纳税义务的发生时间为收讫销售款或者取得索取销售款的凭据的当天。

2. 纳税人自产自用的应税消费品

纳税义务的发生时间为移送使用的当天。

3. 纳税人委托加工的应税消费品

纳税义务的发生时间为纳税人提货的当天。

4. 纳税人进口的应税消费品

纳税义务的发生时间为报关进口的当天。

二、纳税期限

按照《消费税暂行条例》规定，消费税的纳税期限分别为 1 日、3 日、5 日、10 日、15 日或者 1 个月。

纳税人的具体纳税期限，由主管税务机关根据纳税人应纳税额的大小分别核定；不能按照固定期限纳税的，可以按次纳税。纳税人以 1 个月为一期纳税的，自期满之日起 15 日内申报纳税；以 1 日、3 日、5 日、10 日或者 15 日为一期纳税的，自期满之日起 5 日内预缴税款，于次月 1 日起至 10 日内申报纳税并结清上月应纳税款。纳税人进口应税消费品，应当自海关填发税款缴款书之日起 15 日内缴纳税款。如果纳税人不能按照规定的纳税期限依法纳税，将按《税收征收管理法》的有关规定处理。

三、纳税地点

消费税具体纳税地点如下。

（1）纳税人销售的应税消费品以及自产自用的应税消费品，除国家另有规定的外，应当向纳税人核算地主管税务机关申报纳税。

（2）委托加工的应税消费品，除受托方为个体经营者外，由受托方向所在地主管税务机关代收代缴消费税税款。

（3）进口的应税消费品，由进口人或者其代理人向报关地海关申报纳税。

（4）纳税人到外县（市）销售或委托外县（市）代销自产应税消费品的，于应税消费品销售后，回纳税人核算地或所在地缴纳消费税。

（5）纳税人的总机构与分支机构不在同一县（市）的，应在生产应税消费品的分支机构所在地缴纳消费税。但经国家税务总局及所属省国家税务局批准，纳税人分支机构应纳消费税税款也可由总机构汇总向总机构所在地主管税务机关缴纳。对纳税人的总机构与分支机构不在同一省（自治区、直辖市）的，如需改由总机构汇总在总机构所在地纳税的，须经国家税务总局批准；对纳税人的总机构与分支机构在同一省（自治区、直辖市）内，而不在同一县（市）的，如需改由总机构汇总在总机构所在地纳税的，须经省级国家税务局批准。

（6）纳税人销售的应税消费品，如因质量等原因由购买者退回，经所在地主管税务机关审核批准后，可退还已征收的消费税税款，但不能自行直接抵减应纳税款。

四、纳税申报

纳税人无论当期有无销售，均应在次月 1 日至 15 日内根据应税消费品类别分别填写《烟类应税消费品消费税纳税申报表》《酒类应税消费品消费税纳税申报表》《成品油消费税纳税申报表》《小汽车消费税纳税申报表》《其他应税消费品消费税纳税申报表》，向主管税务机关进行纳税申报。

除了填写纳税申报表外，每类申报表都应填写对应附表。纳税申报表样式见表 3-10 至表 3-14。

表 3-10　　　　烟类应税消费品消费税纳税申报表

税款所属期：　年　月　日至　年　月　日

纳税人名称（公章）：　　　　纳税人识别号：

填表日期：　年　月　日　单位：卷烟万支、雪茄烟支、烟丝千克；金额单位：元（列至角分）

应税消费品名称 / 项目	适用税率 定额税率	比例税率	销售数量	销售额	应纳税额
卷烟	30 元/万支	56%			
卷烟	30 元/万支	36%			
雪茄烟	—	36%			
烟丝	—	30%			
合计	—	—	—	—	

本期准予扣除税额：

本期减（免）税额：

期初未缴税额：

本期缴纳前期应纳税额：

本期预缴税额：

本期应补（退）税额：

期末未缴税额：

声明

此纳税申报表是根据国家税收法律的规定填报的，我确定它是真实的、可靠的、完整的。

经办人（签章）：
财务负责人（签章）：
联系电话：

（如果你已委托代理人申报，请填写）
授权声明

为代理一切税务事宜，现授权____（地址）_____为本纳税人的代理申报人，任何与本申报表有关的往来文件，都可寄予此人。

授权人签章：

以下由税务机关填写

受理人（签章）：　　受理日期：　年　月　日　　受理税务机关（章）：

表 3 – 11　　　　　　　　　　　　**本期准予扣除税额计算表**

税款所属期：　年　月　日至　年　月　日

纳税人名称（公章）：　　　　　　　纳税人识别号：

填表日期：　年　月　日　　　　　　　　　　　　　　金额单位：元（列至角分）

一、当期准予扣除的委托加工烟丝已纳税款计算
1. 期初库存委托加工烟丝已纳税款：
2. 当期收回委托加工烟丝已纳税款：
3. 期末库存委托加工烟丝已纳税款：
4. 当期准予扣除的委托加工烟丝已纳税款：
二、当期准予扣除的外购烟丝已纳税款计算
1. 期初库存外购烟丝买价：
2. 当期购进烟丝买价：
3. 期末库存外购烟丝买价：
4. 当期准予扣除的外购烟丝已纳税款：
三、本期准予扣除税款合计：

表 3 – 12　　　　　　　　　　　　**本期代收代缴税额计算表**

税款所属期：　年　月　日至　年　月　日

纳税人名称（公章）：　　　　　　　纳税人识别号：

填表日期：　年　月　日　　　　　　　　　　　　　　金额单位：元（列至角分）

项目＼应税消费品名称				合计
适用税率				—
受托加工数量				—
同类产品销售价格				—
材料成本				—
加工费				—
组成计税价格				—
本期代收代缴税款				

表 3 - 13   **酒类应税消费品消费税纳税申报表**

税款所属期：   年 月 日至   年 月 日

纳税人名称（公章）：   纳税人识别号：

填表日期： 年 月 日   金额单位：元（列至角分）

应税消费品名称 / 项目	适用税率		销售数量	销售额	应纳税额
	定额税率	比例税率			
粮食白酒	0.5 元/斤	20%			
薯类白酒	0.5 元/斤	20%			
啤酒	250 元/吨	—			
啤酒	220 元/吨	—			
黄酒	240 元/吨	—			
其他酒	—	10%			
合计	—	—	—		

本期准予抵减税额：

本期减（免）税额：

期初未缴税额：

本期缴纳前期应纳税额：

本期预缴税额：

本期应补（退）税额：

期末未缴税额：

声明

此纳税申报表是根据国家税收法律的规定填报的，我确定它是真实的、可靠的、完整的。

经办人（签章）：

财务负责人（签章）：

联系电话：

（如果你已委托代理人申报，请填写）

授权声明

为代理一切税务事宜，现授权_____（地址）为本纳税人的代理申报人，任何与本申报表有关的往来文件，都可寄予此人。

授权人签章：

以下由税务机关填写

受理人（签章）：   受理日期：   年 月 日   受理税务机关（章）：

表 3-14 　　　　　　**其他应税消费品消费税纳税申报表**

税款所属期： 年 月 日 至 年 月 日

纳税人名称（公章）：　　　　　　纳税人识别号：

填表日期： 年 月 日　　　　　　　　　　　金额单位：元（列至角分）

项目 应税消费品名称	适用税率	销售数量	销售额	应纳税额
合计	—	—	—	

本期准予抵减税额：

本期减（免）税额：

期初未缴税额：

本期缴纳前期应纳税额：

本期预缴税额：

本期应补（退）税额：

期末未缴税额：

声明

此纳税申报表是根据国家税收法律的规定填报的，我确定它是真实的、可靠的、完整的。

　　经办人（签章）：
　　财务负责人（签章）：
　　联系电话：

（如果你已委托代理人申报，请填写）
授权声明

　　为代理一切税务事宜，现授权_____（地址）为本纳税人的代理申报人，任何与本申报表有关的往来文件，都可寄予此人。
　　授权人签章：

以下由税务机关填写

受理人（签章）：　　　　受理日期： 年 月 日　　　　受理税务机关（章）：

【小结】

关键术语：消费税征税范围、自产自用应税消费品组成计税价格、委托加工应税消费品组成计税价格、进口应税消费品组成计税价格。

本章小结：消费税是对在中华人民共和国境内生产、委托加工和进口应税消费品的单位和个人征收的一种税。共有十五个税目，税率采用比例税率、定额税率和复合税率三种。计税依据与增值税的计税依据大致相同，即全部价款和价外费用。只有在委托加工环节，消费税是对委托方征税，因而计税依据包括材料成本、加工费和消费税，而增值税是对受托方征收，计税依据只包括加工费，这一点增值税和消费税是不同的。消费税是一次课征制，因而一般只在生产环节、委托加工环节和进口环节征税，但也有在零售环节征税的特例。企业用外购的或委托加工收回的已税消费品生产应税消费品时，可以扣除外购或委托加工收回的已税消费品已纳的消费税额，但不是在购进或委托加工收回时直接扣除，而是在生产领用原料时按生产领用量扣除。

本章涉及三个组成计税价格计算公式，在自产自用和委托加工时如果没有同类产品销售价格，按组成计税价格计算应纳税额，而进口应税消费品直接按组成计税价格计算。出口退税根据消费品采用从价或从量计算。消费税的纳税义务发生时间和纳税期限与增值税基本一致，纳税义务发生时间和纳税地点注意委托加工的特殊情况。

【习题】

一、复习思考题

1. 请根据组成计税价格 = 材料成本 + 加工费 + 消费税，推导出组成计税价格 = (材料成本 + 加工费)/(1 - 消费税税率)。

2. 比较消费税的征税范围与增值税的异同。

3. 外购已税消费品已纳消费税额在何时可以扣除，如何计算扣除？

4. 委托加工已税消费品已纳消费税额在何时可以扣除，如何计算扣除？

5. 自产自用应税消费品何时应纳税，何时不纳税？

6. 消费税计税依据的销售额如何确定？

7. 进口应税消费品时，组成计税价格如何确定？

8. 出口免税但不退消费税的适用企业为什么可以退还增值税？

二、单选题

1. 消费税纳税义务人规定中的"在中华人民共和国境内"，是指生产、委托加工和进口属于应当缴纳消费税的消费品的（　　）在境内。

A. 批发白酒　　　　　　　　　　　B. 进口涂料

C. 零售高档化妆品　　　　　　　　D. 进口服装

2. 下列消费品中，属于消费税"小汽车"税目的是（　　）。

A. 高尔夫车　　　　　　　　　　　B. 卡丁车

C. 中轻型商用客车　　　　　　　　D. 电动汽车

3. 下列商品中，属于应税消费品的是（　　）。

A. 冰箱　　　　　　B. 保健食品　　　　　　C. 空调　　　　　　D. 葡萄酒

4. 下列项目中应视同销售，要缴纳消费税的是（　　）。

A. 用外购已税啤酒继续加工成高档啤酒

B. 用自制的白酒继续加工成粮食白酒

C. 某汽车厂将自制的小汽车用于对外投资

D. 委托加工收回的酒精继续加工粮食白酒

5. 下列关于消费税表述正确的是（　　）。

A. 消费税属于直接税

B. 进口消费品的进口商是消费税税款的实际负担者

C. 消费税的征收范围具有普遍性

D. 平均税率水平比较高并且税负差异大

6. 下列不同用途的应税消费品中应缴纳消费税的是（　　）。

A. 将外购应税消费品用于赠送的

B. 将自制的应税消费品用于无偿赠送的

C. 用委托加工收回的应税消费品（受托方已代收代缴消费税）直接出售的

D. 用委托加工收回的应税消费品（受托方已代收代缴消费税）连续加工应税消费品的

7. 以下视为应税消费品生产行为的是（　　）。

A. 高档化妆品批发商从厂家进货后加价批发高档化妆品

B. 餐饮企业购入啤酒为顾客提供现场消费

C. 油品销售企业将外购的润滑助剂以润滑脂的品名对外销售

D. 家居商城零售木制一次性筷子

8. 某纳税人提供原料 80 万元（不含税价）委托 A 厂加工高档化妆品，提货时支付加工费及增值税金共 9.04 万元，A 厂无同类产品。高档化妆品的消费税税率为 15%。A 厂应代收代缴的消费税为（　　）万元。

A. 105.12　　　　B. 103.52　　　　C. 15.76　　　　D. 15.52

9. 下列环节既征消费税又征增值税的是（　　）。

A. 珍珠饰品零售环节　　　　　　B. 金银首饰的零售环节

C. 金银首饰的进口环节　　　　　D. 化妆品的委托加工环节

10. 下列消费品中，应在零售环节征收消费税的是（　　）。

A. 珠宝玉石　　　　B. 金银首饰　　　　C. 小汽车　　　　D. 葡萄酒

11. 纳税人用于抵偿债务的应税消费品，应当以（　　）作为计税依据计算消费税。

A. 市场价格

B. 组成计税价格

C. 纳税人同类应税消费品的加权平均价

D. 纳税人同类应税消费品的最高价格

12. 某市一高尔夫球具生产企业（增值税一般纳税人）2023 年 9 月 1 日以分期收款方式销售一批球杆，价税合计为 135.6 万元，合同约定客户于 9 月 5 日与 11 月 5 日各支付 50% 价款，9 月 5 日按约定收到 50% 的价款，但并未给客户开具发票。已知高尔夫球具消费税税率为 10%。该企业 9 月就该项业务应缴纳的消费税为（　　）万元。

A. 0　　　　　　B. 12　　　　　　C. 14　　　　　　D. 6

13. 下列关于消费税纳税地点的说法，正确的是（　　）。

A. 销售应税消费品，应当在销售行为发生地的主管税务机关申报纳税

B. 总分机构不在同一县（市）的，可以选择由总机构汇总向总机构所在地的主管税务机关申报缴纳消费税

C. 委托加工应税消费品，受托方为个人的，由委托方向其机构所在地或居住地主管税务机关申报纳税

D. 进口应税消费品，由进口人或由其代理人向其机构所在地或住所地主管税务机关申报纳税

14. 某化妆品生产企业为增值税一般纳税人，2023 年 2 月从境外进口一批高档香水精，海关核定的关税完税价格是 35 万元，进口关税税率是 25%，当月该企业领用其中的 60% 连续生产高档化妆品，领用其中的 10% 连续生产普通护肤品，剩余 30% 留存仓库。高档香水精期初库存为零，已知高档化妆品消费税税率为 15%。当月该企业上述业务可以抵扣的外购应税消费品已纳税额为（   ）万元。

    A. 4.63   B. 5.40   C. 7.72   D. 11.25

15. 某烟酒批发公司（增值税一般纳税人），2023 年 1 月批发销售 A 牌卷烟 5 000 条给烟酒零售商店，开具的增值税专用发票上注明销售额 250 万元；批发 B 牌卷烟 2 000 条给烟酒零售商店，取得含税收入 85.88 万元；同时批发雪烟 300 条给烟酒零售商店，取得含税收入 19.21 万元；当月允许抵扣的增值税进项税额为 31 万元。该烟酒批发公司当月应缴纳的增值税、消费税合计为（   ）万元

    A. 42.64   B. 49.08   C. 50.115   D. 59.95

16. 下列各项中，关于消费税纳税义务发生时间的表述，说法正确的是（   ）。

A. 进口的应税消费品，为取得进口货物的当天

B. 自产自用的应税消费品，为移送使用的当天

C. 委托加工的应税消费品，为支付加工费的当天

D. 采取预收货款结算方式销售的应税消费品，为收到预收款的当天

17. 下列有关消费税的表述中，正确的是（   ）。

A. 纳税人用生产的应税消费品偿还债务的，应当照章缴纳消费税

B. 随啤酒销售取得的包装物押金，无论是否返还，都应该征收消费税

C. 纳税人进口的应税消费品，其纳税义务的发生时间为货物到岸的当天

D. 纳税人将自产的应税消费品用于连续生产应税消费品的，在使用时缴纳消费税

18. 下列各项中，关于消费税纳税义务发生时间的表述，说法正确的是（   ）。

A. 进口的应税消费品，为取得进口货物的当天

B. 自产自用的应税消费品，为移送使用的当天

C. 委托加工的应税消费品，为支付加工费的当天

D. 采取预收货款结算方式销售的应税消费品，为收到预收款的当天

19. 消费税纳税人销售货物一并收取的下列款项中，应计入消费税计税依据的是（   ）。

A. 增值税税款

B. 运输发票开给购货方收回的代垫运费

C. 销售白酒收取的包装物押金

D. 价外收取的返还利润

20. 下列各项中，关于消费税纳税义务发生时间的表述，说法正确的是（   ）。

A. 进口的应税消费品，为取得进口货物的当天

B. 自产自用的应税消费品，为移送使用的当天

C. 委托加工的应税消费品，为支付加工费的当天

D. 采取预收货款结算方式销售的应税消费品，为收到预收款的当天

三、多选题

1. 纳税人发生的下列行为中，应征收消费税的有（   ）。

A. 酒厂将自产的白酒赠送给客户

B. 烟厂将自产的烟丝用于连续生产卷烟

C. 汽车制造厂将自产的小汽车用于工厂内部的行政部门

D. 原油加工厂将自产的柴油用于调和生产生物柴油

2. 下列出口应税消费品的行为中，适用消费税免税不退税政策的有（   ）。

A. 有出口经营权的酒厂出口自产白酒

B. 有出口经营权的生产企业委托外贸企业代理出口自产的高档化妆品

C. 商业批发企业委托外贸企业代理出口卷烟

D. 外贸企业受其他外贸企业委托代理出口实木地板

3. 根据消费税现行政策规定，下列属于消费税纳税人的有（   ）。

A. 钻石的进口商　　　　　　　　　B. 电子烟的批发商

C. 高档化妆品的生产商　　　　　　D. 金首饰的零售商

4. 根据现行税法规定，下列行为中既缴纳增值税又缴纳消费税的有（   ）。

A. 日化厂销售自产洗发水和沐浴露　　B. 烟酒经销商店零售外购的已税烟酒

C. 葡萄酒厂销售自产的葡萄酒　　　　D. 从国外进口小轿车

5. 下列属于消费税征税范围的有（   ）。

A. 燃料油　　　　　　　　　　　　B. 影视演员卸妆用的卸妆油

C. 未经打磨、倒角的木制一次性筷子　D. 气缸容量 180 毫升的摩托车

6. 下列商品中，目前属于消费税征税范围的有（   ）。

A. 铅蓄电池　　　B. 减压重油　　　C. 橡胶填充油　　　D. 变压器油

7. 下列委托加工行为中，受托方（非个人）应代收代缴消费税的有（   ）。

A. 建筑公司委托加工一批涂料

B. 某企业提供外购汽车底盘及配件委托加工成小货车

C. 某企业委托加工一批高档化妆品

D. 某企业提供烟叶委托加工成烟丝

8. 企业生产销售白酒取得的下列款项中，应并入销售额计征消费税的有（   ）。

A. 优质费　　　　B. 品牌使用费　　　C. 延期付款利息　　　D. 包装物押金

9. 下列各项中，外购应税消费品已纳消费税税款准予扣除的有（   ）。

A. 外购已税烟丝生产的卷烟

B. 外购已税电池生产的小轿车

C. 外购已税珠宝玉石为原料生产的金银镶嵌首饰

D. 外购已税润滑油为原料生产的成品油

10. 纳税人用规定来源的葡萄酒，连续生产葡萄酒的，准予从葡萄酒消费税应纳税额中扣除所耗用葡萄酒已纳消费税税款。如本期消费税应纳税额不足抵扣的，余额留待下期抵扣。该规定来源有（   ）。

A. 从葡萄酒生产企业购进　　　　　　B. 从葡萄酒批发企业购进

C. 从葡萄酒零售企业购进　　　　　　D. 进口葡萄酒

11. 下列不可抵扣外购应税消费品的已纳消费税税额的项目有（   ）。

A. 为生产实木地板而领用的外购已税涂料

B. 为生产金银首饰而领用的外购已税翡翠首饰

C. 为生产实木地板而领用的外购已税实木地板

D. 领用外购已税白酒勾兑成白酒

12. 小汽车生产企业甲 2023 年 1 月生产小汽车 20 辆，其中 16 辆以每辆 120 万元的不含税价格销售给乙汽车销售中心，1 辆直接以 136 万元的不含税价格销售给影星丙；乙汽车销售中心以 138 万元/辆的不含税价格将该批车辆中的 15 辆销售给消费者。假定该款车辆生产环节消费税税率为 12%，则以下说法错误的有（   ）。

A. 小汽车生产企业甲应缴纳消费税 260.76 万元

B. 乙汽车销售中心应缴纳消费税 207 万元

C. 影星丙是消费税的纳税人

D. 超豪华小汽车的判别标准是出厂价超过 130 万元的小轿车

13. 以下符合卷烟批发环节征收消费税规定的有（   ）。

A. 卷烟批发商之间销售卷烟不缴纳消费税

B. 纳税人批发卷烟和其他商品不能分别核算销售额的，一并征收消费税

C. 卷烟批发企业总分支机构不在同一地区的，由各批发卷烟的分支机构分别纳税

D. 批发环节计算纳税时，不得扣除已含的生产环节消费税税款

14. 下列关于缴纳消费税适用计税依据的表述中，正确的有（   ）。

A. 委托加工应税消费品应当首先以受托方同类应税消费品销售价格作为计税依据

B. 投资入股的自产应税消费品应以纳税人同类应税消费品最高售价作为计税依据

C. 用于连续生产非应税消费品的自产应税消费品应以纳税人同类应税消费品最高售价作为计税依据

D. 换取消费资料的自产应税消费品应以纳税人同类应税消费品平均价格作为计税依据

15. 甲企业从境外进口一批高档化妆品，该业务征缴消费税的表述中正确的有（   ）。

A. 海关代征的消费税应分别入中央库和地方库

B. 应当自海关填发进口消费税专用缴款书之日起 15 日内缴纳税款

C. 应向报关地海关申报缴纳消费税

D. 使用该进口已税高档化妆品生产高档化妆品准许扣除进口环节已缴纳的消费税

四、判断题

1. 购进的已税消费品，用于继续生产应税消费品销售的，在计征消费税时，生产耗用的外购应税消费品的已纳消费税税款准予扣除。　　　　　　　　　　　　　（　　）

2. 消费税纳税人销售的应税消费品，如因质量等原因由购买者退回，经所在地主管税务机关审核批准后，可退还已征收的消费税税款。　　　　　　　　　　　　（　　）

3. 消费税出口退税额的计算，不受增值税出口退税率调整的影响。　　　　（　　）

4. 某酒厂生产白酒和药酒，将两类酒装在一起按礼品套酒销售。尽管该厂对一并销售的两类酒分别核算了销售额，但对于这种礼品套酒仍应就其全部销售额按白酒的适用税率计征消费税。　　　　　　　　　　　　　　　　　　　　　　　　　　　　（　　）

5. 受托加工应税消费品的个体经营者不承担代收代缴消费税的义务。　　（　　）

6. 企业受托加工应税消费品，如果没有同类消费品的销售价格，企业可以委托加工合同上注明的材料成本与加工费之和为组成计税价格，计算代收代缴消费税。　　（　　）

7. 某企业通过非独立核算门市部销售的自产的高档自行车应税消费品，应按移送出库数量征收消费税。　　　　　　　　　　　　　　　　　　　　　　　　　　（　　）

8. 卷烟厂用委托加工收回的已税烟丝为原料连续生产的卷烟，在计算纳税时准予从应纳

消费税税额中按当期生产领用数量计算扣除委托加工烟丝已纳消费税税款。　　　　（　　）

9. 一般商贸企业委托外贸企业代理出口应税消费品一律不予退（免）税。　（　　）

10.（材料成本＋不含税运费＋加工费）/（1＋消费税税率）是委托加工的一般应税消费品，在没有同类消费品销售价格时采用的组成计税价格公式。　（　　）

五、计算题

1. 某商业企业 2023 年 2 月从国外进口一批高档化妆品，海关核定的关税完税价格为 82 000 元（关税税率为 20%，消费税税率为 15%），已取得海关开具的完税凭证，2 月该企业把其中的一部分化妆品在国内市场销售，取得不含税销售收入 110 000 元。假定该企业没有发生其他业务，该企业进口和销售环节应纳消费税是多少？

2. 某酒厂 2023 年 6 月生产销售散装啤酒 400 吨，每吨售价 3 800 元。另外，该厂生产一种新的粮食白酒，广告样品使用 0.2 吨。已知该种白酒无同类产品出厂价，生产成本每吨 35 000 元，成本利润率为 10%，计算该厂当月应纳的消费税。

3. 位于某市区的一家百货商场为增值税一般纳税人。2024 年 5 月零售金银首饰取得含税销售额 10.44 万元，其中包括以旧换新首饰的含税销售额 5.8 万元。在以旧换新业务中，旧首饰作价的含税金额为 3.48 万元，百货商场实际收取的含税金额为 2.32 万元。

要求：计算百货商场应确认的增值税额和消费税。

4. 甲涂料厂（以下简称甲厂）为增值税一般纳税人，生产 VOC 含量 450 克升的 A 涂料平均出厂价格不含增值税 100 元/桶，最高出厂价格不含增值税 110 元/桶。VOC 含量 420 克 1 升的 B 涂料，平均出厂价格不含增值税 120 元/桶，最高出厂价格不含增值税 130 元/桶。其他相关资料：涂料消费税税率为 4%。

2023 年 1 月甲厂发生下列业务：

（1）外购原材料并支付运费，取得的增值税专用发票注明材料金额 50 万元税额 6.5 万元取得运输企业开具的增值税专用发票注明运费金额 1 万元、税额 0.9 万元。

（2）将自产 A 涂料对外销售并开具增值税专用发票注明销售金额 60 万元、税额 7.8 万元。

（3）将自产 A 涂料 200 桶用于车间修缮；将自产 A 涂料 500 桶换取一批生产工具，未开发票。

（4）受乙企业委托订制一批带有乙企业标识的 B 涂料 300 桶，乙企业提供主要材料成本 2 万元并支付不含税加工费 1 万元。

要求：根据上述资料，按照下列序号回答问题，每问需计算出合计数。

（1）业务（2）应缴纳的消费税。

（2）业务（3）应缴纳的消费税。

（3）说明委托加工应税消费品的条件。

（4）业务（4）应缴纳的消费税。

（5）甲厂应缴纳的增值税。

5. 甲企业为高尔夫球及球具生产厂家是增值税一般纳税人。8 月发生以下业务：

（1）购进一批原材料 A，取得增值税专用发票上注明价款 5 000 元、增值税税款 650 元，委托乙企业将其加工成 20 个高尔夫球包，支付加工费 10 000 元、增值税税款 1 300 元，取得乙企业开具的增值税专用发票；乙企业同类高尔夫球包不含税销售价格为 600 元/个。甲企业收回时，乙企业代收代缴了消费税。

（2）从生产企业购进高尔夫球杆的杆头，取得增值税专用发票，注明货款 17 200 元、增值税 2 236 元；购进高尔夫球杆的杆身，取得增值税专用发票，注明货款 23 600 元、增值税 3 068 元；购进高尔夫球握把，取得增值税专用发票，注明货款 1 000 元、增值税 130 元；当月领用外购的杆头、握把、杆身各 90%，加工成 A、B 两种型号的高尔夫球杆共 20 把。

（3）当月将自产的 A 型高尔夫球杆 2 把对外销售，取得不含税销售收入 10 000 元；另将自产的 A 型高尔夫球杆 5 把赞助给夏季高尔夫球大赛。

（4）将自产的 3 把 B 型高尔夫球杆移送至非独立核算门市部销售，当月门市部对外销售了 2 把，取得价税合计金额 24 860 元。

（其他相关资料：高尔夫球及球具消费税税率为 10%，成本利润率为 10%；上述相关票据均已经过比对认证）

要求：根据上述相关资料，按顺序回答下列问题，如有计算，每问需计算出合计数。

（1）计算乙企业应代收代缴的消费税和应当缴纳的增值税；

（2）计算甲企业应自行向税务机关缴纳的消费税。

6. 某市卷烟厂为增值税一般纳税人，主要生产云雾牌卷烟，该品牌卷烟平均不含税售价每标准条 55 元，最高不含税售价每标准条 58 元。2023 年 1 月发生如下业务：

（1）从甲卷烟厂购入一批已税烟丝，取得防伪税控系统开具的增值税专用发票，注明价款 30 万元、增值税税额 3.9 万元；从某供销社购进烟丝，取得普通发票，价税合计金额 11.3 万元，未取得扣税证明。上述货物均已经验收入库。

（2）进口一批烟丝，关税完税价格 100 万元，关税税额 5 万元。海关征收进口环节相关税金后放行并填开了进口消费税专用缴款书。

（3）将国内采购和进口的烟丝均领用了 40%，用于生产云雾牌卷烟。

（4）与某商场批发部签订赊销合同，按照平均不含税售价将本厂生产的 20 标准箱云雾牌卷烟销售给该商场，合同约定当月结款 50%，但是商场因资金周转问题，实际只支付了 40% 的款项。

（5）当月向某烟酒批发站按照平均价销售 100 标准箱云雾牌卷烟，取得不含税销售额 137.5 万元。

（6）用 10 标准箱云雾牌卷烟向某烟酒批发站换取一批白酒。

（其他相关资料：1 标准箱＝250 标准条，1 标准条＝200 支，烟丝消费税税率为 30%，云雾牌卷烟消费税税率为 36% 加 0.003 元/支）

要求：根据上述资料，按照下列序号回答问题，每问需计算出合计数。

（1）该卷烟厂本月应纳进口环节消费税税额。

（2）该卷烟厂本月应向税务机关缴纳的消费税税额。

7. 某汽车生产企业主要从事小汽车生产和改装业务，为增值税一般纳税人，2023 年 12 月经营如下业务：

（1）将生产的 500 辆小汽车分两批出售，其中 300 辆增值税专用发票注明金额 4 500 万元、税额 585 万元，将 200 辆增值税专用发票注明金额 2 600 万元、税额 338 万元。

（2）将生产的 100 辆小汽车用于换取生产资料，以成本价 12 万元每辆互相开具增值税专用发票，发票注明金额 1 200 万元、税额 156 万元。

（3）将生产的 10 辆小汽车奖励给劳动模范，以成本价核算。

（4）从其他企业外购 8 辆小汽车进行改装，取得增值税专用发票注明金额 40 万元、税额 5.2 万元，改装完成后进行出售，并开具增值税专用发票注明金额 60 万元、税额 7.8 万元。

（其他相关资料：消费税税率为 5%）

要求：根据上述资料回答下列问题：

（1）业务（1）应纳消费税；

（2）业务（2）处理是否正确，以及应纳消费税；

（3）业务（3）处理是否正确，以及应纳消费税；

（4）业务（4）消费税。

8. 甲卷烟厂为增值税一般纳税人，主要生产销售 A 牌卷烟，1 月发生如下经营业务：

（1）向农业生产者收购烟叶，实际支付价款 360 万元，另支付 10% 价外补贴，按规定缴纳了烟叶税 79.2 万元，开具合法的农产品收购凭证。

（2）将收购的烟叶全部运往位于县城的乙企业加工成烟丝，取得增值税专用发票，注明加工费 40 万元、代垫辅料 10 万元。本月收回全部委托加工的烟丝，乙企业已代收代缴相关税费（乙企业无同类烟丝的销售价格）。

（3）以委托加工收回烟丝的 80% 生产 A 牌卷烟 1 400 箱。本月销售 A 牌卷烟给丙卷烟批发企业 500 箱，取得不含税收入 1 200 万元，由于货款收回及时给予丙企业 2% 的现金折扣。

（4）将委托加工收回烟丝的剩余 20% 对外出售，取得不含税收入 150 万元。

（其他相关资料：A 牌卷烟的消费税比例税率为 56%，定额税率为 150 元/箱；烟丝的消费税比例税率为 30%）

要求：根据上述资料，按照下列序号回答问题，如有计算需计算出合计数。

（1）计算业务（1）可以抵扣的进项税额。

（2）计算业务（2）乙企业代收代缴消费税。

（3）计算业务（3）甲厂应缴纳消费税。

（4）计算业务（4）应缴纳的消费税。

六、综合案例题

1. 某酒类生产企业为增值税一般纳税人，2023 年 3 月经营状况如下：

（1）生产食用酒精一批，将其中的 50% 用于销售，开具的增值税专用发票注明金额 10 万元、税额 1.3 万元。

（2）将剩余 50% 的食用酒精作为酒基，加入食品和药材添加剂调制成 35.2 度的配制酒共 5 000 升并取得了国食健字文号当月全部销售，开具的增值税专用发票注明金额 18 万元、税额 2.34 万元，另外单独收取运输费 1.09 万元，已向购买方开具发票。

（3）从境外葡萄酒生产企业进口葡萄酒一批，经海关审定的关税完税价格为 20 万元，缴纳了进口环节税款并取得相应的凭证后，当期全部领用用于连续生产调制葡萄酒。

（4）将调制好的葡萄酒 90% 对外销售，开具的增值税专用发票上注明金额 36 万元、税额 4.68 万元。将剩余 10% 的葡萄酒发放给职工作为节日福利。

（5）生产 A 型白酒 100 吨，向商业销售单位销售 60%，不含增值税销售价格为 2.5 万元/吨，另收取品牌使用费 6 万元。移送剩余的 40% 给自设非独立核算门市部并于当期全部对外销售，不含增值税移送价为 1.5 万元/吨，门市部对外不含增值税售价为 3 万元/吨。

（其他相关资料：白酒消费税税率为 20% 加 0.5 元/500 克（毫升）其他酒类消费税税率为 10%，葡萄酒关税税率为 15%）

要求：根据上述资料，按照下列序号回答问题，如有计算需计算出合计数。

（1）计算业务（1）应缴纳的消费税。

（2）计算业务（2）应缴纳的消费税。

（3）计算业务（3）应缴纳的进口环节消费税。

（4）计算业务（4）应缴纳的消费税。

（5）计算业务（5）应缴纳的消费税。

2. 某外贸企业出口和内销业务分账核算，2023年8月发生下列业务：

（1）进口高尔夫球具一批，货值折合人民币40万元、包装费3万元及进口海运费2万元，支付采购代理人佣金1万元，支付境内报关及送达企业运杂费2万元；

（2）进口本企业装修用材料一批，货值折合人民币30万元，支付境外中介2万元，境内运输费1万元，将该批材料用于装修本公司办公大楼（关税税率为5%）；

（3）从境内高尔夫球具厂收购高尔夫球具一批，取得增值税发票，注明价款30万元、增值税4.2万元，将其出口南亚，对外报价折合人民币36万元；

（4）将本月进口高尔夫球具中的50%销售给国内商贸企业，不含税销售额50万元；

（5）本月进口高尔夫球具中5%的部分因保管不善毁损；6%的部分分发女职工庆祝三八妇女节；7%赠送客户；高尔夫球具消费税税率为10%，增值税出口退税率为9%，假定取得的增值税专用发票均已通过税务机关认证。

要求：根据上述资料，回答下列问题。

（1）计算该企业进口环节关税合计；

（2）计算该企业进口环节海关代征税；

（3）计算该企业当期不可抵扣的增值税进项税和进项税转出合计数；

（4）计算该企业当期内销应纳增值税；

（5）计算该企业当期应退增值税；

（6）计算该企业当期应退消费税。

3. 小汽车生产企业甲为增值税一般纳税人，2024年4月相关业务如下：

（1）销售100辆电动小汽车，不含税销售价格18万元/辆，款项已收讫。

（2）将80辆A型燃油小汽车以"以物易物"方式与物资公司乙换取生产资料，A型车曾以不含税销售价格25万元/辆、28万元/辆进行销售。

（3）上月以托收承付方式销售100辆B型燃油小汽车给贸易公司丙，不含税销售价格11万元/辆，本月发出100辆并办妥托收手续。当月丙贸易公司将上述100辆小汽车全部出口，海关审定的离岸价格为14万元/辆。

（其他相关资料：A型小汽车消费税税率5%，B型小汽车消费税税率3%）

要求：根据上述资料，按照下列序号回答问题，如有计算需计算出合计数。

（1）说明业务（1）甲企业是否需要缴纳消费税及体现的税收政策导向。

（2）计算业务（2）甲企业应缴纳的消费税。

（3）说明业务（3）甲企业消费税的纳税义务发生时间，并计算应缴纳的消费税。

（4）判断丙贸易公司能否享受出口免税并退税政策，如能享受该政策请计算应退税额。

4. 长城酒厂（增值税一般纳税人）主要生产白酒和啤酒，包括粮食白酒和薯类白酒。2023年5月该厂的生产销售情况如下：

（1）外购薯类白酒10吨增值税专用发票上注明的单价为每吨1 500元；外购粮食白酒20吨增值税专用发票上注明的单价为每吨2 100元；

（2）外购生产白酒的各种辅料，增值税专用发票上注明的买价为10 000元；

（3）外购生产啤酒的各种原料，增值税专用发票上注明的买价为 50 000 元；

（4）当月用 8 吨薯类酒精及辅料生产薯类白酒 22 吨，销售了 20 吨，每吨不含增值税售价 12 000 元；用 15 吨粮食酒精及辅料生产粮食白酒 32 吨，销售了 30 吨，每吨不含增值税价格 18 000 元；

（5）当月用剩余的酒精和辅料生产粮食白酒 10 吨，每吨的实际成本为 8 500 元，将这部分白酒用于抵偿债务，已知该粮食白酒的每吨不含增值税平均销售价格为 10 000 元，每吨不含增值税最高销售价格为 11 000 元；

（6）当月销售 A 啤酒 140 吨，增值税专用发票上注明的出厂单价为每吨 2 900 元，另按照惯例开具收据收取每吨 200 元的包装物押金，限期 3 个月；

（7）当月销售 B 啤酒 100 吨，增值税专用发票上注明的出厂单价为每吨 2 600 元，另按照惯例开具收据收取每吨 200 元的包装物押金，限期 3 个月；

（8）当月没收以往发出本月到期未退包装物押金 5 000 元（A 啤酒）和 3 000 元（B 啤酒）。

已知：相关增值税专用发票都经过了认证并在当月抵扣；白酒的消费税税率为 20% 加每 500 克 0.5 元，甲类啤酒消费税额为每吨 250 元，乙类啤酒消费税额为每吨 220 元；白酒的成本利润率为 10%。

要求：根据以上资料，回答下列问题。

（1）用于抵偿债务的白酒应纳消费税；

（2）用于抵偿债务的白酒的增值税销项税额；

（3）当月应纳的消费税合计；

（4）当月应纳的增值税合计。

5. 某汽车生产企业主要从事小汽车生产和改装业务，为增值税一般纳税人，2023 年 9 月的经营状况如下：

（1）将生产的 800 辆小汽车分两批销售，其中 300 辆开具的增值税专用发票注明金额 4 500 万元；500 辆开具的增值税专用发票注明金额 6 500 万元。

（2）将生产的 100 辆小汽车用于换取生产资料，并按照成本价每辆 12 万元相开具增值税专用发票，注明金额 1 200 万元。

（3）将自产的 10 辆小汽车奖励给先进工作者，并按照成本价记入"应付职工薪酬——职工福利"。

（4）从其他生产企业外购小汽车 5 辆进行底盘改装取得的增值税专用发票注明金额 40 万元、税额 5.2 万元，改装完成后对外销售，开具的增值税专用发票注明金额 60 万元。

（其他相关资料：小汽车消费税税率为 5%）

要求：根据上述资料，按照下列序号回答问题，如有计算需计算出合计数。

（1）计算业务（1）应缴纳的消费税。

（2）判断业务（2）的处理是否正确并计算应缴纳的消费税。

（3）判断业务（3）的处理是否正确并计算应缴纳的消费税。

（4）计算业务（4）应缴纳的消费税。

（5）计算该汽车生产企业应缴纳的增值税。

七、案例分析题

【上市公司案例】

泸州老窖消费税纳税情况及测算

2022 年，中国白酒行业经历了经济下行、消费紧缩、行业竞争等多重压力，产业进一步向头部聚集的趋势愈发明显，产能优化、品质升级、科技创新、文化引领、消费体验、服务提升将成为白酒产业高质量发展的时代命题。

公司属酒、饮料和精制茶制造业中的白酒细分行业，具备食品经营许可证 5 张，以专业化白酒产品设计、生产、销售为主要经营模式，主营"国窖 1573""泸州老窖"等系列白酒，主要综合指标位于白酒行业前列。报告期内，公司实现营业收入 251.24 亿元，同比增长 21.71%；实现归属于上市公司股东的净利润 103.65 亿元，同比增长 30.29%。

公司产量与库存量介绍：

白酒产品分类	产量（吨）	销量（吨）	库存量（吨）
中高档酒类	40 823.92	37 123.96	42 877.01
其他酒类	47 078.68	49 058.69	11 695.49

主营业务分析：

2022 年，公司逆势突围，保持了健康快速的发展势头，构建起持续向好的发展局面。报告期内，公司实现营业收入 251.24 亿元，同比增长 21.71%；实现归属于上市公司股东的净利润 103.65 亿元，同比增长 30.29%。公司主要经营成效如下：

主营业务数据统计口径按报告期末口径调整后的主营业务数据：

项目	2022 年		2021 年		同比增减（%）
	金额（元）	比重（%）	金额（元）	比重（%）	
酒类	24 766 121 998.49	98.58	20 415 170 469.09	98.90	21.31
其他收入	357 441 273.13	1.42	227 091 255.28	1.10	57.40
中高档酒类	22 132 546 058.64	88.10	18 397 360 159.99	89.12	20.30
其他酒类	2 633 575 939.85	10.48	2 017 810 309.10	9.78	30.52
其他收入	357 441 273.13	1.42	227 091 255.28	1.10	57.40

资料来源：《泸州老窖 2022 年年度报告》。

结合上述财务报表及资料，运用所学消费税相关知识完成以下测算：

（1）判定高档酒类、其他酒类消费税应税产品从价计征计税依据。

（2）判定高档酒类、其他酒类消费税应税产品从量计征计税依据。

（3）分别计算高档酒类、其他酒类消费税应纳税额。

思考题：根据利润表税金及附加公布的数据显示，泸州老窖的消费税为 27.5 亿元，是否和测算存在差距？若存在可以思考背后的原因。

【提示】

· 设立二级或多级销售公司进行避税

假设销售单位对外销售的白酒价格为 100 元/瓶（不含税，下同）。根据目前的政策，白酒生产企业出售给销售单位的价格一般不得少于 70 元，否则面临计税价格核定。如果白酒企业设立了二级销售单位，一级销售单位对外售价降为 80 元，二级销售单位再加价对外售出 100 元，这样生产企业给一级销售单位的出厂价就可以降到 56 元（80×70%）进而避税。

· 利用委托加工业务进行避税

通常情况下，受托方仅提供加工业务，不销售同类白酒即无后类白酒的售价。所以委托加工中大多数情况下是使用组价计算税款。组价通常低于酒企自产销售白酒的价格，甚至不到正常价格的一半，这也是我国消费税政策客观上存在的漏洞。

如某白酒企业有一笔 1 万斤白酒的销售订单，合约协定的不含税价为 40 万元，这批白酒需要消耗 10 万元原材料发生 5 万元加工费。假设外包给其他酒厂生产，加工成本和自产相同，则白产销售需承担的消费税：

40×20% +1×0.5 =8.5（万元）

委托加工需承担的消费税：

（10 +5 +1×0.5）÷（1 −20%）×20% +1×0.5 =4.375（万元）

显然，委托加工业务的消费税税负往往低于自产销售环节的税负。当白酒生产企业与受托方之间有关联关系时，受托方收取的加工费可能更低，使代收代缴消费税的计税依据进一步降低，白酒企业规避的税款会更多。

【阅读拓展】

1. 邓力平，陈斌．"碳达峰、碳中和"目标与绿色税收体系构建［J］．税收经济研究，2022，27（1）．

2. 岳树民，薄彦婷．消费税与绿色创新——基于我国上市公司的经验证据［J］．国际税收，2023，119（5）：39−50.

3. 尹磊，王晓．我国消费税制度优化探析［J］．税务研究，2023，457（2）：51−56.

第四章 企业所得税

【学习目标】

通过本章学习，你应能够：

➤ 掌握企业所得税的纳税义务人、征税对象及税率；

➤ 掌握企业所得税应纳税所得额的计算；掌握企业所得税应纳税额的计算；

➤ 掌握税额扣除的概念和计算方法；

➤ 了解企业所得税的税收优惠和征收管理办法。

【引入案例】

盛光公司是一个从事商品流通的居民企业，该公司 2022 年度销售货物收入 1 000 万元，权益性投资收益 30 万元，其他收入 50 万元，与收入有关的、合理的成本 500 万元，税金 35 万元，期间费用 100 万元，其他支出 2 万元，上述事项会计与税法确认均无差异。

除此以外，该公司当年还发生以下交易或事项：国债利息收入 2 万元；企业债券利息收入 1 万元；收到与收益相关的财政性资金 5 万元（金额较小）；通过市人民政府向市儿童福利院捐款 8 万元；直接向贫困地区一所希望小学捐款 3 万元；违反交通法规罚款支出 1 万元；因逾期归还银行贷款支付罚息 2 万元；合理职工薪金支出 10 万元（其中职工福利支出 2 万元，残疾人员工资支出 1 万元）；业务招待费支出 2 万元，合理广告费支出 5.62 万元；当年 1 月 1 日购入并当日交付管理部门使用的设备 1 台，实际支付价款及相关税费 9 万元，该设备常年处于高腐蚀状态，预计净残值为零，会计上采用直线法计提折旧，将预计使用寿命缩短为 2 年（税法规定的折旧年限为 5 年）；尚有未弥补的 2021 年度发生的亏损 20 万元。又知该公司当年会计利润为 125 万元。不考虑其他因素，计算该公司 2022 年度应纳的企业所得税。

【本章导读】

企业所得税是一种针对企业利润、所得征收的税种，作为一种税收制度，源远流长。早在古代社会，一些国家的统治者就开始针对企业利润征收税款。进入现代社会，在全球范围内，几乎所有国家都有企业所得税制度，目的是从企业的盈利中征收一定比例的税款，以供国家运作和社会福利的需要。近年来，随着改革开放的不断深入和经济的飞速发展，我国的企业所得税征税制度也在不断完善和调整。企业所得税作为主体税种之一，除了筹集财政收入以外，还具有调节收入分配、促进经济发展等作用。推动企业所得税创新发展，是建立现代化税收制度、助力国家治理现代化、推动经济高质量发展的现实需要。

企业所得税法是指国家制定的用以调整企业所得税征收与缴纳之间权利与义务关系的法律规范。2007 年 3 月 16 日，第十届全国人民代表大会第五次会议通过了《中华人民共和国企业所得税法》，该法自 2008 年 1 月 1 日起实施。2017 年 2 月 24 日，第十二届全国人民代表大会常务委员会第二十六次会议第一次修正，2018 年 12 月 29 日，第十三届全国人民代表大会常务委员会第七次会议第二次修正。

改革开放以来我国企业所得税改革的历程

【知识结构图】

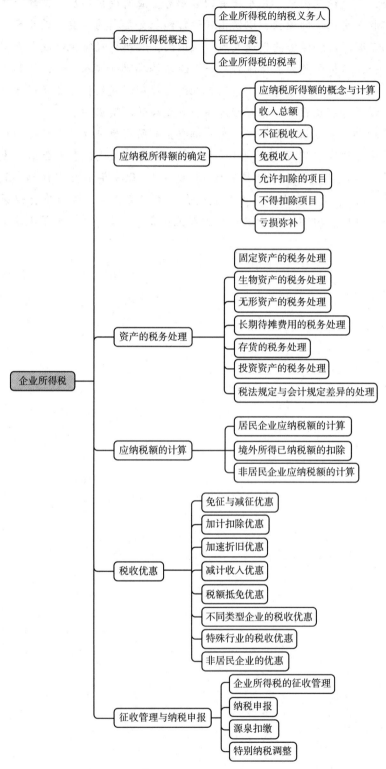

第一节 企业所得税概述

一、企业所得税的纳税义务人

企业所得税法规定，在中华人民共和国境内，企业和其他取得收入的组织（以下统称为企业）为企业所得税的纳税人，依照规定缴纳企业所得税。个人独资企业、合伙企业不包括在内。

按照国际上的通行做法，大多数国家对个人以外的组织或者实体课税，是以法人作为标准确定纳税人的，因此，实行法人税制也应是我国企业所得税制改革的方向。为此，企业所得税法取消了原内资企业所得税法中有关以独立经济核算组织为标准确定纳税人的规定，将纳税人的范围确定为企业和其他取得收入的组织，这与现行有关税法的规定基本上是一致的。同时，明确凡在中华人民共和国境内的企业和其他取得收入的组织都有依照该法的规定缴纳企业所得税的义务，体现了税收的强制性特征。

企业所得税的纳税人分为居民企业和非居民企业。"居民企业"承担全面纳税义务，就其来源于我国境内的全部所得纳税，"非居民企业"承担有限纳税义务，一般只就其来源于我国境内的所得纳税。

（一）居民企业

居民企业，是指依法在中国境内成立，或者依照外国（地区）法律成立但实际管理机构在中国境内的企业。居民企业应当就其来源于中国境内、境外的所得缴纳企业所得税。例如，在我国注册成立的中国工商银行、中国移动通信公司、肯德基（中国）公司和大众汽车（中国）公司等，都是我国的居民企业，其来源于我国境内外的所得无疑应依照企业所得税法缴纳企业所得税。而如果在美国、英国和百慕大群岛等国家或地区注册的公司，其实际管理机构在我国境内的，则也是我国的居民企业，其来源于我国境内外的所得也应依法缴纳企业所得税。

（二）非居民企业

非居民企业，是指依照外国（地区）法律成立且实际管理机构不在中国境内，但在中国境内设立机构、场所的，或者在中国境内未设立机构、场所，但有来源于中国境内所得的企业。

非居民企业在中国境内设立机构、场所的，应当就其所设机构、场所取得的来源于中国境内的所得，以及发生在中国境外但与其所设机构、场所有实际联系的所得，缴纳企业所得税。

非居民企业委托营业代理人在中国境内从事生产经营活动的，包括委托单位或者个人经常代其签订合同，或者储存、交付货物等，该营业代理人视为非居民企业在中国境内设立的机构、场所。

非居民企业在中国境内未设立机构、场所的，或者虽设立机构、场所，但取得的所得与其所设机构、场所没有实际联系的，应当就其来源于中国境内的所得缴纳企业所得税。例如，在我国设立代表处及其他分支机构等的外国企业，就属于我国的非居民企业，其来源于我国境内的所得以及发生在我国境外但与其所设机构、场所有实际联系的所得应依法缴纳企业所得税；在我国未设立代表处及其他分支机构的外国企业，而有来源于我国境内的所得，也是我国的非居民企业，其来源于我国境内的所得应依法缴纳企业所得税。

【例4-1·多选题】根据企业所得税法的规定，下列为企业所得税纳税义务人的有（　　）。

A. 有限责任公司　　　　B. 股份制企业　　　　C. 外商投资企业

D. 个人独资企业　　　　E. 股份有限公司

【答案】ABCE

【解析】企业所得税法规定，在中华人民共和国境内，企业和其他取得收入的组织为企业所得税的纳税人；个人独资企业是个人所得税的纳税人。

【例4-2·多选题】依据企业所得税的规定，判定居民企业的标准有（　　）。

A. 登记注册地标准　　　　　　B. 所得来源地标准

C. 实际管理机构所在地标准　　D. 经营行为实际发生地标准

【答案】AC

二、征税对象

企业所得税是国家对企业的生产经营所得和其他所得征收的一种税，企业所得税的征税对象是企业的生产经营所得和其他所得。所谓生产经营所得，是指企业从事物质生产、商品流通、交通运输、劳务服务以及其他营利事业取得的所得。其他所得包括企业有偿转让各类财产取得的财产转让所得；纳税人购买各种有价证券取得的利息及外单位欠款取得的利息所得；纳税人出租固定资产、包装物等取得的租赁所得；纳税人因提供转让专利权、非专利技术、商标权、著作权等取得的特许权使用费所得；纳税人对外投资入股取得的股息、红利所得，以及固定资产盘盈、因债权人原因确实无法支付的应付款项、物资等取得的其他所得。

（一）居民企业的征税对象

居民企业就其来源于中国境内、境外的所得作为征收对象。

（二）非居民企业的征税对象

非居民企业在中国境内设立机构、场所的，应当就其所设机构、场所取得的来源于中国境内的所得，以及发生在中国境外但与其所设机构、场所有实际联系的所得，缴纳企业所得税。非居民企业在中国境内未设立机构、场所的，或者虽设立机构、场所但取得的所得与其所设机构、场所没有实际联系的，应当就其来源于中国境内的所得缴纳企业所得税。

（三）所得来源的确定

（1）销售货物所得，按照交易活动发生地确定。

（2）提供劳务所得，按照劳务发生地确定。

（3）转让财产所得：不动产转让所得按照不动产所在地确定；动产转让所得按照转让动产的企业或者机构、场所所在地确定；权益性投资资产转让所得按照被投资企业所在地确定。

（4）股息、红利等权益性投资所得，按照分配所得的企业所在地确定。

（5）利息所得、租金所得、特许权使用费所得，按照负担、支付所得的企业或者机构、场所所在地确定，或者按照负担、支付所得的个人的住所地确定。

（6）其他所得，由国务院财政、税务主管部门确定。

【例4-3·多选题】下列各项中，属于企业所得税征税范围的有（　　）。

A. 居民企业来源于境外的所得

B. 设立机构、场所的非居民企业，其机构、场所来源于中国境内的所得

C. 未设立机构、场所的非居民企业来源于中国境外的所得

D. 居民企业来源于中国境内的所得

【答案】ABD

三、企业所得税的税率

（一）25%

一般情况下，企业所得税的税率为25%。适用于居民企业和在中国境内设有机构、场所的且所得与机构、场所有关联的非居民企业。

（二）20%

（1）在中国境内未设立机构、场所的，或者虽设立机构、场所但取得的所

得与其所设机构、场所没有实际联系的非居民企业适用 20% 的税率，但实际征税时适用 10% 的税率（见税收优惠）。

（2）符合条件的小型微利企业，减按 20% 的税率征收企业所得税。

（三）15%

国家需要重点扶持的高新技术企业，应减按 15% 的税率征收企业所得税。

第二节　应纳税所得额的确定

一、应纳税所得额的概念与计算

（一）应纳税所得额的概念

应纳税所得额，是指按照税法规定确定纳税人在一定期间所获得的所有应税收入减除在该纳税期间依法允许减除的各种支出后的余额。按照企业所得税法规定，应纳税所得额是指企业每一纳税年度的收入总额，减除不征税收入、免税收入、各项扣除以及允许弥补的以前年度亏损后的余额。

（二）应纳税所得额的计算公式

应纳税所得额是企业所得税的计税依据，它是纳税人每一纳税年度的收入总额减去准予扣除项目金额后的余额。

直接计算法的应纳税所得额计算公式为：

$$应纳税所得额 = 收入总额 - 准予扣除项目金额$$
$$= 收入总额 - （不征税收入 + 免税收入 + 允许的各项扣除$$
$$+ 允许弥补的以前年度亏损）$$

间接计算法的应纳税所得额计算公式：

$$应纳税所得额 = 会计利润总额 ± 纳税调整项目金额$$

企业所得税
收入

二、收入总额

收入总额是指企业以货币形式和非货币形式从各种来源取得的收入，包括三个方面。

（一）收入的形式

货币形式的收入，包括现金、存款、应收账款、应收票据、准备持有至到期的债券投资以及债务的豁免等。

非货币形式的收入，包括固定资产、生物资产、无形资产、股权投资、存货、不准备持有至到期的债券投资、劳务以及有关权益等，非货币资产应当按照公允价值确定收入额，公允价值是指按市场价格确定的价值。

【例4-4·多选题】以下属于企业所得税货币形式收入的有（　　　）。

A. 应收票据　　　　　　　　B. 准备持有到期的债券投资

C. 债务的豁免　　　　　　　D. 不准备持有到期的债券投资

【答案】ABC

【例4-5·多选题】企业按照公允价值确定收入的收入形式有（　　　）。

A. 债务的豁免　　　　　　　B. 股权投资

C. 劳务　　　　　　　　　　D. 不准备持有到期的债券投资

【答案】BCD

（二）收入的构成

（1）销售货物收入，是指企业销售商品、产品、原材料等其他货物所取得的收入。

（2）提供劳务收入，是指企业因依法提供的一些服务性，如建筑安装、交通运输、金融保险、仓储、饮食、旅游、娱乐、广告、教育、技术、文化、体育、会计、咨询等服务活动所取得的收入。

（3）转让财产收入，是指包括企业有偿转让固定资产、无形资产、股权、股票、债券、债权及其他有价证券、财产在内而取得的收入。

（4）股息、红利等权益性投资收益，是指企业因对外进行权益性投资而从被投资方取得的股息、红利和其他利润分配收入。股息收入，是指企业因投资而定期从被投资企业所取得的、以货币形式为主的收入；红利收入，是指根据股票持有额，超过按一定利息率而额外获得的货币收入或其他形式的收入。股息、红利等权益性投资收益，按被投资方作出利润分配决定的日期确认收入的实现。

【例4-6·单选题】股息红利等权益性投资收益确认收入实现的规定是（　　　）。

A. 按照被投资方计算出利润的日期确认收入的实现

B. 按照被投资方作出利润分配决定的日期确认收入的实现

C. 按照被投资方账面作出利润分配处理的日期确认收入的实现

D. 按照投资方取得分回利润的日期确认收入的实现

【答案】B

（5）利息收入，是指企业将合法的资金提供给他人使用或他人占用后所取得的存款利息、贷款利息、债券利息、欠款利息等收入金额。利息收入，按照合同约定的债务人应付利息的日期确认收入的实现。

（6）租金收入，是指企业因出租合法的固定资产、包装物和其他特许权以外的资产使用权取得的收入。租金收入，按照合同约定的承租人应付租金的日期确认收入的实现。

（7）特许权使用费收入，是指企业因提供专利权、商标权、著作权、非专利技术以及其他特许权的使用权而取得的收入。特许权使用费收入，按照合同约定的特许权使用人应付特许权使用费的日期确认收入的实现。

（8）接受捐赠收入，是指企业接受他人捐赠的货币和非货币资产的所有收入。接受捐赠收入，按照实际收到的捐赠资产的日期确认收入的实现。

【例4－7·计算题】 某企业接受一批材料捐赠，捐赠方无偿提供市场价格的增值税发票注明价款10万元、增值税1.3万元；受赠方自行支付运费，取得增值税专用发票上注明运费0.3万元，则该批材料入账时接受捐赠收入金额、受赠该批材料应纳的企业所得税、该批材料可抵扣进项税及账面成本各是多少？

【答案及解析】 该批材料入账时接受捐赠收入金额 = 10 + 1.3 = 11.3（万元）

该批材料可抵扣进项税 = 1.3 + 0.3 × 9% = 1.327（万元）

该批材料账面成本 = 10 + 0.3 = 10.3（万元）

受赠该批材料应纳的企业所得税 = 11.3 × 25% = 2.825（万元）

（9）其他收入，指除上述各项收入外的一切收入，包括固定资产盘盈收入、罚款收入、因债权人缘故确实无法支付的应付款项、物资及现金的溢余收入、教育费附加返还款、包装物押金收入以及其他收入。

【例4－8·计算题】 某生产企业经税务机关核定，某年度取得产品销售收入700万元，出租房屋取得租金收入50万元，固定资产盘盈18万元，转让固定资产取得收入4万元，其他收入6万元，计算其全年收入总额。

【答案及解析】 收入总额包括各种收入项目，收入总额 = 700 + 50 + 18 + 4 + 6 = 778（万元）

（三）特殊收入的确认

（1）以分期收款方式销售货物的，按照合同约定的收款日期确认收入的实现。

（2）采用售后回购方式或以旧换新方式销售商品的，销售的商品按售价确认收入，回购或回收的商品作为购进商品处理。

（3）企业受托加工制造大型机械设备、船舶、飞机，以及从事建筑、安装、装配工程业务或者提供其他劳务的，持续时间超过12个月的，按照纳税年度内完工进度或者完成的工作量确认收入的实现。

（4）采取产品分成方式取得收入的，按照企业分得产品的日期确认收入的实现，其收入额按照产品的公允价值确定。

（5）企业发生非货币性资产交换，以及将货物、财产、劳务用于捐赠、偿债、赞助、集资、广告、样品、职工福利或者利润分配等用途的,应当视同销售货物、转让财产或者提供劳务,但国务院财政、税务主管部门另有规定的除外。

【提醒您】

所得税的视同销售规则与增值税、消费税等流转税的视同销售规则不一样。企业发生非货币性资产交换,以及将货物、财产、劳务用于捐赠、偿债、赞助、集资、广告、样品、职工福利和进行利润分配等用途,但对于货物在统一法人实体内部之间的转移,如用于在建工程、管理部门、分公司等不作销售处理。

【例4−9·多选题】 纳税人下列行为应视同销售确认所得税收入的有(　　)。

A. 将货物用于投资　　　　　　　　B. 将商品用于捐赠

C. 将产品用于职工福利　　　　　　D. 将产品用于在建工程

【答案】 ABC

【例4−10·单选题】 2023年10月,某食品企业给职工发放自制饮料作为福利,饮料成本为30万元,公允价为38万元(不含税)。根据企业所得税相关规定,该企业发放上述福利应确认的收入为(　　)万元。

A. 0　　　　　　　B. 30　　　　　　　C. 38　　　　　　　D. 42.94

【答案】 D

三、不征税收入

不征税收入,是指国家对企业收入总额中一些法定的收入不作为应纳税所得额组成部分的收入。

主要包括:

(1)财政拨款,是指依照法律、行政法规等的规定,由财政拨付给企业的资金。

(2)依法收取并纳入财政管理的行政事业性收费、政府性基金,是指依照国家法律、法规、规章的规定收取的并且纳入财政管理的有关费用。

(3)国务院规定的其他不征税收入(规定专项用途并经批准的财政性资金)。

视同销售行为的纳税归纳

【例4−11·单选题】 下列各项中,属于不征税收入的是(　　)。

A. 国债利息收入

B. 因债权人缘故确实无法支付的应付款项

C. 依法收取并纳入财政管理的行政事业性收费

D. 接受捐赠收入

【答案】 C

四、免税收入

免税收入是指属于企业的应税所得但按照税法规定免予征收企业所得税的收入，包括：

（1）国债利息收入。

（2）符合条件的居民企业之间的股息、红利等权益性投资收益，是指居民企业之间直接投资于其他居民企业取得的投资收益。

（3）在中国境内设立机构、场所的非居民企业从居民企业取得与该机构、场所有实际联系的股息、红利等权益性投资收益。

（4）符合条件的非营利组织的收入。

【提醒您】

第（2）、（3）两项所称的权益性投资收益不包括连续持有居民企业公开发行并上市流通的股票不足 12 个月取得的投资收益。

非营利组织的
免税收入要求

【例 4－12·多选题】下列项目中，不计入应纳税所得额的项目有（　　）。

A. 增值税的出口退税

B. 居民企业从非居民企业取得的股息、红利等权益性投资收益

C. 非营利组织的营利性收入

D. 境内设立机构的非居民企业从居民企业取得的股息、红利等权益性投资收益

【答案】 AD

【解析】居民企业对非居民企业的权益性投资收益不属于免税收入；非营利组织必须是从事公益性或者非营利性活动的组织，从事营利活动的组织不能享受非营利组织的税收优惠。

不征税收入和
免税收入的区别

五、允许扣除的项目

（一）允许扣除项目的范围

企业所得税法规定，企业实际发生的与取得收入有关的、合理的支出即可扣除，包括以下几种情况。

1. 成本

成本是指企业为生产、经营商品和提供劳务、转让固定资产、无形资产等所发生的各项直接费用和间接费用。

【提醒您】

第一，计算成本要与出口退税结合掌握，企业外销货物的成本要包括不得免征和抵扣的增值税。第二，视同销售收入要与视同销售成本匹配。

【例4-13·计算题】 某出口实行先征后退政策的外贸企业收购一批货物出口，收购时取得了增值税的专用发票，注明价款100万元、增值税13万元，该外贸企业出口收入（FOB）折合人民币150万元，货物退税率9%，则其外销成本是多少？

【答案及解析】 进项税转出数=100×（13%-9%）=4（万元）

外销成本=100+4=104（万元）

【例4-14·计算题】 某出口实行免抵退税政策的工业企业自产一批货物出口，该企业的该批货物制造成本100万元（不含出口须转出的增值税进项税额），出口收入（FOB）折合人民币150万元，货物退税率9%，则其外销成本是多少？

【答案及解析】 进项税额转出数=150×（13%-9%）=6（万元）

外销成本=100+6=106（万元）

2. 费用

费用是指企业为生产、经营商品和提供劳务等所发生的可扣除的销售（经营）费用、管理费用和财务费用，见表4-1。

表4-1　　费用应关注的重点

费用项目	应重点关注的问题
销售费用	广告费和业务宣传费是否超支
管理费用	（1）招待费是否超支； （2）保险费是否符合标准； （3）非居民企业支付给境外总机构的管理费是否符合手续规定（要有证明文件）
财务费用	（1）利息费用是否超过标准（金融机构同类同期）； （2）借款费用资本化与费用化的区分

3. 税金

税金是指纳税人按规定缴纳的消费税，城市维护建设税、关税、资源税、土地增值税、房产税、车船税、土地使用税、印花税、教育费附加等税金及附加。

应注意的是增值税属于价外税，不在扣除之列。

所得税前准予扣除的税金有两种方式：一是在发生当期扣除；二是在发生当期计入相关资产的成本，在以后各期分摊扣除，见表4-2。

表4-2　　所得税前可扣除的税金

准予扣除的税金的方式	可扣除税金举例
通过计入税金及附加在当期扣除	消费税、城市维护建设税、关税、资源税、土地增值税、房产税、车船税、土地使用税、印花税、教育费附加等产品销售税金及附加
在发生当期计入相关资产的成本，在以后各期分摊扣除	契税、车辆购置税、耕地占用税、进口关税、按规定不得抵扣的增值税等

【例 4 - 15 · 多选题】下列项目中, 可以当期直接或分期间接在企业所得税前扣除的税金有 (　　)。

　　A. 购买材料允许抵扣的增值税进项税

　　B. 车辆购置税

　　C. 企业所得税

　　D. 出口关税

【答案】BD

【解析】不得在税前扣除的税金包括企业所得税和允许抵扣的增值税。

4. 损失

损失是指纳税人生产、经营过程中发生的固定资产和存货的盘亏、毁损、报废损失, 转让财产损失, 呆账损失, 坏账损失, 自然灾害等不可抗力因素造成的损失以及其他损失。

企业发生的损失减除责任人赔偿和保险赔款后的余额, 可依照规定扣除。

企业已经作为损失处理的资产, 在以后纳税年度又全部收回或者部分收回时, 应当计入当期收入。

5. 其他支出

其他支出是指上述四种情况外的企业在生产经营活动中发生的与生产经营活动有关的、合理的支出。

(二) 部分扣除项目的具体范围和标准

1. 企业发生的合理的工资、薪金支出准予据实扣除

2. 职工福利费、工会经费、职工教育经费按标准扣除

职工福利费不超过工资、薪金总额 14% 的部分, 工会经费不超过工资、薪金总额 2% 的部分准予扣除; 除国务院财政、税务主管部门另有规定外, 企业发生的职工教育经费支出, 自 2018 年 1 月 1 日起, 不超过工资薪金总额 8% 的部分, 准予扣除, 超过部分, 准予在以后纳税年度结转扣除。

软件生产企业发生的职工教育经费中的职工培训费用, 可以全额在企业所得税前扣除。软件生产企业应准确划分职工教育经费中的职工培训费支出, 对于不能准确划分的, 以及准确划分后职工教育经费中扣除职工培训费用的余额, 一律按照工资薪金总额 8% 的比例扣除。

核力发电企业为培养核电厂操纵员发生的培养费用, 可作为企业的发电成本在税前扣除。企业应将核电厂操纵员培养费与员工的职工教育经费严格区分, 单独核算, 员工实际发生的职工教育经费支出不得计入核电厂操纵员培养费直接扣除。

【例 4 - 16 · 单选题】某企业为居民企业, 2023 年实际发生的工资、薪金支出为 100 万元, 计提三项经费 18.5 万元, 其中福利费本期发生 12 万元, 拨缴的

工会经费为 2 万元，已经取得工会拨缴收据，实际发生职工教育经费 2 万元，该企业 2023 年计算应纳税所得额时，应调增应纳税所得额为（　　）万元。

A. 2　　　　　B. 1.5　　　　　C. 0　　　　　D. 2.5

【答案】D

【解析】福利费扣除限额为 14 万元（100×14%），实际发生 12 万元，准予扣除 12 万元；工会经费扣除限额为 2 万元（100×2%），实际发生 2 万元，可以据实扣除；职工教育经费扣除限额为 8 万元（100×8%），实际发生 2 万元，可以据实扣除。应调增应纳税所得额为 2.5 万元[18.5-（12+2+2）]。

3. 社会保险费和其他保险费

保险费的扣除如图 4-1 所示。

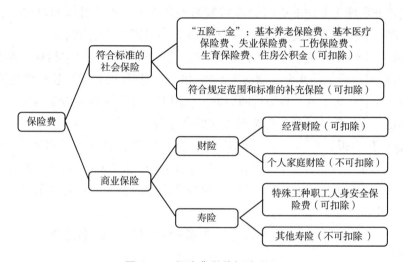

图 4-1　保险费税前扣除项目

（1）按照政府规定的范围和标准缴纳的"五险一金"，即基本养老保险费、基本医疗保险费、失业保险费、工伤保险费、生育保险费等基本社会保险和住房公积金，准予扣除。

（2）企业为投资者或者职工支付的补充养老保险费、补充医疗保险费，在国务院财政、税务主管部门规定的范围和标准内，准予扣除。企业依照国家有关规定为特殊工种职工支付的人身安全保险费和符合国务院财政、税务主管部门规定可以扣除的商业保险费，准予扣除。

（3）企业参加雇主责任险、公众责任险等责任保险，按照规定缴纳的保险费，准予扣除。

（4）企业参加财产保险，按照规定缴纳的保险费，准予扣除。

（5）企业为投资者或者职工个人支付的除上述可扣除范围外的商业保险费，不得扣除，而且应代扣代缴个人所得税。

【例 4-17·多选题】以下保险费可在企业所得税前扣除的有（　　）。

A. 企业为其投资者或者职工支付的国务院税务主管部门规定的补充养老保险费

B. 企业为其投资者或者职工支付省级政府规定标准的基本医疗保险费

C. 企业为其投资者或者职工支付的商业养老分红型保险费

D. 企业为其投资者或者职工支付的家庭财产保险费

【答案】AB

4. 利息费用

企业在生产、经营活动中发生的利息费用，按下列规定扣除：

（1）非金融企业向金融企业借款的利息支出、金融企业的各项存款利息支出和同业拆借利息支出、企业经批准发行债券的利息支出可据实扣除。

（2）非金融企业向非金融企业借款的利息支出，不超过按照金融企业同期同类贷款利率计算的数额的部分可据实扣除，超过部分不予扣除。

【例4-18·计算题】某公司2022年度"财务费用"账户中利息，含有以年利率8%向银行借入的9个月期的生产用300万元贷款的借款利息；也包括10.5万元的向本企业职工借入与银行同期的生产用100万元资金的借款利息。该公司2022年度可在计算应纳税所得额时扣除的利息费用是多少？

【答案及解析】可在计算应纳税所得额时扣除的银行利息费用为18万元（300×8%÷12×9）。向本企业职工借入款项可扣除的利息费用限额为6万元（100×8%÷12×9），该企业支付职工的利息超过同类同期银行贷款利率，只可按照限额扣除。

该公司2022年度可在计算应纳税所得额时扣除的利息费用为24万元（18+6）。

5. 借款费用

（1）企业在生产经营活动中发生的合理的不需要资本化的借款费用，准予扣除。

（2）企业为购置、建造固定资产、无形资产和经过12个月以上的建造才能达到预定可销售状态的存货发生借款的，在有关资产购置、建造期间发生的合理的借款费用，应予以资本化，作为资本性支出计入有关资产的成本；有关资产交付使用后发生的借款利息，可在发生当期扣除。

【例4-19·计算题】某企业向银行借款400万元用于建造厂房，借款期从2022年1月1日至12月30日，支付当年全年借款利息32万元，该厂房于2022年10月31日达到可使用状态交付使用，11月30日做完工结算，该企业当年税前可扣除的利息费用是多少？

【答案及解析】固定资产购建期间的合理的利息费用应予以资本化，交付使用后发生的利息，可在发生当期扣除。

该企业当年税前可扣除的利息费用=32÷12×2=5.33（万元）

【例 4 - 20·多选题】企业发生的下列借款费用，应作为资本性支出的有（　　）。

A. 为购置固定资产发生借款，购置期间发生的借款费用

B. 为购置无形资产发生借款，购置期间发生的借款费用

C. 为经过 6 个月建造才达到预定可销售状态的存货发生借款，建造期间发生的借款费用

D. 为经过 12 个月建造才达到预定可销售状态的存货发生借款，建造期间发生的借款费用

【答案】ABD

6. 业务招待费

企业发生的与生产经营活动有关的业务招待费，按照发生额的 60% 扣除，但最高不得超过当年销售（营业）收入的 5‰。

【提醒您】

作为业务招待费扣除限额计算基数的收入，是当年销售（营业）收入，这一收入口径不是会计口径，而是税法规定的口径，包括主营业务收入、其他业务收入和会计上不确认收入而税法上视同销售的收入，但不包括营业外收入和一般企业的投资收益。

对从事股权投资业务的企业，其从被投资企业所分配的股息、红利以及股权转让收入，可以按规定的比例计算业务招待费扣除限额。

企业在筹集期间，发生的与筹办活动有关的业务招待费支出，可按实际发生额的 60% 计入企业筹办费，并按有关规定在税前扣除。

【例 4 - 21·计算题】某企业 2022 年销售收入 3 000 万元，本年实际发生业务招待费 30 万元，该企业当年可在所得税前列支的业务招待费金额是多少？

【答案及解析】发生额 6 折：$30 \times 60\% = 18$（万元）

限度：$3\,000 \times 5‰ = 15$（万元）

两数据比大小后择其小者：其当年可在所得税前列支的业务招待费金额是 15 万元。

【例 4 - 22·计算题】某企业 2023 年销售收入 4 000 万元，年实际发生业务招待费 30 万元，该企业当年可在所得税前列支的业务招待费金额是多少？

【答案及解析】发生额 6 折：$30 \times 60\% = 18$（万元）

限度：$4\,000 \times 5‰ = 20$（万元）

两数据比大小后择其小者：其当年可在所得税前列支的业务招待费金额是 18 万元。

7. 广告费和业务宣传费

（1）企业每一纳税年度发生的符合条件的广告费和业务宣传费，除国务院财政、税务主管部门另有规定外，不超过当年销售（营业）收入 15% 的部分，

准予扣除；超过部分，准予在以后纳税年度结转扣除。

（2）自2016年1月1日起至2025年12月31日止，对化妆品制造或销售、医药制造和饮料制造（不含酒类制造）企业发生的广告费和业务宣传费支出，不超过当年销售（营业）收入30%的部分，准予扣除；超过部分，准予在以后纳税年度结转扣除。

（3）对签订广告费和业务宣传费分摊协议（以下简称分摊协议）的关联企业，其中一方发生的不超过当年销售（营业）收入税前扣除限额比例内的广告费和业务宣传费支出可以在本企业扣除，也可以将其中的部分或全部按照分摊协议归集至另一方扣除。另一方在计算本企业广告费和业务宣传费支出企业所得税税前扣除限额时，可将按照上述办法归集至本企业的广告费和业务宣传费不计算在内。

（4）企业在筹建期间，发生的广告费和业务宣传费，可按实际发生额计入企业筹办费，可按上述规定在税前扣除。

（5）烟草企业的烟草广告费和业务宣传费支出，一律不得在计算应纳税所得额时扣除。企业申报扣除的广告费支出应与赞助支出严格区分。企业申报扣除的广告费支出，必须符合下列条件：广告是通过工商部门批准的专门机构制作的；已实际支付费用，并已取得相应发票；通过一定的媒体传播。

【提醒您】

第一，广告费和业务宣传费的超标准部分可无限期向以后纳税年度结转，属于税法与会计制度的暂时性差异；而业务招待费的超标准部分不能向以后纳税年度结转，属于税法与会计制度的永久性差异。

第二，业务招待费、广告费和业务宣传费的计算基数都是销售（营业）收入。销售（营业）收入包括基本业务收入、其他业务收入，视同销售收入。不含投资收益和营业外收入。

第三，注意广告费、业务宣传费与赞助费的区别。广告支出的三个条件是：通过工商部门批准的专门机构制作；已支付费用并取得相应发票；通过一定媒体传播。非广告性质的赞助费在所得税前不得列支。

【例4-23·单选题】下列各项中，收入能作为业务招待费、广告费和业务宣传费前扣除限额计提基数的是（　　）。

A. 让渡无形资产使用权的收入　　B. 让渡商标权所有权的收入

C. 转让固定资产的收入　　D. 接受捐赠的收入

【答案】A

【解析】A选项属于其他业务收入，可作为招待费等的计提基数；B、C、D选项属于营业外收入，不可作为招待费等的计提基数。

【例4-24·计算题】某手机生产企业2022年销售收入5 000万元，当年实际发生广告费和业务宣传费900万元，则可在当年列支的广告费和业务宣传费是多少？

【答案及解析】广告费和业务宣传费的扣除限额 = 5 000×15% = 750（万元）

实际发生额大于扣除限额，因此可在当年列支的广告费和业务宣传费为 750 万元。

8. 公益性捐赠

企业发生的公益性捐赠支出（除另有规定外），在年度利润总额 12% 以内的部分，准予在计算应纳税所得额时扣除。所谓公益性捐赠，是指企业通过公益性社会团体或者县级以上人民政府及其部门，用于《中华人民共和国公益事业捐赠法》规定的公益事业的捐赠。

企业发生的公益性捐赠支出，在年度利润总额 12% 以内的部分，准予在计算应纳税所得额时扣除。超过年度利润总额 12% 的部分，准予以后 3 年内在计算应纳税所得额时结转扣除。年度利润总额，是指企业依照国家统一会计制度的规定计算的年度会计利润。企业在对公益性捐赠支出计算扣除时，应先扣除以前年度结转的捐赠支出，再扣除当年发生的捐赠支出。

自 2019 年 1 月 1 日至 2025 年 12 月 31 日，企业通过公益性社会团体或者县级以上人民政府及其部门用于目标脱贫地区的扶贫捐赠支出，准予在计算企业所得税应纳税所得额时据实扣除。

【例 4 - 25·单选题】某居民企业 2023 年度取得生产经营收入总额 3 000 万元，发生销售成本 2 200 万元、财务费用 150 万元、管理费用 400 万元（其中含业务招待费用 15 万元），上缴增值税 60 万元、消费税 140 万元、城市维护建设税 14 万元、教育费附加 6 万元，"营业外支出"账户中列支被工商行政管理部门罚款 7 万元、通过公益性社会团体向贫困地区捐赠 8 万元。该企业在计算 2023 年度应纳税所得额时，准许扣除的公益、救济性捐赠的金额是（　　）万元。

A. 2.25　　　　B. 8　　　　C. 2.79　　　　D. 9

【答案】B

【解析】利润总额 = 3 000 - 2 200 - 150 - 400 - 140 - 14 - 6 - 7 - 8 = 75（万元）

公益性捐赠支出扣除限额 = 75×12% = 9（万元）

实际发生 8 万元，可以据实扣除。

【提醒您】

企业将外购或自产的货物用于捐赠，应分解为按公允价值销售货物（视同销售）和捐赠两项业务进行所得税处理。

9. 环境保护专项资金

依照法律、行政法规有关规定提取的用于环保、生态恢复等方面的专项资金，准予扣除。提取后改变用途的不得扣除。

10. 租赁费

企业根据生产、经营需要租入固定资产所支付租赁费的扣除，按下列办法处理：

（1）以经营租赁方式租入固定资产而发生的租赁费，按照租赁期限均匀扣除。

（2）融资租赁发生的租赁费不得直接扣除，按规定构成融资租入固定资产价值的部分应当提取折旧费用，分期扣除。

【例4－26·计算题】 某企业自2023年5月1日起租入一幢门面房用作产品展示厅，一次支付12个月的租金24万元，则计入2023年成本费用的租金额是多少？

【答案及解析】 按照受益期，2023年有8个月租用该房屋，则计入2023年成本费用的租金额为16万元（24÷12×8）。

11. 劳动保护费

劳动保护支出是指确因工作需要为雇员配备或提供工作服、手套、安全保护用品、防暑降温用品等所发生的支出。企业发生的合理的劳动保护支出，准予扣除。

自2011年7月1日起，企业根据工作性质和特点，由企业统一制作并要求员工工作时统一着装所发生的工作服饰费用，可以作为企业合理的支出准予税前扣除。

12. 有关资产的费用

企业转让固定资产发生的费用、按规定计算的固定资产折旧、无形资产摊销，准予在计算应纳税所得额时扣除。

13. 总机构分摊的费用

非居民企业在中国境内设立的机构、场所，就其中国境外总机构发生的与本机构、场所生产经营有关的费用，能够提供总机构出具的费用汇集范围、定额、分配依据和方法等证明文件，并合理计算分摊的，准予扣除。

14. 资产损失

企业当期发生的固定资产和流动资产盘亏、毁损净损失，由其提供清查盘存资料经主管税务机关审核后，准予扣除；企业因存货、毁损、报废等原因不得从销项税额中抵扣的进项税额，应视同企业财产损失，准予与存货损失一起在所得税前按规定扣除。

【例4－27·单选题】 某企业2023年10月毁损一批库存材料，账面成本10 139.5元（含运费139.5元），该企业的损失得到税务机关的审核和确认，在所得税前可扣除的损失金额为（　　）元。

　　A. 10 139.5　　　B. 11 452.06　　　C. 10 863.22　　　D. 10 900

【答案】 B

【解析】 不得从销项税金中抵扣的进项税金，应视同企业财产损失，准予与存货损失一起在所得税前按规定扣除。

不得抵扣的进项税 ＝（10 139.5－139.5）×13% ＋139.5×9% ＝1 312.56（元）

在所得税前可扣除的损失金额 = 10 139.5 + 1 312.56 = 11 452.06（元）

15. 其他项目

会员费、合理的会议费、差旅费、违约金、诉讼费用等，可以据实扣除。汇率折算形成的汇兑损失，除已经计入有关资产成本以及与所有者进行利润分配相关的部分外，准予扣除。

16. 手续费及佣金支出

企业应与具有合法经营资格的中介服务企业或个人签订代办协议或合同，并按国家有关规定支付手续费及佣金。

企业发生与生产经营有关的手续费及佣金支出，不超过下列规定计算限额以内的部分，准予扣除。超过部分，不得扣除。

保险企业，自 2019 年 1 月 1 日起，保险企业发生与其经营活动有关的手续费及佣金支出，不超过当年全部保费收入扣除退保金等后余额的 18%（含本数）的部分，准予扣除，超过部分，允许结转以后年度扣除。

对于其他企业，按与具有合法经营资格的中介服务企业或个人（不含交易双方及其雇员、代理人和代表人等）所签订服务协议或合同确认金额的 5% 计算限额。

从事代理服务且主营业务收入为手续费、佣金的企业（如证券、期货、保险代理等企业），其为取得该类收入而实际发生的营业成本（包括手续费及佣金支出），准予在企业所得税前据实扣除。

企业不得将手续费及佣金支出计入回扣、业务提成、返利、进场费等费用。

除委托个人代理外，企业以现金等非转账方式支付的手续费及佣金不得在税前扣除。

企业为发行权益性证券支付给有关证券承销机构的手续费及佣金不得在税前扣除。

六、不得扣除项目

常见费用扣除
项目图示

在计算应纳税所得额时，下列支出不得扣除：

（1）向投资者支付的股息、红利等权益性投资收益款项；

（2）企业所得税税款；

（3）税收滞纳金；

（4）罚金、罚款和被没收财物的损失；

（5）赞助支出（指非广告性质的赞助支出）；

（6）未经核定的准备金支出；

（7）企业之间支付的管理费；

（8）与取得收入无关的其他支出。

【提醒您】

罚款分为经营性罚款和行政性罚款两类,对于经营性罚款,都是企业间在经营活动中的罚款（如合同违约金、逾期归还银行贷款的罚款、罚息）,在计算应纳税所得额时准予扣除;但对于行政性罚款,都是因纳税人违反相关法规被政府处以的罚款（如税收罚款、工商局罚款、交通违章罚款等）,在计算应纳税所得额时不得扣除。

【例4-28·多选题】在计算应纳税所得额时不得扣除的项目有（　　）。

A. 为企业子女入托支付给幼儿园的赞助支出

B. 利润分红支出

C. 企业违反销售协议被采购方索取的罚款

D. 违反食品卫生法被政府处以的罚款

【答案】ABD

【解析】C选项属于企业间经营罚款,具有违约金性质,可以在所得税前扣除;ABD均不得在所得税前扣除。

七、亏损弥补

亏损是指企业依照企业所得税法和暂行条例的规定,将每一纳税年度的收入总额减除不征税收入、免税收入和各项扣除后小于零的数额。

这里亏损不是会计上的亏损概念,指的是应纳税所得额的负数。

企业纳税年度发生的亏损,准予向以后年度结转,用以后年度的所得逐年延续弥补,但结转年限最长不得超过五年。

企业在汇总计算缴纳企业所得税时,其境外营业机构的亏损不得抵减境内营业机构的盈利。

自2018年1月1日起,当年具备高新技术企业或者科技型中小企业资格的企业,其具备资格年度之前5个年度发生的尚未弥补完的亏损,准予结转以后年度弥补,最长结转年限由5年延长至10年。

【例4-29·计算题】某生产企业2022年度实现利润总额（所得）68万元,该企业2021年亏损50万元,2020年盈利10万元,2019年亏损20万元。计算该企业2022年度应纳所得税额。

【答案及解析】2022年应纳税所得额 = 68 - 50 - (20 - 10) = 8（万元）

2022年应纳税额 = 8 × 25% = 2（万元）

【例4-30·计算题】某企业在2016~2022年各年经过税务机关审定的境内所得额的情况见表4-3,假设该企业执行5年亏损弥补规定,计算该企业7年间需缴纳的企业所得税。

表 4 – 3		企业应纳税所得额情况				单位：万元	
项目	2016 年	2017 年	2018 年	2019 年	2020 年	2021 年	2022 年
弥补亏损前的应纳税所得额	– 1 000	100	–200	300	200	300	800

【答案及解析】2021 年及之前的所得额共 900 万元，均要用于弥补 2016 年的亏损，到 2021 年尚未弥补的 100 万元亏损过了 5 年弥补期，不得再弥补，2022 年的 800 万元用于弥补 2018 年的亏损 200 万元后剩余的 600 万元计算纳税。因此，所得税为 150 万元（600 ×25%）。

第三节　资产的税务处理

资产是由于资本投资而形成的财产，对于资本性支出以及无形资产受让、开办、开发费用，不允许作为成本、费用从纳税人的收入总额中作一次性扣除，只能采取分次计提折旧或分次摊销的方式予以扣除，即纳税人经营活动中使用的固定资产的折旧费用、无形资产和长期待摊费用的摊销费用可以扣除。税法规定，纳入税务处理范围的资产形式主要有固定资产、生物资产、无形资产、长期待摊费用、投资资产、存货等，均以历史成本为计税基础。历史成本是指企业取得该项资产时实际发生的支出。企业持有各项资产期间资产增值或者减值，除国务院财政、税务主管部门规定可以确认损益外，不得调整该资产的计税基础。

一、固定资产的税务处理

所谓固定资产，是指企业为生产产品、提供劳务、出租或者经营管理而持有的、使用时间超过 12 个月的非货币性资产，包括房屋、建筑物、机器、机械、运输工具以及其他与生产经营活动有关的设备、器具、工具等。

（一）固定资产计税基础

（1）外购的固定资产，以购买价款和支付的相关税费以及直接归属于使该资产达到预定用途发生的其他支出为计税基础。

（2）自行建造的固定资产，以竣工结算前发生的支出为计税基础。

（3）融资租入的固定资产，以租赁合同约定的付款总额和承租人在签订租赁合同过程中发生的相关费用为计税基础，租赁合同未约定付款总额的，以该资产的公允价值和承租人在签订租赁合同过程中发生的相关费用为计税基础。

（4）盘盈的固定资产，以同类固定资产的重置完全价值为计税基础。

（5）通过捐赠、投资、非货币性资产交换、债务重组等方式取得的固定资产，以该资产的公允价值和支付的相关税费为计税基础。

（6）改建的固定资产除已足额提取折旧的固定资产和租入的固定资产以外的其他固定资产，以改建过程中发生的改建支出增加计税基础。

（二）固定资产折旧的范围

在计算应纳税所得额时，企业按照规定计算的固定资产折旧，准予扣除。下列固定资产不得计算折旧扣除：

（1）房屋、建筑物以外未投入使用的固定资产；

（2）以经营租赁方式租入的固定资产；

（3）以融资租赁方式租出的固定资产；

（4）已足额提取折旧仍继续使用的固定资产；

（5）与经营活动无关的固定资产；

（6）单独估价作为固定资产入账的土地；

（7）其他不得计算折旧扣除的固定资产。

【例4-31·多选题】下列固定资产不得计算折旧扣除的有（　　）。

A. 企业购置的尚未投入使用的设备

B. 以融资租赁方式租入的固定资产

C. 已足额提取折旧仍继续使用的固定资产

D. 以经营租赁方式租入的固定资产

【答案】ACD

【解析】A、C、D选项均为税法规定不得提取折旧的固定资产；B作为自有固定资产管理，可提取折旧。

（三）固定资产折旧的计提方法

（1）企业应当自固定资产投入使用月份的次月起计算折旧；停止使用的固定资产，应当自停止使用月份的次月起停止计算折旧。

（2）企业应当根据固定资产的性质和使用情况，合理确定固定资产的预计净残值。固定资产的预计净残值一经确定，不得变更。

（3）固定资产按照直线法计算的折旧，准予扣除。

$$年折旧率 = （1 - 预计净残值率）÷ 预计使用年限 × 100\%$$

（四）固定资产折旧的计提年限

除国务院财政、税务主管部门另有规定外，固定资产计算折旧的最低年限如下：

（1）房屋、建筑物，为20年；

（2）飞机、火车、轮船、机器、机械和其他生产设备，为10年；

（3）与生产经营活动有关的器具、工具、家具等，为 5 年；

（4）飞机、火车、轮船以外的运输工具，为 4 年；

（5）电子设备，为 3 年。

从事开采石油、天然气等矿产资源的企业，在开始商业性生产前发生的费用和有关固定资产的折耗、折旧方法，由国务院财政、税务主管部门另行规定。

【例 4－32·单选题】以下各项中，最低折旧年限为 5 年的固定资产是（　　）。

A. 建筑物　　　　　B. 生产设备　　　　C. 家具　　　　　D. 电子设备

【答案】C

【例 4－33·计算题】某企业 2022 年 6 月 5 日购进一台生产用设备，取得增值税发票，注明价款 100 万元、增值税 16 万元，企业发生运费及安装费 4 万元（不含税），该设备于当月投入使用。企业将该项固定资产全部成本一次性计入费用在所得税前做了扣除。假定该企业固定资产预计净残值率 5%，该企业此项业务应当调整的纳税所得额是多少？

【答案及解析】该项固定资产账面成本 = 100 + 4 = 104（万元）

依照税法规定可扣除的折旧额 = 104 × (1 − 5%) ÷ 10 ÷ 12 × 6 = 4.94（万元）

此项业务应调增的应纳税所得额 = 104 − 4.94 = 99.06（万元）

（五）固定资产改扩建的税务处理

（1）对于推倒重置的固定资产，原值减除提取折旧后的净值应并入重置后的固定资产计税成本。在该固定资产投入使用后的次月起，按税法规定的折旧年限，一并计提折旧。

图解政策

（2）对于提升功能和增加面积的改扩建支出，该固定资产的改扩建支出应并入该固定资产计税基础。从改扩建完工投入使用后的次月起，可以按尚可使用的年限与税法规定的最低年限孰低原则选择年限计提折旧。如果改扩建后的固定资产尚可使用年限低于税法规定的最低折旧年限，可以按尚可使用年限计提折旧。

（3）企业在实务中如以会计依据作为计提折旧的基础，应注意把握会计估计的合理性，以及充分的证据依据。

二、生物资产的税务处理

生物资产是指有生命的动物和植物。生物资产分为消耗性生物资产、生产性生物资产和公益性生物资产。消耗性生物资产，是指为出售而持有的，或在将来收获为农产品的生物资产，包括生长中的农田作物、蔬菜、用材林以及存栏待售的牲畜等。生产性生物资产，是指为产出农产品、提供劳务或出租等目的而持有的生物资产，包括经济林、薪炭林、产畜和役畜等。公益性生物资产，是指以防护、环境保护为主要目的的生物资产，包括防风固沙林、水土保持林和水源涵养林等。

（一）生物资产的计税基础

生产性生物资产按照以下方法确定计税基础：

（1）外购的生产性生物资产，以购买价款和支付的相关税费为计税基础；

（2）通过捐赠、投资、非货币性资产交换、债务重组等方式取得的生产性生物资产，以该资产的公允价值和支付的相关税费为计税基础。

（二）生物资产的折旧方法和折旧年限

生产性生物资产按照直线法计算的折旧，准予扣除。企业应当自生产性生物资产投入使用月份的次月起计算折旧，停止使用的生产性生物资产，应当自停止使用月份的次月起停止计算折旧。企业应当根据生产性生物资产的性质和使用情况，合理确定生产性生物资产的预计净残值。生产性生物资产的预计净残值一经确定，不得变更。

生产性生物资产计算折旧的最低年限如下：

（1）林木类生产性生物资产，为10年；

（2）畜类生产性生物资产，为3年。

【例4-34·多选题】下列生物资产计提的累计折旧，准予在企业所得税前扣除的有（　　）。

A. 经济林　　　　B. 用材林　　　　C. 薪炭林　　　　D. 防风固沙林

【答案】AC

三、无形资产的税务处理

无形资产是指企业长期使用、但没有实物形态的资产，包括专利权、商标权、著作权、土地使用权、非专利技术、商誉等。

（一）无形资产的计税基础

无形资产按照以下方法确定计税基础：

（1）外购的无形资产，以购买价款和支付的相关税费以及直接归属于使该资产达到预定用途发生的其他支出为计税基础；

（2）自行开发的无形资产，以开发过程中该资产符合资本化条件后至达到预定用途前发生的支出为计税基础；

（3）通过捐赠、投资、非货币性资产交换、债务重组等方式取得的无形资产，以该资产的公允价值和支付的相关税费为计税基础。

（二）无形资产摊销的范围

在计算应纳税所得额时，企业按照规定计算的无形资产摊销费用，准予扣除。

下列无形资产不得计算摊销费用扣除：

（1）自行开发的支出已在计算应纳税所得额时扣除的无形资产；

（2）自创商誉；

（3）与经营活动无关的无形资产；

（4）其他不得计算摊销费用扣除的无形资产。

【例4-35·多选题】下列各项中，不得在企业所得税前扣除的有（　　）。

A. 自创商誉计算的摊销费用

B. 与经营活动无关的无形资产的摊销

C. 企业整体转让时外购商誉的支出

D. 融资租赁租入的固定资产计提的折旧

【答案】AB

（三）无形资产的摊销方法及年限

无形资产的摊销，采取直线法计算。

无形资产的摊销年限不得低于10年。作为投资或者受让的无形资产有关法律规定或者合同约定了使用年限的，可以按照规定或者约定的使用年限分期摊销。

外购商誉的支出，在企业整体转让或者清算时，准予扣除。

四、长期待摊费用的税务处理

长期待摊费用是指企业发生的应在一个年度以上或几个年度进行摊销的费用。在计算应纳税所得额时，企业发生的下列支出作为长期待摊费用，按照规定摊销的，准予扣除：

（1）已足额提取折旧的固定资产的改建支出；

（2）租入固定资产的改建支出；

（3）固定资产的大修理支出；

（4）其他应当作为长期待摊费用的支出。

企业的固定资产修理支出可在发生当期直接扣除。企业的固定资产改良支出，如果有关固定资产尚未提足折旧，可增加固定资产价值；如果有关固定资产已提足折旧，可作为长期待摊费用，在规定的期间内平均摊销。

固定资产的改建支出，是指改变房屋或者建筑物结构、延长使用年限等发生的支出。已足额提取折旧的固定资产的改建支出，按照固定资产预计尚可使用年限分期摊销租入固定资产的改建支出，按照合同约定的剩余租赁期限分期摊销改建的固定资产延长使用年限的，除已足额提取折旧的固定资产、租入固定资产的改建支出外，其他的固定资产发生改建支出，应当适当延长折旧年限。

大修理支出，按照固定资产尚可使用年限分期摊销。税法所指固定资产的大修理支出，是指同时符合下列条件的支出：

（1）修理支出达到取得固定资产时的计税基础50%以上；

（2）修理后固定资产的使用年限延长2年以上。

其他应当作为长期待摊费用的支出，自支出发生月份的次月起，分期摊销，摊销年限不得低于3年。

五、存货的税务处理

存货是指企业持有以备出售的产品或者商品、处在生产过程中的在产品、在生产或者提供劳务过程中耗用的材料和物料等。

（一）存货的计税基础

存货按照以下方法确定成本：

（1）通过支付现金方式取得的存货，以购买价款和支付的相关税费为成本；

（2）通过支付现金以外的方式取得的存货，以该存货的公允价值和支付的相关税费为成本；

（3）生产性生物资产收获的农产品，以产出或者采收过程中发生的材料费、人工费和分摊的间接费用等必要支出为成本。

（二）存货的成本计算方法

企业使用或者销售的存货的成本计算方法，可以在先进先出法、加权平均法、个别计价法中选用一种。计价方法一经选用，不得随意变更。

企业转让以上资产，在计算应纳税所得额时，资产的净值允许扣除。其中，资产的净值是指有关资产、财产的计税基础减除已经按照规定扣除的折旧、折耗、摊销、准备金等后的余额。

除国务院财政、税务主管部门另有规定外，企业在重组过程中，应当在交易发生时确认有关资产的转让所得或者损失，相关资产应当按照交易价格重新确定计税基础。

六、投资资产的税务处理

投资资产是指企业对外进行权益性投资和债权性投资而形成的资产。

（一）投资资产的成本

投资资产按以下方法确定投资成本：

（1）通过支付现金方式取得的投资资产，以购买价款为成本；

（2）通过支付现金以外的方式取得的投资资产以该资产的公允价值和支付的相关税费为成本。

（二）投资资产成本的扣除方法

企业对外投资期间，投资资产的成本在计算应纳税所得额时不得扣除，企业在转让或者处置投资资产时，投资资产的成本准予扣除。

企业购买的文物、艺术品用于收藏、展示、保值增值的，作为投资资产进行税务处理。文物、艺术品资产在持有期间，计提的折旧、摊销费用，不得税前扣除。

七、税法规定与会计规定差异的处理

税法规定与会计规定差异的处理是指企业在财务会计核算中与税法规定不一致的，应当依照税法规定予以调整，即企业在平时进行会计核算时，可以按会计制度的有关规定进行账务处理，但在申报纳税时，对税法规定和会计制度规定有差异的，要按税法规定进行纳税调整。

（1）企业不能提供完整、准确的收入及成本、费用凭证，不能正确计算应纳税所得额的，由税务机关核定其应纳税所得额。

（2）企业依法清算时，以其清算终了后的清算所得为应纳税所得额，按规定缴纳企业所得税。所谓清算所得，是指企业清算时的全部资产或者财产扣除各项清算费用、损失、负债、企业未分配利润、公益金和公积金后的余额，超过实缴资本的部分。

（3）企业应纳税所得额是根据税收法规计算出来的，它在数额上与依据财务会计制度计算的利润总额往往不一致。因此，税法规定，对企业按照有关财务会计规定计算的利润总额，要按照税法的规定进行必要调整后才能作为应纳税所得额计算缴纳所得税。

第四节　应纳税额的计算

一、居民企业应纳税额的计算

应纳税额是企业依照税法规定应向国家缴纳的税款。居民企业的应纳税所得额乘以适用税率减除依照企业所得税法关于税收优惠的规定减免和抵免的税额后的余额，为应纳税额。应纳税额的计算公式如下：

居民企业应纳税额 = 应纳税所得额 × 税率 − 减免税额 − 抵免税额

【例 4−36·计算题】某企业在一个纳税年度内经营状况良好，经核实全年应纳税所得额为 60 万元。请计算该企业应缴纳的企业所得税税额。

【答案及解析】该企业核实后的应纳税所得额为 60 万元，适用 25% 的所得税税率。

应纳税额 = 应纳税所得额 × 税率 = 60 × 25% = 15（万元）

（一）直接计算法的应纳税所得额计算公式

应纳税所得额 = 收入总额 − 不征税收入 − 免税收入 − 各项扣除金额 − 弥补亏损

【例 4−37·计算题】某企业为居民企业，2022 年产品销售收入 560 万元，产品销售成本 400 万元；其他业务收入 80 万元，其他业务成本 66 万元；固定资产出租收入 6 万元；非增值税销售税金及附加 32.4 万元，发生管理费用 86 万元，财务费用 20 万元，营业外收入 10 万元，营业外支出 25 万元。计算该企业应纳多少企业所得税？

【答案及解析】应纳税所得额 = 560 − 400 + 80 − 66 + 6 − 32.4 − 86 − 20 + 10 − 25 = 26.6（万元）

应纳税额 = 26.6 × 25% = 6.65（万元）

（二）间接计算法的应纳税所得额计算公式

应纳税所得额 = 利润总额 ± 纳税调整项目金额

【提醒您】

如果有捐赠计算的步骤，肯定要先算会计利润，很可能按照"应纳税所得额 = 利润总额 ± 纳税调整项目金额"的公式计算所得额和所得税。但是如果没有捐赠限额计算问题，有可能不算会计利润，而用"应纳税所得额 = 收入总额 − 不征税收入 − 免税收入 − 各项扣除金额 − 弥补亏损"的公式计算所得额和所得税。具体一定要看题目给的条件和步骤要求。

【例4－38·计算题】某居民企业，2023年经营业务如下：（1）取得销售收入2 500万元。（2）销售成本1 100万元。（3）发生销售费用670万元（其中广告费450万元）；管理费用480万元（其中业务招待费15万元）；财务费用60万元。（4）销售税金160万元（含增值税120万元）。（5）营业外收入70万元，营业外支出50万元（含通过公益性社会团体向贫困山区捐款30万元，支付税收滞纳金6万元）。（6）计入成本费用中实发工资总额150万元，发生职工工会经费3万元、支出职工福利费25万元，教育经费15万元。

要求：计算该企业2023年度实际应纳的企业所得税。

【答案及解析】（1）会计利润总额＝2 500＋70－1 100－670－480－60－（160－120）－50＝170（万元）

（2）广告费和业务宣传费调增所得额＝450－2 500×15%＝450－375＝75（万元）

（3）业务招待费调增所得额＝15－15×60%＝15－9＝6（万元）

2 500×5‰＝12.5（万元）＞15×60%＝9（万元）

（4）捐赠支出应调增所得额＝30－170×12%＝9.6（万元）

（5）税收滞纳金不允许扣除，调增6万元。

（6）职工工会经费扣除限额为3万元（150×2%），不用调整；

职工福利费扣除限额为21万元（150×14%），发生25万元，调整额为4万元（25－21）；

教育经费扣除限额为12万元（150×8%），发生额为15万元，调整额为3万元（15－12）；

"三费"一共调增额为7万元（4＋3）。

（7）应纳税所得额＝170＋75＋6＋9.6＋6＋7＝273.6（万元）

（8）2023年应缴所得税额＝273.6×25%＝68.4（万元）

【例4－39·计算题】某企业2022年发生下列业务：（1）销售产品收入2 000万元。（2）接受捐赠材料一批，取得赠出方开具的增值税发票，注明价款10万元，增值税1.6万元；企业找一运输公司将该批材料运回企业，支付运费0.3万元（不含税）。（3）转让一项商标所有权，取得营业外收入60万元。（4）收取当年让渡资产使用权的专利实施许可费，取得其他业务收入10万元。（5）取得国债利息2万元。（6）全年销售成本1 000万元。（7）全年销售费用500万元，含广告费400万元；全年管理费用300万元，含招待费80万元，新产品研发费用70万元；全年财务费用50万元。（8）全年营业外支出40万元，含通过政府部门对灾区捐款20万元；直接对私立小学捐款10万元；违反政府规定被工商局罚款2万元。

要求计算：（1）该企业的会计利润总额；（2）该企业对收入的纳税调整额；（3）该企业对广告费用的纳税调整额；（4）该企业对招待费、三新费用的纳税调整额合计数；（5）该企业对营业外支出的纳税调整额；（6）该企业应纳税所得额；（7）该企业应纳所得税额。

【答案及解析】（1）该企业的账面利润 = 2 000 + 10 + 1.6 + 60 + 10 + 2 − 1 000 − 500 − 300 − 50 − 40 = 193.6（万元）

（2）该企业对收入的纳税调整额为 2 万元，国债利息属于免税收入。

（3）广告费限额 =（2 000 + 10）× 15% = 301.5（万元）

广告费超支 = 400 − 301.5 = 98.5（万元）

调增应纳税所得额 98.5 万元。

（4）招待费限额计算：80 × 60% = 48（万元）

（2 000 + 10）× 5‰ = 10.05（万元）

招待费限额为 10.05 万元，超支 69.95 万元。

三新研发费用加扣所得 = 70 × 75% = 52.5（万元）

合计调增应纳税所得额 = 69.95 − 52.5 = 17.45（万元）

（5）该企业捐赠限额 = 193.6 × 12% = 23.232（万元）

20 万元公益性捐赠可以扣除；

直接对私立小学的捐赠不得扣除；行政罚款不得扣除。

对营业外支出的纳税调整额 12 万元。

（6）该企业应纳税所得额 = 193.6 − 2 + 98.5 + 17.45 + 12 = 319.55（万元）

（7）该企业应纳所得税额 = 319.55 × 25% = 879.8875（万元）

二、境外所得已纳税额的扣除

企业所得税的税额扣除，是指国家对企业来自境外所得依法征收所得税时，允许企业将其已在境外缴纳的所得税税额从其应向本国缴纳的所得税税额中扣除。税额扣除，是避免国际对同一所得重复征税的一项重要措施，它能保证对同一笔所得只征一次税；能比较彻底地消除国际重复征税，平衡境外投资所得与境内投资所得的税负，有利于国际投资；有利于维护各国的税收管辖权和经济利益。

税额扣除有全额扣除和限额扣除，我国税法实行限额扣除。企业所得税法规定，纳税人来源于中国境外的所得，已在境外缴纳的所得税税款，准予在汇总纳税时，从其应纳税额中扣除，但是扣除额不得超过其境外所得依照中国税法规定计算的应纳税额。

所谓已在境外缴纳的所得税税款，是指纳税人来源于中国境外的所得，在境外实际缴纳的所得税税款，不包括减免税或纳税后又得到补偿，以及由他人代为承担的税款。

境外所得依税法规定计算的应纳税额，是指纳税人的境外所得，依照企业所得税法的有关规定，扣除为取得该项所得摊计的成本、费用以及损失，得出应纳税所得额，据以计算的应纳税额。该应纳税额即为扣除限额，应当分国（地区）不分项计算，其计算公式为：

$$抵免限额 = \frac{境内、境外所得按税法计算的应纳税总额 \times 来源于某外国的所得}{境内、境外所得总额}$$

纳税人来源于境外所得在境外实际缴纳的税款，低于按上述公式计算的扣除限额的，可以从应纳税额中按实扣除；超过扣除限额的，其超过部分不得在本年度的应纳税额中扣除，也不得列为费用支出，但可用以后年度税额扣除的余额补扣，补扣期限最长不得超过5年。

【提醒您】

第一，公式中的所得额总额是税前所得（含税所得）。要注意区分境外分回所得是税前所得还是税后所得，如果分回的是税后所得，可选用以下两种方法还原成税前所得：一是用分回的税后所得除以（1－境外税率）还原；二是用境外已纳税额加分回税后收益还原。

第二，该抵免限额公式可以简化，简化结果：

中国境内、境外所得依照企业所得税法和条例规定计算的应纳税总额＝中国境内、境外应纳税所得额总额×我国法定的税率（25%）。

【例4－40·单选题】 某企业2022年度境内所得应纳税所得额为350万元，在全年已预缴税款50万元，来源于境外某国税前所得100万元，境外实纳税款30万元，该企业当年汇算清缴应补（退）的税款为（　　）万元。

A. 42.5　　　　B. 62.5　　　　C. 37.5　　　　D. 32.5

【答案】 C

【解析】 该企业汇总纳税应纳税额＝（350＋100）×25%＝112.5（万元）

境外已纳税款扣除限额＝（350＋100）×25%×100÷（350＋100）＝25（万元）

境外实纳税额30万元，只能扣除25万元。境内已预缴50万元。

汇总纳税应纳所得税额＝112.5－25－50＝37.5（万元）

【例4－41·计算题】 某企业应纳税所得额为100万元，适用25%的企业所得税税率。另外，该企业分别在甲、乙两国设有分支机构（我国与甲、乙两国已经缔结避免双重征税协定），在甲国分支机构的应纳税所得额为50万元，甲国税率为20%；在乙国分支机构的应纳税所得额为30万元，乙国税率为35%。假设该企业在甲、乙两国所得按我国税法计算的应纳税所得额和按甲、乙两国税法计算的应纳税所得额是一致的，两个分支机构在甲、乙两国分别缴纳10万元和10.5万元的所得税。计算该企业汇总在我国应缴纳的企业所得税税额。

【答案及解析】（1）该企业按我国税法计算的境内、境外所得的应纳税额：

应纳税额＝（100＋50＋30）×25%＝45（万元）

（2）甲、乙两国的扣除限额：

甲国扣除限额 $= 45 \times [50 \div (100 + 50 + 30)] = 12.5$（万元）

乙国扣除限额 $= 45 \times [30 \div (100 + 50 + 30)] = 7.5$（万元）

在甲国缴纳的所得税为 10 万元，低于扣除限额 12.5 万元，可全额扣除。

在乙国缴纳的所得税为 10.5 万元，高于扣除限额 7.5 万元，其超过扣除限额的部分 3 万元不能扣除。

（3）在我国应缴纳的所得税 $= 45 - 10 - 7.5 = 27.5$（万元）

三、非居民企业应纳税额的计算

对于在中国境内未设立机构、场所的，或者虽设立机构、场所但取得的所得与其所设机构、场所没有实际联系的非居民企业的所得，按照下列方法计算应纳税所得额：

（1）股息、红利等权益性投资收益和利息、租金、特许权使用费所得，以收入全额为应纳税所得额；

（2）转让财产所得，以收入全额减除财产净值后的余额为应纳税所得额；

（3）其他所得，参照前两项规定的方法计算应纳税所得额。

第五节　税收优惠

企业所得税的税收优惠方式包括免税、减税、加计扣除、加速折旧、减计收入、税额抵免等。

一、免征与减征优惠

企业所得税法规定，企业的下列所得，可以免征、减征企业所得税。

（一）从事农、林、牧、渔业项目的所得

1. 企业从事下列项目的所得，免征企业所得税

（1）蔬菜、谷物、薯类、油料、豆类、棉花、麻类、糖料、水果、坚果的种植；

（2）农作物新品种的选育；

（3）中药材的种植；

（4）林木的培育和种植；

（5）牲畜、家禽的饲养；

（6）林产品的采集；

（7）灌溉、农产品初加工、兽医、农技推广、农机作业和维修等农、林、牧、渔服务业项目；

（8）远洋捕捞。

2. 企业从事下列项目的所得，减半征收企业所得税

（1）花卉、茶以及其他饮料作物和香料作物的种植；

（2）海水养殖、内陆养殖。

3. 基础研究资金收入

自2022年1月1日起，非营利性科研机构、高等院校接受企业、个人和其他组织机构基础研究资金收入，免税。

（二）从事国家重点扶持的公共基础设施项目投资经营的所得

国家重点扶持的公共基础设施项目，是指《公共基础设施项目企业所得税优惠目录》规定的港口码头、机场、铁路、公路、城市公共交通、电力、水利等项目。

企业从事前款规定的国家重点扶持的公共基础设施项目的投资经营的所得，自项目取得第一笔生产经营收入所属纳税年度起，第1年至第3年免征企业所得税，第四年至第六年减半征收企业所得税。

企业承包经营、承包建设和内部自建自用本条规定的项目，不得享受本条规定的企业所得税优惠。

（三）从事符合条件的环境保护、节能节水项目的所得

符合条件的环境保护、节能节水项目，包括公共污水处理、公共垃圾处理、沼气综合开发利用、节能减排技术改造、海水淡化等。项目的具体条件和范围由国务院财政、税务主管部门商国务院有关部门制定，报国务院批准后公布施行。

企业从事符合条件的环境保护、节能节水项目的所得，自项目取得第一笔生产经营收入所属纳税年度起，第1年至第3年免征企业所得税，第四年至第六年减半征收企业所得税。

但是上述第（二）、（三）所述享受减免税优惠的项目，在减免税期限内转让的，受让方自受让之日起，可以在剩余期限内享受规定的减免税优惠；减免税期限届满后转让的，受让方不得就该项目重复享受减免税优惠。

（四）符合条件的技术转让所得

符合条件的技术转让所得免征、减征企业所得税，是指1个纳税年度内，居民企业技术转让所得不超过500万元的部分，免征企业所得税；超过500万元的部分，减半征收企业所得税。

【例4-42·多选题】企业下列项目的所得免征企业所得税的有（　　）。

A. 坚果的种植 　　　　　　B. 农产品初加工

C. 林木的培育 　　　　　　D. 茶的种植

【答案】ABC

【解析】ABC为企业所得税免税项目；D为减半征税项目。

【例4-43·单选题】企业从事国家重点扶持的公共基础设施项目的投资经营的所得，从（　　）起，第1年至第3年免征企业所得税，第4年至第6年减半征收企业所得税。

A. 获利年度

B. 盈利年度

C. 项目取得第一笔生产经营收入所属纳税年度

D. 领取营业执照年度

【答案】C

【解析】企业从事国家重点扶持的公共基础设施项目的投资经营的所得，从项目取得第一笔生产经营收入所属纳税年度起，第1年至第3年免征企业所得税，第四年至第六年减半征收企业所得税。

二、加计扣除优惠

加计扣除是指对企业支出项目按规定的比例给予税前扣除的基础上再给予追加扣除。企业的下列支出，可以在计算应纳税所得额时加计扣除。

（一）研发费用加计扣除

享受研发费用加计扣除优惠的企业，不包括烟草制造业、住宿和餐饮业、批发和零售业、房地产业、租赁和商务服务业、娱乐业的企业。在计算应纳税所得额时可以加计扣除的有以下几种。

1. 制造企业、科技型中小企业研究开发费用

制造业企业、科技型中小企业开展研发活动中实际发生的研发费用，未形成无形资产计入当期损益的，在按规定据实扣除的基础上，自2021年1月1日起，再按照实际发生额的100%在税前加计扣除；形成无形资产的，自2021年1月1日起，按照无形资产成本的200%在税前摊销。

所称制造业企业，是指以制造业业务为主营业务，享受优惠当年主营业务收入占收入总额的比例达到50%以上的企业。

2. 除制造业以外的企业研发费用

除制造业以外的企业，且不属于烟草制造业、住宿和餐饮业、批发和零售业、房地产业、租赁和商务服务业、娱乐业的企业，开展研发活动中实际发生的研发费用，未形成无形资产计入当期损益的，2023 年 1 月 1 日前，在按规定据实扣除的基础上，再按照实际发生额的 75% 在税前加计扣除；形成无形资产的，在上述期间按照无形资产成本的 175% 在税前摊销。

企业开展研发活动中实际发生的研发费用，未形成无形资产计入当期损益的，在按规定据实扣除的基础上，自 2023 年 1 月 1 日起，再按照实际发生额的 100% 在税前加计扣除；形成无形资产的，自 2023 年 1 月 1 日起，按照无形资产成本的 200% 在税前摊销。

3. 委托境外进行研发活动所发生的费用

委托境外进行研发活动所发生的费用，按照费用实际发生额的 80% 计入委托方的委托境外研发费用。委托境外研发费用不超过境内符合条件的研发费用 2/3 的部分，可以按规定在企业所得税前加计扣除。

上述费用实际发生额应按照独立交易原则确定。委托方与受托方存在关联关系的，受托方应向委托方提供研发项目费用支出明细情况。

可加计扣除的研发费用范围包括人工费用、直接投入费用、折旧摊销费、设计指定费以及其他相关费用，具体范围明细见资料。

【例 4 - 44 · 计算题】某制造业企业 2022 年发生允许扣除的研发费用共计 5 200 万元，其中人员人工费用 800 万元，直接投入费用 2 900 万元，折旧费用 100 万元，无形资产摊销 500 万元，新产品设计费 200 万元，其他相关费用 700 万元。则该企业 2022 年研发费用可加计扣除金额为多少万元？

可加计扣除的
研发费用范围

【答案及解析】研发费用前 5 项合计 = 800 + 2 900 + 100 + 500 + 200 = 4 500（万元）

其他相关费用限额 = 4 500 × 10%/（1 - 10%）= 500（万元）

实际发生的其他相关费用 700 万元大于限额 500 万元，应按照限额 500 万加计扣除。制造业企业研发费用加计扣除 100%。

该企业 2022 年研发费用可加计扣除 = 4 500 + 500 = 5 000（万元）

（二）安置残疾人员所支付的工资

安置残疾人员所支付的工资是指企业安置残疾人员的，在按照支付给残疾职工工资据实扣除的基础上，按照支付给残疾职工工资的 100% 加计扣除。

三、加速折旧优惠

（一）可以加速折旧的固定资产

企业的固定资产由于技术进步等原因，确需加速折旧的，可以采取缩短折旧年限或者采取加速折旧的方法的固定资产，包括：

（1）由于技术进步，产品更新换代较快的固定资产；

（2）常年处于强震动、高腐蚀状态的固定资产。

（二）加速折旧方法

采取缩短折旧年限方法的，最低折旧年限不得低于规定折旧年限的 60%；采取加速折旧方法的，可以采取双倍余额递减法或者年数总和法。

（三）一次性扣除的固定资产

企业在 2018 年 1 月 1 日至 2027 年 12 月 31 日期间新购进的设备、器具，单位价值不超过 500 万元的，允许一次性计入当期成本费用在计算应纳税所得额时扣除，不再分年度计算折旧。

单位价值超过 500 万元的，仍按《中华人民共和国企业所得税法实施条例》（以下简称《企业所得税法实施条例》）、《财政部、国家税务总局关于完善固定资产加速折旧企业所得税政策的通知》《财政部、国家税务总局关于进一步完善固定资产加速折旧企业所得税政策的通知》等相关规定执行。

设备、器具，是指除房屋、建筑物以外的固定资产。

上述新购入时间点的确定：设备购置时间应以设备发票开具时间为准；采取分期付款或赊销方式取得设备的，以设备到货时间为准；企业自行建造的固定资产，其购置时间点原则上应以建造工程竣工决算的时间点为准。

固定资产在投入使用月份的次月所属年度一次性税前扣除。

（四）加速折旧扣除的固定资产

以下固定资产可采取缩短折旧年限或采取加速折旧的方法计算折旧额在计算应纳税所得额时扣除。

（1）所有企业因技术进步产品更新换代较快或常年处于强震动、高腐蚀状态的固定资产；

（2）所有企业 2014 年以后新购进的单位价值超过 100 万元的专门用于研发的仪器、设备；

（3）属于制造业、信息传输、软件和信息技术服务业的企业 2019 年 1 月 1 日以后新购进的固定资产；

（4）全部制造业、信息传输、软件和信息技术服务业中的小型微利企业新购进的研发和生产经营共用的仪器、设备，超过 100 万元的，可以加速折旧。

上述固定资产若同时符合一次性扣除条件的，企业也可以选择一次性扣除政策。

企业选择缩短折旧年限的，其最低折旧年限不得低于《企业所得税法实施条例》第六十条规定折旧年限的 60%；选择加速折旧方法的，可采取双倍余额递减法或者年数总和法。

特殊情形如企业外购的软件，凡符合固定资产或无形资产确认条件的，可以按照固定资产或无形资产进行核算，其折旧或摊销年限可以适当缩短，最短可为2年（含）。集成电路生产企业的生产设备，其折旧年限可以适当缩短，最短可为3年（含）。

企业根据自身生产经营需要，也可选择不实行加速折旧政策。

【例4-45·计算题】某市一家制造企业，2022年10月以800万元购入1台已使用过5年的生产设备，出售方原始购入发票和固定资产使用卡片等资料齐全。请问该公司选择享受缩短折旧年限时，如何确定此设备最低折旧年限？

【答案及解析】采取缩短折旧年限方法的，按照企业新购进的固定资产是否为已使用，分别实行两种不同的税务处理方法：企业购置的新固定资产，最低折旧年限不得低于《企业所得税法实施条例》规定的折旧年限的60%；企业购置已使用过的固定资产，其最低折旧年限不得低于《企业所得税法实施条例》规定的最低折旧年限减去已使用年限后剩余年限的60%。该公司购入已使用的生产设备，《企业所得税法实施条例》规定的最低折旧年限是10年，减去已使用的年限5年，因此，该设备最低折旧年限 = (10-5)×60% = 3（年）。

四、减计收入优惠

减计收入，是指企业以《资源综合利用企业所得税优惠目录》规定的资源作为主要原材料，生产国家非限制和禁止并符合国家和行业相关标准的产品取得的收入，减按90%计入收入总额。

主要原材料是指原材料占生产产品材料的比例不得低于《资源综合利用企业所得税优惠目录》规定的标准。

五、税额抵免优惠

税额抵免，是指企业购置并实际使用《环境保护专用设备企业所得税优惠目录》《节能节水专用设备企业所得税优惠目录》《安全生产专用设备企业所得税优惠目录》规定的环境保护、节能节水、安全生产等专用设备的，该专用设备的投资额的10%可以从企业当年的应纳税额中抵免；当年不足抵免的，可以在以后5个纳税年度结转抵免。

享受上述规定的企业所得税优惠的企业，应当实际购置并自身实际投入使用前款规定的专用设备；企业购置上述专用设备在5年内转让、出租的，应当停止享受企业所得税优惠，并补缴已经抵免的企业所得税税款。企业同时从事适用不同企业所得税待遇的项目的，其优惠项目应当单独计算所得，并合理分摊企业的期间费用；没有单独计算的，不得享受企业所得税优惠。

【例4-46·多选题】根据企业所得税法的规定，下列各项中，在计算应纳税所得额时有加计扣除规定的包括（   ）。

A. 企业开发新技术、新产品、新工艺发生的研究开发费用

B. 创业投资企业从事国家需要重点扶持和鼓励的创业投资项目

C. 企业综合利用资源，生产符合国家产业政策规定的产品

D. 企业安置残疾人员及国家鼓励安置的其他就业人员所支付的工资

E. 企业购置的用于环境保护的专用设备的投资额

【答案】AD

【解析】在计算应纳税所得额时加计扣除的项目共两项：（1）开发新技术、新产品、新工艺发生的研究开发费用；（2）安置残疾人员及国家鼓励安置的其他就业人员所支付的工资。B选项，创业投资企业从事国家需要重点扶持和鼓励的创业投资，可以按投资额的一定比例抵扣应纳税所得额，不是加计扣除；C选项，企业综合利用资源，生产符合国家产业政策规定的产品所取得的收入，在计算应纳税所得额时是减计收入，不是加计扣除；选项E，企业购置用于环境保护的、节能节水、安全生产等专用设备的投资额，可以按一定比例施行税额抵免，也不是加计扣除。

【例4-47·多选题】关于企业所得税的优惠政策说法错误的有（   ）。

A. 企业综合利用资源，生产符合国家产业政策规定的产品所取得的收入，可以在计算应纳税所得额时减按90%计入收入总额

B. 创投企业从事国家需要扶持和鼓励的创业投资，可按投资额的70%在当年及以后应纳税额中抵免

C. 企业购置用于环境保护、节能节水、安全生产等专用设备的投资额，可以按设备投资额的10%抵免当年及以后年度的应纳税所得额

D. 企业安置残疾人员，所支付的工资，按照支付给残疾人工资的50%加计扣除

【答案】BCD

【解析】创业投资企业从事国家需要重点扶持和鼓励的创业投资，投资未上市中小高新企业2年以上的，按投资额的70%抵扣应纳税所得额。B选项的错误有两处，一是没有讲明享受优惠应具备的条件，二是混淆了抵免税额与抵扣所得额的规定；企业购置用于环境保护、节能节水、安全生产等专用设备的投资额，可以按设备投资额10%抵免当年及以后5个纳税年度的应纳所得税额。C选项混淆了抵免税额与抵扣所得额的规定；企业安置残疾人员，所支付的工资，按照支付给残疾人工资的100%加计扣除。

六、不同类型企业的税收优惠

(一) 小型微利企业优惠

符合条件的小型微利企业减按 20% 的税率征收企业所得税（执行至 2027 年 12 月 31 日止）。

自 2019 年 1 月 1 日起，小型微利企业是指从事国家非限制和禁止行业，且同时符合资产总额不超过 5 000 万元、从业人数不超过 300 人、应纳税所得额不超过 300 万元三个条件的企业。

自 2021 年 1 月 1 日至 2022 年 12 月 31 日，对小型微利企业年应纳税所得额不超过 100 万元的部分，减按 12.5% 计入应纳税所得额，按 20% 的税率征收所得税。对小型微利企业年应纳税所得额 100 万元至 300 万元的部分，减按 50% 计入应纳税所得额，按 20% 的税率缴纳企业所得税。

自 2023 年 1 月 1 日至 2024 年 12 月 31 日，对小型微利企业年应纳税所得额不超过 100 万元的部分，减按 25% 计入应纳税所得额，按 20% 的税率缴纳企业所得税。

(二) 高新技术企业优惠

国家需要重点扶持的高新技术企业减按 15% 的税率征收企业所得税。

自 2010 年 1 月 1 日起，高新技术企业境外所得适用税率及税收抵免有关问题按以下规定执行：以境内、境外全部生产经营活动有关的研究开发费用总额、总收入、销售收入总额、高新技术产品（服务）收入等指标申请并经认定的高新技术企业，其来源于境外的所得可以享受高新技术企业所得税优惠政策，即对其来源于境外所得可以按照 15% 的优惠税率缴纳企业所得税，在计算境外抵免限额时，可按照 15% 的优惠税率计算境内外应纳税总额。

(三) 技术先进型服务企业优惠

自 2017 年 1 月 1 日起，对在中国境内（不包括港、澳、台地区）注册的在全国范围内经认定的技术先进型法人服务企业，符合条件的，减按 15% 的税率征收企业所得税。

（1）从事《技术先进型服务业务认定范围（试行)》中的一种或多种技术先进型服务业务，采用先进技术或具备较强的研发能力。

（2）具有大专以上学历的员工占企业职工总数的 50% 以上。

（3）从事《技术先进型服务业务认定范围（试行)》中的技术先进型服务业务取得的收入占企业当年总收入的 50% 以上。

（4）从事离岸服务外包业务取得的收入不低于企业当年总收入的 35%。

（四）部分地区的企业优惠

对注册在海南自由贸易港并实质性运营的鼓励类产业企业，减按15%的税率征收企业所得税。

对设在西部地区国家鼓励类产业的内资企业，在2021年1月1日至2030年12月31日，减按15%的税率征收企业所得税。

经省级人民政府批准，民族自治地方的内资企业可以定期减征或免征企业所得税；凡减免税款涉及中央收入100万元（含）以上的，须报国家税务总局批准。

对在西部地区新办交通、电力、水利、邮政、广播电视企业，上述项目业务收入占企业总收入70%以上的，可以享受企业所得税如下优惠政策：内资企业自开始生产经营之日起，第1年至第2年免征企业所得税，第3年至第5年减半征收企业所得税（本政策的适用范围包括重庆市、四川省、贵州省、云南省、陕西省、甘肃省、青海省、西藏自治区、宁夏回族自治区、新疆维吾尔自治区、内蒙古自治区、广西壮族自治区、湖南省湘西土家族苗族自治州、湖北省恩施土家族苗族自治州、吉林省延边朝鲜族自治州）。

民族自治地方的自治机关对本民族自治地方的企业应缴纳的企业所得税中属于地方分享的部分，可以决定减征或者免征。自治州、自治县决定减征或者免征的，须报省、自治区、直辖市人民政府批准。

（五）创业投资企业优惠

创业投资企业从事国家需要重点扶持和鼓励的创业投资，可以按投资额的一定比例抵扣应纳税所得额。创业投资企业采取股权投资方式投资于未上市中小高新技术企业2年以上（含），可按其投资额的70%在股权持有满2年的当年抵扣该创业投资企业的应纳税所得额；当年不足抵扣的，可以在以后纳税年度结转抵扣。

【例4－48·计算题】甲企业2020年1月1日向乙企业（未上市的中小高新技术企业）投资100万元，股权持有到2021年12月31日。甲企业2021年度可抵扣的应纳税所得额是多少？

【答案及解析】甲企业2021年度可抵扣＝100×70%＝70（万元）

七、特殊行业的税收优惠

（一）鼓励软件、集成电路产业发展的优惠政策

（1）国家鼓励的集成电路线宽小于28纳米（含），且经营期在15年以上的集成电路生产企业或项目。优惠政策：第1年至第10年免征企业所得税。

（2）国家鼓励的集成电路线宽小于65纳米（含），且经营期在15年以上的集成电路生产企业或项目。优惠政策：第1年至第5年免征企业所得税，第6年至第10年按照25%的法定税率减半征收企业所得税。

（3）国家鼓励的集成电路线宽小于130纳米（含），且经营期在10年以上的集成电路生产企业或项目。优惠政策：第1年至第2年免征企业所得税，第3年至第5年按照25%的法定税率减半征收企业所得税。

（4）国家鼓励的线宽小于130纳米（含）的集成电路生产企业。优惠政策：属于国家鼓励的集成电路生产企业清单年度之前5个纳税年度发生的尚未弥补完的亏损，准予向以后年度结转，总结转年限最长不得超过10年。

（5）国家鼓励的集成电路设计、装备、材料、封装、测试企业和软件企业。优惠政策：自获利年度起，第1年至第2年免征企业所得税，第3年至第5年按照25%的法定税率减半征收企业所得税。

（6）国家鼓励的重点集成电路设计企业和软件企业。优惠政策：自获利年度起，第1年至第5年免征企业所得税，接续年度减按10%的税率征收企业所得税。

（二）关于鼓励证券投资基金发展的优惠政策

（1）对证券投资基金从证券市场中取得的收入，包括买卖股票、债券的差价收入，股权的股息、红利收入，债券的利息收入及其他收入，暂不征收企业所得税。

（2）对投资者从证券投资基金分配中取得的收入，暂不征收企业所得税。

（3）对证券投资基金管理人运用基金买卖股票、债券的差价收入，暂不征收企业所得税。

（三）创新企业境内发行存托凭证（以下简称创新企业CDR）涉及的有关税收政策

对公募证券投资基金（封闭式证券投资基金、开放式证券投资基金）转让创新企业CDR取得的差价所得和持有创新企业CDR取得的股息红利所得，按公募证券投资基金税收政策规定暂不征收企业所得税。

八、非居民企业的优惠

在我国境内未设立机构、场所或者虽设立机构、场所但取得的所得与机构、场所没有实际联系的非居民企业，减按10%的税率征收企业所得税。

非居民企业的下列所得免征企业所得税：

（1）外国政府向中国政府提供贷款取得的利息所得；

（2）国际金融组织向中国政府和居民企业提供优惠贷款取得的利息所得；

（3）经国务院批准的其他所得。

企业所得税税
收优惠

企业所得税的
征收管理

第六节　征收管理与纳税申报

一、企业所得税的征收管理

（一）纳税年度

企业所得税是按照纳税人每一纳税年度的应纳税所得额和适用税率计算征收的。纳税年度是指自公历1月1日起至12月31日止。纳税人在1个纳税年度的中间开业，或者由于合并、关闭等原因，使该纳税年度的实际经营期不足12个月的，应当以其实际经营期为1个纳税年度；纳税人清算时，应当以清算期间作为1个纳税年度。

【例4-49·多选题】根据企业所得税法的规定，下列关于所得税的纳税申报正确的有（　　）。

A. 企业依法清算时，应当以清算期间作为一个纳税年度

B. 企业应当自月份终了之日起10日内，向税务机关预缴税款

C. 企业在报送企业所得税纳税申报表时，应当按照规定附送财务会计报告和其他有关资料

D. 企业应当自年度终了之日起5个月内，向税务机关报送年度企业所得税纳税申报表，并汇算清缴，结清应缴应退税款

E. 企业应当自年度终了之日起4个月内，向税务机关报送年度企业所得税纳税申报表，并汇算清缴

【答案】ACD

【解析】企业应当自月份或者季度终了之日起15日内，向税务机关报送预缴企业所得税纳税申报表，预缴税款；企业应当自年度终了之日起5个月内，向税务机关报送年度企业所得税纳税申报表，并汇算清缴，结清应缴应退税款。

【例4-50·判断题】企业在纳税年度内发生亏损，则无须向税务机关报送预缴所得税纳税申报表、年度企业所得税申报表、财务会计报告和税务机关规定应当报送的其他有关资料。
（　　）

【答案】×

（二）纳税地点

除税收法律、行政法规另有规定外，居民企业以企业登记注册地为纳税地

点；但登记注册地在境外的，以实际管理机构所在地为纳税地点。

居民企业在中国境内设立不具有法人资格的营业机构的，应当汇总计算并缴纳企业所得税。

非居民企业取得《企业所得税法》第三条第二款规定的所得，以机构、场所所在地为纳税地点。非居民企业在中国境内设立两个或两个以上机构、场所，符合国务院税务主管部门规定条件的，可以选择由其主要机构、场所汇总缴纳企业所得税。非居民企业取得《企业所得税法》规定第三条第三款规定的所得，以扣缴义务人所在地为纳税地点。

除国务院另有规定外，企业之间不得合并缴纳企业所得税。

（三）纳税申报期限

《企业所得税法》规定，缴纳企业所得税，按年计算，分月或者分季预缴。月份或者季度终了后15日内预缴，年度终了后5个月内汇算清缴，多退少补，企业在报送企业所得税申报表时，应当按照规定附送财务会计报告和其他有关资料。

纳税人在年度中间合并、分立、终止时，应当在停止生产、经营之日起60日内，向当地主管税务机关办理当期所得税汇算清缴。

企业缴纳的企业所得税，以人民币计算，所得以人民币以外的货币计算的，应当折合成人民币计算并缴纳税款。

【例4－51·单选题】按《中华人民共和国企业所得税暂行条例》（以下简称《企业所得税暂行条例》）的规定，缴纳企业所得税，月份或者季度终了后要在规定的期限内预缴，年度终了后要在规定的期限内汇算清缴。其预缴、汇算清缴的规定期限分别是（　　）。

A. 7日、45日　　　　　　　　B. 10日、3个月

C. 15日、4个月　　　　　　　D. 15日、5个月

【答案】D

【解析】按照《企业所得税法》的规定，企业所得税预缴是月份或季度终了后15日内；汇算清缴是年度终了后5个月内。

【例4－52·多选题】以下关于企业所得税征收管理的规定正确的有（　　）。

A. 非居民企业在中国境内设立机构、场所取得的所得，以机构、场所所在地为纳税地点

B. 居民企业在中国境内设立不具有法人资格的营业机构的，应当汇总计算并缴纳企业所得税

C. 非居民企业在中国境内设立两个或者两个以上机构、场所的，经税务机关审核批准，可以选择由其主要机构、场所汇总缴纳企业所得税

D. 除国务院另有规定外，企业之间不得合并缴纳企业所得税

【答案】 ABCD

【解析】 上述均为企业所得税征收管理规定中的条款。

【例 4 - 53 · 多选题】 以下关于企业所得税纳税地点的表述中，正确的有（   ）。

A. 居民企业在中国境内设立不具有法人资格的营业机构的，应当汇总计算缴纳企业所得税

B. 非居民企业在中国境内设立两个或两个以上机构、场所的，经税务机关审核批准，可以选择由其任一机构、场所汇总缴纳企业所得税

C. 非居民企业在中国境内未设立机构、场所的，以扣缴义务人所在地为纳税地点

D. 非居民企业在中国境内设立机构、场所，但发生在境外与所设机构、场所有实际联系的所得，以扣缴义务人所在地为纳税地点

【答案】 AC

【解析】 B 选项，应该是选择由其主要机构、场所汇总缴纳企业所得税；选项 D，应该是以机构、场所所在地为纳税地点。

二、纳税申报

企业所得税的纳税申报，主要包括以下几个步骤：

（1）登录电子税务局：纳税人需要先通过电子税务局进行登录，然后选择相应的税费申报及缴纳选项。

（2）选择申报入口：在电子税务局中，选择企业所得税的申报入口。

（3）填写申报表：选择一般申报或简易申报，如果选择简易申报，系统会根据已有的数据生成申报表。

如果需要进行手动填写，应先填写优惠及附报事项的相关信息，如企业类型（小型微利企业）、从业人数、资产总额、营业收入、营业成本和利润总额等。

对于附表，如资产加速折旧摊销明细表和技术成果投资入股等信息报告表，如果有相关信息，也需要一并填写。

查账征收的居民企业的企业所得税申报表格式与内容见表 4 - 4。

（4）保存申报：填写完毕后，需要保存申报并进行申报数据的校验。如果校验无误，可以继续提交申报。

（5）查看申报结果：提交申报后，可以通过查询申报是否成功来了解申报的状态。

（6）处理异常情况：如果在申报过程中出现错误，可以进行作废申报或更正申报的操作。

表4-4　　　　**中华人民共和国企业所得税年度纳税申报表（A类）**

税款所属期间：　　年　月　日至　　年　月　日

纳税人名称：

纳税人识别号：□□□□□□□□□□□□□□□□□□　　　　金额单位：元（列至角分）

类别	行次	项目	金额
利润总额计算	1	一、营业收入（填写A101010\101020\103000）	
	2	减：营业成本（填写A102010\102020\103000）	
	3	税金及附加	
	4	销售费用（填写A104000）	
	5	管理费用（填写A104000）	
	6	财务费用（填写A104000）	
	7	资产减值损失	
	8	加：公允价值变动收益	
	9	投资收益	
	10	二、营业利润	
	11	加：营业外收入（填写A101010\101020\103000）	
	12	减：营业外支出（填写A102010\102020\103000）	
	13	三、利润总额（10+11-12）	
应纳税所得额计算	14	减：境外所得（填写A108010）	
	15	加：纳税调整增加额（填写A105000）	
	16	减：纳税调整减少额（填写A105000）	
	17	减：免税、减计收入及加计扣除（填写A107010）	
	18	加：境外应税所得抵减境内亏损（填写A108000）	
	19	四、纳税调整后所得（13-14+15-16-17+18）	
	20	减：所得减免（填写A107020）	
	21	减：弥补以前年度亏损（填写A106000）	
	22	减：抵扣应纳税所得额（填写A107030）	
	23	五、应纳税所得额（19-20-21-22）	
应纳税额计算	24	税率（25%）	
	25	六、应纳所得税额（23×24）	
	26	减：减免所得税额（填写A107040）	
	27	减：抵免所得税额（填写A107050）	
	28	七、应纳税额（25-26-27）	
	29	加：境外所得应纳所得税额（填写A108000）	
	30	减：境外所得抵免所得税额（填写A108000）	
	31	八、实际应纳所得税额（28+29-30）	
	32	减：本年累计实际已预缴的所得税额	

续表

类别	行次	项目	金额
应纳税额计算	33	九、本年应补（退）的所得税额（31－32）	
	34	其中：总机构分摊本年应补（退）所得税额（填写 A109000）	
	35	其中：财政集中分配本年应补（退）所得税额（填写 A109000）	
	36	其中：总机构主体生产经营部门分摊本年应补（退）所得税额（填写 A109000）	

纳税人公章：			代理申报中介机构公章：	主管税务机关受理专用章：
经办人：			经办人及执业证件号码：	受理人：
申报日期：　　年　月　　日			代理申报日期：　　年　月　　日	受理日期：　　　　年　月　　日

（7）风险提示服务：网报系统提供了风险提示服务功能，可以帮助纳税人发现申报错误并进行修正。

（8）申报成功后处理：申报成功后，纳税人可以根据需要选择立即进行扣款，或者等待后续的扣款操作。

（9）检查退税机会：申报成功后，系统还会自动提取纳税人过去几年的企业所得税年度与季度多缴数据，并提供退税申请的链接，以便纳税人申请退税。

三、源泉扣缴

非居民企业在中国境内未设立机构、场所的，或者虽设立机构、场所但取得的所得与其所设机构、场所没有实际联系的所得缴纳的所得税，实行源泉扣缴。

（一）扣缴义务人

支付人为扣缴义务人。

税款由扣缴义务人在每次支付或者到期应支付时，从支付或者到期应支付的款项中扣缴。

税务机关也可指定工程价款或劳务费的支付人为扣缴义务人。

【注意】不一定是实际支付时扣税，而是依照权责发生制在到期应支付款项时扣税。

（二）扣缴方法

非居民企业未设立机构场所的，法定扣缴义务人按照 10% 的税率进行源泉扣缴。非居民企业设立了机构场所的，指定扣缴义务人按照 25% 的税率进行源泉扣缴。

扣缴义务人每次代扣的税款，应当自代扣之日起 7 日内缴入国库，并向所在地的税务机关报送扣缴企业所得税报告表。

扣缴义务人未依法扣缴或者无法履行扣缴义务的，由纳税人在所得发生地缴纳。纳税人未依法缴纳的，税务机关可以从该纳税人在中国境内其他收入项目的支付人应付的款项中，追缴该纳税人的应纳税款。

【例 4 - 54 · 单选题】国内某居民公司 2023 年从国外某企业（在中国未设立机构、场所）租入价值 200 万元的通信设备，合同约定使用期限 1 年，支付使用费 80 万元。该公司应代扣代缴所得税为（　　）万元。

A. 7.6　　　　B. 8　　　　C. 20　　　　D. 27.6

【答案】B

【解析】该公司应代扣代缴的所得税 = 80 × 10% = 8（万元）

【例 4 - 55 · 单选题】非居民企业的扣缴义务人每次代扣的款项，应当自代扣之日起（　　）日内缴入国库，并向所在地的税务机关报送扣缴企业所得税报告表。

A. 7　　　　B. 10　　　　C. 15　　　　D. 30

【答案】A

四、特别纳税调整

企业与其关联方之间的业务往来，应按照独立交易原则收取或支付价款。凡不符合独立交易原则而减少企业或者其关联方应纳税收入或者所得额的，税务机关有权按照合理方法调整。

关联方，是指与企业有下列关联关系之一的企业、其他组织或者个人：

（1）在资金、经营、购销等方面存在直接或者间接的控制关系；

（2）直接或者间接地同为第三者控制；

（3）在利益上具有相关联的其他关系。

特别纳税调整的主要规则见表 4 - 5。

表 4 - 5　　　　　　　　特别纳税调整的主要规则

要点	具体规定
对关联交易不实所得的调整方法	（1）可比非受控价格法；（2）再销售价格法；（3）成本加成法；（4）交易净利润法；（5）利润分割法；（6）其他符合独立交易原则的方法
关联交易资料不全时对应纳税所得额的核定方法	（1）参照同类或者类似企业的利润率水平核定；（2）按照企业成本加合理的费用和利润的方法核定；（3）按照关联企业集团整体利润的合理比例核定；（4）按照其他合理方法核定

续表

要点	具体规定
特别纳税调整的加收利息规定	税务机关根据税法和条例作出的纳税调整决定，应在补征税款的基础上，从每一调整年度次年 6 月 1 日起到税款入库之日止计算加收利息。所称利息，应当按照税款所属纳税年度中国人民银行公布的与补税期间同期的人民币贷款基准利率加 5 个百分点计算
特别纳税调整的追溯	企业与其关联方之间的业务往来，不符合独立交易原则，或者企业实施其他不具有合理商业目的的安排的，税务机关有权在该业务发生的纳税年度起 10 年内，进行纳税调整

【例 4-56·单选题】企业所得税法规定，企业与其关联方之间的业务往来，不符合独立交易原则，或者企业实施其他不具有合理商业目的的安排的，税务机关有权在该业务发生的纳税年度起（　　）年内，进行纳税调整。

A. 3　　　　　　B. 5　　　　　　C. 8　　　　　　D. 10

【答案】D

【解析】企业与其关联方之间的业务往来，不符合独立交易原则，或者企业实施其他不具有合理商业目的的安排的，税务机关有权在该业务发生的纳税年度起 10 年内，进行纳税调整。

【小结】

关键术语：企业所得税、居民企业、非居民企业、应纳税所得额、权责发生制、不征税收入、免税收入、小型微利企业、源泉扣缴、关联企业、抵免限额

本章小结：企业所得税是对居民企业来源于中国境内、境外的所得，在中国境内设立机构、场所的非居民企业来源于境内的所得以及发生在境外但与其境内所设机构、场所有实际联系的所得，在中国未设立机构、场所的或所得与其在境内设立的机构、场所无关的非居民企业的境内所得征收的一种税。企业所得税的税率采用 25%，对小型微利企业采用 20% 的税率，对在中国未设立机构、场所的或所得与其在境内设立的机构、场所无关的非居民企业采用 20% 的税率，实际采用 10% 的优惠税率。

企业所得税的计税依据是应纳税所得额。应纳税所得额 = 收入总额 - 不征税收入 - 免税收入 - 各项扣除 - 以前年度亏损。各项扣除的计算比较复杂，基本的扣除内容包括成本、费用、损失税金和其他支出。对一些特殊项目的扣除规定了各自的比例。计算应纳税额时，如果有来源于境外和境内其他企业的所得，其已纳的企业所得税可以从其当期应纳税额中减免。

企业所得税对一些项目实行免征和减征的优惠，对高新技术企业减按 15% 征税，对研究开发费用以及安置残疾人员的工资实行加计扣除，此外，税法还规定了创投企业优惠、加速折旧的优惠、减计收入的优惠、税额抵免的优惠、民族自治地方的优惠以及其他优惠等。企业所得税实行源泉控管，对关联企业进行纳税调整。

企业所得税的纳税期限为 1 年，按月或季预缴的，应当自月份或季度终了之日起 15 日内，向税务机关报送预缴所得税纳税申报表，预缴税款。

【习题】

一、复习思考题

1. 居民企业和非居民企业如何界定？
2. 企业收入总额的确认时间？
3. 企业可扣除的特殊项目的比例各是多少？
4. 计算应纳税所得额不得扣除的项目包括哪些？
5. 违约金为什么可以扣除？
6. 总结企业所得税的税收优惠。
7. 简述企业所得税的征收管理规定。

二、单选题

1. 下列各项中，按照负担支付所得的企业所在地确定所得来源的是（　　）
   A. 销售货物所得　　　　　　　　　B. 动产转让所得
   C. 权益性投资所得　　　　　　　　D. 特许权使用费所得

2. 下列行为中，属于企业所得税视同销售的是（　　）
   A. 房地产企业将自己开发的房产用于本企业办公
   B. 钢铁企业将自产的钢铁用于本企业厂房建设
   C. 电视机厂将自产电视机安装在本企业食堂
   D. 食品企业将委托加工收回的饮料发给职工做福利

3. 在计算企业所得税时，通过支付现金以外的方式取得的投资资产，以该资产的（　　）为成本。
   A. 公允价值　　　　　　　　　　　B. 购买价格
   C. 公允价值和支付的相关税费　　　D. 成本与市价孰低的价值

4. 某制造企业 2022 年取得销售产品收入 2 000 万元，出租设备收入 500 万元，出售厂房收入 1 000 万元，当年业务招待费发生额为 25 万元，该企业当年度可在企业所得税前扣除的业务招待费为（　　）万元。
   A. 10　　　　　B. 12.5　　　　　C. 15　　　　　D. 17.5

5. 企业取得的下列款项中，属于企业所得税不征税收入的是（　　）。
   A. 取得出口退税款
   B. 购买国债的利息收入
   C. 居民企业直接投资与其他居民企业取得的投资收益
   D. 企业按规定代为收缴具有专项用途的政府性基金

6. 除税收法律法规另有规定外，居民企业以（　　）为企业所得税的纳税地点。
   A. 企业登记注册地　　　　　　　　B. 企业会计核算地
   C. 企业实际经营地　　　　　　　　D. 企业管理机构所在地

7. 某高新技术企业 2022 年取得境内应纳税所得额 2 000 万元，境外应纳税所得额折合人民币 500 万元，在境外已经缴纳企业所得税 70 万元，该企业汇总纳税时实际应缴纳企业所得税（　　）万元。

A. 305　　　　　B. 325　　　　　C. 355　　　　　D. 375

8. 在计算应纳税所得额时，下列项目准予扣除的是（　　）。

A. 罚金支出

B. 经济合同违约金支出

C. 税收滞纳金

D. 非广告性质的赞助支出

9. 根据《企业所得税法》的规定，无形资产的摊销年限不得（　　）。

A. 低于 5 年

B. 高于 5 年

C. 低于 10 年

D. 高于 10 年

10. 某居民企业 2022 年度财务费用中利息金额包括以年利率 6% 向银行借入款项的利息 12 万元，也包括向本企业职工借入同期生产用资金 300 万的利息 24 万元，该企业在计算 2022 年应纳税所得额时，允许扣除的利息费用为（　　）万元。

A. 12　　　　　B. 30　　　　　C. 36　　　　　D. 24

三、多选题

1. 下列项目中，符合关联企业认定标准的有（　　）。

A. 直接或间接地同为第三者拥有或控制

B. 在资产方面存在直接或间接的拥有或控制关系

C. 在购销方面存在直接或间接的拥有或控制关系

D. 在经营方面存在直接或间接的拥有或控制关系

2. 下列关于关联企业之间的业务往来，处理正确的有（　　）。

A. 企业与其关联方之间的业务往来，不符合独立交易原则而减少企业应纳税所得额的，税务机关有权按照合理方法进行调整

B. 企业与其关联方共同开发、受让无形资产发生的成本，在计算应纳税所得额时应当按照独立交易原则进行分摊

C. 企业不提供与其关联方之间业务往来资料，或者提供虚假、不完整资料，未能真实反映其关联业务往来情况的，税务机关有权依法核定其应纳税所得额

D. 企业从其关联方接受的债权性投资与权益性投资的比例超过规定标准而发生的利息支出，可以在计算应纳税所得额时扣除

3. 企业不提供与其关联方之间业务往来资料，或者提供虚假、不完整资料，未能真实反映其关联业务往来情况的，税务机关有权依法核定其应纳税所得额，核定方法有（　　）。

A. 按照关联企业集团整体利润的合理比例核定

B. 按照企业成本加合理的费用和利润的方法核定

C. 参照同类或者类似企业的利润率水平核定

D. 按照合理的成本核定

4. 按照企业所得税法相关规定，以下按照完工进度法确认收入的项目有（　　）。

A. 广告制作费

B. 宣传媒介的收费

C. 为客户开发软件的收费

D. 商品售价内可区分的服务费

5. 在计算企业所得税时，下列支出允许在税前扣除的有（　　）。

A. 企业发生的诉讼费用

B. 企业支付给银行的罚息

C. 企业支付给投资者的股息

D. 企业缴纳的企业所得税税款

四、判断题

1. 在计算企业所得税时，通过支付现金以外的方式取得的投资资产，以该资产成本与市价孰低的价值为成本。　　　　　　　　　　　　　　　　　　　　（　　）

2. 某奶粉厂外购奶牛支付价款 20 万元，依据企业所得税的相关规定，该项资产在企业所得税前可以一次性扣除。　　　　　　　　　　　　　　　　　　　　　（　　）

3. 企业从事符合条件的节能节水项目的所得，可享受企业所得税"三免三减半"的优惠。　　　　　　　　　　　　　　　　　　　　　　　　　　　　　　　　　（　　）

4. 企业实际缴纳的增值税额可以在企业所得税前扣除。　　　　　　　　　（　　）

5. 居民企业直接投资于其他居民企业取得的投资收益属于企业所得税不征税收入。

　　　　　　　　　　　　　　　　　　　　　　　　　　　　　　　　　（　　）

五、计算分析题

1. 某从事花卉种植的外商投资企业为居民企业。2022 年度该企业自行核算取得产品销售收入 7 800 万元，房屋出租收入总额 760 万元，应扣除的成本、费用、税金等共计 8 500 万元，实现会计利润 60 万元。2022 年 12 月 31 日聘请会计师事务所审核，发现企业自行核算中存在以下问题：

（1）2022 年 3 月税务机关税收检查发现，2018 年企业少计收入，遂做出补缴所得税款 3 万元，罚款 1.5 万元，已经支付并在 2019 年利润总额中扣除；

（2）当年 11 月直接销售花卉给某使用单位，开具普通发票取得含税销售额 100 万元，支付销售产品有关的运输费用 15 万元，取得运费发票，企业未作账务处理和税务处理；

（3）技术开发费 90 万元；其他形成无形资产，"管理费用 – 累计摊销"反映无形资产本期摊销额 50 万元；

（4）当年 12 月接受某公司捐赠设备 1 台，取得增值税专用发票，注明价款 20 万元、增值税 2.6 万元，企业对此未作账务处理；

（5）在"营业外支出"账户中反映：发生的通过公益性社会团体向当地小学捐赠 100 万元，直接向某学校捐赠 20 万元；

（6）当年 12 月购置节能用水专用设备 1 台，取得专用发票上注明价款 100 万元、增值税 13 万元，该专用设备符合《节能节水专用设备企业所得税优惠目录》。

要求：根据上述资料，回答下列问题。

（1）计算该企业业务（1）和业务（2）应调整的应纳税所得额；

（2）计算该企业因技术开发费事项应调整的应税所得额；

（3）计算该企业接受捐赠应调整应纳税所得额的金额；

（4）计算该企业可以扣除的公益救济性捐赠的金额；

（5）计算该企业 2022 年应纳税所得额；

（6）计算该企业 2022 年实际应缴纳的企业所得税额。

2. 某商贸企业 2022 年度自行核算实现利润总额 40 万元（已经扣除了该企业 2021 年自行计算的利润亏损 20 万元，但税务机关检查后需要调增应纳税所得额 10 万元），后经聘请的会计师事务所审计，发现有关情况如下：

（1）在成本费用中实际列支了工资薪金 400 万元，当年实际列支了职工工会经费 8 万元、职工福利费 50 万元、职工教育经费 12 万元。

（2）2022 年 4 月 1 日以经营租赁方式租入设备 1 台，租赁期为 2 年，一次性支付租金 40 万元，计入了当期的管理费用。

（3）当年"营业外支出"账户中列支了通过省文化部门向当地公益性图书馆捐赠 13 万元；列支了向本企业 A 职工直接捐赠 0.6 万元；列支了向本地区职工运动会的非广告赞助 2 万元；列支了支付给工商局的行政罚款 4 万元。

（4）从境内 A 子公司（小型微利的居民企业）分回股息 10 万元，A 适用企业所得税税率 20%；从境外 B 子公司分回股息 30 万元，B 适用企业所得税税率 20%。上述分回股息均未计入利润总额。

要求：根据上述资料，按下列序号回答问题，每问需计算出合计数。

（1）计算三项经费应调整的所得额；

（2）计算租赁设备的租金应调整的所得额；

（3）计算"营业外支出"应调整的所得额；

（4）计算该企业当年的境内外所得合计；

（5）计算该企业当年应缴纳的企业所得税额。

3. 某市家用电器生产企业为增值税一般纳税人，2023 年度发生相关业务如下：

（1）销售产品取得不含税销售额 10 000 万元，债券利息收入 240 万元（其中国债利息收入 30 万元）；应扣除的销售成本 5 100 万元，缴纳增值税 600 万元、城市维护建设税及教育附加 60 万元。

（2）发生销售费用 2 000 万元，其中广告费用 1 400 万元；发生财务费用 200 万元，其中支付向其他企业借款 2 000 万元 1 年的利息 160 万元（同期银行贷款利率为 6%）；发生管理费用 1 100 万元，其中用于新产品、新工艺研制而实际支出的研究开发费用 400 万元。

（3）2016 年度、2017 年度经税务机关确认的亏损额分别为 70 万元和 40 万元。

（4）2020 年度在 A、B 两国分别设立两个全资子公司，其中在 A 国设立了甲公司，在 B 国设立了丙公司。2023 年，甲公司应纳税所得额 110 万美元，丙公司应纳税所得额 50 万美元。甲公司在 A 国按 30% 的税率缴纳了所得税；丙公司在 B 国按 20% 的税率缴纳了所得税。

（说明：该企业要求其全资子公司税后利润全部汇回；1 美元 = 7 元人民币。）

要求：根据上述资料，按下列序号计算有关纳税事项，每问需计算出合计数。

（1）计算应纳税所得额时准予扣除的销售费用；

（2）计算应纳税所得额时准予扣除的财务费用；

（3）计算 2023 年境内应纳税所得额；

（4）计算 2023 年境内、外所得的应纳所得税额；

（5）计算从 A 国分回的境外所得应予抵免的税额；

（6）计算从 B 国分回的境外所得应予抵免的税额；

（7）计算 2023 年度实际应缴纳的企业所得税。

4. 某企业为居民企业，职工 150 人，固定资产原值 600 万元，其中，机器设备为 400 万元，生产用房 150 万元，非生产用房 50 万元。2023 年度企业会计报表有关资料如下：

（1）企业按照国家统一会计制度计算的利润总额为 300 万元，其中，销售利润 270 万元，企业的产品销售收入为 900 万元，国库券的利息收入 30 万元；

（2）计入成本、费用的实发工资总额为 391 万元，拨缴职工工会经费 7.82 万元、支出职工福利费 58.65 万元和职工教育经费 11.73 万元；

（3）业务招待费 6 万元；

（4）环保部门罚款 10 万元；

（5）向另一企业支付赞助费 5 万元；

（6）通过国家机关向教育事业捐款 100 万元；

（7）企业对 600 万元的固定资产一律按 10% 的折旧率计提了折旧。

除上述资料外，税法允许企业实行的年折旧率分别为机器设备 8%、生产用房 5%、非生产用房 4%；企业已按实现利润 300 万元计算缴纳了 75 万元企业所得税。

要求：根据上述资料，回答下列问题。

（1）计算职工工会经费、职工福利费和职工教育经费应调整的应纳税所得额；

（2）计算业务招待费用应调整的应纳税所得额；

（3）计算折旧费用应调整的应纳税所得额；

（4）计算所得税前准予扣除的捐赠；

（5）计算该企业应纳税所得额；

（6）计算该企业应补缴所得税额。

5. 某信息传输企业属于中型企业，系增值税一般纳税人。企业核算 2022 年度销售（营业）收入 5 000 万元，实现会计利润 1 000 万元。2023 年 4 月注册会计师受聘对其 2022 年度的企业所得税进行汇算清缴，发现该企业以下业务未作纳税调整：

（1）销售费用账户中广告费 700 万元，上年超支结转至本年广告费 70 万元；管理费用账户中业务招待费 40 万元。

（2）全年发生境内研发费用账户中已记录的研发人员工资及"五险一金"50 万元、外聘研发人员劳务费 5 万元、直接投入材料费用 20 万元；支付境外机构的委托研发费用 70 万元。

（3）全年发放工资 1 000 万元（其中残疾人员工资 50 万元），发放职工福利费 150 万元，税务机关代收工会经费 25 万元并取得工会经费收入专用收据，职工教育经费 30 万元。上年超支结转至本年的职工教育经费 10 万元。

（4）通过政府部门向目标脱贫地区捐赠 110 万元；通过政府部门向水灾地区捐赠 132 万元。

（5）支付某幼儿园非广告性质赞助费 16 万元；违反定价规定被市场监管局罚款 40 万元。

（6）转让 A 企业股权收入 300 万元，该股权投资成本 270 万元，未分配利润和累计盈余公积金额 20 万元未从股权转让收入中扣除。

（7）因持有 2019 年发行的铁路债券，当年取得铁路债券利息 10 万元。

（8）从持股的境内 B 未上市居民企业获得分红 25 万元，B 居民企业处在企业所得税的免税年度。

（9）10 月购买一套摄录转播专用车（属于特种车辆），不含增值税单价 600 万元，当年已按会计规定计提折旧 22 万元。

（其他相关资料：假定该企业选择享受最优惠的税收政策；除非特别说明，各扣除项目均已取得有效凭证；四季度研发费用该企业选择"比例法"计算加计扣除）

要求：根据上述资料，回答下列问题。

（1）计算业务（1）应调整的应纳税所得额；

（2）计算业务（2）应调整的应纳税所得额，并说明理由；

（3）计算业务（3）应调整的应纳税所得额；

（4）计算业务（4）应调整的应纳税所得额；

（5）计算业务（5）应调整的应纳税所得额；

（6）计算业务（6）应调整的应纳税所得额；

（7）计算业务（7）应调整的应纳税所得额；

（8）计算业务（8）应调整的应纳税所得额；

（9）计算业务（9）应调整的应纳税所得额，并说明理由；

（10）计算该企业 2022 年度应纳税所得额和应纳的所得税额。

6. 某市化妆品生产企业属于增值税一般纳税人。2022 年发生下列经济业务：

（1）购货业务：①购入原材料取得增值税专用发票上注明的价款为 500 万元；

②购入低值易耗品取得增值税专用发票，其上注明的价款为 4 万元；

③购入办公用品取得普通发票，价款为 2 万元；

④购入电力，取得专用发票上注明的金额为 28 万元，其中 6 万元用于福利方面，其余均用于生产应税产品。

（2）销售及其他业务：①销售化妆品实现不含增值税的销售收入 1 000 万元，销售时用自己的车队负责运输，向购买方收取运费 25.74 万元；

②提供非应税消费品的加工业务，共开具普通发票 56 张，金额合计 35.1 万元；

③取得国债利息收入 5 万元，金融债券利息收入 4 万元；

④本年取得出租房屋收入 10 万元。

（3）本年有关成本、费用资料：①销售成本共 400 万元，其他业务支出 22 万元（不含税金）；②销售费用 15 万元、管理费用 10 万元、财务费用 12 万元，其中含向其他企业借款按 8% 利率支付的利息支出 8 万元（同期银行贷款利率为 5%）；③支付滞纳金和行政性罚款 5 万元，支付购货合同违约金 3 万元。取得的增值税专用发票已通过认证。

要求：根据税法有关规定，回答下列问题。

（1）计算本企业当年应该缴纳的增值税数额。

（2）计算本企业当年应该缴纳的消费税数额。

（3）计算本企业当年应该缴纳的城建税及教育费附加。

（4）计算本企业当年应该缴纳的企业所得税。

7. 某国有企业 2023 年度营业收入总额为 2 600 万元，利润总额为 1 000 万元，已累计预缴企业所得税 250 万元，年终汇算清缴时，发现如下问题：

（1）向遭受自然灾害的地区直接捐款 40 万元，已列入营业外支出中；

（2）缴纳的增值税 320 万元计算利润时扣除；

（3）将违法经营罚款 20 万元、税收滞纳金 0.2 万元列入营业外支出中；

（4）9 月 1 日以经营租赁方式租入 1 台机器设备，合同约定租赁期 10 个月，租赁费 10 万元，该企业未分期摊销这笔租赁费，而是一次性列入 2023 年度管理费用中扣除；

（5）"应付职工薪酬"科目借方发生额中有向残疾人支付的工资 26 万元；

（6）将自产产品一批发放给职工作为福利，产品的平均售价为 120 万元，生产成本 90 万元，账面没有计入收入中；

（7）从境外取得税后利润 20 万元（境外缴纳所得税时适用的税率为 20%），未补缴企业所得税。

要求：根据税法有关规定，回答下列问题。

（1）计算该企业 2023 年度境内所得应缴纳的所得税税额；

（2）计算该企业 2023 年度境外所得税应补缴的所得税税额；

（3）计算该企业 2023 年应补缴的所得税税额。

8. 位于我国境内某市的一家电子产品生产企业，为增值税一般纳税人，拥有自己的核心自主知识产权，2016 年至 2023 年经相关机构认定为高新技术企业，2023 年度实现会计利润 1 280 万元，有关经营收支情况如下：

（1）全年取得销售电子产品的不含税收入 6 500 万元，提供技术咨询服务取得不含税收入 700 万元。

（2）全年购进与生产电子产品相关的原材料取得增值税专用发票，原材料进项税额合计 328.4 万元，并进行了抵扣；8 月购进并使用安全生产专用设备（属于企业所得税优惠目录规定的范围），取得增值税专用发票，注明价款 50 万元、进项税额 6.5 万元，并进行了进项税额抵扣，当年对该设备计提折旧 5 万元。

（3）全年与销售电子产品相关的销售成本 4 150 万元；全年发生销售费用 1 400 万元，其中含广告费 1 100 万元；全年发生管理费用 600 万元，其中含新技术研究开发费 240 万元、与生产经营有关的业务招待费 75 万元。

（4）计入成本、费用中的实发工资 400 万元、实际拨缴工会经费 9 万元并取得专用票据，发生职工福利费支出 70 万元、职工教育经费支出 13 万元。

（5）单独核算的技术所有权转让收入 700 万元，与之配比的技术转让成本费用 100 万元。

（6）全年发生营业外支出 300 万元，其中支付合同违约金 6 万元。

（7）该企业在 2022 年 11 月购置一台检测设备，取得增值税专用发票，注明价款 120 万元、进项税额 15.6 万元。会计计提折旧 11 万元，已体现在生产成本中，未作其他税务调整。

（其他相关资料：假设不考虑其他税费且企业选择最优惠的方式计税；除非特别说明，各扣除项目均已取得有效凭证）

要求：根据上述资料，按顺序回答下列问题，每问需计算出合计数。

（1）计算当年该企业应纳的增值税。

（2）计算当年该企业应纳税所得额可扣除的城建税及附加的合计金额。

（3）计算 8 月购置的安全生产设备是否可调整应纳税所得额，说明理由。

（4）计算当年应纳税所得额时，职工福利费、工会经费、职工教育经费共计应调增应纳税所得额的金额。

（5）计算当年该企业广告费、业务招待费共计应调增应纳税所得额的金额。

（6）计算该企业新技术研发费用应调减的应纳税所得额。

（7）计算该企业技术转让所得应调减的应纳税所得额。

（8）说明该企业 11 月购置检测设备可享受的优惠政策，并计算其应调整的应纳税所得额。

（9）计算当年该企业应纳税所得额。

（10）计算当年该企业应缴纳的企业所得税额。

六、案例分析题

在股权收购及划转过程中，不同支付条件下税收处理也不同。在税收视角下，企业股权收购方案设计需要考虑税收成本和涉税风险。通过对北京市 XD 商场股份有限公司股权收购以及股权划转的案例，分析企业同一重组行为可能适用的不同税收政策类别，以及税务处理结果的核心差异与取舍依据。

背景信息一：企业基本信息

北京市 XD 商场股份有限公司（以下简称 XD 商场）是在具有悠久历史的传统百货经营基础上成长起来的大型商业零售企业，该企业的控股股东、实际控制方是北京市 XD 友谊集团。在实施股权收购上一年度末，XD 商场的总股本为 4.1 亿元，资产总额 48.7 亿元，负债总额 25.6 亿元，年度营业总收入 96.9 亿元，利润总额 5.7 亿元。

北京 XYS 控股（集团）有限责任公司（以下简称 XYS 控股）是专业从事商业运营管理的企业集团，旗下有以高端客户为主的高档都市百货店、品牌折扣店和大型购物中心。在实施股权收购当年年末，XYS 控股的总股本为 3.2 亿元，资产总额 34.6 亿元，负债总额 19.4 亿元，年度营业总收入 80.70 亿元，利润总额 4.67 亿元。

北京 SDLY 集团有限责任公司（以下简称 SL 集团）是北京市国有资产监督管理委员会监管的大型国有独资公司，旗下企业人文历史悠久、品牌资源丰富、产品链条完备、产业集群发达，是中国综合实力最强的旅游服务业企业集团。SL 集团在海内外共有近 300 家控股参股企业，北京市 XD 友谊集团和 XYS 控股均为 SL 集团 100% 控股的子公司。SL 集团同时肩负着市国资委赋予的资产重组、业务整合、创新体制的重要任务，出于对旗下商业零售资源和业务的优化组合的考虑，统筹安排实施了本案例中的股权收购等重组交易。

背景信息二：相关税收政策

《企业所得税法实施条例》第七十五条规定，除国务院财政、税务主管部门另有规定外，企业在重组过程中，应当在交易发生时确认有关资产的转让所得或者损失，相关资产应当按照交易价格重新确定计税基础。

2009 年 4 月，财政部、国家税务总局发布《关于企业重组业务企业所得税处理若干问题的通知》。该文件界定了包括股权收购在内的 6 种企业重组交易，明确规定了符合有关条件的企业重组，可以适用递延纳税的特殊性税务处理。之后，国家税务总局于 2010 年 7 月发布了《企业重组业务企业所得税管理办法》，规定重组业务处理过程中相关各方的程序义务。

2014 年 3 月，国务院下发《关于进一步优化企业兼并重组市场环境的意见》，提出完善兼并重组所得税政策。之后，财政部、国家税务总局又陆续发布了与企业重组相关的税收政策和程序配套文件，降低了享受特殊性税务处理的门槛，扩大了适用的业务范围，增加了新的处理方法，完善了程序义务和征管流程。

1. 交易概况

（1）交易内容。

2015 年 8 月，北京市 XD 商场股份有限公司拟向北京 SDLY 集团有限责任公司发行股份以购买 SL 集团持有的北京 XYS 控股（集团）有限责任公司 100% 的股权（以下简称本次重组）。

（2）交易定价。

根据天健兴业以 2015 年 9 月 30 日为基准日出具的天兴评报字（2010）第 433 号《资产评估报告书》，并经北京市国资委核准（京国资产权［2010］181 号），标的资产 XYS 控股 100% 股权的评估值为 246 700.00 万元。本次交易价格参照上述评估结果，确定为 246 700.00 万元。

（3）股份发行情况。

发行人民币普通股（A 股）共计 248 689 516 股，股票面值 1.00 元。发行价格为 XD 商场第六届董事会第六次临时会议决议公告日前二十个交易日的股票交易均价，即 9. 92 元/股。SL 集团承诺，自完成本次交易股权登记之日起 36 个月内不转让其拥有权益的 XD 商场股份（即包括本次交易取得的和原持有的）。

2. 交易实施情况

2015 年 8 月 17 日，SL 集团召开董事会，同意以 XYS 控股 100% 股权认购 XD 商场股份。2015 年 8 月 30 日，XD 商场召开第六届董事会第六次临时会议，审议通过了发行股份购买资产暨关联交易预案等多项相关议案。该交易总体方案已通过北京市国资委的预审核。

2015 年 11 月 5 日，XD 商场与 SL 集团签订《发行股份购买资产协议》，SL 集团持有的 XYS 控股 100% 股权为 XD 商场本次收购的全部资产。2015 年 11 月 2 日，北京市国资委出具专项批复（京国资产权［2010］181 号），核准交易标的评估结果；2015 年 11 月 12 日，北京市国资委下发专项批复（京国资产权［2010］194 号），批准了本次发行股份购买资产和资产重组方案。2016 年 5 月 30 日，中国证监会出具专项批复（证监许可［2011］825 号），核准了本次交易。

2016 年 6 月 7 日，交易双方完成了工商变更登记，完成股权变更登记和过户手续，完成了股份登记手续。

对此案例进行税务处理分析，要求：

（1）分析此过程中特殊性税务处理的条件与适用情况。

（2）分析此过程中企业所得税的处理。

（3）设计新的重组计划及方案，使 SL 集团及其控股公司可以充分享受企业重组特殊性税务处理的待遇，避免因纳税带来的额外资金压力，确保重组得以顺利实施。

【阅读拓展】

1. 薛伟，霍志远，唐建国 . 企业所得税现代化建设的实践探析［J］. 税务研究，2023（4）：42 – 48.

2. 徐建斌，彭瑞娟 . 企业所得税优惠政策对数字经济企业研发投入的激励效应研究［J］. 税务研究，2022（7）：70 – 75.

3. 唐晓旺 . 促进低碳经济发展的企业所得税优惠政策研析［J］. 税务研究，2022（4）：48 – 55.

第五章　个人所得税

【学习目标】

通过本章学习，你应能够：

➤ 理解和掌握个人所得税的纳税义务人、所得来源的确定、应税所得项目、税率、应纳税所得额的规定等基本内容；

➤ 重点掌握个人所得税计税依据的确认及应纳个人所得税的计算；

➤ 能进行个人所得税纳税申报的处理。

【引入案例】

孙某应如何缴纳个人所得税？

中国公民孙某是一名外商投资企业的中方雇员，2022年全年收入情况如下：

① 1～12月每月取得由雇佣单位支付的工资1万元；

② 3月份因意外事故获得保险赔款5 000元；

③ 5月份一次性取得稿酬收入2万元；

④ 6月份取得国债利息收入8 000元。

对于以上收入，尽管孙某已经被告知，凡是需要缴纳个人所得税的，均已由支付单位扣缴了个人所得税，并取得了完税凭证的原件，但孙某仍不放心。他找到税务师事务所，就以下问题提出了咨询：

（1）2022年取得的四项收入，哪些需要缴纳个人所得税，哪些不需要缴纳个人所得税？

（2）需缴纳个人所得税的各项收入中，支付单位扣缴个人所得税时，是如何计算的？假设你正在该税务师事务所实习，请你对上述两个问题做出回答。

【本章导读】

个人所得税法是指国家制定的用以调整个人所得税征收与缴纳之间的权利及义务关系的法律规范。《中华人民共和国个人所得税法》多年来经过多次修改，目前适用的是第十三届全国人民代表大会常务委员会第五次会议第七次修正并公布的，自 2019 年 1 月 1 日起施行。

个人所得税是以自然人取得的各类应税所得为征税对象而征收的一种所得税，是政府利用税收对个人收入进行调节的一种手段。它最早于 1799 年在英国创立，目前世界上已有 140 多个国家开征了这一税种。个人所得税的纳税人不仅包括个人，还包括具有自然人性质的企业。

从世界范围来看，个人所得税的税制模式有三种：分类征收制、综合征收制与混合征收制。分类征收制，就是将纳税人不同来源、性质的所得项目，分别规定不同的税率征税；综合征收制，是对纳税人全年的各项所得加以汇总，就其总额进行征税；混合征收制，是对纳税人不同来源、性质的所得先分别按照不同的税率征税，然后将全年的各项所得进行汇总征税。三种不同的征收模式各有其优缺点。2019 年之前，我国个人所得税的征收采用的是第一种模式，即分类征收制。2018 年 8 月 31 日的第七次修正对部分劳动性所得实行综合征税，实现了由分类征收制向分类与综合相结合的模式转变。个人所得税在组织财政收入、提高公民纳税意识，尤其在调节个人收入分配差距方面具有重要作用。

个人所得税改革历史

个人所得税的改革之路

【知识结构图】

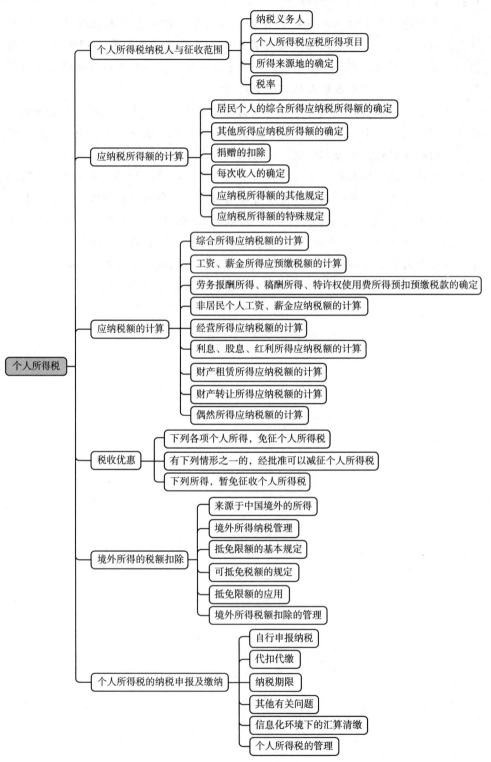

第一节 个人所得税纳税人与征收范围

一、纳税义务人

个人所得税的纳税义务人，包括中国公民、个体工商户以及在中国有所得的外籍人员（包括无国籍人员，下同）和香港、澳门、台湾同胞。上述纳税义务人依据住所和居住时间两个标准，区分为居民个人和非居民个人，分别承担不同的纳税义务。

税法所称在中国境内有住所，是指因户籍、家庭、经济利益关系而在中国境内习惯性居住；所称从中国境内和境外取得的所得，分别是指来源于中国境内的所得和来源于中国境外的所得。

2018 年 8 月 31 日税法的第七次修正首次明确引入了居民个人和非居民个人的概念，对居民个人的时间判定标准作了调整，由 2011 年版本的判定标准 1 年调到 183 天。

（一）居民个人

居民个人负有无限纳税义务。其所取得的应纳税所得，无论是来源于中国境内还是中国境外任何地方，都要在中国缴纳个人所得税。居民个人是指在中国境内有住所，或者无住所而一个纳税年度内在中国境内居住累计满 183 天的个人。

所谓在中国境内有住所的个人，是指因户籍、家庭、经济利益关系，而在中国境内习惯性居住的个人。这里所说的习惯性居住，是判定纳税义务人属于居民还是非居民的一个重要依据。它是指个人因学习、工作、探亲等原因消除之后，没有理由在其他地方继续居留时，所要回到的地方，而不是指实际居住或在某一个特定时期内的居住地。一个纳税人因学习、工作、探亲、旅游等原因，原来是在中国境外居住，但是在这些原因消除之后，如果必须回到中国境内居住的，则中国为该人的习惯性居住地。尽管该纳税义务人在一个纳税年度内，甚至连续几个纳税年度，都未在中国境内居住过 1 天，他仍然是中国居民纳税义务人，应就其来自全球的应纳税所得，向中国缴纳个人所得税。

一个纳税年度在境内居住累计满 183 天，是指在一个纳税年度（即公历 1 月 1 日起至 12 月 31 日止，下同）内，在中国境内居住累计满 183 天。在计算居住天数时，按其一个纳税年度内在境内的实际居住时间确定，取消了原有的临时离境规定，即境内无住所的某人在一个纳税年度内无论出境多少次，只要在我国境内累计住满 183 天，就可判定为我国的居民个人。综上可知，个人所得税的居民个人包括以下两类：

（1）在中国境内定居的中国公民和外国侨民。但不包括虽具有中国国籍，却并没有在中国境内定居，而是侨居海外的华侨和居住在香港、澳门、台湾的同胞。

（2）从公历 1 月 1 日起至 12 月 31 日止，在中国境内累计居住满 183 天的外国人、海外侨胞和香港、澳门、台湾同胞。例如，一个外籍人员从 2018 年 10 月起到中国境内的公司任职，在 2019 年纳税年度内，虽然曾多次离境回国，但由于该外籍个人在我国境内的居住停留时间累计达 206 天，已经超过了一个纳税年度内在境内累计居住满 183 天的标准。因此，该纳税义务人应为居民个人。

现行税法中关于"中国境内"的概念，是指关境内，目前还不包括香港、澳门和台湾地区。

（二）非居民个人

非居民个人，是指不符合居民个人判定标准（条件）的纳税义务人。非居民个人承担有限纳税义务，即仅就其来源于中国境内的所得，向中国缴纳个人所得税。《个人所得税法》规定，非居民个人是"在中国境内无住所又不居住，或者无住所而一个纳税年度内在境内居住累计不满 183 天的个人"。也就是说，非居民个人，是指习惯性居住地不在中国境内，而且不在中国居住，或者在一个纳税年度内，在中国境内居住累计不满 183 天的个人，在现实生活中，习惯性居住地不在中国境内的个人，只有外籍人员、华侨或香港、澳门和台湾同胞。因此，非居民个人，实际上只能是在一个纳税年度中，没有在中国境内居住，或者在中国境内居住天数累计不满 183 天的外籍人员、华侨或香港、澳门、台湾同胞。

自 2019 年 1 月 1 日起，无住所个人一个纳税年度内在中国境内累计居住天数，按照个人在中国境内累计停留的天数计算。在中国境内停留的当天满 24 小时的，计入中国境内居住天数，在中国境内停留的当天不足 24 小时的，不计入中国境内居住天数。

非居民个人纳税情况见表 5-1。

表 5-1　　　　　　　　　非居民个人纳税

居住时间	纳税人性质	境内所得		境外所得	
		境内支付	境外支付	境内支付	境外支付
无住所，一个纳税年度 90 天以内	非居民	√	免税	×	×
183 天至 6 年	居民	√	√	√	免税
6 年以上，第 7 年起境内居住满 183 天的	居民/非居民	在我国纳税			

注：在中国境内居住累计满 183 天的任一年度中有一次离境超过 30 天的，其在中国境内居住累计满 183 天的年度的连续年限重新起算。

自 2004 年 7 月 1 日起，对境内居住天数和境内实际工作期间按以下规定为准：

1. 判定纳税义务及计算在中国境内居住的天数

对在中国境内无住所的个人，需要计算确定其在中国境内居住天数，以便依照税法和协定或安排的规定判定其在华负有何种纳税义务时，均应以该个人实际在华逗留天数计算。上述个人入境、离境、往返或多次往返境内外的，均按1天计算其在华逗留天数。

2. 对个人入、离境当日及计算在中国境内实际工作期间

对在中国境内、境外机构同时担任职务或仅在境外机构任职的境内无住所个人，在按《国家税务总局关于在中国境内无住所的个人计算缴纳个人所得税若干具体问题的通知》第一条的规定计算其境内工作期间时，对其入境、离境、往返或多次往返境内外的当日，均按半天计算为在华实际工作天数。

【归纳】税法中有关于无住所个人境内居住天数和境内工作期间的具体规定的应用见表5-2。

表5-2　　　　　　　　　　　　具体规定的应用归纳

不同的应用目的	具体的应用方向
（1）关于判定纳税义务时如何计算在中国境内居住天数（注意是居住或逗留天数的计算）	①在判断无住所个人是居民个人还是非居民个人时使用，以判定其居住天数；②判断无住所个人因居住时间的长短而享受不同居住时间段优惠政策时使用，以判定其居住天数
（2）关于对个人入、离境当日如何计算在中国境内实际工作期间（注意是实际工作天数的计算）	在计算具体应纳税额时使用

【例5-1·判断题】在我国无住所的某外籍人员2021年5月3日来华工作，2022年4月30日结束工作离华，则该外籍人员2022年是我国的非居民个人。
（　　）

【答案】√

【例5-2·单选题】某外国人2020年2月12日来华工作，2021年2月15日回国，2021年3月2日返回中国，2020年3月15日至2020年3月31日期间，因工作需要去了日本，2020年4月1日返回中国，后于2021年5月20日离华回国，则该纳税人（　　）。

A. 2020年度为我国居民纳税人，2021年度为我国非居民个人

B. 2020年度为我国居民纳税人，2021年度为我国非居民个人

C. 2020年度和2021年度均为我国非居民个人

D. 2020年度和2021年度均为我国居民纳税人

【答案】B

自2000年1月1日起，个人独资企业和合伙企业投资者也为个人所得税的纳税义务人。纳税义务人及其纳税义务如下：

（1）居民个人。负无限纳税义务，应就来源于全球的所得，即居民个人从中国境内和境外取得的所得，向中国缴纳个人所得税。

（2）非居民个人。负有限纳税义务，仅就来源于中国境内的所得，向中国缴纳个人所得税。

（3）自2000年1月1日起，个人独资企业和合伙企业投资者也为个人所得税的纳税义务人，不缴纳企业所得税，只对投资者个人或个人合伙人取得的生产经营所得征收个人所得税。

二、个人所得税应税所得项目

按应纳税所得的来源划分为以下9项个人所得，缴纳个人所得税。

（一）工资、薪金所得

1. 工资、薪金所得的涵盖范围

工资、薪金所得，是指个人因任职或者受雇而取得的工资、薪金、奖金、年终加薪、劳动分红、津贴、补贴以及任职或者受雇有关的其他所得。

一般来说，工资、薪金所得属于非独立个人劳动所得。所谓非独立个人劳动，是指个人所从事的是由他人指定、安排并接受管理的劳动，工作或服务于公司、工厂、行政、事业单位的人员（私营企业主除外）均为非独立劳动者。他们从上述单位取得的劳动报酬，是以工资、薪金的形式体现的。在这类报酬中，工资和薪金的收入主体略有差异。通常情况下，把直接从事生产、经营或服务的劳动者（工人）的收入称为工资，即所谓"蓝领阶层"所得；而将从事社会公职或管理活动的劳动者（公职人员）的收入称为薪金，即所谓"白领阶层"所得。但实际立法过程中，各国都从简便易行的角度考虑，将工资、薪金合并为一个项目计征个人所得税。

除工资、薪金以外，奖金、年终加薪、劳动分红、津贴、补贴也被确定为工资、薪金范畴。其中，年终加薪、劳动分红不分种类和取得情况，一律按工资、薪金所得课税。津贴、补贴等则有例外。

2. 个人取得的补贴、津贴不计入工资、薪金所得的项目

（1）独生子女补贴。

（2）执行公务员工资制度未纳入基本工资总额的补贴、津贴差额和家属成员的副食品补贴。

（3）托儿补助费。

（4）差旅费津贴、误餐补助。其中，误餐补助是指按照财政部规定，个人因公在城区、郊区工作，不能在工作单位或返回就餐的，根据实际误餐顿数，按规定的标准领取的误餐费（单位以误餐补助名义发给职工的补贴、津贴不能包括在内）。

（5）外国来华留学生，领取的生活津贴费、奖学金，不属于工资、薪金范畴，不征个人所得税。

3. 军队干部取得的补贴、津贴中有 8 项不计入工资、薪金所得项目征税，即：

（1）政府特殊津贴。

（2）福利补助。

（3）夫妻分居补助费。

（4）随军家属无工作生活困难补助。

（5）独生子女保健费。

（6）子女保教补助费。

（7）机关在职军以上干部公勤费（保姆费）。

（8）军粮差价补贴。

【例 5 - 3·多选题】 下列各项中，应当按照工资、薪金所得项目征收个人所得税的有（　　）。

A. 劳动分红　　　　　　　　B. 独生子女补贴

C. 差旅费津贴　　　　　　　D. 超过规定标准的午餐费

【答案】 AD

【例 5 - 4·多选题】 下列各项中，应当按照工资、薪金所得项目征收个人所得税的有（　　）。

A. 年终绩效工资

B. 独生子女补贴

C. 劳动分红

D. 公司按每个人 180 元标准按月发放的误餐补助

E. 季度奖金

【答案】 ACE

（二）劳务报酬所得

劳务报酬所得，指个人独立从事各种非雇佣的各种劳务所取得的所得。具体内容如下。

（1）设计。指按照客户的要求，代为制定工程、工艺等各类设计业务。

（2）装潢。指接受委托，对物体进行装饰、修饰，使之美观或具有特定用途的作业。

（3）安装。指按照客户要求，对各种机器、设备的装配、安置，以及与机器、设备相连的附属设施的装设和被安装机器设备的绝缘、防腐、保温、油漆等工程作业。

（4）制图。指受托按实物或设想物体的形象，依体积、面积、距离等，用一定比例绘制成平面图、立体图、透视图等的业务。

（5）化验。指受托用物理或化学的方法，检验物质的成分和性质等业务。

（6）测试。指利用仪器仪表或其他手段代客对物品的性能和质量进行检测试验的业务。

（7）医疗。指从事各种病情诊断、治疗等医护业务。

（8）法律。指受托担任辩护律师、法律顾问，撰写辩护词、起诉书等法律文书的业务。

（9）会计。指受托从事会计核算的业务。

（10）咨询。指对客户提出的政治、经济、科技、法律、会计、文化等方面的问题进行解答、说明的业务。

（11）讲学。指应邀（聘）进行讲课、做报告、介绍情况等业务。

（12）翻译。指受托从事中、外语言或文字的翻译（包括笔译和口译）的业务。

（13）审稿。指对文字作品或图形作品进行审查、核对的业务。

（14）书画。指按客户要求，或自行从事书法、绘画、题词等业务。

（15）雕刻。指代客镌刻图章、牌匾、碑、玉器、雕塑等业务。

（16）影视。指应邀或应聘在电影、电视节目中出任演员，或担任导演、音响、化妆、道具、制作、摄影等与拍摄影视节目有关的业务。

（17）录音。指用录音器械代客录制各种音响带的业务，或者应邀演讲、演唱、采访而被录音的服务。

（18）录像。指用录像器械代客录制各种图像、节目的业务，或者应邀表演、采访被录像的业务。

（19）演出。指参加戏剧、音乐、舞蹈、曲艺等文艺演出活动的业务。

（20）表演。指从事杂技、体育、武术、健美、时装、气功以及其他技巧性表演活动的业务。

（21）广告。指利用图书、报纸、杂志、广播、电视、电影、招贴、路牌、橱窗、霓虹灯、灯箱、墙面及其他载体，为介绍商品、经营服务项目、文体节目或通告、声明等事项，所作的宣传和提供相关服务的业务。

（22）展览。指举办或参加书画展、影展、盆景展、邮展、个人收藏品展、花鸟虫鱼展等各种展示活动的业务。

（23）技术服务。指利用一技之长而进行技术指导、提供技术帮助的业务。

（24）介绍服务。指介绍供求双方商谈，或者介绍产品、经营服务项目等服务的业务。

（25）经纪服务。指经纪人通过居间介绍，促成各种交易和提供劳务等服务的业务。

（26）代办服务。指代委托人办理受托范围内的各项事宜的业务。

（27）其他劳务。指上述列举26项劳务项目之外的各种劳务。

自2004年1月20日起，对商品营销活动中，企业和单位对其营销业绩突出的非雇员以培训班、研讨会、工作考察等名义组织旅游活动，通过免收差旅、旅游费对个人实行的营销业绩奖励（包括实物、有价证券等），应根据所发生费用的全额作为该营销人员当期的劳务收入，按照"劳务报酬所得"项目征收个人所得税，并由提供上述费用的企业和单位代扣代缴。

在实际操作过程中，还可能出现难以判定一项所得是属于工资、薪金所得，还是属于劳务报酬所得的情况。这两者的区别在于：工资、薪金所得是属于非独立个人劳务活动，即在机关、团体、学校、部队、企业、事业单位及其他组织中任职、受雇而得到的报酬；而劳务报酬所得，则是个人独立从事各种技艺、提供各项劳务取得的报酬。

【例5-5·单选题】下列项目中，属于劳务报酬所得的是（ ）。

A. 发表论文取得的报酬

B. 从单位获得的额外值班补贴

C. 将国外的作品翻译出版取得的报酬

D. 高校教师受出版社委托进行审稿取得的报酬

【答案】D

【例5-6·多选题】下列项目中，属于劳务报酬所得的有（ ）。

A. 个人在国外从事书画展览取得的报酬

B. 提供专利的使用权取得的报酬

C. 个人为其他企业提供建筑设计获得的收入

D. 报社记者在本单位的报刊上发表作品取得的收入

【答案】AC

（三）稿酬所得

稿酬所得，是指个人因其作品以图书、报刊形式出版、发表而取得的所得。将稿酬所得独立划归一个征税项目，而对不以图书、报刊形式出版、发表的翻译、审稿、书画所得归为劳务报酬所得，主要是考虑了出版、发表作品的特殊性。

【例5-7·多选题】下列属于稿酬所得的项目有（ ）。

A. 记者在本单位刊物发表文章取得的报酬

B. 提供著作的版权而取得的报酬

C. 将国外的作品翻译出版取得的报酬

D. 作者为出版社撰写出版书籍取得的收入

【答案】CD

（四）特许权使用费所得

特许权使用费所得，是指个人提供专利权、商标权、著作权、非专利技术以及其他特许权的使用权取得的所得。

专利权，是由国家专利主管机关依法授予专利申请人或其权利继承人在一定期间内实施其发明创造的专有权。对于专利权，许多国家只将提供他人使用取得的所得列入特许权使用费，而将转让专利权所得列为资本利得税的征税对象。我国没有开征资本利得税，故将个人提供和转让专利权取得的所得，都列入特许权使用费所得征收个人所得税。

商标权，即商标注册人享有的商标专用权。著作权即版权，是作者依法对文学、艺术和科学作品享有的专有权。

【例 5-8·多选题】 下列项目中，属于特许权使用费所得的有（　　）。

A. 个人提供著作权的使用权取得的所得

B. 作家公开拍卖自己的文学作品手稿复印件的收入

C. 作家公开拍卖自己的写作时用过的金笔的收入

D. 电视剧编剧从电视剧制作中心获得的剧本使用费

【答案】 ABD

【解析】 C 选项属于财产转让所得

（五）经营所得

（1）个体工商户从事生产、经营活动取得的所得，个人独资企业投资人、合伙企业的个人合伙人来源于境内注册的个人独资企业、合伙企业生产、经营的所得。

（2）个人依法从事办学、医疗、咨询以及其他有偿服务活动取得的所得。

（3）个人对企业、事业单位承包经营、承租经营以及转包、转租取得的所得。

（4）个人从事其他生产、经营活动取得的所得。包括个人从事彩票代销业务取得所得、从事个体出租车运营的出租车驾驶员取得的收入等。

【例 5-9·多选题】 下列各项所得中，应按"经营所得"项目缴纳个人所得税的有（　　）。

A. 个人享有经营成果的承包经营所得

B. 个体出租车运营所得

C. 个人独资企业经营所得

D. 个体诊所经营所得

E. 个人独资企业员工每月从该企业取得的劳动所得

【答案】 ABCD

辨析驾驶员从事客货营运所得的征税项目

（六）利息、股息、红利所得

利息、股息、红利所得，是指个人拥有债权、股权而取得的利息、股息、红利所得。利息，是指个人拥有债权而取得的利息，包括存款利息、贷款利息和各种债券的利息。按税法规定，个人取得的利息所得，除国债和国家发行的金融债券利息外，应当依法缴纳个人所得税。股息、红利，是指个人拥有股权取得的股息、红利。按照一定的比率对每股发给的息金叫股息；公司、企业应分配的利润，按股份分配的叫红利。股息、红利所得，除另有规定外，都应当缴纳个人所得税。

除个人独资企业、合伙企业以外的其他企业的个人投资者，以企业资金为本人、家庭成员及其相关人员支付与企业生产经营无关的消费性支出及购买汽车、住房等财产性支出，视为企业对个人投资者的红利分配，依照"利息、股息、红利所得"项目计征个人所得税。企业的上述支出不允许在所得税前扣除。

纳税年度内个人投资者从其投资企业（个人独资企业、合伙企业除外）借款，在该纳税年度终了后既不归还又未用于企业生产经营的，其归还的借款可视为企业对个人投资者的红利分配，依照"利息、股息、红利所得"项目计征个人所得税。

【例5－10·单选题】以下不应按照利息、股息、红利所得项目征收个人所得税的是（　　）。

A. 个人购买上市公司股票分得的股利

B. 合伙企业的个人投资者以企业资金为本人购买车辆

C. 个人取得单位经批准集资支付的集资利息

D. 股份有限公司的个人投资者以企业资金为本人购买汽车

【答案】B

【解析】A、C、D选项属于利息、股息、红利所得，B选项属于经营所得

辨析企业为个人购买房产等适用征税项目

（七）财产租赁所得

财产租赁所得，是指个人出租不动产、机器设备、车船以及其他财产取得的所得。个人取得的财产转租收入，属于"财产租赁所得"的征税范围，由财产转租人缴纳个人所得税。

（八）财产转让所得

财产转让所得，是指个人转让有价证券、股权、合伙企业中的财产份额、不动产、机器设备、车船以及其他财产取得的所得。

在现实生活中，个人进行的财产转让主要是个人财产所有权的转让。财产转让实际上是一种买卖行为，当事人双方通过签订、履行财产转让合同，形成财产

买卖的法律关系，使出让财产的个人从对方取得价款（收入）或其他经济利益。财产转让所得因其性质的特殊性，需要单独列举项目征税。对个人取得的各项财产转让所得，除股票转让所得外，都要征收个人所得税。

1. 股票转让所得

根据《个人所得税法实施条例》规定，对股票转让所得征收个人所得税的办法，由国务院另行规定，并报全国人民代表大会常务委员会备案。鉴于我国证券市场发育还不成熟，股份制改革仍需完善，对股票转让所得的计算、征税办法和纳税期限的确认等都需要做深入的调查研究，并结合国际通行的做法，作出符合我国实际的规定。因此，国务院决定，对股票转让所得暂不征收个人所得税。

2. 量化资产股份转让

集体所有制企业在改制为股份合作制企业时，对职工个人取得仅作为分红依据，不拥有所有权的企业量化资产，不征收个人所得税；对职工个人以股份形式取得的拥有所有权的企业量化资产，暂缓征收个人所得税；待个人将股份转让时，就其转让收入额，减除个人取得该股份时实际支付的费用支出和合理转让费用后的余额，按"财产转让所得"项目计征个人所得税。

3. 个人住房转让所得属于财产转让所得，但个人转让只用达 5 年以上并且是家庭唯一的生活用房取得的所得免征个人所得税

（九）偶然所得

偶然所得，是指个人得奖、中奖、中彩以及其他偶然性质的所得。得奖是指参加各种有奖竞赛活动，取得名次得到的奖金；中奖、中彩是指参加各种有奖活动，如有奖销售、有奖储蓄或者购买彩票，经过规定程序，抽中、摇中号码而取得的奖金。偶然所得应缴纳的个人所得税税款，一律由发奖单位或机构代扣代缴。

企业促销展业赠送礼品有关个人所得税问题的处理

三、所得来源地的确定

除国务院财政、税务主管部门另有规定外，下列所得，不论支付地点是否在中国境内，均为来源于中国境内的所得：

（1）因任职、受雇、履约等在中国境内提供劳务取得的所得；

（2）将财产出租给承租人在中国境内使用而取得的所得；

（3）许可各种特许权在中国境内使用而取得的所得；

（4）转让中国境内的不动产等财产或者在中国境内转让其他财产取得的所得；

（5）从中国境内企业、事业单位、其他组织以及居民个人取得的利息、股息、红利所得。

【例 5 - 11 · 判断题】 外籍人员詹姆斯受雇于我国境内某合资企业做长驻总

经理, 合同期 3 年。合同规定其月薪 5 000 美元, 其中 2 000 美元在中国境内支付, 3 000 美元由境外母公司支付给其家人, 其来源于境内的所得是每月 5 000 美元。   ( )

【答案】√

【例 5 - 12·多选题】以下属于来自我国的所得项目有 (   )。

A. 外籍人员约翰受雇我国企业而取得的工资、薪金所得

B. 个人在中国境内提供各种劳务取得的劳务报酬所得

C. 理查德将一项专利转让给中国某企业在中国境内使用

D. 外籍人员罗莎在我国购买体彩获得的奖金收入

【答案】ABCD

四、税率

(一) 综合所得

工资、薪金所得, 适用七级超额累进税率, 税率为 3% ~ 45% (见表 5 - 3)。在原有税法适用的七级累进税率基础上, 扩大了低税率档收入级距, 维持了高税率档收入级距。

表 5 - 3   综合所得个人所得税税率表 (居民个人适用)

级数	全年应纳税所得额	税率 (%)	速算扣除数 (元)
1	不超过 36 000 元的部分	3	0
2	超过 36 000 元至 144 000 元的部分	10	2 520
3	超过 144 000 元至 300 000 元的部分	20	16 920
4	超过 300 000 元至 420 000 元的部分	25	31 920
5	超过 420 000 元至 660 000 元的部分	30	52 920
6	超过 660 000 元至 960 000 元的部分	35	85 920
7	超过 960 000 元的部分	45	181 920

(二) 个人所得税月度税率表

选择单独计税的全年一次性奖金、非居民个人工资薪金等适用表 5 - 4。

表 5 - 4   个人所得税月度税率表

级数	全月应纳税所得额	税率 (%)	速算扣除数 (元)
1	不超过 3 000 元的部分	3	0
2	超过 3 000 元至 12 000 元的部分	10	210
3	超过 12 000 元至 25 000 元的部分	20	1 410

级数	全月应纳税所得额	税率（%）	速算扣除数（元）
4	超过 25 000 元至 35 000 元的部分	25	2 660
5	超过 35 000 元至 55 000 元的部分	30	4 410
6	超过 55 000 元至 80 000 元的部分	35	7 160
7	超过 80 000 元的部分	45	15 160

（三）经营所得个人所得税税率表

个体工商户、合伙企业、个人独资企业以及对企事业单位的承租承包经营所得，适用 5%~35% 的五级超额累进税率表，见表 5-5。

表 5-5　　　　　　　　　**经营所得个人所得税税率表**

级数	全年应纳税所得额	税率（%）	速算扣除数（元）
1	不超过 30 000 元的部分	5	0
2	超过 30 000 元至 90 000 元的部分	10	1 500
3	超过 90 000 元至 300 000 元的部分	20	10 500
4	超过 300 000 元至 500 000 元的部分	30	40 500
5	超过 500 000 元的部分	35	65 500

（四）其他所得适用税率

特许权使用费所得，利息、股息、红利所得，财产租赁所得，财产转让所得，偶然所得和其他所得，适用比例税率，税率为 20%。

为配合国家住房制度改革，自 2008 年 3 月 1 日起，出租居民住用房减按 10% 的税率征收个人所得税。

第二节　应纳税所得额的计算

目前我国的个人所得税制度属于综合和分类并用的税制，应税项目不同，费用扣除标准也不同，因而计算个人应纳税额的办法也不同。总体来说，个人所得税应纳税额以应纳税所得额为基础，某项应税项目的收入额减去税法规定的费用减除标准后的余额作为应纳税所得额。

一、居民个人的综合所得应纳税所得额的确定

居民个人的综合所得，以每一纳税年度的收入额减除费用 6 万元以及专项扣

除、专项附加扣除和依法确定的其他扣除后的余额，为应纳税所得额。

（一）可以减除费用

1. 专项扣除

专项扣除，包括居民个人按照国家规定的范围和标准缴纳的基本养老保险、基本医疗保险、失业保险等社会保险费和住房公积金等。

【例5 –13·多选题】以下属于个人所得税专项扣除项目的有（　　）。

A. 基本医疗保险　B. 大病医疗　　C. 住房公积金　　D. 住房租金

【答案】AC

【解析】A、C选项属于个人所得税专项扣除项目，B、D选项属于个人所得税专项附加扣除项目。

2. 专项附加扣除

专项附加扣除，是指个人所得税法规定的子女教育、继续教育、大病医疗、住房贷款利息或者住房租金、赡养老人、婴幼儿照护等7项专项附加扣除。

（1）子女教育。

纳税人年满3岁至小学入学前处于学前教育阶段的子女和接受全日制学历教育的子女的相关支出，在2023年1月1日前，按照每个子女每月1 000元的标准定额扣除；自2023年1月1日起，标准从每个子女每月1 000元提高至每月2 000元。其中学历教育包括义务教育（小学、初中教育）、高中阶段教育（普通高中、中等职业、技工教育）、高等教育（大学专科、大学本科、硕士研究生、博士研究生教育）。不包括子女非学历教育、在职研究教育（非全日制）以及进入博士后工作站期间。

父母可以选择由其中一方按扣除标准的100%扣除，也可以选择由双方分别按扣除标准的50%扣除，具体扣除方式在一个纳税年度内不能变更。纳税人子女在中国境外接受教育的，纳税人应当留存境外学校录取通知书、留学签证等相关教育的证明资料备查。

（2）婴幼儿照护。

自2022年1月1日起，纳税人照护3周岁以下婴幼儿子女的相关支出，在计算缴纳个人所得税前按照每名婴幼儿每月1 000元的标准定额扣除。自2023年1月1日起，标准从每名婴幼儿每月1 000元提高至每月2 000元。计算时间为婴幼儿出生当月至年满3周岁的前1个月。

父母可以选择由其中一方按扣除标准的100%扣除，也可以选择由双方分别按扣除标准的50%扣除，具体扣除方式在一个纳税年度内不能变更。纳税人应该留存子女的出生医学证明等资料备查。

（3）继续教育。

纳税人在中国境内接受学历（学位）继续教育的支出，在学历（学位）教育期间按照每月 400 元定额扣除。同一学历（学位）继续教育的扣除期限不能超过 48 个月。纳税人接受技能人员职业资格继续教育、专业技术人员职业资格继续教育的支出，在取得相关证书的当年，按照 3 600 元定额扣除。

个人接受本科及以下学历（学位）继续教育，符合本办法规定扣除条件的，可以选择由其父母扣除，也可以选择由本人扣除。

纳税人接受技能人员职业资格继续教育、专业技术人员职业资格继续教育的，应当留存相关证书等资料备查。

（4）大病医疗。

在一个纳税年度内，纳税人发生的与基本医保相关的医药费用支出，扣除医保报销后个人负担（指医保目录范围内的自付部分）累计超过 15 000 元的部分，由纳税人在办理年度汇算清缴时，在 80 000 元限额内据实扣除。

纳税人发生的医药费用支出可以选择由本人或者其配偶扣除；未成年子女发生的医药费用支出可以选择由其父母一方扣除。

纳税人及其配偶、未成年子女发生的医药费用支出，分别计算扣除额。

纳税人应当留存医药服务收费及医保报销相关票据，医疗保障部门应当向患者提供在医疗保障信息系统记录的本人年度医药费用信息查询服务。

（5）住房贷款利息。

纳税人本人或者配偶单独或者共同使用商业银行或者住房公积金个人住房贷款为本人或者其配偶购买中国境内住房，发生的首套住房贷款利息支出，在实际发生贷款利息的年度，按照每月 1 000 元的标准定额扣除，扣除期限最长不超过 240 个月。其中首套住房贷款是指购买住房享受首套住房贷款利率的住房贷款。纳税人只能享受一次首套住房贷款的利息扣除。

经夫妻双方约定，可以选择由其中一方扣除，具体扣除方式在一个纳税年度内不能变更。夫妻双方婚前分别购买住房发生的首套住房贷款，其贷款利息支出，婚后可以选择其中一套购买的住房，由购买方按扣除标准的 100% 扣除，也可以由夫妻双方对各自购买的住房分别按扣除标准的 50% 扣除，具体扣除方式在一个纳税年度内不能变更。

纳税人应当留存住房贷款合同、贷款还款支出凭证备查。

（6）住房租金。

纳税人在主要工作城市没有自有住房而发生的住房租金支出，可以按照以下标准定额扣除：

①直辖市、省会（首府）城市、计划单列市以及国务院确定的其他城市，扣除标准为每月 1 500 元；

②除第一项所列城市以外，市辖区户籍人口超过 100 万的城市，扣除标准为每月 1 100 元；市辖区户籍人口不超过 100 万的城市，扣除标准为每月 800 元。

纳税人的配偶在纳税人的主要工作城市有自有住房的，视同纳税人在主要工作城市有自有住房。市辖区户籍人口，以国家统计局公布的数据为准。其中主要工作城市是指纳税人任职受雇的直辖市、计划单列市、副省级城市、地级市（地区、州、盟）全部行政区域范围；纳税人无任职受雇单位的，为受理其综合所得汇算清缴的税务机关所在城市。夫妻双方主要工作城市相同的，只能由一方扣除住房租金支出。

住房租金支出由签订租赁住房合同的承租人扣除。

纳税人及其配偶在一个纳税年度内不能同时分别享受住房贷款利息和住房租金专项附加扣除。

纳税人应当留存住房租赁合同、协议等有关资料备查。

（7）赡养老人。

纳税人赡养1位及以上被赡养人的赡养支出，其中被赡养人是指年满60岁的父母，以及子女均已去世的年满60岁的祖父母、外祖父母，统一按照以下标准定额扣除：

①纳税人为独生子女的，按照每月2 000元的标准定额扣除，从2023年1月1日起，赡养老人专项附加扣除标准，从每月2 000元提高至每月3 000元；

②纳税人为非独生子女的，由其与兄弟姐妹分摊每月2 000元的扣除额度，每人分摊的额度不能超过每月1 000元。从2023年1月1日起，分别为3 000元和1 500元。可以由赡养人均摊或者约定分摊，也可以由被赡养人指定分摊。约定或者指定分摊的须签订书面分摊协议，指定分摊优先于约定分摊。具体分摊方式和额度在一个纳税年度内不能变更。

享受符合规定的专项附加扣除的计算时间分别为：

①子女教育。学前教育阶段，为子女年满3周岁当月至小学入学前一月。学历教育，为子女接受全日制学历教育入学的当月至全日制学历教育结束的当月。学历教育期间，包含因病或其他非主观原因休学但学籍继续保留的休学期间，以及施教机构按规定组织实施的寒暑假等假期。

②继续教育。学历（学位）继续教育，为在中国境内接受学历（学位）继续教育入学的当月至学历（学位）继续教育结束的当月，同一学历（学位）继续教育的扣除期限最长不得超过48个月。技能人员职业资格继续教育、专业技术人员职业资格继续教育，为取得相关证书的当年。学历（学位）继续教育期间，包含因病或其他非主观原因休学但学籍继续保留的休学期间，以及施教机构按规定组织实施的寒暑假等假期。

③大病医疗。为医疗保障信息系统记录的医药费用实际支出的当年。

④住房贷款利息。为贷款合同约定开始还款的当月至贷款全部归还或贷款合同终止的当月，扣除期限最长不得超过240个月。

⑤住房租金。为租赁合同（协议）约定的房屋租赁期开始的当月至租赁期结束的当月。提前终止合同（协议）的，以实际租赁期限为准。

⑥赡养老人。为被赡养人年满60周岁的当月至赡养义务终止的年末。

【例5－14·多选题】以下关于个人所得税专项附加扣除的表述不正确的有（　　）。

A. 甲参加驾校培训，获得了驾照，可以享受继续教育专项附加扣除

B. 乙在中国境外购买住房，可以享受住房贷款利息专项附加扣除

C. 丙赡养60周岁以上的岳父母，可以享受赡养老人专项附加扣除

D. 丁本年发生医药费支出，自付部分累计8 000元，可以享受大病医疗专项附加扣除

【答案】 ABCD

3. 依法确定的其他扣除

依法确定的其他扣除，包括个人缴付符合国家规定的企业年金、职业年金，个人购买符合国家规定的商业健康保险、税收递延型商业养老保险、个人养老金的支出，以及国务院规定可以扣除的其他项目。

（1）企业年金、职业年金。

企业和事业单位根据国家有关政策规定的办法和标准，为在本单位任职或者受雇的全体职工缴付的企业年金或职业年金单位缴费部分，在计入个人账户时，个人暂不缴纳个人所得税。

个人根据国家有关政策规定缴付的年金个人缴费部分，在不超过本人缴费工资计税基数的4%标准内的部分，暂从个人当期的应纳税所得额中扣除。

（2）商业健康保险。

适用个人所得税优惠政策的商业健康保险于2015年5月开始试点，2017年7月推广至全国。购买适用个人所得税优惠政策的商业健康保险允许在当年（月）计算应纳税所得额时予以税前扣除，限额2 400元/年（200元/月）。

单位统一为员工购买符合规定的商业健康保险产品的支出，应分别计入员工个人工资薪金，视同个人购买，按上述限额予以扣除。

保险公司销售符合规定的商业健康保险产品，及时为购买保险的个人开具发票和保单凭证，并在保单凭证上注明税优识别码。个人购买商业健康保险未获得税优识别码的，其支出金额不得税前扣除。

（3）个人养老金。

从2022年1月1日起，个人向个人养老金资金账户的缴费，按照12 000元/年的限额标准，在综合所得或经营所得中据实扣除。

4. 基本减除费用

基本减除费用标准为每人每月5 000元，每年60 000元。

（二）计算居民个人劳务报酬所得、稿酬所得、特许权使用费收入额

扣缴义务人向居民个人支付劳务报酬所得、稿酬所得和特许权使用费所得

的，按以下方法按次或者按月预扣预缴个人所得税，预扣时其收入额的确定方法为：

劳务报酬所得、稿酬所得、特许权使用费所得每次收入不超过 4 000 元的，减除费用按 800 元计算；每次收入 4 000 元以上的，减除费用按收入的 20% 计算。劳务报酬所得、稿酬所得、特许权使用费所得以每次收入减除费用后的余额为收入额；其中，稿酬所得的收入额减按 70% 计算。

（三）居民个人综合所得应纳税所得额的确定

扣缴义务人向居民个人支付工资、薪金所得时，按照累计预扣法计算预扣税款，并按月办理扣缴申报。

累计预扣预缴应纳税所得额 = 累计收入 − 累计免税收入 − 累计减除费用
− 累计专项扣除 − 累计专项附加扣除
− 累计依法确定的其他扣除

二、其他所得应纳税所得额的确定

（1）经营所得，以每一纳税年度的收入总额减除成本、费用以及损失后的余额，为应纳税所得额。

（2）财产租赁所得，每次收入不超过 4 000 元的，减除费用 800 元；4 000 元以上的，减除 20% 的费用，其余额为应纳税所得额。

（3）财产转让所得，以转让财产的收入额减除财产原值和合理费用后的余额，为应纳税所得额。

（4）利息、股息、红利所得和偶然所得，以每次收入额为应纳税所得额，不得减除费用。

（5）非居民个人的工资、薪金所得，以每月收入额减除费用 5 000 元后的余额为应纳税所得额；劳务报酬所得、稿酬所得、特许权使用费所得，以每次收入额为应纳税所得额。

三、捐赠的扣除

（1）个人将其所得通过中国境内的社会团体、国家机关向教育、扶贫济困和其他社会公益事业以及遭受严重自然灾害地区、贫困地区捐赠，捐赠额未超过纳税义务人申报的应纳税所得额 30% 的部分，可以从其个人所得税应纳税所得额中扣除，超过部分不得扣除。

（2）个人通过中国境内非营利的社会团体和国家机关对如下事业的捐赠，准予在缴纳个人所得税前的所得额中全额扣除：红十字事业；福利性、非营利性老年服务机构；公益性青少年活动场所；农村义务教育。

农村义务教育是政府和社会力量举办的农村乡镇（不含县和县级市政府所在地的镇）、村的小学和初中以及属于这一阶段的特殊教育学校。纳税人对农村义务教育与高中在一起的学校的捐赠，也享受此项所得税前扣除。

（3）个人的所得（不含偶然所得和经国务院财政部门确定征税的其他所得）用于资助非关联的科研机构和高等学校研究开发新产品、新技术、新工艺所发生的研究开发经费，经主管税务机关确定，可以全额在下月（工资、薪金所得）或下次（按次计征的所得）或当年（按年计征的所得）计征个人所得税时，从应纳税所得额中扣除，不足抵扣的，不得结转抵扣。

（4）个人向特定公益机构的公益救济性捐赠，可以全额扣除。

个人通过宋庆龄基金会、中国福利会、中国残疾人福利基金会、中国扶贫基金会、中国煤矿尘肺病治疗基金会、中华环境保护基金会；中国老龄事业发展基金会、中国华文教育基金会、中国绿化基金会、中国妇女发展基金会、中国关心下一代健康体育基金会、中国生物多样性保护基金会、中国儿童少年基金会和中国光彩事业基金会；中华健康快车基金会和孙冶方经济科学基金会、中华慈善总会、中国法律援助基金会和中华见义勇为基金会；中国医药卫生事业发展基金会；中国教育发展基金会等单位用于公益救济性的捐赠，准予在缴纳个人所得税前全额扣除。

【例 5 - 15 · 多选题】下列关于个体工商户公益捐赠支出税前扣除的表述中，符合《个人所得税法》规定的有（   ）。

A. 可自行选择按 30% 标准扣除和全额扣除的公益捐赠支出的扣除次序

B. 发生的公益捐赠支出在其经营所得中扣除

C. 应妥善留存捐赠相关票据至少 5 年

D. 只能选择其对年度经营所得汇算清缴时扣除

【答案】 ABC

【解析】 D 选项，在经营所得中扣除公益捐赠支出的，可以选择在预缴税款时扣除，也可以选择在汇算清缴时扣除。

【例 5 - 16 · 单选题】2023 年 1 月，李某出版小说一本取得稿酬 60 000 元，从中拿出 20 000 元通过国家机关捐赠给受灾地区。李某该笔收入的计税所得额为（   ）元。

A. 48 000   B. 40 000   C. 33 600   D. 28 000

【答案】 C

【解析】 稿酬所得 = 60 000 × 80% = 48 000（元）

捐赠扣除限额 = 48 000 × 30% = 14 400（元）

该收入的计税所得额 = 48 000 - 14 400 = 33 600（元）

四、每次收入的确定

劳务报酬所得、稿酬所得、特许权使用费所得，属于一次性收入的，以取得该项收入为一次；属于同一项目连续性收入的，以一个月内取得的收入为一次。

财产租赁所得，以一个月内取得的收入为一次。

利息、股息、红利所得，以支付利息、股息、红利时取得的收入为一次。

偶然所得，以每次取得该项收入为一次。

五、应纳税所得额的其他规定

个人取得的应纳税所得，包括现金、实物和有价证券。所得为实物的，应当按照取得的凭证上所注明的价格计算应纳税所得额；无凭证的实物或者凭证上所注明的价格明显偏低的，由主管税务机关参照当地的市场价格核定应纳税所得额。所得为有价证券的，由主管税务机关根据票面价格和市场价格核定应纳税所得额。

两个以上纳税人共同取得同一项所得，应先分配收入，再各自减除费用计税。

对个人从事技术转让、提供劳务等过程中所支付的中介费，如能提供有效、合法凭证的，允许从其所得中扣除。

六、应纳税所得额的特殊规定

（一）关于全年一次性奖金、中央企业负责人年度绩效薪金延期兑现收入和任期奖励的政策

（1）居民个人取得全年一次性奖金，符合《国家税务总局关于调整个人取得全年一次性奖金等计算征收个人所得税方法问题的通知》规定的，在2021年12月31日前，不并入当年综合所得，以全年一次性奖金收入除以12个月得到的数额，按照本通知所附按月换算后的综合所得税率表（见表5-4），确定适用税率和速算扣除数，单独计算纳税。计算公式为：

$$应纳税额 = 全年一次性奖金收入 \times 适用税率 - 速算扣除数$$

居民个人取得全年一次性奖金，也可以选择并入当年综合所得计算纳税。

该规定的全年一次性奖金单独计税优惠政策，执行期限延长至2027年12月31日。

【提醒您】

①在一个纳税年度内，对每一个纳税人，选择不并入综合所得而单独计税的

计税办法只允许采用一次。

②居民个人取得除全年一次性奖金以外的其他各种名目奖金，如半年奖、季度奖、加班奖、先进奖、考勤奖等，一律并入当月工资、薪金收入合并，按税法规定缴纳个人所得税。

（2）中央企业负责人取得年度绩效薪金延期兑现收入和任期奖励，符合《国家税务总局关于中央企业负责人年度绩效薪金延期兑现收入和任期奖励征收个人所得税问题的通知》规定的，在 2023 年 12 月 31 日前，可以选择不并入当年综合所得，也可以选择并入当年综合所得进行年度汇算。

选择不并入当年综合所得的，以该笔收入除以 12 个月得到的数额，按照按月换算后的综合所得税率表，确定适用税率和速算扣除数，单独计算纳税。计算公式为：

$$应纳税额 = \frac{年度绩效薪金延期兑现收入和任期奖励}{12} \times 月度适用税率 - 速算扣除数$$

（二）关于上市公司股权激励的政策

（1）居民个人取得股票期权、股票增值权、限制性股票、股权奖励等股权激励（以下简称股权激励），符合《财政部　国家税务总局关于个人股票期权所得征收个人所得税问题的通知》《财政部国家税务总局关于股票增值权所得和限制性股票所得征收个人所得税有关问题的通知》《财政部　国家税务总局关于将国家自主创新示范区有关税收试点政策推广到全国范围实施的通知》第四条、《财政部　国家税务总局关于完善股权激励和技术入股有关所得税政策的通知》第四条第（一）项规定的相关条件的，在 2027 年 12 月 31 日前，不并入当年综合所得，全额单独适用综合所得税率表，计算纳税。计算公式为：

$$应纳税额 = 股权激励收入 \times 适用税率 - 速算扣除数$$

（2）居民个人一个纳税年度内取得两次以上（含两次）股权激励的，应合并按本通知第二条第（一）项规定计算纳税。

（三）关于保险营销员、证券经纪人佣金收入的政策

保险营销员、证券经纪人取得的佣金收入，属于劳务报酬所得，以不含增值税的收入减除 20% 的费用后的余额为收入额，收入额减去展业成本以及附加税费后，并入当年综合所得，计算缴纳个人所得税。保险营销员、证券经纪人展业成本按照收入额的 25% 计算。

扣缴义务人向保险营销员、证券经纪人支付佣金收入时，应按照《个人所得税扣缴申报管理办法（试行）》规定的累计预扣法计算预扣税款。

关于股票期权涉税情况图示

（四）关于个人领取企业年金、职业年金的政策

个人达到国家规定的退休年龄，领取的企业年金、职业年金，符合《财政部 人力资源社会保障部 国家税务总局关于企业年金职业年金个人所得税有关问题的通知》规定的，不并入综合所得，全额单独计算应纳税款。其中按月领取的，适用月度税率表计算纳税；按季领取的，平均分摊计入各月，按每月领取额适用月度税率表计算纳税；按年领取的，适用综合所得税率表计算纳税。

个人因出境定居而一次性领取的年金个人账户资金，或个人死亡后，其指定的受益人或法定继承人一次性领取的年金个人账户余额，适用综合所得税率表计算纳税。对个人除上述特殊原因外一次性领取年金个人账户资金或余额的，适用月度税率表计算纳税。

（五）关于解除劳动关系、提前退休、内部退养的一次性补偿收入的政策

（1）个人与用人单位解除劳动关系取得一次性补偿收入（包括用人单位发放的经济补偿金、生活补助费和其他补助费），在当地上年职工平均工资 3 倍数额以内的部分，免征个人所得税；超过 3 倍数额的部分，不并入当年综合所得，单独适用综合所得税率表，计算纳税。

（2）个人办理提前退休手续而取得的一次性补贴收入，应按照办理提前退休手续至法定离退休年龄之间实际年度数平均分摊，确定适用税率和速算扣除数，单独适用综合所得税率表，计算纳税。计算公式为：

$$应纳税额 = \left[\left(\frac{一次性补贴收入}{办理提前退休手续至法定退休年龄的实际年度数} - 费用扣除标准\right) \times 适用税率 - 速算扣除数\right] \times 办理提前退休手续至法定退休年龄的实际年度数$$

（3）个人办理内部退养手续而取得的一次性补贴收入，按照《国家税务总局关于个人所得税有关政策问题的通知》规定计算纳税。

（六）关于单位低价向职工售房的政策

单位按低于购置或建造成本价格出售住房给职工，职工因此而少支出的差价部分，符合《财政部 国家税务总局关于单位低价向职工售房有关个人所得税问题的通知》第二条规定的，不并入当年综合所得，以差价收入除以 12 个月得到的数额，按照月度税率表确定适用税率和速算扣除数，单独计算纳税。计算公式为：

$$应纳税额 = 职工实际支付的购房价款低于该房屋的购置或建造成本价格的差额 \times 适用税率 - 速算扣除数$$

（七）关于外籍个人有关津补贴的政策

（1）2019 年 1 月 1 日至 2021 年 12 月 31 日期间，外籍个人符合居民个人条件的，可以选择享受个人所得税专项附加扣除，也可以选择按照《财政部　国家税务总局关于个人所得税若干政策问题的通知》《国家税务总局关于外籍个人取得有关补贴征免个人所得税执行问题的通知》《财政部　国家税务总局关于外籍个人取得港澳地区住房等补贴征免个人所得税的通知》规定，享受住房补贴、语言训练费、子女教育费等津补贴免税优惠政策，但不得同时享受。外籍个人一经选择，在一个纳税年度内不得变更。

（2）自 2022 年 1 月 1 日起，外籍个人不再享受住房补贴、语言训练费、子女教育费津补贴免税优惠政策，应按规定享受专项附加扣除。

第三节　应纳税额的计算

依照税法规定的适用税率和费用扣除标准，各项所得的应纳税额，应分别计算如下。

一、综合所得应纳税额的计算

居民个人的综合所得，以每一纳税年度的收入额减除费用 60 000 元以及专项扣除、专项附加扣除和依法确定的其他扣除后的余额，为应纳税所得额。在确定应纳税所得额的基础上计算税额。

具体步骤为如下。

第一步：确定收入额。

（1）工资薪金收入全额计入收入额。

（2）劳务报酬、特许权使用费收入的 80% 作为收入额。

（3）稿酬收入的 56%（70%×80%）作为收入额。

第二步：汇总综合所得的收入额，进行规定扣除后计算出应纳税所得额。

按照规定标准确定居民个人四项所得的收入额，再以每年收入额减除费用 60 000 元以及专项扣除、专项附加扣除和依法确定的其他扣除后的余额，为应纳税所得额。

第三步：根据应纳税所得额，使用表 5 - 3 综合所得个人所得税税率表，确定税率及速算扣除数，计算应纳税额。

$$应纳税额 = 应纳税所得额 \times 适用税率 - 速算扣除数$$
$$= （每一纳税年度的收入额 - 费用 60\ 000 元 - 专项扣除$$
$$- 专项附加扣除 - 其他扣除）\times 适用税率 - 速算扣除数$$

【例 5 - 17 · 计算题】甲公司职员李某 2023 年全年取得工资、薪金收入 180 000 元。当地规定的社会保险和住房公积金个人缴存比例：基本养老保险 8%，基本医疗保险 2%，失业保险 0.5%，住房公积金 12%。李某缴纳社会保险费核定的月缴费工资基数为 10 000 元。李某正在偿还首套住房贷款及利息；李某为独生女，其独生子正在读大学 3 年级；李某父母均已年过 60 岁。李某夫妻约定由李某扣除住房贷款利息和子女教育费。计算李某 2023 年应缴纳的个人所得税税额。

【答案及解析】（1）法定扣除项目见表 5 - 6。

表 5 - 6　　　　　　　　　　　　　法定扣除项目

项目		金额（元）
减除费用		60 000
专项扣除		10 000 × (8% + 2% + 0.5% + 12%) × 12 = 27 000
专项附加扣除	子女教育	24 000
	住房贷款利息	12 000
	赡养老人	36 000
合计		159 000

（2）应纳税所得额 = 180 000 - 159 000 = 21 000（元）

（3）应纳税额 = 21 000 × 3% = 630（元）

【例 5 - 18 · 计算题】中国公民陈某为国内某大学教授，其 2023 年收入及相关情况如下：（1）工资、薪金收入 250 000 元，专项扣除 40 000 元；（2）劳务报酬所得 8 000 元，稿酬所得 5 000 元；（3）陈某的首套房还在偿还贷款，陈某无其他专项附加扣除项目，请计算陈某 2023 年应缴纳的个人所得税税额。

【答案及解析】应纳税所得额 = 250 000 + 8 000 × (1 - 20%) + 5 000 × (1 - 20%) × 70% - 60 000 - 40 000 - 12 000 = 147 200（元）

查找税率表，适用税率 20%、速算扣除数 16 920。

应纳税额 = 147 200 × 20% - 16 920 = 12 520（元）

二、工资、薪金所得应预缴税额的计算

扣缴义务人向居民个人支付工资、薪金所得时，按照累计预扣法计算预扣税款，并按月办理扣缴申报。累计预扣法，是指扣缴义务人在一个纳税年度内预扣预缴税款时，以纳税人在本单位截至本月取得工资、薪金所得累计收入减除累计免税收入、累计减除费用、累计专项扣除、累计专项附加扣除和累计依法确定的其他扣除后的余额为累计预扣预缴应纳税所得额，适用个人所得税预扣率表一（见表 5 - 7），计算累计应预扣预缴税额，再减除累计减免税额和累计已预扣预缴

税额,其余额为本期应预扣预缴税额。余额为负值时,暂不退税。纳税年度终了后余额仍为负值时,由纳税人通过办理综合所得年度汇算清缴,税款多退少补。

表5-7　个人所得税预扣率表一（居民个人工资、薪金所得预扣预缴适用）

级数	累计预扣预缴应纳税所得额	预扣率（%）	速算扣除数（元）
1	不超过36 000元的部分	3	0
2	超过36 000元至144 000元的部分	10	2 520
3	超过144 000元至300 000元的部分	20	16 920
4	超过300 000元至420 000元的部分	25	31 920
5	超过420 000元至660 000元的部分	30	52 920
6	超过660 000元至960 000元的部分	35	85 920
7	超过960 000元的部分	45	181 920

具体计算公式为:

$$本期应预扣预缴税额 = \left(累计预扣预缴应纳税所得额 \times 预扣率 - 速算扣除数\right) - 累计减免税额 - 累计已预扣预缴税额$$

$$累计预扣预缴应纳税所得额 = 累计收入 - 累计免税收入 - 累计减除费用 - 累计专项扣除 - 累计专项附加扣除 - 累计依法确定的其他扣除$$

其中,累计减除费用,按照5 000元/月乘以纳税人当年截至本月在本单位的任职受雇月份数计算。即纳税人如果5月入职,则扣缴义务人发放5月工资扣缴税款时,减除费用按5 000元计算;6月发工资扣缴税款时,减除费用按10 000元计算,以此类推。

【例5-19·计算题】职工张某（居民个人）在某单位工作多年,其工资薪金月收入30 000元,个人负担三险一金3 800元,每月专项附加扣除3 000元,计算扣缴义务人在2023年1月、2月、3月支付工资薪金时,应预扣个人所得税多少钱?

【答案及解析】1月应纳税额计算过程为:

(1) 1月预扣预缴应纳税所得额 = 30 000 - 5 000 - 3 800 - 3 000 = 18 200（元）

(2) 查找综合所得年度税率表,适用3%税率。

(3) 1月应预扣预缴税额 = 18 200 × 3% = 546（元）

2月应纳税额计算过程为:

(1) 1~2月累计预扣预缴应纳税所得额 = 30 000 × 2 - 5 000 × 2 - 3 800 × 2 - 3 000 × 2 = 36 400（元）

(2) 查找综合所得年度税率表,适用10%税率,速算扣除数为2 520。

(3) 1~2月累计应预扣预缴税额 = 36 400 × 10% - 2 520 = 1 120（元）

2月应预扣预缴税额 = 1 120 - 546 = 574（元）

3 月应纳税额计算过程为：

（1）1～3 月累计预扣预缴应纳税所得额 = 30 000 × 3 − 5 000 × 3 − 3 800 × 3 − 3 000 × 3 = 54 600（元）

（2）查找综合所得年度税率表，适用 10% 税率，速算扣除数为 2 520。

（3）1～3 月累计应预扣预缴税额 = 54 600 × 10% − 2 520 = 2 940（元）

3 月应预扣预缴税额 = 2 940 − 546 − 574 = 1 820（元）

三、劳务报酬所得、稿酬所得、特许权使用费所得预扣预缴税款的确定

扣缴义务人向居民个人或非居民个人支付劳务报酬所得、稿酬所得和特许权使用费所得的，按以下方法按次或者按月预扣预缴个人所得税：劳务报酬所得、稿酬所得、特许权使用费所得以每次收入减除费用后的余额为收入额；其中，稿酬所得的收入额减按 70% 计算。

预扣预缴税款时，劳务报酬所得、稿酬所得、特许权使用费所得每次收入不超过 4 000 元的，减除费用按 800 元计算；每次收入 4 000 元以上的，减除费用按收入的 20% 计算。劳务报酬所得、稿酬所得、特许权使用费所得，以每次收入额为预扣预缴应纳税所得额，计算应预扣预缴税额。

（一）劳务报酬所得的预扣预缴

劳务报酬所得适用个人所得税预扣率表二（见表 5 − 8），稿酬所得、特许权使用费所得适用 20% 的比例预扣率。

表 5 − 8　　个人所得税预扣率表二（居民个人劳务报酬所得预扣预缴适用）

级数	预扣预缴应纳税所得额	预扣率（%）	速算扣除数（元）
1	不超过 20 000 元的部分	20	0
2	超过 20 000 元至 50 000 元的部分	30	2 000
3	超过 50 000 元的部分	40	7 000

（1）每次收入不足 4 000 元的：

$$应预缴税额 = 应纳税所得额 × 适用税率$$

或
$$= （每次收入额 − 800）× 20\%$$

（2）每次收入在 4 000 元以上的：

$$应预缴税额 = 应纳税所得额 × 适用税率 = 每次收入额 × （1 − 20\%）× 20\%$$

（3）每次收入的应纳税所得额超过 2 万元的：

$$应预缴税额 = 应纳税所得额 × 适用税率 − 速算扣除数$$

或
$$= 每次收入额 × （1 − 20\%）× 适用税率 − 速算扣除数$$

【例5-20·计算题】某人2023年8月一次性取得表演收入80 000元,讲课收入3 000元,计算其应预缴的个人所得税税额。

【答案及解析】表演应预缴税额=每次收入额×(1-20%)×适用税率-速算扣除数=80 000×(1-20%)×40%-7 000=18 600(元)

讲课收入应预缴税额=(3 000-800)×20%=440(元)

(二)稿酬所得应预缴税额的计算

稿酬所得应预缴税额的计算公式为:

(1)每次收入不足4 000元的:

$$应预缴税额=应纳税所得额×适用税率×(1-30\%)$$
$$=(每次收入额-800)×20\%×(1-30\%)$$

(2)每次收入在4 000元以上的:

$$应预缴税额=应纳税所得额×适用税率×(1-30\%)$$
$$=每次收入额×(1-20\%)×20\%×(1-30\%)$$

【例5-21·判断题】国内某作家将其小说委托中国一位译者译成英文后送交国外出版商出版发行。作家与译者就翻译费达成协议如下:小说出版后作者署名,译者不署名;作家分两次向该译者支付翻译费,一次是译稿完成后支付10 000元人民币,另一次是小说在国外出版后将稿酬所得的10%支付给译者。该译者这两笔所得均为稿酬所得,并且应该算两次所得。 ( )

【答案及解析】错。两笔所得均为劳务报酬所得,并且应该算一次劳务所得。

【例5-22·多选题】下列选项中,符合税法规定的有( )。

A. 若个人发表一作品,出版单位分三次支付稿酬,则这三次稿酬应合并为一次纳税

B. 若个人在两处出版同一作品而分别取得稿酬,则应分别各处所得单独纳税

C. 若因作品加印而获得稿酬,应就此次稿酬单独纳税

D. 个人的同一作品连载之后又出书取得稿酬的,应视同再版稿酬分别征税

【答案】ABD

【例5-23·计算题】某作家出版小说获得稿酬收入3万元,脱销后加印又追加稿酬2万元,请计算其应预缴的个人所得税税额。

【答案及解析】加印应合并为一次稿酬所得纳税:

预缴税款应纳税所得额=50 000×(1-20%)=40 000(元)

应预缴税额=40 000×20%×(1-30%)=5 600(元)

(三)特许权使用费所得应预缴税额的计算

特许权使用费所得应纳税额的计算公式为:

（1）每次收入不足 4 000 元的：

应预缴税额 = 应纳税所得额 × 适用税率 =（每次收入额 − 800）× 20%

（2）每次收入在 4 000 元以上的：

应预缴税额 = 应纳税所得额 × 适用税率 = 每次收入额 ×（1 − 20%）× 20%

【例 5 − 24 · 单选题】 2023 年 6 月，某电视剧制作中心编剧张某从该中心取得剧本使用费 10 000 元。张某 6 月份应预缴个人所得税（　　）元。

A. 2 000　　　　　B. 745　　　　　C. 1 800　　　　　D. 1 600

【答案】 D

【解析】 应预缴税额 = 10 000 ×（1 − 20%）× 20% = 1 600（元）

四、非居民个人工资、薪金应纳税额的计算

非居民个人工资、薪金所得应纳税额的计算公式为：

应纳税额 = 应纳税所得额 × 适用税率 − 速算扣除数

使用月度税率表 5 − 4。

【例 5 − 25 · 计算题】 某在外资企业中工作的美国专家（非居民个人），2023 年 2 月取得该企业发放的工资 15 000 元，请计算其应纳个人所得税额。

【答案及解析】 应纳税所得额 = 15 000 − 5 000 = 10 000（元）
应纳个人所得税 = 10 000 × 10% − 210 = 790（元）

五、经营所得应纳税额的计算

对个体工商户业主、个人独资企业和合伙企业自然人投资者、企事业单位承包承租经营者取得的生产经营所得，减除费用按照 5 000 元/月执行。

（1）月（季）度预缴税款的计算：

本期应缴税额 = 累计应纳税额 − 累计已缴税额

（2）年度汇算清缴税款的计算：

汇缴应补退税额 = 全年应纳税额 − 累计已缴税额

$$= \left(\begin{array}{c}\text{全年收入}\\\text{总额}\end{array} - \begin{array}{c}\text{成本、费用}\\\text{以及损失}\end{array}\right) \times \text{适用税率} - \text{速算扣除数}$$

【例 5 − 26 · 计算题】 甲为一家五金店（个体工商户）A 的业主，该个体工商户生产经营所得个人所得税征收方式是查账征收，2022 年 1 月至 12 月 A 收入总额 120 万元，累计发生成本费用 80 万元，可弥补以前年度亏损 10 万元，1 月

至 12 月累计已预缴生产经营所得个人所得税 3 000 元。甲该如何申报生产经营所得个人所得税？

【答案及解析】 利润总额 = 1 200 000 – 800 000 = 400 000（元）

弥补以前年度亏损为 100 000 元。

投资者减除费用 = 5 000 × 12 = 60 000（元）

应纳税所得额 = 200 000 – 100 000 – 60 000 = 40 000（元）

税率 10% 速算扣除数 1 500。

应纳税额 = 40 000 × 10% – 1 500 = 3 500（元）

应补（退）税额 = 3 500 – 3 000 = 500（元）

自 2021 年 1 月 1 日至 2022 年 12 月 31 日，对个体工商户年应纳税所得额不超过 100 万元的部分，在现行优惠政策基础上，减半征收个人所得税。自 2023 年 1 月 1 日至 2027 年 12 月 31 日，对个体工商户年应纳税所得额不超过 200 万元的部分，减半征收个人所得税。

$$减免税额 = \left[\begin{array}{c} 个体工商户经营所得 \\ 应纳税所得额不超过 \\ 100 万元（或 200 万元） \\ 部分的应纳税额 \end{array} - 其他政策 \atop 减免税额 \times \begin{array}{c} 个体工商户经营所得 \\ 应纳税所得额不超过 \\ 100 万元（或 200 万元） \\ 部分 \end{array} \over 经营所得应纳税所得额 \right] \times 50\%$$

六、利息、股息、红利所得应纳税额的计算

利息、股息、红利所得应纳税额的计算公式为：

$$应纳税额 = 应纳税所得额 \times 适用税率 = 每次收入额 \times 20\%$$

对储蓄存款利息，2007 年 8 月 15 日前税率为 20%，2007 年 8 月 15 日起税率为 5%，从 2008 年 10 月 9 日起，暂免征收个人所得税。

【例 5 – 27·计算题】 王某为某公司的股东，年底该公司将价值 10 000 元的自产产品作为分红分给王某，此行为中王某应纳多少个人所得税？

【答案及解析】 10 000 元的产品应视作股息红利所得。

应纳税额 = 10 000 × 20% = 2 000（元）

七、财产租赁所得应纳税额的计算

财产租赁所得以 1 个月内取得的收入为一次。

在确定财产租赁的应纳税所得额时，纳税人在出租财产过程中缴纳的税金和教育费附加，可持完税（缴款）凭证，从其财产租赁收入中扣除。准予扣除的项目除了规定费用和有关税、费外，还准予扣除能够提供有效、准确凭证，证明

由纳税人负担的该出租财产实际开支的修缮费用。允许扣除的修缮费用，以每次800元为限。一次扣除不完的，准予在下一次继续扣除，直到扣完为止。

个人出租财产取得的财产租赁收入，在计算缴纳个人所得税时，应依次扣除以下费用：

（1）财产租赁过程中缴纳的税费；

（2）由纳税人负担的该出租财产实际开支的修缮费用；

（3）税法规定的费用扣除标准。

应纳税所得额的计算公式为：

（1）每次（月）收入不超过4 000元的：

$$应纳税所得额 = 每次(月)收入额 - 准予扣除项目 - 修缮费用(800元为限) - 800元$$

（2）每次（月）收入超过4 000元的：

$$应纳税所得额 = [每次(月)收入额 - 准予扣除项目 - 修缮费用(800元为限)] \times (1 - 20\%)$$

财产租赁所得适用20%的比例税率。但对个人按市场价格出租的居民住房取得的所得，自2001年1月1日起暂减按10%的税率征收个人所得税。其应纳税额的计算公式为：

$$应纳税额 = 应纳税所得额 \times 适用税率$$

【例5-28·计算题】袁某于2023年4月将房屋出租，租金收入1 000元，缴纳税费50元，发生修理费250元，问当月应该缴纳个人所得税多少？

【答案及解析】应纳税所得额 = 1 000 - 50 - 250 - 800 = -100（元）< 0，应纳税额为0。

【例5-29·计算题】张某于2023年1月将其自有的4间面积为200平方米的房屋出租给李某作经营场所，租期1年。张某每月取得租金收入8 000元，全年租金收入96 000元，每月缴纳增值税400元（不考虑其他税费）。3月因修理下水道，发生修理费1 000元，计算刘某全年租金收入应缴纳的个人所得税。

【答案及解析】财产租赁收入以每月内取得的收入为一次，因此：

（1）1月、2月、5~12月每月应纳税额 = (8 000 - 400) × (1 - 20%) × 20% = 1 216（元）

（2）3月应纳税额 = (8 000 - 400 - 800) × (1 - 20%) × 20% = 1 088（元）

（3）4月应纳税额 = (8 000 - 400 - 200) × (1 - 20%) × 20% = 1 184（元）

全年应纳税额 = 1 216 × 10 + 1 088 + 1 184 = 14 432（元）

【例5-30·计算题】2023年6月，贺某将自有居民住房按市场价出租，取得租金2 200元，计算当月应纳个人所得税额。

【答案及解析】应纳税额 = (2 200 - 800) × 10% = 140（元）

八、财产转让所得应纳税额的计算

财产转让所得应纳税额的计算公式为：

$$应纳税额 = 应纳税所得额 \times 适用税率$$
$$= （收入总额 - 财产原值 - 合理税费） \times 20\%$$

（1）财产原值，是指：

①有价证券，为买入价以及买入时按照规定交纳的有关费用；

②建筑物，为建造费或购进价格以及其他有关费用；

③土地使用权，为取得土地使用权所支付的金额，开发土地的费用以及其他有关费用；

④机器设备、车船，为购进价格、运输费、安装费以及其他有关费用；

⑤其他财产，参照以上方法确定；

⑥纳税义务人未提供完整、准确的财产原值凭证的，不能正确计算财产原值的，由主管税务机关核定其财产原值。

（2）财产转让所得计税时允许扣除的合理费用，是指卖出财产时按规定支付的有关费用。

（3）个人转让住房所得应纳税额，是指：

①以实际成交价格为转让收入。

②纳税人可凭原购房合同、发票等有效凭证，经税务机关审核后，允许从其转让收入中减除房屋原值、转让住房过程中缴纳的税金及有关合理费用。

③房屋原值具体包括以下 5 种。

其一，商品房：购置该房屋时实际支付的房价款及交纳的相关税费。

其二，自建住房：实际发生的建造费用及建造和取得产权时实际交纳的相关税费。

其三，经济适用房（含集资合作建房、安居工程住房）：原购房人实际支付的房价款及相关税费，以及按规定交纳的土地出让金。

其四，已购公有住房：原购公有住房标准面积按当地经济适用房价格计算的房价款，加上原购公有住房超标准面积实际支付的房价款以及按规定向财政部门（或原产权单位）交纳的所得收益及相关税费。已购公有住房是指城镇职工根据国家和县级（含县级）以上人民政府有关城镇住房制度改革政策规定，按照成本价（或标准价）购买的公有住房。经济适用房价格按县级（含县级）以上地方人民政府规定的标准确定。

其五，城镇拆迁安置住房，其原值分别为：房屋拆迁取得货币补偿后购置房屋的，为购置该房屋实际支付的房价款及交纳的相关税费；房屋拆迁采取产权调换方式的，所调换房屋原值为《房屋拆迁补偿安置协议》注明的价款及交纳的相关税费；房屋拆迁采取产权调换方式，被拆迁人除取得所调换房屋。又取得部分货币补偿的，所调换房屋原值为《房屋拆迁补偿安置协议》注明的价款和交纳的相关税费，减去货币补偿后的余额；房屋拆迁采取产权调换方式，被拆迁人取得所调换房屋，又支付部分货币的，所调换房屋原值为《房屋拆迁补偿安置协议》注明的价款，加上所支付的货币及交纳的相关税费。

④转让住房过程中缴纳的税金是指，纳税人在转让住房时实际缴纳的营业税、城市维护建设税、教育费附加、土地增值税、印花税等税金。

⑤合理费用是指，纳税人按照规定实际支付的住房装修费用、住房贷款利息、手续费、公证费等费用。

（4）个人销售无偿受赠不动产应纳税额的计算：

①受赠人取得赠与人无偿赠与的不动产后，再次转让该项不动产的。在缴纳个人所得税时，以财产转让收入减除受赠、转让住房过程中缴纳的税金及有关合理费用后的余额为应纳税所得额，按20%的适用税率计算缴纳个人所得税。即：

其一，按财产转让所得征收。

其二，按财产转让收入减除受赠、转让住房过程中缴纳的税金及有关合理费用后的余额为应纳税所得额，按20%的适用税率计算缴纳个人所得税。

其三，税务机关不得核定征收。

②在受赠和转让住房过程中缴纳的税金，个人转让住房和受赠住房涉及的其他税金，按相关的规定处理。

（5）个人转让境内上市公司股票转让所得免征个人所得税；非上市公司股权转让所得，按照财产转让所得征税。自然人转让所投资企业股权（份）取得所得，按照公平交易价格计算并确定计税依据。纳税人再次转让所受让的股权的，股权转让的成本为前次转让的交易价格及买方负担的相关税费。

（6）个人因购买和处置债权取得所得的计税方法。

个人通过招标、竞拍或其他方式购置债权以后，通过相关司法或行政程序主张债权而取得的所得，应按照"财产转让所得"项目缴个人所得税。

个人通过上述方式取得"打包"债权，只处置部分债权的，其应纳税所得额按以下方式确定：

①以每次处置部分债权的所得，作为一次财产转让所得征税。

②其应税收入按照个人取得的货币资产和非货币资产的评估价值或市场价值的合计数确定。

③所处置债权成本费用（即财产原值），按下列公式计算：

$$当次处置债权成本费用 = \frac{个人购置"打包"债权实际支出 \times 当次处置债权账面价值（或拍卖机构公布价值）}{"打包"债权账面价值（或拍卖机构公布价值）}$$

④个人购买和处置债权过程中发生的拍卖招标手续费、诉讼费、审计评估费

以及缴纳的税金等合理税费，在计算个人所得税时允许扣除。

【例5－31·单选题】吴某购买"打包"债权实际支出为40万元，2023年3月处置该债权的40%，处置收入25万元，在债权处置过程中发生评估费用2万元。吴某处置"打包"债权应缴纳个人所得税（   ）万元。

A. 1.2 　　　　　 B. 1.4 　　　　　 C. 1.56 　　　　　 D. 1.8

【答案】B

【解析】处置债权成本费用即购置成本 = 40×40% = 16（万元）

该债权转让所得额 = 25 － (16 + 2) = 7（万元）

应纳税额 = 7×20% = 1.4（万元）

【例5－32·计算题】某人建房一栋，造价450 000元，支付其他费用30 000元。建成后将房屋出售，售价800 000元，在卖房过程中按规定支付交易费等有关费用35 000元，其应纳个人所得税税额是多少？

【答案及解析】应纳税所得额 = 财产转让收入 － 财产原值 － 合理费用 = 800 000 － (450 000 + 30 000) － 35 000 = 285 000（元）

应纳税额 = 285 000×20% = 57 000（元）

九、偶然所得应纳税额的计算

偶然所得应纳税额的计算公式为：

$$应纳税额 = 应纳税所得额 × 适用税率 = 每次收入额 ×20\%$$

【例5－33·计算题】陈某在参加商场的有奖销售过程中，中奖所得共计价值20 000元。陈某领奖时告知商场，从中奖收入中拿出5 000元通过教育部门向某希望小学捐赠。按照规定，计算商场代扣代缴个人所得税后，陈某实际可得中奖金额。

【答案及解析】（1）根据税法有关规定，陈某的捐赠额可以全部从应纳税所得额中扣除（因为5 000÷20 000 = 25%，小于捐赠扣除比例30%）。

（2）应纳税所得额 = 20 000 － 5 000 = 15 000（元）

（3）应纳税额（即商场代扣税款）= 15 000×20% = 3 000（元）

（4）陈某实际可得金额 = 20 000 － 5 000 － 3 000 = 12 000（元）

第四节　税收优惠

个人所得税法及其实施条例以及财政部、国家税务总局的若干规定等，都对个人所得项目给予了减税免税的优惠。

一、下列各项个人所得，免征个人所得税

（1）省级人民政府、国务院部委和中国人民解放军以上单位，以及外国组织颁发的科学、教育、技术、文化、卫生、体育、环境保护等方面的奖金。

（2）国债和国家发行的金融债券利息，地方政府债券利息。这里所说的国债利息，是指个人持有中华人民共和国财政部发行的债券而取得的利息所得；所说的国家发行的金融债券利息，是指个人持有经国务院批准发行的金融债券而取得的利息所得。

（3）按照国家统一规定发给的补贴、津贴，是指按照国务院规定发给的政府特殊津贴和国务院规定免征个人所得税的补贴、津贴。发给中国科学院资深院士和中国工程院资深院士每人的资深院士津贴免予征收个人所得税。

（4）福利费、抚恤金、救济金。

其中，福利费，是指根据国家有关规定，从企业、事业单位、国家机关、社会团体提留的福利费或者工会经费中支付给个人的生活补助费；救济金，是指国家民政部门支付给个人的生活困难补助费。

（5）保险赔款。

（6）军人的转业费、复员费、退役金。

（7）按照国家统一规定发给干部、职工的安家费、退职费、退休金、离休工资、基本养老金或者退休费、离休费、离休生活补助费。

①个人取得的不符合规定的退职条件和退职费标准的退职费收入，应属于与其任职、受雇活动有关的工资、薪金性质的所得，应在取得的当月按工资、薪金所得计算缴纳个人所得税。对退职人员一次取得较高退职费收入的，可视为其一次取得数月的工资、薪金收入，并以原每月工资、薪金收入总额为标准，划分为若干月的工资、薪金收入后，计算个人所得税的应纳税所得额及税额。但按上述方法划分超过了6个月工资、薪金收入的，应按6个月平均划分计算。个人取得全部退职费收入的应纳税款，应由其原雇主在支付退职费时负责代扣，并于次月7日内缴入国库。

②个人退职后6个月内又再次任职、受雇的，对个人已缴纳个人所得税的退职费收入，不再与再次任职、受雇取得的工资、薪金所得合并计算补缴个人所得税。

（8）依照我国删除有关法律规定应予免税的各国驻华使馆、领事馆的外交代表、领事官员和其他人员的所得。上述"所得"，是指依照《中华人民共和国外交特权与豁免条例》《中华人民共和国领事特权与豁免条例》规定免税的所得。

（9）中国政府参加的国际公约以及签订的协议中规定免税的所得。

（10）经国务院财政部门批准免税的所得。

第（10）项免税规定，由国务院报全国人民代表大会常务委员会备案。

二、有下列情形之一的，经批准可以减征个人所得税

（1）残疾、孤老人员和烈属的所得。

（2）因严重自然灾害造成重大损失的。

三、下列所得，暂免征收个人所得税

根据《财政部　国家税务总局关于个人所得税若干政策问题的通知》和有关文件的规定，对下列所得暂免征收个人所得税：

（1）外籍个人以非现金形式或实报实销形式取得的住房补贴、伙食补贴、搬迁费、洗衣费。

（2）外籍个人按合理标准取得的境内、境外出差补贴。

（3）外籍个人取得的语言训练费、子女教育费等，经当地税务机关审核批准为合理的部分。

（4）外籍个人从外商投资企业取得的股息、红利所得。

（5）凡符合下列条件之一的外籍专家取得的工资、薪金所得，可免征个人所得税：①根据世界银行专项借款协议，由世界银行直接派往我国工作的外国专家；②联合国组织直接派往我国工作的专家；③为联合国援助项目来华工作的专家；④援助国派往我国专为该国援助项目工作的专家；⑤根据两国政府签订的文化交流项目来华工作两年以内的文教专家，其工资、薪金所得由该国负担的；⑥根据我国大专院校国际交流项目来华工作两年以内的文教专家，其工资、薪金所得由该国负担的；⑦通过民间科研协定来华工作的专家，其工资、薪金所得由该国政府机构负担的。

（6）对股票转让所得暂不征收个人所得税。

（7）个人举报、协查各种违法、犯罪行为而获得的奖金。

（8）个人办理代扣代缴手续，按规定取得的扣缴手续费。

（9）个人转让自用达5年以上，并且是唯一的家庭生活用房取得的所得，暂免征收个人所得税。

（10）对个人购买福利彩票、赈灾彩票、体育彩票，一次中奖收入在1万元以下的（含1万元）暂免征收个人所得税，超过1万元的，全额征收个人所得税。电脑彩票以同一人在同一期同一游戏中获得的全部奖金为一次中奖收入，即开型彩票以一张彩票奖金为一次中奖收入。

（11）个人取得单张有奖发票奖金所得不超过800元（含）的，暂免征收个人所得税。

（12）达到离休、退休年龄，但确因工作需要，适当延长离休、退休年龄的

个人转让住房
相关税收问题

高级专家（指享受国家发放的政府特殊津贴的专家、学者），其在延长离休、退休期间的工资、薪金所得，视同离休、退休工资免征个人所得税。

（13）对国有企业职工，因企业依照《中华人民共和国企业破产法（试行）》宣告破产，从破产企业取得的一次性安置费收入，免予征收个人所得税。

（14）职工与用人单位解除劳动关系取得的一次性补偿收入（包括用人单位发放的经济补偿金、生活补助费和其他补助费用），在当地上年职工年平均工资3倍数额内的部分，可免征个人所得税。

（15）个人领取原提存的住房公积金、基本医疗保险金、基本养老保险金，以及失业保险金，免予征收个人所得税。

（16）对工伤职工及其近亲属按照《工伤保险条例》规定取得的工伤保险待遇，免征个人所得税。

（17）企业和事业单位根据国家有关政策规定的办法和标准，为在本单位任职或者受雇的全体职工缴付的企业年金或职业年金单位缴费部分，在计入个人账户时，个人暂不缴纳个人所得税。个人根据国家有关政策规定缴付的年金个人缴费部分，在不超过本人缴费工资计税基数的4%标准内的部分，暂从个人当期的应纳税所得额中扣除。年金基金投资运营收益分配计入个人账户时，个人暂不缴纳个人所得税。

（18）自2008年10月9日（含）起，对储蓄存款利息所得暂免征收个人所得税。

（19）自2015年9月8日起，个人从公开发行和转让市场取得的上市公司股票，持股期限超过1年的，股息红利所得暂免征收个人所得税。

（20）自2009年5月25日（含）起，以下情形的房屋产权无偿赠与的，对当事双方不征收个人所得税：①房屋产权所有人将房屋产权无偿赠与配偶、父母、子女、祖父母、外祖父母、孙子女、外孙子女、兄弟姐妹；②房屋产权所有人将房屋产权无偿赠与对其承担直接抚养或者赡养义务的抚养人或者赡养人；③房屋产权所有人死亡，依法取得房屋产权的法定继承人、遗嘱继承人或者受遗赠人。

（21）个体工商户、个人独资企业和合伙企业或个人从事种植业、养殖业、饲养业、捕捞业取得的所得，暂不征收个人所得税。

（22）企业在销售商品（产品）和提供服务过程中向个人赠送礼品，属于下列情形之一的，不征收个人所得税：

①企业通过价格折扣、折让方式向个人销售商品（产品）和提供服务；

②企业在向个人销售商品（产品）和提供服务的同时给予赠品，如通信企业对个人购买手机赠话费、入网费，或者购话费赠手机等；

③企业对累积消费达到一定额度的个人按消费积分反馈礼品。

（23）自2022年1月1日起，对个人养老金实施递延纳税优惠政策。在投资环节，计入个人养老金账户的投资收益暂不征收个人所得税。

（24）符合地方政府规定条件的城镇住房保障家庭从地方政府取得的住房租赁补贴，免征个人所得税。

税收法律、行政法规、部门规章和规范性文件中未明确规定纳税人享受减免税必须经税务机关审批，且纳税人取得的所得完全符合减免税条件的，无须经主管税务机关审核，纳税人可自行享受减免税。

税收法律、行政法规、部门规章和规范性文件中明确规定纳税人享受减免税必须经税务机关审批的，或者纳税人无法准确判断其取得的所得是否应享受个人所得税减免的，必须经主管税务机关按照有关规定审核或批准后，方可减免个人所得税。

【例5－34·单选题】个人转让下列财产取得的差价收入中，免征个人所得税的是（   ）。

A. 自行研发的机器设备　　　　　B. 从二级市场购入的 A 股股票

C. 从二级市场购入的企业债券　　D. 从二手车市场购入的机动车

【答案】B

【解析】B 选项免征，A、C、D 选项，应按照财产转让所得缴纳个人所得税。

【例5－35·多选题】下列个人所获得的收入，免征个人所得税的有（   ）。

A. 保险理赔金额 8 000 元　　　　B. 单张福利彩票中奖收入 2 000 元

C. 商场抽奖所得 800 元　　　　　D. 退休工资收入 8 000 元

【答案】ABD

【解析】A、D 选项属于免税项目；B 选项单张彩票中奖收入 10 000 元以下免税；C 选项属于偶然所得，没有免税优惠。

第五节　境外所得的税额扣除

基于国家之间对同一所得应避免双重征税的原则，我国在对纳税人的境外所得行使税收管辖权时，对该所得在境外已纳税额采取了分不同情况从应征税额中予以扣除的做法。

自 2019 年 1 月 1 日起施行的《个人所得税法实施条例》规定：居民个人从中国境外取得的所得，可以从其应纳税额中抵免已在境外缴纳的个人所得税税额，但抵免额不得超过该纳税人境外所得依照本法规定计算的应纳税额。

一、来源于中国境外的所得

下列所得，为来源于中国境外的所得：

（1）因任职、受雇、履约等在中国境外提供劳务取得的所得；

（2）中国境外企业以及其他组织支付且负担的稿酬所得；

（3）许可各种特许权在中国境外使用而取得的所得；

（4）在中国境外从事生产、经营活动而取得的与生产、经营活动相关的所得；

（5）从中国境外企业、其他组织以及非居民个人取得的利息、股息、红利所得；

（6）将财产出租给承租人在中国境外使用而取得的所得；

（7）转让中国境外的不动产、转让对中国境外企业以及其他组织投资形成的股票、股权以及其他权益性资产（以下简称权益性资产）或者在中国境外转让其他财产取得的所得。但转让对中国境外企业以及其他组织投资形成的权益性资产，该权益性资产被转让前三年（连续36个公历月份）内的任一时间，被投资企业或其他组织的资产公允价值50%以上直接或间接来自位于中国境内的不动产的，取得的所得为来源于中国境内的所得；

（8）中国境外企业、其他组织以及非居民个人支付且负担的偶然所得；

（9）财政部、税务总局另有规定的，按照相关规定执行。

二、境外所得纳税管理

（1）居民个人来源于中国境外的综合所得，应当与境内综合所得合并计算应纳税额；

（2）居民个人来源于中国境外的经营所得，应当与境内经营所得合并计算应纳税额。居民个人来源于境外的经营所得，按照个人所得税法及其实施条例的有关规定计算的亏损，不得抵减其境内或他国（地区）的应纳税所得额，但可以用来源于同一国家（地区）以后年度的经营所得按中国税法规定弥补；

（3）居民个人来源于中国境外的利息、股息、红利所得，财产租赁所得，财产转让所得和偶然所得，不与境内所得合并，应当分别单独计算应纳税额。

三、抵免限额的基本规定

居民个人在一个纳税年度内来源于中国境外的所得，依照所得来源国家（地区）税收法律规定在中国境外已缴纳的所得税税额允许在抵免限额内从其该纳税年度应纳税额中抵免。

居民个人来源于一国（地区）的综合所得、经营所得以及其他分类所得项目的应纳税额为其抵免限额，按照下列公式计算：

（1）来源于一国（地区）综合所得的抵免限额＝中国境内和境外综合所得应纳税额×来源于该国（地区）的综合所得收入额÷中国境内和境外综合所得收入额合计

（2）来源于一国（地区）经营所得的抵免限额＝中国境内和境外经营所得应纳税额×来源于该国（地区）的经营所得应纳税所得额÷中国境内和境外经营所得应纳税所得额合计

（3）来源于一国（地区）其他分类所得的抵免限额＝该国（地区）的其他分类所得的应纳税额（不与境内所得合并，分别单独计税）

（4）来源于一国（地区）所得的抵免限额＝来源于该国（地区）综合所得抵免限额＋来源于该国（地区）经营所得抵免限额＋来源于该国（地区）其他分类所得抵免限额

四、可抵免税额的规定

（1）可抵免的境外所得税税额，是指居民个人取得境外所得，依照该所得来源国（地区）税收法律应当缴纳且实际已经缴纳的所得税性质的税额。可抵免的境外所得税税额不包括以下情形：

①按照境外所得税法律属于错缴或错征的境外所得税税额；

②按照我国政府签订的避免双重征税协定以及内地与香港、澳门签订的避免双重征税安排（以下统称税收协定）规定不应征收的境外所得税税额；

③因少缴或迟缴境外所得税而追加的利息、滞纳金或罚款；

④境外所得税纳税人或者其利害关系人从境外征税主体得到实际返还或补偿的境外所得税税款；

⑤按照我国个人所得税法及其实施条例规定，已经免税的境外所得负担的境外所得税税款。

（2）居民个人从与我国签订税收协定的国家（地区）取得的所得，按照该国（地区）税收法律享受免税或减税待遇，且该免税或减税的数额按照税收协定饶让条款规定应视同已缴税额在中国的应纳税额中抵免的，该免税或减税数额可作为居民个人实际缴纳的境外所得税税额按规定申报税收抵免。

五、抵免限额的应用

居民个人一个纳税年度内来源于一国（地区）的所得实际已经缴纳的所得税税额，低于依照第三条规定计算出的来源于该国（地区）该纳税年度所得的抵免限额的，应以实际缴纳税额作为抵免额进行抵免；超过来源于该国（地区）该纳税年度所得的抵免限额的，应在限额内进行抵免，超过部分可以在以后五个纳税年度内结转抵免。

【例5-36·单选题】2023年中国公民陈某在A国取得偶然所得折合人民币10 000元，在当地缴纳了个人所得税2 500元；取得转让股权所得50 000元，按该国法律规定缴纳了个人所得税 8 000 元。陈某当年在国内无其他所得，则其在我国应补交个人所得税（　　）元。

A. 500　　　　　　　B. 1 500　　　　　　C. 2 000　　　　　　D. 2 500

【答案】B

【解析】境外所得抵免限额采用分国不分项处理。

偶然所得按我国税法计算的应纳税额 = 10 000 × 20% = 2 000（元）

股权转让所得按我国税法计算的应纳税额 = 50 000 × 20% = 10 000（元）

陈某在 A 国所得的抵免限额 = 2 000 + 10 000 = 12 000（元）

境外已纳税额 = 2 500 + 8 000 = 10 500（元）

应补缴的个人所得税 = 12 000 - 10 500 = 1 500（元）

六、境外所得税额扣除的管理

居民个人从中国境外取得所得的，应当在取得所得的次年 3 月 1 日至 6 月 30 日内申报纳税。

居民个人取得境外所得，应当向中国境内任职、受雇单位所在地主管税务机关办理纳税申报；在中国境内没有任职、受雇单位的，向户籍所在地或中国境内经常居住地主管税务机关办理纳税申报；户籍所在地与中国境内经常居住地不一致的，选择其中一地主管税务机关办理纳税申报；在中国境内没有户籍的，向中国境内经常居住地主管税务机关办理纳税申报。

居民个人取得境外所得的境外纳税年度与公历年度不一致的，取得境外所得的境外纳税年度最后一日所在的公历年度，为境外所得对应的我国纳税年度。

居民个人申报境外所得税收抵免时，除另有规定外，应当提供境外征税主体出具的税款所属年度的完税证明、税收缴款书或者纳税记录等纳税凭证，未提供符合要求的纳税凭证，不予抵免。

居民个人已申报境外所得、未进行税收抵免，在以后纳税年度取得纳税凭证并申报境外所得税收抵免的，可以追溯至该境外所得所属纳税年度进行抵免，但追溯年度不得超过五年。自取得该项境外所得的五个年度内，境外征税主体出具的税款所属纳税年度纳税凭证载明的实际缴纳税额发生变化的，按实际缴纳税额重新计算并办理补退税，不加收税收滞纳金，不退还利息。

纳税人确实无法提供纳税凭证的，可同时凭境外所得纳税申报表（或者境外征税主体确认的缴税通知书）以及对应的银行缴款凭证办理境外所得抵免事宜。

居民个人被境内企业、单位、其他组织派往境外工作，取得的工资、薪金所得或者劳务报酬所得，由派出单位或者其他境内单位支付或负担的，派出单位或者其他境内单位应按照个人所得税法及其实施条例规定预扣预缴税款。

居民个人被派出单位派往境外工作，取得的工资、薪金所得或者劳务报酬所得，由境外单位支付或负担的，如果境外单位为境外任职、受雇的中方机构的，可以由境外任职、受雇的中方机构预扣税款，并委托派出单位向主管税务机关申报纳税。中方机构未预扣税款的或者境外单位不是中方机构的，派出单位应当于次年2月28日前向其主管税务机关报送外派人员情况，包括外派人员的姓名、身份证件类型及身份证件号码、职务、派往国家和地区、境外工作单位名称和地址、派遣期限、境内外收入及缴税情况等。

中方机构包括中国境内企业、事业单位、其他经济组织以及国家机关所属的境外分支机构、子公司、使（领）馆、代表处等。

居民个人取得来源于境外的所得或者实际已经在境外缴纳的所得税税额为人民币以外的货币，应当按照《个人所得税法实施条例》第三十二条折合计算。

纳税人和扣缴义务人未按本公告规定申报缴纳、扣缴境外所得个人所得税以及报送资料的，按照《征管法》和个人所得税法及其实施条例等有关规定处理，并按规定纳入个人纳税信用管理。

第六节　个人所得税的纳税申报及缴纳

个人所得税以所得人为纳税人，以支付所得的单位或者个人为扣缴义务人。个人所得税的纳税申报及缴纳分自行申报纳税和代扣代缴两种。

一、自行申报纳税

自行申报纳税，是由纳税人自行在税法规定的纳税期限内，向税务机关申报取得的应税所得项目和数额，如实填写个人所得税纳税申报表，并按照税法规定计算应纳税额，据此缴纳个人所得税的一种方法。

（一）需要自行申报纳税的情形

1. 取得综合所得需要办理汇算清缴的纳税申报

取得综合所得且符合下列情形之一的纳税人，应当依法办理汇算清缴：

（1）从两处以上取得综合所得，且综合所得年收入额减除专项扣除后的余额超过6万元；

（2）取得劳务报酬所得、稿酬所得、特许权使用费所得中一项或者多项所得，且综合所得年收入额减除专项扣除的余额超过6万元；

（3）纳税年度内预缴税额低于应纳税额；

（4）纳税人申请退税。

需要办理汇算清缴的纳税人，应当在取得所得的次年3月1日至6月30日内，向任职、受雇单位所在地主管税务机关办理纳税申报，并报送《个人所得税年度自行纳税申报表》。纳税人有两处以上任职、受雇单位的，选择向其中一处任职、受雇单位所在地主管税务机关办理纳税申报；纳税人没有任职、受雇单位的，向户籍所在地或经常居住地主管税务机关办理纳税申报。

纳税人办理综合所得汇算清缴，应当准备与收入、专项扣除、专项附加扣除、依法确定的其他扣除、捐赠、享受税收优惠等相关的资料，并按规定留存备查或报送。

2019年1月1日至2027年12月31日居民个人取得的综合所得，年度综合所得收入不超过12万元且需要汇算清缴补税的，或者年度汇算清缴补税金额不超过400元的，居民个人可免于办理个人所得税综合所得汇算清缴。居民个人取得综合所得时存在扣缴义务人未依法预扣预缴税款的情形除外。

2. 取得经营所得的纳税申报

税法对"经营所得"没有规定扣缴义务人。

个体工商户业主、个人独资企业投资者、合伙企业个人合伙人、承包承租经营者个人以及其他从事生产、经营活动的个人取得经营所得，包括以下情形：

（1）个体工商户从事生产、经营活动取得的所得，个人独资企业投资人、合伙企业的个人合伙人来源于境内注册的个人独资企业、合伙企业生产、经营的所得；

（2）个人依法从事办学、医疗、咨询以及其他有偿服务活动取得的所得；

（3）个人对企业、事业单位承包经营、承租经营以及转包、转租取得的所得；

（4）个人从事其他生产、经营活动取得的所得。

纳税人取得经营所得，按年计算个人所得税，由纳税人在月度或季度终了后15日内，向经营管理所在地主管税务机关办理预缴纳税申报，并报送《个人所得税经营所得纳税申报表（A表）》。在取得所得的次年3月31日前，向经营管理所在地主管税务机关办理汇算清缴，并报送《个人所得税经营所得纳税申报表（B表）》；从两处以上取得经营所得的，选择向其中一处经营管理所在地主管税务机关办理年度汇总申报，并报送《个人所得税经营所得纳税申报表（C表）》。

3. 取得应税所得，扣缴义务人未扣缴税款的纳税申报

纳税人取得应税所得，扣缴义务人未扣缴税款的，应当区别以下情形办理纳税申报：

（1）居民个人取得综合所得的，按照上述第1种情形及取得综合所得需要办理汇算清缴的纳税申报进行申报。

（2）非居民个人取得工资、薪金所得，劳务报酬所得，稿酬所得，特许权使用费所得的，应当在取得所得的次年6月30日前，向扣缴义务人所在地主管税务机关办理纳税申报，并报送《个人所得税自行纳税申报表（A表）》。有两个以上扣缴义务人均未扣缴税款的，选择向其中一处扣缴义务人所在地主管税务机关办理纳税申报。

非居民个人在次年6月30日前离境（临时离境除外）的，应当在离境前办理纳税申报。

（3）纳税人取得利息、股息、红利所得，财产租赁所得，财产转让所得和偶然所得的，应当在取得所得的次年6月30日前，按相关规定向主管税务机关办理纳税申报，并报送《个人所得税自行纳税申报表（A表）》。

税务机关通知限期缴纳的，纳税人应当按照期限缴纳税款。

4. 取得境外所得的纳税申报

居民个人从中国境外取得所得的，应当在取得所得的次年3月1日至6月30日内，向中国境内任职、受雇单位所在地主管税务机关办理纳税申报；在中国境内没有任职、受雇单位的，向户籍所在地或中国境内经常居住地主管税务机关办理纳税申报；户籍所在地与中国境内经常居住地不一致的，选择其中一地主管税务机关办理纳税申报；在中国境内没有户籍的，向中国境内经常居住地主管税务机关办理纳税申报。

5. 因移居境外注销中国户籍的纳税申报

纳税人因移居境外注销中国户籍的，应当在申请注销中国户籍前，向户籍所在地主管税务机关办理纳税申报，进行税款清算。

（1）纳税人在注销户籍年度取得综合所得的，应当在注销户籍前，办理当年综合所得的汇算清缴，并报送《个人所得税年度自行纳税申报表》。尚未办理上一年度综合所得汇算清缴的，应当在办理注销户籍纳税申报时一并办理。

（2）纳税人在注销户籍年度取得经营所得的，应当在注销户籍前，办理当年经营所得的汇算清缴，并报送《个人所得税经营所得纳税申报表（B表）》。从两处以上取得经营所得的，还应当一并报送《个人所得税经营所得纳税申报表（C表）》。尚未办理上一年度经营所得汇算清缴的，应当在办理注销户籍纳税申报时一并办理。

（3）纳税人在注销户籍当年取得利息、股息、红利所得，财产租赁所得，财产转让所得和偶然所得的，应当在注销户籍前，申报当年上述所得的完税情况，并报送《个人所得税自行纳税申报表（A表）》。

（4）纳税人有未缴或者少缴税款的，应当在注销户籍前，结清欠缴或未缴的税款。纳税人存在分期缴税且未缴纳完毕的，应当在注销户籍前，结清尚未缴纳的税款。

（5）纳税人办理注销户籍纳税申报时，需要办理专项附加扣除、依法确定的其他扣除的，应当向税务机关报送《个人所得税专项附加扣除信息表》《商业健康保险税前扣除情况明细表》《个人税收递延型商业养老保险税前扣除情况明细表》等。

6. 非居民个人在中国境内从两处以上取得工资、薪金所得的纳税申报

非居民个人在中国境内从两处以上取得工资、薪金所得的，应当在取得所得的次月 15 日内，向其中一处任职、受雇单位所在地主管税务机关办理纳税申报，并报送《个人所得税自行纳税申报表（A 表)》。

（二）纳税申报方式

纳税人可以采用远程办税端、邮寄等方式申报，也可以直接到主管税务机关申报。

（三）其他有关问题

（1）纳税人办理自行纳税申报时，应当一并报送税务机关要求报送的其他有关资料。首次申报或者个人基础信息发生变化的，还应报送《个人所得税基础信息表（B 表)》。

（2）纳税人在办理纳税申报时需要享受税收协定待遇的，按照享受税收协定待遇有关办法办理。

二、代扣代缴

代扣代缴，是指按照税法规定负有扣缴税款义务的单位或者个人，在向个人支付应纳税所得时，应计算应纳税额，从其所得中扣出并缴入国库，同时向税务机关报送扣缴个人所得税报告表。扣缴义务人向个人支付应税款项时，应当依照个人所得税法规定预扣或代扣税款，按时缴库，并专项记载备查。

全员全额扣缴申报，是指扣缴义务人应当在代扣税款的次月 15 日内，向主管税务机关报送其支付所得的所有个人的有关信息、支付所得数额、扣除事项和数额、扣缴税款的具体数额和总额以及其他相关涉税信息资料。

（一）扣缴义务人和代扣预扣税款的范围

（1）全额扣缴申报的范围包括除经营所得以外的各个所得项目。所得形式包括现金支付、汇拨支付、转账支付和以有价证券、实物以及其他形式的支付。

（2）从申报内容看，包含了扣缴义务人支付所得（不论是否达到纳税标准）的所有个人的有关信息、支付所得数额、扣除事项和数额、扣缴税款的具体数额和总额以及其他相关涉税信息资料。

（3）扣缴义务人每月或者每次预扣、代扣的税款，应当在次月 15 日内缴入国库，并向税务机关报送《个人所得税扣缴申报表》。

（4）纳税人需要享受税收协定待遇的，应当在取得应税所得时主动向扣缴义务人提出，并提交相关信息、资料，扣缴义务人代扣代缴税款时按照享受税收协定待遇有关办法办理。

（5）对扣缴义务人按照规定扣缴的税款，按年付给 2% 的手续费。不包括税务机关、司法机关等查补或者责令补扣的税款。

（6）扣缴义务人未将扣缴的税款解缴入库的，不影响纳税人按照规定申请退税，税务机关应当凭纳税人提供的有关资料办理退税。

（7）非居民个人取得工资、薪金所得，劳务报酬所得，稿酬所得和特许权使用费所得，有扣缴义务人的，由扣缴义务人按月或者按次代扣代缴税款，不办理汇算清缴。

（8）扣缴义务人支付利息、股息、红利所得，财产租赁所得，财产转让所得或者偶然所得时，应当依法按次或者按月代扣代缴税款。

（二）不同项目所得扣缴方法

1. 居民个人综合所得的预扣预缴方法

扣缴义务人向居民个人支付工资、薪金及劳务报酬所得，采用累计预扣法，具体预扣税额计算见第三节内容。

扣缴义务人向居民个人支付稿酬所得、特许权使用费所得时，按次预扣预缴。

预扣预缴个人所得税时，向主管税务机关报送《个人所得税扣缴申报表》（见附件1）。年度预扣预缴税额与年度应纳税额不一致的，由居民个人于次年3月1日至6月30日向主管税务机关办理综合所得年度汇算清缴，税款多退少补。

2. 非居民个人扣缴方法

扣缴义务人向非居民个人支付工资、薪金所得，劳务报酬所得，稿酬所得和特许权使用费所得时，应当按以下方法按月或者按次代扣代缴个人所得税：

非居民个人的工资、薪金所得，以每月收入额减除费用5 000元后的余额为应纳税所得额；劳务报酬所得、稿酬所得、特许权使用费所得，以每次收入额为应纳税所得额，适用按月换算后的非居民个人月度税率表（见附件2《个人所得税税率表三》）计算应纳税额。其中，劳务报酬所得、稿酬所得、特许权使用费所得以收入减除20%的费用后的余额为收入额。稿酬所得的收入额减按70%计算。

$$\begin{matrix} \text{非居民个人工资、薪金所得,} \\ \text{劳务报酬所得,稿酬所得,} \\ \text{特许权使用费所得应纳税额} \end{matrix} = \text{应纳税所得额} \times \text{税率} - \text{速算扣除数}$$

三、纳税期限

（1）居民个人取得综合所得，按年计算个人所得税；有扣缴义务人的，由扣缴义务人按月或者按次预扣预缴税款；需要办理汇算清缴的，应当在取得所得的次年3月1日至6月30日内办理汇算清缴。预扣预缴办法由国务院税务主管部门制定。

（2）非居民个人取得工资、薪金所得，劳务报酬所得，稿酬所得和特许权使用费所得，有扣缴义务人的，由扣缴义务人按月或者按次代扣代缴税款，不办理汇算清缴。

（3）纳税人取得经营所得，按年计算个人所得税，由纳税人在月度或者季度终了后15日内向税务机关报送纳税申报表，并预缴税款；在取得所得的次年3月31日前办理汇算清缴。

（4）纳税人取得利息、股息、红利所得，财产租赁所得，财产转让所得和偶然所得，按月或者按次计算个人所得税，有扣缴义务人的，由扣缴义务人按月或者按次代扣代缴税款。

（5）纳税人取得应税所得没有扣缴义务人的，应当在取得所得的次月15日内向税务机关报送纳税申报表，并缴纳税款。

（6）纳税人取得应税所得，扣缴义务人未扣缴税款的，纳税人应当在取得所得的次年6月30日前，缴纳税款；税务机关通知限期缴纳的，纳税人应当按照期限缴纳税款。

（7）居民个人从中国境外取得所得的，应当在取得所得的次年3月1日至6月30日内申报纳税。

（8）非居民个人在中国境内从两处以上取得工资、薪金所得的，应当在取得所得的次月15日内申报纳税。

（9）纳税人因移居境外注销中国户籍的，应当在注销中国户籍前办理税款清算。

（10）扣缴义务人每月或者每次预扣、代扣的税款，应当在次月15日内缴入国库，并向税务机关报送扣缴个人所得税申报表。各项所得的计算，以人民币为单位。所得为人民币以外货币的，按照办理纳税申报或扣缴申报的上一月最后一日人民币汇率中间价，折合成人民币计算应纳税所得额。年度终了后办理汇算清缴的，对已经按月、按季或者按次预缴税款的人民币以外货币所得，不再重新折算；对应当补缴税款的所得部分，按照上一纳税年度最后一日人民币汇率中间价，折合成人民币计算应纳税所得额。

四、其他有关问题

（1）自然人纳税人识别号，是自然人纳税人办理各类涉税事项的唯一代码标识。自然人纳税人办理纳税申报、税款缴纳、申请退税、开具完税凭证、纳税查询等涉税事项时应当向税务机关或扣缴义务人提供纳税人识别号。有中国公民身份证号码的，以其中国公民身份证号码作为纳税人识别号；没有中国公民身份证号码的，由税务机关赋予其纳税人识别号。

（2）纳税人首次办理涉税事项时，应当向税务机关或者扣缴义务人出示有效身份证件，并报送相关基础信息。"有效身份证件"，是指：

①纳税人为中国公民且持有有效中华人民共和国居民身份证的，为居民身份证。

②纳税人为华侨且没有居民身份证的，为有效的中华人民共和国护照和华侨身份证明。

③纳税人为港澳居民的，为有效的港澳居民来往内地通行证或中华人民共和国港澳居民居住证。

④纳税人为台湾居民的，为有效的台湾居民来往大陆通行证或中华人民共和国台湾居民居住证。

⑤纳税人为持有有效中华人民共和国外国人永久居留身份证的外籍个人的，为永久居留证和外国护照；未持有永久居留证但持有有效中华人民共和国外国人工作许可证的，为工作许可证和外国护照；其他外籍个人，为有效的外国护照。

（3）纳税人2019年1月1日以后取得应税所得并由扣缴义务人向税务机关办理了全员全额扣缴申报，或根据税法规定自行向税务机关办理纳税申报的，不论是否实际缴纳税款，均可以申请开具《纳税记录》。

①纳税人申请开具税款所属期为2019年1月1日（含）以后的个人所得税缴（退）税情况证明，由原有的《税收完税证明》（文书式）调整为开具《纳税记录》；纳税人申请开具税款所属期为2018年12月31日（含）以前个人所得税缴（退）税情况证明的，税务机关继续开具《税收完税证明》（文书式）。

②纳税人可以通过电子税务局、手机App申请开具本人的个人所得税《纳税记录》，也可以本人或委托他人持委托人及受托人有效身份证件原件和委托人书面授权资料到办税服务厅申请开具。

③税务机关提供个人所得税《纳税记录》的验证服务，支持通过电子税务局、手机App等方式进行验证。

个人所得税纳税记录

五、信息化环境下的汇算清缴

在每个自然年度结束后，居民纳税人在取得所得的次年3～6月，应进行当年度的综合所得（包括工资薪金、劳务报酬、稿酬、特许权使用费四项）汇算清缴个人所得税，此时采用表5-3的税率。

个人所得税综合计税所得＝综合应税项目收入－基本减除费用5 000元

－基本扣除项目（三险一金、企业年金、商业健康保险等）

－专项附加扣除（子女教育、大病医疗等）

纳税人可通过手机个人所得税App、自然人电子税务局网站办理汇算清缴。

个人所得税汇算清缴申报步骤图示

【例5-37·计算题】张某2023年取得工资、薪金10 000元/月，取得劳务报酬20 000元，在学术期刊发表一篇论文，取得稿酬50 000元，本年符合条件的专项扣除和专项附加扣除共计42 000元，张某上述所得已预缴所得税9 340

元，计算 2023 年李某综合所得应纳所得税额。

【答案及解析】（1）综合所得应纳税额：收入总额＝工资、薪金收入额＋劳务报酬收入额＋稿酬收入额＝10 000×12＋20 000×（1－20%）＋50 000×（1－20%）×70%＝120 000＋16 000＋28 000＝164 000（元）

综合所得应纳税所得额＝164 000－60 000－42 000＝62 000（元）

适用 10% 的税率，速算扣除数为 2 520 元。

全年应纳个人所得税额＝62 000×10%－2 520＝3 680（元）

（2）汇算清缴应缴（退）税额：

汇算清缴应纳税额＝全年应纳税额－累计预扣预缴所得税额＝3 680－9 340＝－5 660（元）

次年 3~6 月，张某汇算清缴可获得退还个人所得税 5 660 元。

六、个人所得税的管理

（1）建立个人收入档案管理制度。

（2）建立代扣代缴明细账制度。

（3）建立纳税人与扣缴义务人向税务机关双向申报制度。

（4）建立与社会各部门配合的协税制度。

（5）加快信息化建设。

（6）加强高收入者的重点管理。

（7）加强税源的源泉管理。

（8）加强全员全额管理。

【小结】

关键术语：居民纳税人、非居民纳税人、应纳税项目、个人所得税税收负担、免税所得、加成征收、特殊工资薪金、共同收入

本章小结：个人所得税是一个重点税种，看起来比较简单，实质上并非如此。个人所得税的正确计算，关键在于必须依次考虑如下问题：第一，所涉及的纳税人是居民纳税人还是非居民纳税人？如果是居民个人，只需要满足住所标准即在中国境内有住所的个人（是指因户籍、家庭、经济利益关系，而在中国境内习惯性居住的个人）和居住时间标准即一个纳税年度在境内居住累计满 183 天（指在一个纳税年度内，在中国境内居住累计满 183 日。在计算居住天数时，按其一个纳税年度内在境内的实际居住时间确定）两个标准之一即可。

第二，所涉及的所得是什么性质的所得，或者说是哪一类性质的所得，这种所得是来源于境内的所得，还是来源于境外的所得？是由境内支付还是由境外支付的？

第三，这种所得是否属于免税所得？

第四，这种所得计算应纳所得税额的方法是什么？

【习题】

一、复习思考题

1. 我国个人所得税中，居民纳税人与非居民纳税义务人是如何划分的？

2. 我国个人所得税的税率形式有哪些？分别适用于哪些征税项目？

3. 个人所得税中不同的征税项目，其应纳税所得额是如何确定的？

4. 个人所得税的纳税申报表有哪些常见形式？如何填列？

5. 在实际征税过程中，有时会出现财产租赁所得的纳税人不明确的情况。对此，在确定财产租赁所得纳税人时，应如何处理？

二、单选题

1. 从世界范围看，个人所得税制存在着不同的类型，当前我国个人所得税制采用的是（　　）。

A. 单一所得税制　　　　　　　　　B. 混合所得税制

C. 综合所得税制　　　　　　　　　D. 分类所得税制

2. 纳税人发生符合扣除条件的继续教育支出，扣除方式为（　　）。

A. 可以由其配偶扣除　　　　　　　B. 只能由本人扣除

C. 可以由夫妻双方分别扣除　　　　D. 只能由本人或其配偶扣除

3. 房地产开发企业与商店购买者个人签订协议，以优惠价格出售其开发的商店给购买者个人，购买者个人在一定期限内必须将购买的商店无偿提供给房地产开发企业对外出租使用。根据《个人所得税法》的有关规定，对购买者个人少支出的购房价款，下列表述正确的是（　　）。

A. 不需要缴纳个人所得税

B. 按照"偶然所得"项目缴纳个人所得税

C. 按照"财产转让所得"项目缴纳个人所得税

D. 按照"财产租赁所得"项目缴纳个人所得税

4. 依据个人所得税法的相关规定，中国居民纳税人与非居民纳税人的划分标准是（　　）。

A. 户籍所在地标准　　　　　　　　B. 住所标准和居住时间标准

C. 住所标准和国籍标准　　　　　　D. 工作地点所在地标准

5. 个人所得税专项附加扣除中住房贷款利息扣除期限最长不得超过（　　）个月。

A. 120　　　　　　B. 180　　　　　　C. 240　　　　　　D. 300

6. 个人所得税专项附加扣除中的赡养老人扣除，被赡养人需年满（　　）周岁。

A. 50　　　　　　B. 55　　　　　　C. 60　　　　　　D. 65

7. 以下不属于特许权使用费所得项目的是（　　）。

A. 提供商标权使用权取得的所得　　B. 转让土地使用权取得的所得

C. 提供专利权使用权取得的所得　　D. 提供非专利技术使用权取得的所得

8. 扣缴义务人对纳税人向其报告的相关基础信息变化情况，应当于（　　）向税务机关报送。

A. 当月扣缴申报时   B. 次月扣缴申报时

C. 年度汇算清缴时   D. 无须报告

9. 下列专项附加扣除不能在预缴时扣除的是（   ）。

A. 继续教育   B. 子女教育   C. 大病医疗   D. 赡养老人

10. 个人所得税专项附加扣除额本年度扣除不完的，（   ）。

A. 不能结转以后年度扣除   B. 三年内结转扣除

C. 一年内结转扣除   D. 五年内结转扣除

11. （   ）应当向患者提供在医疗保障信息系统记录的本人年度医药费用信息查询服务。

A. 税务部门   B. 社保部门

C. 医疗保障部门   D. 信息部门

12. 居民个人取得的下列所得，应按照工资、薪金所得项目计征个人所得税的是（   ）。

A. 提供担保收入   B. 彩票代销收入

C. 独立董事取得的董事费收入   D. 股票增值权所得

13. 非居民个人约翰，2023 年 5 月在我国出版一部小说，取得稿酬收入 80 000 元，该出版社应代扣代缴其个人所得税（   ）元。

A. 0   B. 12 800   C. 8 960   D. 16 000

14. 纳税人在中国境内接受学历继续教育的支出，在学历（学位）教育期间按照每月（   ）元定额扣除。

A. 400   B. 500   C. 600   D. 700

15. 个人将其所得对教育、扶贫、济困等公益慈善事业进行捐赠，捐赠额未超过纳税人申报的应纳税所得额（   ）的部分，可以从其应纳税所得额中扣除；国务院规定对公益慈善事业捐赠实行全额税前扣除的，从其规定。

A. 20%   B. 30%   C. 40%   D. 50%

三、多选题

1. 个人所得税是世界各国普遍征收的一个税种，下列属于我国个人所得税主要特点的有（   ）。

A. 实行综合征收   B. 累进税率与比例税率并用

C. 费用扣除额较宽   D. 采取课源制和申报制两种征纳方法

2. 下列个人所得，应当缴纳个人所得税的有（   ）。

A. 工资、薪金所得   B. 劳务报酬所得

C. 利息、股息、红利所得   D. 财产转让所得

3. 下列有关子女教育扣除项目表述正确的有（   ）。

A. 父母可以选择由其中一方按扣除标准的 100% 扣除

B. 可以选择由双方分别按扣除标准的 50% 扣除

C. 可以选择由双方分别按扣除标准的 40% 和 60% 扣除

D. 具体扣除方式在一个纳税年度内不得变更

4. 计算个人转让住房应缴纳个人所得税时允许扣除的合理费用有（   ）。

A. 手续费   B. 公证费

C. 房屋装修费用   D. 房屋贷款利息

5. 下列各项中，应当按照"稿酬所得"项目征收个人所得税的有（　　）。

A. 将国外的作品翻译出版取得的报酬

B. 作者将自己的文字作品手稿原件或复印件公开拍卖取得的所得

C. 任职、受雇于报纸、杂志等单位的记者、编辑等专业人员，因在本单位的报纸、杂志上发表作品取得的所得

D. 任职、受雇于报纸、杂志等单位的记者、编辑等专业人员以外的其他人员，因在本单位的报纸、杂志上发表作品取得的所得

E. 出版社的专业作者撰写或翻译的作品，由本社以图书形式出版而取得的稿费收入

6. 下列各项中，应当按照"特许权使用费所得"项目征收个人所得税的有（　　）。

A. 作者去世后，财产继承人取得的遗作稿酬

B. 个人取得特许权的经济赔偿收入

C. 个人出租土地使用权取得的收入

D. 编剧从电视剧制作单位取得的剧本使用费所得

E. 作者将自己的文字作品手稿复印件公开拍卖取得的所得

7. 依据个人所得税法的相关规定，下列捐赠支出中准予在计算应纳税所得额时全额扣除的有（　　）。

A. 个人通过宋庆龄基金会用于公益救助性的捐赠

B. 个人通过国家机关向贫困地区的捐赠

C. 个人通过国家机关向严重自然灾害地区的捐赠

D. 个人通过中国绿化基金会用于公益救济性的捐赠

E. 个人通过中国残疾人福利基金会用于公益救助性的捐赠

8. 个人所得税专项附加扣除暂行办法所称的子女是指（　　）。

A. 婚生子女　　　　B. 非婚生子女　　　　C. 继子女　　　　D. 养子女

9. 纳税人的子女接受（　　）的相关支出，可以按照每个子女规定的标准定额扣除。

A. 课外辅导班　　　　　　　　　　B. 全日制本科学历教育

C. 硕士研究生教育　　　　　　　　D. 博士研究生教育

10. 下列专项附加扣除可以在预缴时扣除的有（　　）。

A. 继续教育　　　B. 子女教育　　　C. 大病医疗　　　D. 赡养老人

四、判断题

1. 我国目前个人所得税采用分类征收制。（　　）

2. 居民个人担任独立董事取得的董事费收入应按照"工资、薪金所得"项目征税。（　　）

3. 退休工程师受聘到一单位继续工作所得报酬免交个人所得税。（　　）

4. 个体工商户在生产经营过程中发生的财产转让损失，允许在个人所得税前扣除。（　　）

5. 住房贷款利息专项附加扣除的计算时间统一为240个月。（　　）

五、计算分析题

1. 高级工程师王某（中国公民）2023年月工资收入15 800元，专项扣除每月为1 500元，12月另有四笔收入：一是领取了12个月的奖金84 000元；二是一次性取得建筑工程设计费40 000元，同时从中拿出10 000元通过民政局向灾区捐赠；三是取得利息收入5 000元，其中工商银行存款利息2 000元，单位集资利息3 000元；四是取得省级人民政府颁发科

技奖奖金 20 000 元。王某为独生子女，其父母已年满 60 周岁，王某有一女儿，正在读高中，约定费用从王某处扣除。要求：计算王某 2023 年需缴纳的个人所得税税额。

2. 中国公民孙某系自由职业者，2023 年 1 月收入情况如下：（1）出版中篇小说一部，取得稿酬 50 000 元，后因小说加印和报刊连载，分别取得出版社稿酬 10 000 元和报社稿酬 3 800 元。（2）受托对一电影剧本进行审核，取得审稿收入 15 000 元。（3）临时担任会议翻译，取得收入 3 000 元。（4）在某大学讲学取得收入 30 000 元；在某展厅进行书画展卖，取得收入 70 000 元。要求：计算孙某 2023 年 1 月应被预扣的个人所得税。

3. 中国公民王某为一外商投资企业的高级职员，2023 年其收入情况如下：（1）雇佣单位每月支付工资、薪金 15 000 元；个人承担的三险一金每月 1 200 元。（2）派遣单位每月支付工资、薪金 4 000 元。（3）取得股票转让收益 100 000 元。（4）从 A 国取得特许权使用费收入折合人民币 18 000 元，并提供了来源国纳税凭证，纳税折合人民币 1 800 元。（5）购物中奖获得奖金 20 000 元。（6）受托为某单位做工程设计，共取得工程设计费 40 000 元。（7）李某的专项附加扣除合计整年为 36 000 元。要求：正确计算李某全年应该缴纳的个人所得税税额。

4. A 省一个体工商业户 2023 年全年收入 300 000 元，税法允许扣除的费用 120 000 元（不包括工资费用）；雇工 3 人，雇工每人每月 4 000 元。要求：计算该个体工商户全年应纳个人所得税税额。

5. 某个人因其原任职的国有企业破产而成为一名自由职业者。2023 年 8 月，该个人取得以下所得：

（1）取得一次性安置费收入 50 000 元；当地上年企业职工年平均工资为 4 000 元。

（2）取得失业保险金 500 元，基本养老保险金 900 元。

（3）转让所持有的原企业在改组改制过程中分给该个人以股份形式拥有的企业量化资产，取得转让所得 30 000 元；该个人取得该股份时共支付有关费用 20 000 元。

（4）将其所持有的一项专利的使用权分别转让给甲和乙两个厂商，取得转让收入 4 000 元和 6 000 元。

要求：计算该个人当月应该缴纳的个人所得税。

6. 中国公民李雷就职于国内 A 上市公司，2023 年收入情况如下：

（1）自 1 月 1 日起将其位于市区的一套住房按市价出租，每月收取租金收入 3 800 元。1 月因卫生间漏水发生修缮费用 1 200 元，已取得合法有效的支出凭证。

（2）在国内另一家公司担任独立董事，3 月取得该公司支付的上年度独立董事津贴 35 000 元。

（3）3 月取得国内 B 上市公司分配的红利收入 18 000 元（其持股期限为 3 个月）。

（4）4 月赴国外进行技术交流期间，在甲国演讲取得收入折合人民币 12 000 元，在乙国取得专利权转让收入折合人民币 60 000 元，分别按照收入来源国的税法规定缴纳了个人所得税折合人民币 1 800 元和 12 000 元，并取得完税凭证。

（5）5 月在业余时间为一家民营企业开发了一项技术，取得收入 40 000 元。通过非营利性社会团体向公益性青少年活动场所捐赠 20 000 元，同时通过有关政府部门向某地农村义务教育捐款 8 000 元，均取得了相关捐赠证明。

（6）6 月与一家培训机构签订了半年的劳务合同，合同规定从 6 月起每周六为该培训机构授课 1 次，每次报酬为 1 200 元。6 月为培训机构授课 4 次。

（7）7 月转让上海证券交易所 C 上市公司股票，取得转让所得 15 320.60 元，同月转让在香港证券交易所上市的某上市公司股票，取得转让净所得折合人民币 180 000 元，在境外未缴纳税款。

（8）12 月取得当年度全年一次性奖金收入 86 000 元，王某当月的工资为 4 500 元。

要求：根据以上资料，计算李雷本年各项收入应纳的个人所得税。

六、案例研究题

1. 实行年薪制对经营者有利否？某公司总经理每月的基本工资为 8 000 元，年终领取效益工资 100 000 元。请问采取年薪制与采取月薪制，哪一种对这位总经理更有利？

2. 年终奖纳税是否存在"部分无效"情况？如何避免？

【阅读拓展】

1. 张守文. 中国式现代化与个人所得税制度优化 [J]. 税务研究，2023（5）：5-12.

2. 刘鹏. "一带一路"国家个人所得税制度辨析 [J]. 经济体制改革，2017（2）：138-143.

3. 马洪范，毛劼. 共同富裕目标下完善个人所得税制度及征管配套措施探析 [J]. 经济纵横，2022（4）：30-37.

第六章　关税和船舶吨税

【学习目标】

通过本章学习，你应能够：

➢ 掌握关税的征税范围和纳税人；

➢ 掌握关税完税价格的确定，熟练掌握关税应纳税额的计算；

➢ 了解关税的税收优惠；

➢ 了解关税的税收征管；

➢ 了解船舶吨税的基本要素。

【引入案例】

厦门远华集团特大走私案

厦门远华走私案，以涉案人员众多，涉及金额巨大，案情极为复杂成为震惊中外的税法大案，也是共和国空前走私腐败大案。1994年成立的远华集团，从成立到1999年案发，远华集团从事走私犯罪活动达五年之久，走私香烟、汽车、成品油、植物油、化工原料、纺织原料及其他普通货物，案值共计人民币530亿元，偷逃税额人民币300亿元。1996～1998年，厦门海关征收的关税、增值税共计只有50.88亿元，而远华集团走私、偷漏税应交税款流失的就达300亿元，是厦门海关征收关税总和的6倍。

在走私的成品油过程中，逃避了关税和增值税，以及每吨汽油277.6元以及柴油177.6元的消费税，获得了巨额利润，走私油品也给国内石化企业的产品以致命的打击。

曾有160多人落马的远华案"重灾区"——厦门海关，实施了一系列旨在严密监管、保持打私高压态势的措施，效果立竿见影。2000年，厦门关税收入达60亿元，超过了1996～1998年的总和。同时，厦门海关在全国率先启用"F"便捷式通道模式，为进出口企业营造"通关绿洲"。2001年1～10月，厦门关区进出口总值达128亿美元，同比增长了7.7%。

（资料来源：根据公开资料改写）

【本章导读】

关税是世界各国普遍征收的一个税种，是指一国海关对进出境的货物或者物品征收的一种税。关税具有保障国家财政收入、调节社会经济活动和对外经济贸易中保护本国经济利益的功能。新中国成立70多年来，中国海关充分运用征、减、免、退等关税手段，为国家经济发展建设作出了巨大贡献。

现行关税法律规范以全国人民代表大会于2000年7月修正颁布的《中华人民共和国海关法》（以下简称《海关法》）为法律依据，以国务院于2003年11月发布的《中华人民共和国进出口关税条例》（以下简称《进出口条例》），以及由国务院关税税则委员会审定并报国务院，作为条例组成部分的《中华人民共和国海关进出口税则》《中华人民共和国海关入境旅客行李物品和个人邮递物品征收进口税办法》为基本法规，以负责关税政策制定和征收管理的主管部门依据基本法规拟定的管理办法和实施细则为主要内容。

关税的渊源

推荐阅读

【知识结构图】

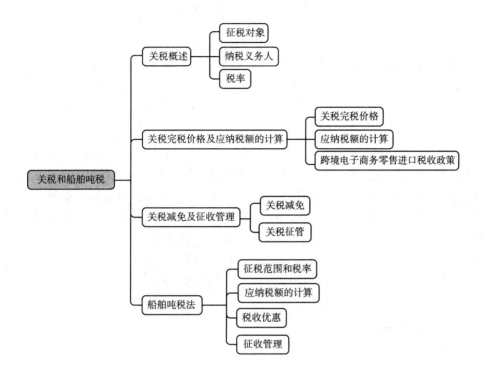

第一节　关税概述

关税是海关依法对进出境货物、物品征收的一种税。所谓"境"指关境，又称"海关境域"或"关税领域"，是国家《海关法》全面实施的领域。在通常情况下，一国关境与国境是一致的，包括国家全部的领土、领海、领空。但当某一国家在国境内设立了自由港、自由贸易区等，这些区域就进出口关税而言处在关境之外，这时，该国家的关境小于国境，如我国。根据《中华人民共和国香港特别行政区基本法》和《中华人民共和国澳门特别行政区基本法》，中国香港和中国澳门保持自由港地位，为我国单独的关税地区，即单独关境区。单独关境区是不完全适用该国海关法律、法规或实施单独海关管理制度的区域。当几个国家结成关税同盟，组成一个共同的关境，实施统一的关税法令和统一的对外税则，这些国家彼此之间货物进出国境不征收关税，只对来自或运往其他国家的货物进出共同关境时征收关税，这些国家的关境大于国境，如欧洲联盟。

国境与关境的
区别和联系

一、征税对象

关税的征税对象是准许进出境的货物和物品。货物是指贸易性商品；物品是指入境旅客随身携带的行李物品、个人邮递物品、各种运输工具上的服务人员携带进口的自用物品、馈赠物品以及其他方式进境的个人物品。

二、纳税义务人

进口货物的收货人、出口货物的发货人、进出境物品的所有人，是关税的纳税义务人。进出口货物的收、发货人是依法取得对外贸易经营权并进口或者出口货物的法人或者其他社会团体。进出境物品的所有人包括该物品的所有人和推定为所有人的人。一般情况下，对于携带进境的物品，推定其携带人为所有人；对分离运输的行李，推定相应的进出境旅客为所有人；对以邮递方式进境的物品，推定其收件人为所有人；以邮递或其他运输方式出境的物品，推定其寄件人或托运人为所有人。

【例6-1·多选题】下列各项中，属于关税纳税人的有（　　　）。

A. 进口货物的收货人　　　　　　B. 出口货物的发货人

C. 进出口货物的携带人　　　　　D. 进出口货物的经纪人

【答案】ABC

三、税率

进出口税则是一国海关据以对进出口商品计征关税的规章和对进出口的应税与免税商品加以系统分类的一类表，里面有海关征收关税的规章条例及说明，也有海关的关税税率表。

税则归类，就是按照税则的规定，将每项具体进出口商品按其特性在税则中找出其最适合的某一个税号，即"对号入座"以便确定其适用的税率，计算关税税负。

（一）进口关税税率

1. 税率水平结构

自 2002 年 1 月 1 日起，我国进口货物设有最惠国税率、协定税率、特惠税率、普通税率、关税配额税率等税率。对进口货物在一定期限内可以实行暂定税率。最惠国税率适用原产于与我国共同适用最惠国待遇条款的世界贸易组织（WTO）成员方或地区的进口货物，或原产于与我国签订有相互给予最惠国待遇条款的双边贸易协定的国家或地区进口的货物，以及原产于我国境内的进口货物；协定税率适用原产于我国参加的含有关税优惠条款的区域性贸易协定有关缔约方的进口货物，目前对原产于韩国、斯里兰卡和孟加拉国 3 个曼谷协定成员的739 个税目进口商品实行协定税率（即曼谷协定税率）；特惠税率适用原产于与我国签订有特殊优惠关税协定的国家或地区的进口货物，目前对原产于孟加拉国的 18 个税目进口商品实行特惠税率（即曼谷协定特惠税率）；普通税率适用于原产于上述国家或地区以外的其他国家或地区的进口货物。按照普通税率征税的进口货物，经国务院关税税则委员会特别批准，可以适用最惠国税率。

适用最惠国税率、协定税率、特惠税率的国家或者地区名单，由国务院关税税则委员会决定。

2. 税率种类

按征收关税的标准，可以分成从价税、从量税、复合税、滑准税、选择税。

（1）从价税。从价税是一种最常用的关税计税标准。它是以货物的价格或者价值为征税标准，以应征税额占货物价格或者价值的百分比为税率，价格越高，税额越高。货物进口时，以此税率和海关审定的实际进口货物完税价格相乘计算应征税额。从价税的特点是，相对进口商品价格的高低，其税额也相应高低。从价税的优点是税负公平明确、易于实施；其缺点是不同品种、规格、质量的同一货物价格有很大差异，海关估价有一定的难度，因而计征关税的手续也较繁杂。目前，我国海关计征关税标准主要是从价税。

（2）从量税。从量税是以货物的数量、重量、体积、容量等计量单位为计税标准，以每计量单位货物的应征税额为税率。我国目前对原油、啤酒和胶卷等进口商品征收从量税。

（3）复合税。复合税又称混合税，即订立从价、从量两种税率，随着完税价格和进口数量而变化，征收时两种税率合并计征。它是对某种进口货物混合使用从价税和从量税的一种关税计征标准。混合使用从价税和从量税的方法有多种，例如，对某种货物同时征收一定数额的从价税和从量税，或对低于某一价格进口的货物只按从价税计征关税，高于这一价格，则混合使用从价税和从量税等。我国目前仅对录像机、放像机、摄像机、数字照相机和摄录一体机等进口商品征收复合税。

（4）滑准税。滑准税是根据货物的不同价格适用不同税率的一类特殊的从价关税。它是一种关税税率随进口货物价格由高至低而由低至高设置计征关税的方法。通俗地讲，就是进口货物的价格越高，其进口关税税率越低；进口商品的价格越低，其进口关税税率越高。滑准税的特点是可以保持实行滑准税商品的国内市场价格的相对稳定，而不受国际市场价格波动的影响。我国目前仅对进口新闻纸实行滑准税。

（5）选择税。选择税是对一种进口商品同时定有从价税和从量税两种税率，但征税时选择其税额较高的一种征税方式。

按货物国别来源而区别对待的原则，可以分成最惠国关税、协定关税、特惠关税和普通关税。

①最惠国关税。最惠国关税适用原产于与我国共同适用最惠国待遇条款的WTO 成员方或地区的进口货物，或原产于与我国签订有相互给予最惠国待遇条款的双边贸易协定的国家或地区的进口货物。

②协定关税。协定关税适用原产于我国参加的含有关税优惠条款的区域性贸易协定的有关缔约方的进口货物。

③特惠关税。特惠关税适用原产于与我国签订有特殊优惠关税协定的国家或地区的进口货物。

④普通关税。普通关税适用原产于上述国家或地区以外的国家或地区的进口货物。

3. 进口货物税率适用规则

暂定税率优先于优惠税率或最惠国税率。适用最惠国税率的进口货物有暂定税率的，适用暂定税率。

当最惠国税率低于或等于协定税率时，协定有规定的，按相关协定的规定执行；协定无规定的，从低适用。

适用协定税率、特惠税率的进口货物有暂定税率的，应当从低适用税率。

关税配额内的，适用关税配额税率。

按照普通税率征税的进口货物，不适用暂定税率；经国务院关税税则委员会特别批准，可以适用最惠国税率。

（二）进境物品税率

自 2019 年 4 月 9 日起，我国对准予进口的旅客行李物品、个人邮寄物品以及其他个人自用物品，均由海关按照《中华人民共和国进境物品进口税税率表》的规定，征收进口关税、代征进口环节增值税和消费税等进口税，即"行邮税"，具体税率见表 6 - 1。

表 6 - 1　　　　　中华人民共和国进境物品进口税税率表

税目序号	物品名称	税率（%）
1	书报、刊物、教育用影视资料；计算机、视频摄录一体机、数字照相机等信息技术产品；食品、饮料；金银；家具；玩具，游戏品、节日或其他娱乐用品和药品	13
2	运动用品（不含高尔夫球及球具）、钓鱼用品；纺织品及其制成品；电视摄像机及其他电器用具；自行车；税目 1、3 中未包含的其他商品	20
3	烟、酒；贵重首饰及珠宝玉石；高尔夫球及球具；高档手表；高档化妆品	50

（三）出口关税税率

我国出口税则为一栏税率，即出口税率。国家仅对少数资源性产品及易于竞相杀价、盲目进口、需要规范出口秩序的半制成品征收出口关税。1992 年对 47 种商品计征出口关税，税率为 20% ~ 40%。自 2022 年 1 月 1 日起，我国继续对烙铁等 106 项出口商品征收出口关税。与进口暂定税率一样，出口暂定税率优先适用于出口税则中规定的出口税率。

（四）特别关税

特别关税包括报复性关税、反倾销税与反补贴税、保障性关税。征收特别关税的货物、适用国别、税率、期限和征收办法，由国务院关税税则委员会决定，海关总署负责实施。

【例 6 - 2 · 多选题】特别关税实际上是保护主义政策的产物，是保护一国产业所采取的特别手段。特别关税主要分为（　　）。

A. 保障性关税　　　　B. 优惠关税　　　　C. 反补贴关税

D. 报复性关税　　　　E. 反倾销关税

【答案】ACDE

【例 6 - 3 · 多选题】以下关于关税税率的表述，错误的有（　　）。

A. 进口税率的选择适用是根据货物的不同起运地确定的

B. 适用最惠国税率、协定税率、特惠税率的国家或地区的名单，由国务院税则委员会决定

C. 我国进口商品绝大部分采用从价定率的征税方法

D. 原产地不明的货物不予征税

【答案】 AD

（五）关税税率的运用

1. 一般规定

进出口货物，应当适用海关接受该货物申报进口或者出口之日实施的税率。

2. 特殊规定

特殊进出口方式的货物或违规货物的税率规定，具体见表 6 - 2。

表 6 - 2　　　　　　　　　特殊进出口方式的货物或违规货物的税率规定

具体情况	适用税率
进口货物到达之前，经海关核准先行申报的	装载此货物的运输工具申报进境之日实施的税率
进口转关运输货物	指运地海关接受该货物申报进口之日实施的税率；货物运抵指运地前，经海关核准先行申报的，应当适用装载该货物的运输工具抵达指运地之日实施的税率
出口转关运输货物	启运地海关接受该货物申报出口之日实施的税率
经海关批准，实行集中申报的进出口货物	每次货物进出口时海关接受该货物申报之日实施的税率
因超过规定期限未申报而由海关依法变卖的进口货物	装载该货物的运输工具申报进境之日实施的税率
因纳税义务人违反规定需要追征税款的进出口货物	违反规定的行为发生之日实施的税率；行为发生之日不能确定的，适用海关发现该行为之日实施的税率

3. 保税、减免税等货物的补税规定

已申报进境并放行的保税货物、减免税货物、租赁货物或者已申报进出境并放行的暂时进出境货物，有下列情形之一需缴纳税款的，应当适用海关接受纳税义务人再次填写报关单申报办理纳税及有关手续之日实施的税率：

（1）保税货物经批准不复运出境的；

（2）保税仓储货物转入国内市场销售的；

（3）减免税货物经批准转让或者移作他用的；

（4）可暂不缴纳税款的暂时进出境货物，经批准不复运出境或者进境的；

（5）租赁进口货物，分期缴纳税款的。

4. 补征或者退还进出口货物税款，应当按照前述规定（即 2 和 3）确定适用的税率。

【例 6 - 4 · 单选题】下列关于我国关税税率运用的表述中，正确的是（　　）。

A. 对由于税则归类的改变需补税的货物，按税则归类改变当日实施的税率征税

B. 未经海关批准擅自转为内销的加工贸易进口材料，按原申报进口之日实

施的税率补税

C. 分期支付租金的租赁进口设备，分期付税时，按纳税人首次支付税款之日实施的税率征税

D. 进口仪器到达前，经海关核准先行申报的，按装载此仪器的运输工具申报进境之日实施的税率征税

【答案】D

【例6-5·单选题】2023年10月1日，某企业按照规定免税进口一批货物，10月8日该货物报关入境；后来该企业因经营范围改变，于2023年12月12日经海关批准转让该货物，12月20日海关接受了企业再次填写的报关单，当日办理相关补税手续。该批货物补征关税时适用的关税税率为（　　）。

A. 2023年10月1日的税率　　　　B. 2023年10月8日的税率

C. 2023年12月12日的税率　　　D. 2023年12月20日的税率

【答案】D

【解析】已报关入境并放行的减免税货物，经海关批准转让或移作他用需予补税的，应按再次填写的报关单手续之日实施的税率征税，因此，该批货物适用2023年12月20日的税率。

第二节　关税完税价格及应纳税额的计算

一、关税完税价格

自我国加入世界贸易组织后，我国海关已全面实施《世界贸易组织估价协定》，遵循客观、公平、统一的估价原则，并依据2002年1月1日起实施的《中华人民共和国海关审定进出口货物完税价格办法》（以下简称《完税价格办法》），审定进出口货物的完税价格。

（一）一般进口货物的完税价格

进口货物的完税价格包括货物的货价、货物运抵我国关境内输入地点起卸前的运输费及其相关费用、保险费。货物的价格以成交价格为基础。进口货物的成交价格是指买方为购买该货物，并按《完税价格办法》有关规定调整后的实付或应付价格。

一般进口货物完税价格是以成交价格为基础的完税价格：

进口货物完税价格＝货价＋采购费用（包括货物运抵中国关境内输入地起卸前的运输、保险和其他劳务等费用）

货物以成交价格为基础，即买方为购买该货物，并按有关规定调整后的实付

或应付价格。实付或应付价格调整规定如下：

（1）如下列费用或者价值未包括在进口货物的实付或者应付价格中，应当计入完税价格。

①由买方负担的除购货佣金以外的佣金和经纪费。"购货佣金"指买方为购买进口货物向自己的采购代理人支付的劳务费用。"经纪费"指买方为购买进口货物向代表买卖双方利益的经纪人支付的劳务费用。

②由买方负担的与该货物视为一体的容器费用。

③由买方负担的包装材料和包装劳务费用。

④与该货物的生产和向中华人民共和国境内销售有关的，由买方以免费或者以低于成本的方式提供并可以按适当比例分摊的料件、工具、模具、消耗材料及类似货物的价款，以及在境外开发、设计等相关服务的费用。

⑤与该货物有关并作为卖方向我国销售该货物的一项条件，应当由买方直接或间接支付的特许权使用费。特许权使用费，指买方为获得与进口货物相关的、受著作权保护的作品、专利、商标、专有技术和其他权利的使用许可而支付的费用。但是在估定完税价格时，进口货物在境内的复制权费不得计入该货物的实付或应付价格之中。

⑥卖方直接或间接从买方对该货物进口后转售、处置或使用所得中获得的收益。

（2）下列费用，如能与该货物实付或者应付价格区分，不得计入完税价格：

①厂房、机械、设备等货物进口后的基建、安装、装配、维修和技术服务的费用；

②货物运抵境内输入地点之后的运输费用；

③进口关税及其他国内税、保险费和其他相关费用。

【归纳】进口货物关税完税价格的构成见表6－3。

表6－3 进口货物关税完税价格的构成

完税价格的构成因素	不计入完税价格的因素
基本构成：货价＋至运抵口岸的运费＋保险费综合考虑可能调整的项目： （1）买方负担、支付的中介佣金、经纪费； （2）买方负担的包装材料和劳务费用、与货物视为一体的容器费用； （3）买方付出的其他经济利益； （4）与进口货物有关且构成进口条件的特许权使用费； （5）卖方直接或间接从买方对该货物进口后转售、处置或使用所得中获得的收益	（1）向自己的采购代理人支付的购货佣金和劳务费用； （2）货物进口后发生的建设、安装、维修、运输等费用； （3）进口关税和进口海关代征的国内税； （4）为在境内复制进口货物而支付的复制权费用； （5）境内外技术培训及境外考察费用； （6）符合条件的为进口货物融资产生的利息费用

【例6－6·单选题】依据关税的有关规定，下列费用中不得计入完税价格的是（　　）。

A. 买价　　　　　　　　　　B. 境外运费

C. 由买方负担的包装费　　　D. 由买方负担的购货佣金

【答案】D

【解析】由买方负担的除购货佣金外的经纪费计入关税完税价格。

【例6－7·单选题】下列税费中，应计入进口货物关税完税价格的是（　　）。

A. 单独核算的境外技术培训费用

B. 报关时海关代征的增值税和消费税

C. 进口货物运抵我国境内输入地点起卸前的保险费

D. 由买方单独支付的入关后的运输费用

【答案】C

（二）进口货物海关估价方法

进口货物的完税价格不能在（一）中的规定确定时，海关应当依次使用下列方法估定完税价格：

（1）相同货物成交价格方法；

（2）类似货物成交价格方法；

（3）倒扣价格方法；

（4）计算价格方法；

（5）其他合理方法。

如果进口货物的收货人提出要求，并提供相关资料，经海关同意，可以选择倒扣价格方法和计算价格方法的适用次序。

（三）出口货物完税价格

由海关以货物向境外销售的成交价格为基础审定，并包括货物运至我国境内输出地点装载前的运输及其相关费用、保险费。但其中包含的出口关税税额，应当扣除。

出口货物的成交价格是指该货物出口销售到中华人民共和国境外时买方向卖方实付或应付的价格。出口货物的成交价格中含有支付给境外的佣金的，如果单独列明，应当扣除。

出口货物的成交价格不能确定时，完税价格由海关依次使用下列方法估定：

（1）同时或大约同时向同一国家或地区出口的相同货物的成交价格；

（2）同时或大约同时向同一国家或地区出口的类似货物的成交价格；

（3）根据境内生产相同或类似货物的成本、利润和一般费用，境内发生的运输及其相关费用、保险费计算所得的价格；

（4）按照合理方法估定的价格。

进出口货物完税价格中的运输及相关费用、保险费的计算有具体的规定，将在后面详细介绍。

【例6－8·多选题】下列应计入出口货物完税价格的项目有（　　）。

A. 出口关税税额

B. 在货物价款中单独列明有卖方承担的佣金

C. 境内生产货物的成本、利润和一般费用

D. 货物运至境内输出地点装载前的运输及相关费用、保险费

【答案】CD

（四）进出口货物完税价格中的运输及相关费用、保险费的计算

1. 以一般陆路、空运、海运方式进口的货物

陆路、空运、海运方式进口的货物的运费和保险费，应当按实际支付的计算。如果进口货物的运费无法确定或未实际发生，海关应当按照该货物进口同期运输行业公布的运费率（额）计算运费；按照"货价＋运费"两者总额的3‰计算保险费。

【例6－9·计算题】有进出口经营权的某外贸公司，2023年10月经有关部门批准从境外进口小轿车30辆，每辆小轿车货价15万元，运抵我国海关前发生的运输费用、保险费用无法确定，经海关查实其他运输公司相同业务的运输费用占货价的比例为2%。向海关缴纳了相关税款，并取得了完税凭证（提示：小轿车关税税率20%、增值税税率13%、消费税税率9%）。要求：计算小轿车在进口环节应缴纳的关税、消费税、增值税。

【答案及解析】（1）进口小轿车的货价＝15×30＝450（万元）

（2）进口小轿车的运输费＝450×2%＝9（万元）

（3）进口小轿车的保险费＝（450＋9）×3‰＝1.38（万元）

（4）进口小轿车应缴纳的关税：

关税的完税价格＝450＋9＋1.38＝460.38（万元）

应缴纳关税＝460.38×20%＝92.08（万元）

（5）进口环节小轿车应缴纳的消费税：

消费税组成计税价格＝（460.38＋92.08）÷（1－9%）＝607.10（万元）

应缴纳消费税＝607.10×9%＝54.64（万元）

（6）进口环节小轿车应缴纳增值税：

应缴纳增值税＝607.08×13%＝78.92（万元）

2. 以其他方式进口的货物

邮运的进口货物，应当以邮费作为运输及其相关费用、保险费；以境外边境口岸价格条件成交的铁路或公路运输进口货物，海关应当按照货价的1%计算运输及其相关费用、保险费；作为进口货物的自驾进口的运输工具，海关在审定完

税价格时，可以不另行计入运费。

3. 出口货物

出口货物的销售价格如果包括离境口岸至境外口岸之间的运输、保险费的，该运费、保险费应当扣除。

二、应纳税额的计算

（一）从价税应纳税额的计算

关税税额 ＝ 应税进(出)口货物数量 × 单位完税价格 × 税率

【例6－10·计算题】 某企业从境外某公司引进钢结构产品自动生产线，境外成交价格（FOB）1 600万元。该生产线运抵我国输入地点起卸前的运费和保险费120万元，境内运输费用12万元。另支付由买方负担的经纪费10万元，买方负担的包装材料和包装劳务费20万元，与生产线有关的境外开发设计费用50万元，生产线进口后的现场培训指导费用200万元，取得海关开具的完税凭证及国内运输部门开具的合法运输发票。计算进口中的各项税费。

【答案及解析】 进口环节关税完税价格 ＝ 1 600 + 120 + 10 + 20 + 50 = 1 800（万元）

进口环节应缴纳的关税 ＝ 1 800 × 30% = 540（万元）

进口环节应缴纳的增值税 ＝ (1 800 + 540) × 13% = 304.2（万元）

（二）从量税应纳税额的计算

关税税额 ＝ 应税进(出)口货物数量 × 单位货物税额

（三）复合税应纳税额的计算

我国目前实行的复合税都是先计征从量税，再计征从价税。

关税税额 ＝ 应税进(出)口货物数量 × 单位货物税额
　　　　　＋ 应税进(出)口货物数量 × 单位完税价格 × 税率

【例6－11·计算题】 国内某公司于2023年1月7日申报进口日本产非特种用途的广播级电视摄像机100台，其中有20台成交价格为CIF境内某口岸4 900美元/台，其余80台成交价格为CIF境内某口岸5 800美元/台。设1美元 = 6.85元人民币，计算应征进口关税。

【答案及解析】 计算方法：

（1）确定税则归类，该批非特种用途的广播级电视摄像机归入税号8525.8012。

（2）货物适用复合税率。原产国为日本，适用最惠国税率，经查关税税率为17.5%或"完税价格不高于5 000美元/台的，关税税率为单一从价税率35%；完税价格高于5 000美元/台的，关税税率为3%，每台加9 728元从量税"，从低执行。对价格低于5 000美元/台的，从低适用17.5%关税。对价格高于5 000美元/台的，按照17.5%和复合税率计算后的税款，从低选择适用税率。

（3）审定CIF价格分别合计为98 000（20×4 900）美元和464 000（80×5 800）美元。

（4）审定完税价格分别为671 300.00（98 000×6.85）元和3 178 400.00（464 000×6.85）元。

（5）按照计算公式分别计算进口关税税款：

①对20台单价低于5 000美元/台的摄像机从低适用17.5%税率：

20台单一从价进口关税税额=完税价格×关税税率=671 300.00×17.5%=117 477.50（元）

②对80台单价高于5 000美元/台的摄像机的税率计算后从低适用：

a. 80台复合税计征方式进口关税税额=货物数量×单位税额+完税价格×关税税额=80×9 728+3 178 400.00×3%=778 240+95 352=873 592.00（元）

b. 80台从价计征进口关税税额=完税价格×关税税率=3 178 400.00×17.5%=556 220.00（元）

③100台合计进口关税税额：

100台合计进口关税税额=20台从价进口关税税额+80台从价进口关税税额=117 477.50+556 220.00=673 697.50（元）

（四）滑准税应纳税额的计算

关税税额 = 应税进（出）口货物数量 × 单位完税价格 × 滑准税税率

现行税则《进（出）口商品从量税、复合税、滑准税税目税率表》后注明了滑准税税率的计算公式，该公式是一个与应税进（出）口货物完税价格相关的取整函数。

【例6-12·计算题】我国从国外进口一批中厚钢板共计200 000千克，成交价格为FOB伦敦2.5英镑/千克，已知单位运费为0.5英镑，保险费率为0.25%，求应征关税税款是多少？已知海关填发税款缴款书之日的外汇牌价：1英镑=11.2683元人民币（买入价）；1英镑=11.8857元人民币（卖出价）；根据税则归类，中厚钢板是日本原产货物适用于最惠国税率，最惠国税率为10%。

【答案及解析】（1）根据填发税款缴款书日的外汇牌价，将货价折算人民币：

外汇买卖中间价=（11.2683+11.8857）元人民币÷2=11.577（元人民币）

即1英镑=11.577元人民币

完税价格=（FOB价+运费）×（1+保险费率）=（2.5+0.5）×（1+0.25%）=

3.0075 英镑 = 3.0075 × 11.577 = 34.82（元人民币）

（2）该批货物进口关税税款 = 34.82 元人民币 × 200 000 千克 × 10% = 696 400（元人民币）

【例 6 - 13 · 单选题】某企业为增值税一般纳税人，2023 年 9 月从国外进口一批材料，货价 80 万元，买方支付购货佣金 2 万元，运抵我国输入地点起卸前运费及保险费 5 万元；从国外进口一台设备，货价 10 万元，境外运费和保险费 2 万元，与设备有关的软件特许权使用费 3 万元；企业缴纳进口环节相关税金后海关放行。材料关税税率 20%，设备关税税率 10%。该企业应纳进口环节税金（　　）元。

A. 357 640　　B. 38 520　　C. 374 600　　D. 386 450

【答案】 C

【解析】 企业应纳进口环节税金 = 关税 + 增值税 = （80 + 5）× 20% + （10 + 2 + 3）× 10% + （80 + 5）× （1 + 20%）× 13% + （10 + 2 + 3）× （1 + 10%）× 13% = 33.9（万元）= 339 000（元）

三、跨境电子商务零售进口税收政策

自 2016 年 4 月 8 日起，跨境电子商务零售进口商品按照货物征收关税和进口环节增值税、消费税，购买跨境电子商务零售进口商品的个人作为纳税义务人，实际交易价格（包括货物零售价格、运费和保险费）作为完税价格，电子商务企业、电子商务交易平台企业或物流企业可作为代收代缴义务人。

（一）适用范围

跨境电子商务零售进口税收政策适用于从其他国家或地区进口的、《跨境电子商务零售进口商品清单》范围内的以下商品：

（1）所有通过与海关联网的电子商务交易平台交易，能够实现交易、支付、物流电子信息"三单"比对的跨境电子商务零售进口商品；

（2）未通过与海关联网的电子商务交易平台交易，但快递、邮政企业能够统一提供交易、支付、物流等电子信息，并承诺承担相应法律责任进境的跨境电子商务零售进口商品。

不属于跨境电子商务零售进口的个人物品以及无法提供交易、支付、物流等电子信息的跨境电子商务零售进口商品，按现行规定执行。

（二）计征限额

自 2019 年 4 月 1 日起，跨境电子商务零售进口商品的单次交易限值为人民币 5 000 元，个人年度交易限值为人民币 26 000 元。在限值以内进口的跨境电子商务零售进口商品，关税税率暂设为 0；进口环节暂按法定应纳税额的 70% 征收。超过单次限值、累加后超过个人年度限值的单次交易，以及完税价格超过 5 000 元限值的单个不可分割商品，均按照一般贸易方式全额征税。

（三）计征规定

跨境电子商务零售进口商品自海关放行之日起 30 日内退货的，可申请退税，并相应调整个人年度交易总额。跨境电子商务零售进口商品购买人（订购人）的身份信息应进行认证；未进行认证的，购买人（订购人）身份信息应与付款人一致。

近年来跨境电子商务规模及发展情况

第三节　关税减免及征收管理

一、关税减免

关税减免可分为法定减免税、特定减免税、暂时免税和临时减免税等几种类型。除法定减免税外的其他减免权限属于中央政府。

报关单及税费计算

（一）法定减免税

法定减免指《海关法》《关税条例》《进出口税则》中所规定的给予进出口货物的关税减免。进出口货物属于法定减免税的，进出口人或代理人无须事先向海关提出申请，海关征税人员可凭有关证明文件和报关单证按规定直接给予减免税，海关对法定减免税货物一般不进行后续管理，也不作减免税统计。

按照规定，下列货物、物品予以减免关税：

（1）关税税额在人民币 50 元以下的一票货物；

（2）无商业价值的广告品和货样；

（3）外国政府、国际组织无偿赠送的物资；

（4）进出境运输工具装载的途中必需的燃料、物料和饮食用品；

（5）在海关放行前损失的货物；

（6）在海关放行前遭受损坏的货物，可以根据海关认定的受损程度减征关税；

（7）我国缔结或者参加有国际条约规定减征、免征关税的货物、物品；

（8）法律规定减征、免征关税的其他货物、物品。

【例 6–14·单选题】下列进口货物中，免征进口关税的是（　　）。

A. 外国政府无偿赠送的物资

B. 具有一定商业价值的货样

C. 因保管不慎造成损坏的进口货物

D. 关税税额为人民币 80 元的一票货物

【答案】A

（二）特定减免税

特定减免是指在关税基本法规确定的法定减免以外，由国务院或国务院授权的机关颁布法规、规章特别规定的减免，包括对特定地区、特定企业和特定用途的货物的减免等。特定减免税货物一般有地区、企业和用途的限制，海关需要进行后续管理，也需要进行减免税统计。目前主要针对科教用品、残疾人专用品、扶贫、慈善性捐赠物资、加工贸易产品、边境贸易进口物资、保税区进出口货物、出口加工区进出口货物、进口设备及特定行业或用途有减免规定。

（三）暂时免税

暂时进境或者暂时出镜的下列货物，在进境或者出镜时纳税义务人向海关缴纳相当于应纳税款的保证金或者提供其他担保的，可以暂时不缴纳关税，并应当自进境或者出境之日起 6 个月内复运出境或者复运进境；经纳税义务人申请，海关可以根据海关总署的规定延长复运出境或者复运进境的期限：

（1）在展览会、交易会、会议以及类似活动中展示或者使用的货物；

（2）文化、体育交流活动中使用的表演、比赛用品；

（3）进行新闻报道或者摄制电影、电视节目使用的仪器、设备及用品；

（4）开展科研、教学、医疗活动使用的仪器、设备和用品；

（5）在本款第（1）项至第（4）项所列活动中使用的交通工具以及特种车辆；

（6）货样；

（7）供安装、调试、检测设备时使用的仪器、工具；

（8）盛装货物的容器；

（9）其他用于非商业目的的货物。

上述暂时进境货物在规定的期限内未复运出境的，或者暂时出境货物在规定的期限内未复运进境的，海关应当依法征收关税。

除上述可以暂时免征关税范围以外的其他暂准进境货物，应当按照该货物的完税价格和其在境内滞留时间与折旧时间的比例计算征收进口关税。

【例 6－15·多选题】暂时进境或者暂时出境的下列货物，在进境或者出境时纳税义务人向海关缴纳相当于应纳税款的保证金或者提供其他担保的，可以暂不缴纳关税，并应当自进境或者出境之日起 6 个月内复运出境或者复运进境。下列适用关税暂时免税情形的有（　　　）。

A. 文化、体育交流活动中使用的表演、比赛用品

B. 开展科研、教学、医疗活动使用的运输车辆

C. 供安装、调试、检测设备时使用的仪器、工具

D. 其他用于商业目的的货物

【答案】ABC

(四)临时减免税

临时减免是指在以上两项减免税以外，对某个纳税人由于特殊原因临时给予的减免，即由国务院根据《海关法》对某个单位、某类商品、某个项目或某批进出口货物的特殊情况，给予特别照顾，一案一批，专文下达的减免税。一般有单位、品种、期限、金额或数量等限制，不能比照执行。我国已经加入世界贸易组织，为遵循统一、规范、公平、公开的原则，有利于统一税法、公平税赋、平等竞争，国家严格控制减免税，一般不办理个案临时性减免税，对特定减免税也在逐步规范、清理，对不符合国际惯例的税收优惠政策将逐步予以废止。

二、关税征管

(一)关税的缴纳

申报时间：进口货物自运输工具申报进境之日起 14 日内；出口货物在运抵海关监管区后装货的 24 小时以内。

纳税义务人应当自海关填发税款缴纳书之日起 15 日内，向指定银行缴纳税款。如关税缴纳期限的最后一日是周末或法定节假日，则关税缴纳期限顺延至周末或法定节假日过后的第一个工作日。为了方便纳税义务人，经申请且海关同意，进（出）口货物的纳税义务人可以在设有海关的指运地（启运地）办理海关申报、纳税手续。

因不可抗力或在国家税收政策调整的情况下，不能按期缴纳税款的，经海关总署批准，可以延期缴纳税款，但最长不得超过 6 个月。

(二)关税的强制执行

强制执行主要有两类：

（1）征收关税滞纳金。纳税义务人未按期缴纳税款的，从滞纳税款之日起，按日加收滞纳税款 0.5‰的滞纳金。

关税滞纳金金额 = 滞纳关税税额 × 滞纳金征收比率(0.5‰) × 滞纳天数

（2）强制征收。如纳税义务人自海关填发缴款书之日起 3 个月内仍未缴纳税款的，经海关关长批准，海关可以采取强制扣缴、变价抵缴等强制措施。

(三)关税退还

进出口货物的收发货人或他们的代理人，如遇下列情况之一，可自缴纳税款

之日起 1 年内，书面声明理由，连同原纳税收据向海关申请退税，并加算同期活期存款利息，逾期不予受理：

（1）因海关误征，多纳税款的；

（2）海关核准免验进口的货物，在完税后，发现有短缺情况，经海关审查认可的；

（3）已征出口关税的货物，因故未装运出口，申报退关，经海关查验属实的。对已征出口关税的出口货物和已征进口关税的进口货物，因货物种类或规格原因原状复运进境或出境的，经海关查验属实的，也应退还已征关税。

（四）关税补征和追征

由于纳税人违反海关规定而少征或漏征的关税，海关应予追征；追征期限为纳税义务人应缴纳税款之日起，海关在 3 年内可以追征，并从缴纳税款之日起按日加收少征或漏征税款 0.5‰的滞纳金。非因纳税人违反海关规定造成的少征或漏征关税，海关应予补征；补征期限为缴纳税款或货物、物品放行之日起 1 年内。

【归纳】溢征关税和补征处理与《税收征收管理法》规定的比较见表 6-4。

表 6-4　　　　溢征关税和补征处理与《税收征收管理法》规定的比较

情况	关税规定	税收征收管理法规定
溢征	海关发现应立即退回；纳税人发现自纳税之日起 1 年内书面申请退税，并加算银行同期存款利息	税务机关发现应立即退回；纳税人发现自纳税之日起 3 年内书面申请退税，并加算银行同期存款利息
补征	海关发现自缴纳税款或货物放行之日起 1 年内补征	税务机关发现在 3 年内补征，不加收滞纳金
追征	海关发现在 3 年内追征，按日加收 0.5‰滞纳金	（1）一般计算失误情况，税务机关发现在 3 年内追征；（2）特殊计算失误情况（累计金额在 10 万元以上的），追征期延长至 5 年；（3）偷、抗、骗税的无追征期限制，按日加收 0.5‰滞纳金

（五）关税纳税争议

纳税义务人自海关填发税款缴款书之日起 60 日内，向原征税海关的上一级海关书面申请复议。逾期申请复议的，海关不予受理。海关应当自收到复议申请之日起 60 日内做出复议决定，并以复议决定书的形式正式答复纳税义务人；纳税义务人对海关复议决定仍然不服的，可以自收到复议决定书之日起 15 日内，向人民法院提起诉讼。

【例 6 – 16 · 单选题】 已征出口关税的货物，因故未转运出口，申报退关的，纳税义务人可以申请退还关税的最长期限是（　　）。

A. 缴纳税款之日起 1 年　　　　B. 缴纳税款之日起 2 年

C. 缴纳税款之日起 3 年　　　　D. 缴纳税款之日起 5 年

【答案】 A

第四节　船舶吨税法

船舶吨税简称"吨税"，是对自境外港口进入我国境内港口的船舶，因享受了本国的航道和导航设施而付出的代价。我国于 2012 年 1 月 1 日起施行《中华人民共和国船舶吨税暂行条例》。2017 年 12 月 27 日，中华人民共和国第十二届全国人民代表大会常务委员会第三十一次会议通过了《中华人民共和国船舶吨税法》，该法已于 2018 年 7 月 1 日起施行。

一、征税范围和税率

自中华人民共和国境外港口进入境内港口的船舶（以下简称应税船舶），应当依照本条例缴纳船舶吨税（以下简称吨税）。船舶吨税税率分为优惠税率和普通税率两种。中华人民共和国国籍的应税船舶，船籍国（地区）与中华人民共和国签订含有相互给予船舶税费最惠国待遇条款的条约或者协定的应税船舶，适用优惠税率。其他应税船舶，适用普通税率。《吨税税目税率表》的调整，由国务院决定（见表 6 – 5）。

表 6 – 5　　　　　　　　　　　　吨税税目税率表

税目（按船舶净吨位划分）	税率（元/净吨）						备注
	普通税率（按执照期限划分）			优惠税率（按执照期限划分）			
	1 年	90 日	30 日	1 年	90 日	30 日	
不超过 2 000 净吨	12.6	4.2	2.1	9.0	3.0	1.5	（1）拖船按发动机功率每千瓦折合净吨位 0.67 吨；
超过 2 000 净吨，但不超过 10 000 净吨	24.0	8.0	4.0	17.4	5.8	2.9	（2）无法提供净吨位证明文件的游艇，按发动机功率每千瓦折合净吨位 0.05 吨；
超过 10 000 净吨，但不超过 50 000 净吨	27.6	9.2	4.6	19.8	6.6	3.3	（3）拖船和非机动驳船分别按相同净吨位船舶税率的 50% 计征税款
超过 50 000 净吨	31.8	10.6	5.3	22.8	7.6	3.8	

二、应纳税额的计算

船舶吨税按照船舶净吨位和吨税执照期限征收。应纳税额按照船舶净吨位乘以适用税率计算。净吨位，是指由船籍国（地区）政府授权签发的船舶吨位证明书上标明的净吨位。计算公式为：

$$应纳税额 = 船舶净吨位 × 定额税率(元)$$

应税船舶在进入港口办理入境手续时，应当向海关申报纳税领取吨税执照，或者交验吨税执照。

应税船舶在离开港口办理出境手续时，应当交验吨税执照。应税船舶负责人申领吨税执照时，应当向海关提供下列文件：

（1）船舶国籍证书或者海事部门签发的船舶国籍证书收存证明；

（2）船舶吨位证明。

应税船舶在吨税执照期限内，因税目税率调整或者船籍改变而导致适用税率变化的，吨税执照继续有效。因船籍改变而导致适用税率变化的，应税船舶在办理出入境手续时，应当提供船籍改变的证明文件。

【例6-17·计算题】D国一运输公司一艘货轮驶入我国某港口，该货轮净吨位为30 000吨，货轮负责人已向我国该海关领取了吨税执照，在港口停留期为30天，D国已与我国签订有相互给予船舶税最惠国待遇条款。请计算该货轮负责人应向我国海关缴纳的船舶吨税。

【答案及解析】（1）根据船舶吨税的相关规定，该货轮应享受优惠税率，每净吨位为3.3元。

（2）应缴纳的船舶吨税 = 30 000 × 3.3 = 99 000（元）

三、税收优惠

（一）直接优惠

下列船舶免征吨税：

（1）应纳税额在人民币50元以下的船舶；

（2）自境外以购买、受赠、继承等方式取得船舶所有权的初次进口到港的空载船舶；

（3）吨税执照期满后24小时内不上下客货的船舶；

（4）非机动船舶（不包括非机动驳船）；

（5）捕捞、养殖渔船；

（6）避难、防疫隔离、修理、终止运营或者拆解，并不上下客货的船舶；

（7）军队、武装警察部队专用或者征用的船舶；

（8）依照法律规定应当予以免税的外国驻华使领馆、国际组织驻华代表机构及其有关人员的船舶；

（9）警用船舶；

（10）国务院规定的其他船舶。

上述第（5）至第（8）项优惠，应当提供海事部门、渔业船舶管理部门或者卫生检疫部门等部门、机构出具的具有法律效力的证明文件或者使用关系证明文件，申明免税理由。

（二）延期优惠

在吨税执照期限内，应税船舶发生下列情形之一的，海关按照实际发生的天数批注延长吨税执照期限：

（1）避难、防疫隔离、修理，并不上下客货；

（2）军队、武装警察部队征用。

上述船舶，应当提供海事部门、渔业船舶管理部门或者卫生检疫部门等部门、机构出具的具有法律效力的证明文件或者使用关系证明文件，申明延长吨税执照期限的依据和理由。

四、征收管理

1. 征收机关

吨税由海关负责征收。海关征收吨税应当制发缴款凭证。

2. 纳税期限

纳税义务发生时间：应税船舶进入港口的当日。

应税船舶在吨税执照期满后尚未离开港口的，应当申领新的吨税执照，自上一次执照期满的次日起续缴吨税。

应税船舶负责人应当自海关填发吨税缴款凭证之日起15日内向指定银行缴清税款。未按期缴清税款的，自滞纳税款之日起，按日加收滞纳税款0.5‰的滞纳金。

3. 纳税担保

应税船舶到达港口前，经海关核准先行申报并办结出入境手续的，应税船舶负责人应当向海关提供与其依法履行吨税缴纳义务相适应的担保；应税船舶到达港口后，依照本条例规定向海关申报纳税。

下列财产、权利可以用于担保：

（1）人民币、可自由兑换货币；

（2）汇票、本票、支票、债券、存单；

（3）银行、非银行金融机构的保函；

（4）海关依法认可的其他财产、权利。

4. 领取吨税执照后船舶变化的处理

应税船舶在吨税执照期限内，因修理、改造导致净吨位变化的，吨税执照继续有效。应税船舶办理出入境手续时，应当提供船舶经过修理、改造的证明文件。

5. 执照毁损或遗失

吨税执照在期满前毁损或者遗失的，应当向原发照海关书面申请核发吨税执照副本，不再补税。

6. 税款征收相关处理

（1）海关发现少征或者漏征税款的，应当自应税船舶应当缴纳税款之日起1年内补征税款。但因应税船舶违反规定造成少征或者漏征税款的，海关可以自应当缴纳税款之日起3年内追征税款，并自应当缴纳税款之日起按日加征少征或者漏征税款0.5‰的税款滞纳金。海关发现多征税款的，应当在24小时内通知应税船舶办理退还手续，并加算银行同期活期存款利息。应税船舶发现多缴税款的，可以自缴纳税款之日起3年内以书面形式要求海关退还多缴的税款并加算银行同期活期存款利息；海关应当自受理退税申请之日起30日内查实并通知应税船舶办理退还手续。应税船舶应当自收到退税通知之日起3个月内办理有关退还手续。

（2）应税船舶有下列行为之一的，由海关责令限期改正，处2 000元以上30 000元以下的罚款；不缴或者少缴应纳税款的，处不缴或者少缴税款50%以上5倍以下的罚款，但罚款不得低于2 000元：①未按照规定申报纳税、领取吨税执照；②未按照规定交验吨税执照（或者申请核验吨税执照电子信息）以及提供其他证明文件。

（3）吨税税款、滞纳金、罚款以人民币计算。

【例6-18·多选题】 下列船舶中，免征船舶吨税的有（　　）。

A. 养殖渔船　　　　　　　　　B. 非机动驳船

C. 军队征用的船舶　　　　　　D. 应纳税额为人民币100元的船舶

【答案】 AC

【解析】 B选项，非机动驳船按相同净吨位船舶税率的50%计征船舶吨税；D选项，应纳税额为人民币50元以下的船舶，免征船舶吨税。

【小结】

关键术语：滑准税、特惠税率、普通税率、最惠国税率、协定税率、关税配额税率、特别关税、关税完税价格、关税的强制执行、关税退还、关税补征和追征、船舶吨税

本章小结：关税是对我国进出境的货物和物品征收的一种税。关税的税率分为进口关税税率和出口关税税率，其中进口关税税率按照进口原产地的国家不同，设定了五种不同的税

各国船舶吨位
税制比较

率。关税的计税依据是关税完税价格，关税完税价格的计算方法有以成交价为基础的完税价格和进口货物海关估价法等。税法对进出口货物完税价格中的运输及相关费用、保险费计算也规定了方法。

关税的税收优惠包括法定减免税、特定减免税和临时减免税。关税的征收管理包括关税缴纳、关税的强制执行、关税退还、关税补征和追征、关税纳税争议。

船舶吨税是对自境外港口进入我国境内港口的船舶征收的税。船舶吨税税率分为优惠税率和普通税率两种。

【习题】

一、复习思考题

1. 请总结关税完税价格的确定方法。
2. 关税强制执行的措施有哪些？
3. 计入完税价格的佣金和不计入完税价格的佣金如何区分？
4. 船舶吨税的征收管理流程和税收优惠有哪些？

二、单选题

1. 下列各项关于关税适用税率的表述中，正确的是（　　）。
A. 出口货物，按货物实际出口离境之日实施的税率征税
B. 进口货物，按纳税义务人申报进口之日实施的税率征税
C. 暂时进口货物转为正式进口需予补税时，按其申报暂时进口之日实施的税率征税
D. 查获的走私进口货物需补税时，按海关确认的其实际走私进口日期实施的税率征税

2. 我国某公司 2023 年 7 月从国内甲港口出口一批钢铁到国外，货物成交价格 170 万元（不含出口关税），其中包括货物运抵甲港口装载前的运输费 10 万元、单独列明支付给境外的佣金 12 万元。甲港口到国外目的地港口之间的运输保险费 20 万元。钢铁出口关税税率为 20%。该公司出口钢铁应缴纳的出口关税为（　　）万元。
A. 25.6　　　　　B. 29.6　　　　　C. 31.6　　　　　D. 34

3. 某公司进口一批货物，海关于 2023 年 3 月 1 日填发税款缴款书，但公司迟至 3 月 27 日才缴纳 500 万元的关税。海关应征收关税滞纳金（　　）万元。
A. 2.75　　　　　B. 3　　　　　C. 6.5　　　　　D. 6

4. 在进行税则归类时，进口地海关无法解决的税则归类问题，应报（　　）明确。
A. 财政部　　　　　　　　　B. 海关总署
C. 国务院　　　　　　　　　D. 当地外贸管理部门

5. 甲企业进口一批货物，海关审定货价折合人民币 5 200 万元，支付到达我国境内输入地起卸前的运费为 30 万元，境内运费 5 万元，该批货物进口关税税率为 10%，保险费无法确定，该企业进口应纳关税（　　）万元。
A. 525.07　　　　　B. 524.56　　　　　C. 523　　　　　D. 551.65

6. 根据船舶吨税法律制度的规定，下列关于船舶吨税的表述中，正确的是（　　）。
A. 船舶吨税采用比例税率
B. 非机动驳船按相同净吨位船舶税率征税

C. 船舶吨税以船舶净吨位为计税单位

D. 船舶吨税按照船舶净吨位和船舶在境内停留的期限征收

7. 下列关于船舶吨税的说法，错误的是（　　）。

A. 吨税的纳税义务发生时间为应税船舶进入港口的当日

B. 应纳船舶负责人应当自海关填发吨税缴款凭证之日起 15 日内向指定银行缴清税款

C. 海关发现少征或者漏征税款的，应当自应税船舶应当缴纳税款之日起 1 年内，补征税款

D. 拖船和非机动驳船免征船舶吨税

8. 下列项目中，应计入出口货物完税价格的是（　　）。

A. 出口关税

B. 单独列明离境口岸至境外口岸之间的运输费

C. 单独列明离境后保险费

D. 工厂至离境口岸之间的运输费、保险费

三、多选题

1. 下列有关进口货物原产地的确定，符合我国关税相关规定的有（　　）。

A. 从俄罗斯船只上卸下的海洋捕捞物，其原产地为俄罗斯

B. 在澳大利亚开采并经新西兰转运的铁矿石，其原产地为澳大利亚

C. 由台湾提供棉纱，在越南加工成衣，经澳门包装转运的西服，其原产地为越南

D. 在南非开采并经香港加工的钻石，加工增值部分占该钻石总值比例为 20%，其原产地为香港

2. 下列进口货物中，经海关审查属实，可酌情减免进口关税的有（　　）。

A. 在境外运输途中损失的货物

B. 在口岸起卸时遭受损坏的货物

C. 在起卸后海关放行前因不可抗力损失的货物

D. 非因保管不慎在海关查验时已经损坏的货物

3. 下列关于船舶吨税的表述不正确的有（　　）。

A. 吨税的应税船舶不包括中华人民共和国国籍的船舶

B. 吨税纳税义务发生时间为应税船舶进入港口的当日

C. 应税船舶在吨税执照期限内，因修理导致净吨位变化的，吨税执照失效

D. 吨税执照在期满前毁损或者遗失的，应当补税

4. 由买方负担的下列费用中，应计入进口货物关税完税价格的有（　　）。

A. 境外运输费　　　　　　　　B. 境外保险费

C. 境外考察费　　　　　　　　D. 境外包装劳务费

5. 下列税费中，应计入进口货物关税完税价格的有（　　）。

A. 货物进口后的保修费用　　　B. 设备进口后的安装费用

C. 进口环节缴纳的消费税　　　D. 进口环节缴纳的增值税

四、计算分析题

1. 具有进出口经营权的某外贸公司，2023 年 9 月经有关部门批准从境外进口小轿车 30 辆，每辆小轿车货价 15 万元，运抵我国海关前发生的运输费用、保险费用无法确定，经海关

查实其他运输公司相同业务的运输费用占货价的比例为 2% ，向海关缴纳了相关税款，并取得了海关进口增值税专用缴款书。

要求：分别计算小轿车在进口环节应缴纳的关税和消费税（小轿车关税税率 20% 、消费税税率 9% ）。

2. 某进出口公司 2023 年 10 月从英国进口货物一批，货物成交价折合人民币 1 030 万元。其中包括货款 1 000 万元，货物运抵我国境内输入地起卸前的运费 6 万元，起卸后的运费 1 万元，保险费 5 万元，在采购过程中，向境外采购代理人支付佣金 4 万元，向卖方支付佣金 5 万元，为方便使用，还向境外支付与该批进口货物有关的专有技术和资料费 3 万元，进口后的技术服务费 4.5 万元，货物安装、调试费 1.5 万元。海关核定该批货物适用的进口关税税率为 12% 。

要求：计算该批货物进口应缴纳的进口关税。

3. 某进出口公司从美国进口一批货物，该批货物的美国口岸离岸价格为 500 万元，运抵我国关境内输入地点起卸前的包装费、运输费、保险费和其他劳务费用共计 50 万元；在采购过程中，向境外采购代理人支付佣金 4 万元，向卖方支付佣金 5 万元；为方便在境内使用，还向境外支付与该批进口货物有关的专有技术和资料费用为 5 万元，货物安装、调试以及技术指导费 3 万元。海关核定该批货物适用的进口关税税率为 20% 。

要求：计算进出口公司应缴纳的进口关税。

4. 上海某进出口公司从美国进口应征消费税货物一批，货物以离岸价格成交，成交价合人民币为 1 410 万元（包括单独计价并经海关审查属实的向境外采购代理人支付的买方佣金 10 万元，但不包括因使用该货物而向境外支付的软件费 50 万元、向卖方支付的佣金 15 万元），另支付货物运抵我国上海港的运费、保险费等 35 万元。假设该货物适用的关税税率为 20% 、增值税税率 13% 、消费税税率 10% 。

要求：分别计算该公司应缴纳的关税、消费税和增值税。

5. 为避免我国对原产于 B 国的货物征收过高的关税，某市中外合资经营企业与境外 A 国某公司签订一项购销协议，由该公司从 B 国进口一批化妆品，并以进行加工过的名义销售给中外合资经营企业，合资企业将其进一步加工后在国内销售。境外 A 国公司的化妆品进口成本为 80 万元，加工后售于境内中外合资经营企业的成交价格为 100 万元。化妆品报关到岸后，中外合资企业申报的完税价格为 110 万元。经海关审查，中外合资企业申报的完税价格未包括运费和保险费，中外合资企业解释进口化妆品的运费和保险费无法确定因此未申报。海关对此依法调整征税后对进口化妆品予以放行。化妆品运抵企业所在地验收入库，企业支付境内运输费用 2 万元。根据海关有关规定，进口原产地为 A 国的化妆品，进口之日适用的进口关税税率为 20% ；进口原产地为 B 国的化妆品，进口之日适用的关税税率为 30% ；化妆品进口同期运输行业公布的运费率为进口货价的 5% ；化妆品国内消费税税率为 15% ；企业留抵的增值税进项税余额为 0.55 万元。

要求：（1）计算中外合资企业应该缴纳的关税。

（2）计算中外合资企业应该缴纳的进口消费税和进口增值税。

五、案例分析题

一家钢铁企业，需要进口 100 万吨铁矿石，可供选择的进货渠道中有两个国家：一个是澳大利亚；另一个是加拿大。澳大利亚的铁矿石品位较高，价格为 20 美元 1 吨，运费 60 万美元；加拿大的铁矿石品位较低，价格为 19 美元 1 吨，但运杂项费用高达 240 万美元，暂不考虑其他条件。该企业应该选择哪一个国家进口铁矿石呢？

【阅读拓展】

1. 王婉如，樊勇. 入世后我国关税运用的调整与定位转变 ［J］. 北京社会科学，2023 （2）：88 – 97.

2. 鞠建东，王晓燕，李昕，等. 关税争端对中美贸易差额、贸易条件与贸易结构的影响 ［J］. 国际经济评论，2021（2）：6，71 – 92.

第七章　财产税类

【学习目标】

通过本章学习，你应能够：

➢ 掌握房产税、车船税的计税依据和应纳税额的计算；

➢ 了解房产税、车船税的基本要素、税收优惠；

➢ 了解车辆购置税的基本概念、税率；

➢ 掌握车辆购置税的计算方法；

➢ 了解契税的纳税人和税收优惠；

➢ 掌握土地增值税、城镇土地使用税的征税范围；

➢ 熟悉土地增值税、城镇土地使用税税率、应纳税额的计算。

【引入案例】

该如何正确缴纳房产税呢？

甲公司是以开发自持型商业地产为主的商业地产集团公司，按照当地规定，从价计征时允许减除30%后余值征税。甲公司的 A 商业项目与客户签订租期2年（2022 年 1 月 1 日至 2023 年 12 月 31 日）的租赁合同，租金总额 2 400 万元，但前 3 个月免租，甲公司从 2022 年 4 月 1 日从租缴纳房产税，每月缴纳 2 400 ÷ 21×12% =13.71（万元），2022 年累计缴纳 13.71×9 =123.43（万元）。甲公司的 B 商业项目地上建筑面积 10 000 平方米，土地成本 20 000 万元。地上建筑物由乙公司代建，乙公司迟迟未与甲公司办理决算手续，因而甲公司地上建筑物的账面成本为 0，同时 B 项目已交付使用，并办出产权证。甲公司按账面土地成本 20 000 万元缴纳房产税，每季缴纳 20 000×（1 −30%）×1.2% ÷4 =42（万元）。甲公司在 C 商业项目单独建造地下车库（非人防工程）2 000 平方米，地下占地面积 1 000 平方米，成本 2 000 万元，地下车库上有甲公司物业用房，占地面积 100 平方米。根据《财政部　国家税务总局关于具备房屋功能的地下建筑征收房产税的通知》第二条的规定，甲公司按地下建筑物建造成本的 7 折（即 1 400 万元）作为房产原值缴纳房产税，每季缴纳 2 000×0.7×（1 −30%）×1.2% ÷4 = 2.94（万元）。

结合此案例，请核算以下情形中的房产税：（1）免租期如何缴纳房产税；（2）未入账的房产如何缴纳房产税；（3）地下建筑物如何缴纳房产税。

【本章导读】

财产税是对法人或自然人在某一时点占有或可支配财产课征的一类税收的统称。所谓财产，是指法人或自然人在某一时点所占有及可支配的经济资源，如房屋、土地、物资、有价证券等。作为古老的税种，财产税曾经是奴隶社会和封建社会时期国家财政收入的主要来源。随着社会经济的发展，其主体税种的地位逐步让位于流转税和所得税类。财产税类的衰落，是由其本身固定的局限性决定的：一是弹性小，不能适应社会经济发展的需要；二是课税对象有限；三是计税依据难以准确界定，税收征管难度大，税收成本较高。

【知识结构图】

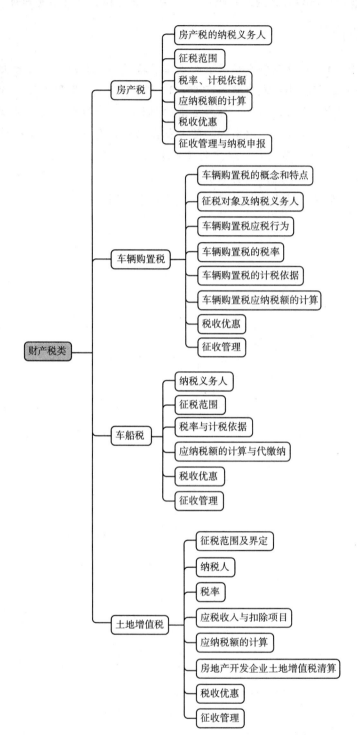

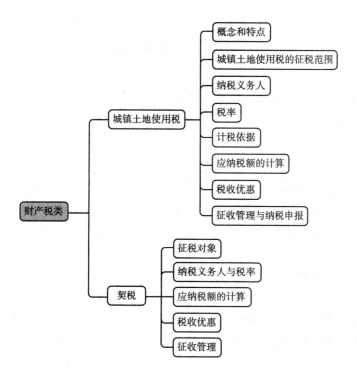

第一节　房产税

　　房产税法是指国家制定的调整房产税征收与缴纳之间权利及义务关系的法律规范。现行房产税的基本规范，是 1986 年 9 月 15 日国务院颁布的《中华人民共和国房产税暂行条例》（以下简称《房产税暂行条例》）。房产税是以房产为征税对象，依据房产价格或房产租金收入向房产所有人或经营人征收的一种税。对房产征税的目的是运用税收杠杆，加强对房产的管理，提高房产使用效率，控制固定资产投资规模和配合国家房产政策的调整，合理调节房产所有人和经营人的收入，此外，房产税税源稳定，易于管理，是地方财政收入的重要来源之一。

一、房产税的纳税义务人

　　房产税以在征税范围内的房屋产权所有人为纳税人。其中，产权属国家所有的，由经营管理单位纳税；产权属集体和个人所有的，由集体单位和个人纳税；产权出典的，由承典人纳税；产权所有人、承典人不在房屋所在地的，由房产代管人或者使用人纳税；纳税单位和个人无租使用房管部门、免税单位、纳税单位的房产，由使用人代为缴纳房产税。

　　综上所述，房产税的纳税人包括：产权所有人、经营管理人、承典人、房产代管人或者使用人。

二、征税范围

　　房产税以房产为征税对象。所谓房产，是指有屋面和维护结构（有墙或两边有柱），能够遮风避雨，可供人们在其中生产、学习、工作、娱乐、居住或贮藏物资的场所。

　　房产税的征税范围为：城市、县城、建制镇和工矿区。具体规定如下：

　　（1）城市是指国务院批准设立的市。

　　（2）县城是指县人民政府所在地的地区。

　　（3）建制镇是指经省、自治区、直辖市人民政府批准设立的建制镇。

　　（4）工矿区是指工商业比较发达、人口比较集中、符合国务院规定的建制镇标准但尚未设立建制镇的大中型工矿企业所在地。开征房产税的工矿区须经省、自治区、直辖市人民政府批准。

　　房产税的征税范围不包括农村，这主要是为了减轻农民的负担。因为农村的房屋，除农副业生产用房外，大部分是农民居住用房。农村房屋不纳入房产税征税范围，有利于农业发展，繁荣农村经济，促进社会稳定。

【例 7 - 1·单选题】下列房屋及建筑物中，属于房产税征税范围的是
（　　）。

A. 农村的居住用房 　　　　　B. 建在室外的露天游泳池

C. 个人拥有的市区经营性用房 　　D. 尚未使用或出租而待售的商品房

【答案】C

【例 7 - 2·多选题】下列情形中，应由房产代管人或者使用人缴纳房产税的
有（　　）。

A. 房屋产权为确定的 　　　　B. 房屋产权所有人不在房屋所在地的

C. 房屋承典人不在房屋所在地的 　D. 房屋租典纠纷未解决的

【答案】ABCD

三、税率、计税依据

（一）税率

我国现行房产税采用的是比例税率。由于房产税的计税依据分为从价计征和
从租计征两种形式，所以房产税的税率也有两种：一种是按房产原值一次减除
10% ～30% 后的余值计征的，税率为 1.2% ；另一种是按房产出租的租金收入计
征的，税率为 12% 。自 2008 年 3 月 1 日起，对个人出租住房，不区分用途，按
4% 的税率征收房产税。

【例 7 - 3·多选题】下列有关房产税税率的表述符合现行规定的有（　　）。

A. 所有权属于甲工厂的自用仓库适用 1.2% 的房产税税率

B. 商店融资租赁购入房屋的适用 1.2% 的房产税税率

C. 个人住房出租用于房屋中介开设连锁店的适用 12% 的房产税税率

D. 个人住房出租，不分用途，适用 4% 的房产税优惠税率

E. 房地产公司按市场价出租的住房适用 4% 的房产税优惠税率

【答案】ABDE

（二）计税依据

房产税的计税依据是房产的计税价值或房产的租金收入。按照房产计税价值
征税的，称为从价计征；按照房产租金收入计征的，称为从租计征。

1. 从价计征

《房产税暂行条例》规定，房产税依照房产原值一次减除 10% ～30% 后的余
值计算缴纳。各地扣除比例由当地省、自治区、直辖市人民政府确定。

房产原值是指纳税人按照会计制度规定，在账簿"固定资产"科目中记载
的房屋原价。因此，凡按会计制度规定在账簿中记载有房屋原价的，应以房屋原
价按规定减除一定比例后作为房产余值计征房产税；房产原值应包括与房屋不可

分割的各种附属设备或一般不单独计算价值的配套设施；纳税人对原有房屋进行改建、扩建的，要相应增加房屋的原值。

凡在房产税征收范围内具备房屋功能的地下建筑，按以下方式计税：对工业用途房产，以房屋原价的50%~60%作为应税房产原值；对商业和其他用途房产，以房屋原价的70%~80%作为应税房产原值。房屋原价折算为应税房产原值的具体比例，由各省、自治区、直辖市和计划单列市财政和地方税务部门在上述幅度内自行确定。

房产余值是房产的原值减除规定比例后的剩余价值。

【例7-4·单选题】2022年某企业支付6 000万元取得10万平方米的土地使用权，新建厂房建筑面积6万平方米，工程成本3 000万元，2023年底竣工验收，对该企业征收房产税的房产原值是（   ）万元。

A. 6 000   B. 3 000   C. 9 000   D. 3 600

【答案】C

【解析】对按照房产原值计税的房产，无论会计上如何核算，房产原值均应包含地价，即将全部地价计入房产原值。因此，该企业征收房产税的房产原值为9 000万元（6 000 + 3 000）。

2. 从租计征

《房产税暂行条例》规定，房产出租的，以房产租金收入为房产税的计税依据。所谓房产的租金收入，是房屋产权所有人出租房产使用权所得的报酬，包括货币收入和实物收入。如果是以劳务或者其他形式为报酬抵付房租收入的，应根据当地同类房产的租金水平，确定一个标准租金额从租计征。

对于出租房产，租赁双方签订的合同约定有免收租金期限的，免收租金期间由房产所有人按照房产原值缴纳房产税。

出租的地下建筑，按照出租地上房屋建筑的有关规定计算征收房产税。

四、应纳税额的计算

房产税的计税依据有两种，与之相适应的应纳税额计算也分为两种：一是从价计征的计算；二是从租计征的计算。

（一）从价计征的计算

从价计征是按房产的原值减除一定比例后的余值计征，其公式为：

$$应纳税额 = 应税房产原值 \times (1 - 扣除比例) \times 1.2\%$$

【例7-5·计算题】某企业的经营用房原值为4 000万元，按照当地规定允许减除30%后余值计税，适用税率为1.2%。请计算其应纳房产税税额。

【答案及解析】应纳税额 = 4 000 × (1 - 30%) × 1.2% = 33.6（万元）

（二）从租计征的计算

从租计征是按房产的租金收入计征，其公式为：

$$应纳税额 = 租金收入 \times 12\%（或4\%）$$

【**例7-6·计算题**】某公司出租房屋3间，年租金收入为40 000元，适用税率为12%。请计算其应纳房产税税额。

【**答案及解析**】应纳税额 = 40 000 × 12% = 4 800（元）

【**归纳**】房产税计税依据、税率和计税公式见表7-1。

表7-1 房产税计税依据、税率和计税公式

计税方法	计税依据	税率	计税公式
从价计征	（1）按照房产原值一次减除10%~30%损耗后的余值； （2）房产原值以账簿记录为基础，应包含低价，包括为取得土地使用权支付的价款、开发土地发生的成本费用等； （3）独立的地下建筑物在进行10%~30%扣除前先对房产原值进行确定：工业用途，以房屋原价的50%~60%作为应税房产原值；对商业和其他用途房产，以房屋原价的70%~80%作为应税房产原值； （4）扣除比例由省、自治区、直辖市人民政府确定	年税率1.2%	应纳税额 = 应税房产原值 × （1 - 扣除比例）× 1.2%（年税额）
从租计征	（1）租金收入（包括实物收入和货币收入）； （2）以劳务或其他形式为报酬抵付房租的，按当地同类房产租金收入确定； （3）出租地下建筑，按出租地上房屋建筑的规定计税	12%（或4%）	应纳税额 = 租金收入 × 12%（或4%）

【**例7-7·单选题**】2022年某企业支付8 500万元（不含增值税）取得12万平方米的土地使用权，花费600万元对土地进行开发，新建厂房建筑面积4万平方米，工程成本2 000万元，2023年底竣工验收，对该企业征收房产税的房产原值是（　　）万元。

A. 2 000　　　　B. 8 066.67　　　　C. 9 500　　　　D. 10 500

【**答案**】B

【**解析**】土地容积率 = 4 ÷ 12 = 0.33 < 0.5，应按房产建筑面积的2倍计算土地面积，并据此计入房产原值的地价，该企业计入房产原值的地价 = 建筑面积 × 2 × 单位土地面积的价格 = 4 × 2 × （8 500 + 600）÷ 12 = 6 066.67（万元）。因此，征收房产税的房产原值为8 066.67万元（6 066.67 + 2 000）。

五、税收优惠

房产税的税收优惠是根据国家政策需要和纳税人的负担能力制定的。由于房

产税属地方税，因而给予地方一定的减免权限，有利于地方因地制宜处理问题，目前，房产税的税收优惠政策主要有：

（1）国家机关、人民团体、军队自用的房产免征房产税。

（2）由国家财政部门拨付事业经费的单位，如学校、医疗卫生单位、托儿所、幼儿园、敬老院、文化体育艺术等事业单位，本身业务范围内使用的房产免征房产税。

（3）宗教寺庙、公园、名胜古迹自用的房产免征房产税。

（4）个人所有非营业用的房产免征房产税。

（5）对行使国家行政管理职能的中国人民银行总行（含国家外汇管理局）所属分支机构自用的房产，免征房产税。

（6）经财政部批准免税的其他房产：

①对非营利性的医疗机构、疾病控制机构和妇幼保健机构等卫生机构自用的房产，免征房产税。

②自2001年1月1日起，对按照政府规定价格出租的公有住房和廉租住房，包括企业和自收自支的事业单位向职工出租的单位自有住房，房管部门向居民出租的私有住房等，暂免征收房产税。

③损坏不堪使用的房屋和危险房屋，经有关部门鉴定，在停止使用后，可免征房产税。

纳税人因房屋大修导致连续停用半年以上的，在房屋大修期间免征房产税，免征税额由纳税人在申报缴纳房产税时自行计算扣除，并在申报表附表或备注栏中做相应说明。

④基建工地为基建工地服务的各种工棚、材料棚、休息棚和办公室、食堂、茶炉房、汽车房等临时性房屋，在施工期间，一律免征房产税。但工程结束后，施工企业将这种临时性房屋交还或估价转让给基建单位的，应从基建单位减收的次月起照章纳税。

（7）自2019年1月1日至2027年12月31日，对增值税小规模纳税人减半征收房产税。

六、征收管理与纳税申报

（一）纳税义务发生时间

（1）自建的房屋，自建成之次月起缴纳房产税。

（2）委托施工企业建设的房屋，从办理验收手续之次月起缴纳房产税；在办理验收手续前已使用的，自使用次月起缴纳房产税。

（3）凡是在基建工地为基建工地服务的各种临时性房屋，如果在基建工程结束以后，施工企业将这种临时性房屋交还或者估价转让给基建单位的，应当从基建单位接收的次月起缴纳房产税。

（4）企业停产后对原有的房产闲置不用的，由各省、自治区、直辖市税务局确定征免。企业撤销后，对原有的房产闲置不用的，可暂不征收房产税。对撤销后，如果这些房产转给其他征税单位使用的，应从使用次月起征收房产税。

（5）委托施工企业建设的房屋或者房地产开发企业自建的房屋，在办理验收手续前或未出售前出租的，自签订出租合同支付租金时间或实际取得租金之日起发生房产税纳税义务；出借的，自出借之次月起由使用人代缴房产税。房地产开发企业自用的商品房，自房屋使用之次月起缴纳房产税。

（6）纳税人购置新建商品房，自房屋交付使用之次月起计征房产税。

（二）纳税期限

房产税实行按年计算、分期缴纳的征收方法，具体纳税期限由省、自治区、直辖市人民政府确定。

（三）纳税地点

房产税在房产所在地缴纳，房产不在同一地方的纳税人应按房产的坐落地点分别向房产所在地的税务机关缴纳。

（四）纳税申报

房产税的纳税人应按照规定及时办理纳税申报，如实填写《房产税纳税申报表》。

第二节 车辆购置税

2000 年 10 月 22 日，国务院令第 294 号颁布并于 2001 年 1 月 1 日起施行《中华人民共和国车辆购置税暂行条例》。2018 年 12 月 29 日，第十三届全国人民代表大会常务委员会第七次会议通过《中华人民共和国车辆购置税法》（以下简称《车辆购置税法》），自 2019 年 7 月 1 日起施行。

一、车辆购置税的概念和特点

（一）车辆购置税的概念

车辆购置税是以在中国境内购置规定的车辆为课税对象、在特定的环节向车辆购置者征收的一种税。就其性质而言，属于直接税的范畴。

（二）车辆购置税的特点

车辆购置税的特点有：第一，征收范围单一；第二，征收环节单一；第三，征税具有特定目的；第四，价外征收，不转嫁税负。

二、征税对象及纳税义务人

（一）征税对象

车辆购置税以列举的车辆为征税对象。具体包括汽车、有轨电车、汽车挂车、排气量超过150毫升的摩托车（以下统称应税车辆）。

（二）纳税人

车辆购置税的纳税义务人是指在中华人民共和国境内购置应税车辆的单位和个人。

单位包括各种所有制企业、事业单位、社会团体、国家机关、部队及其他单位。个人包括个体工商户及其他个人，既包括中国公民又包括外国公民。

三、车辆购置税应税行为

车辆购置税的应税行为是指在中华人民共和国境内购置应税车辆的行为。具体来讲，这种应税行为包括以下几种情况：

（1）购买使用行为。购买使用行为包括购买使用国产应税车辆和购买使用进口应税车辆。

（2）进口使用行为。进口使用行为指直接进口使用应税车辆的行为。

（3）受赠使用行为。

（4）自产自用行为。

（5）获奖使用行为。

（6）其他使用行为。例如，拍卖、抵债、走私、罚没等方式取得并自用的应税车辆。

【例7-8·多选题】下列行为中，属于车辆购置税应税行为的有（   ）。

A. 销售应税车辆的行为　　　　　B. 购买使用应税车辆的行为

C. 自产自用应税车辆的行为　　　D. 获奖使用应税车辆的行为

E. 进口使用应税车辆的行为

【答案】BCDE

【解析】销售应税车辆的行为，不属于车辆购置税的应税行为。

四、车辆购置税的税率

车辆购置税适用统一比例税率：10%。

五、车辆购置税的计税依据

（一）购买自用应税车辆计税依据的确定

计税价格的组成为纳税人购买应税车辆而支付给销售者的全部价款和价外费用（不包括增值税税款）。

$$计税价格 = 含增值税的销售价格 \div (1 + 增值税税率或征收率)$$

【例 7-9·单选题】2023 年 7 月，李某从某销售公司购买轿车一辆供自己使用，支付含增值税的价款 221 000 元，另支付购置工具件和零配件价款 1 000 元，车辆装饰费 4 000 元，销售公司代收保险费 6 000 元。则李某应纳车辆购置税的计税依据为（ ）元。

A. 221 000　　　B. 226 000　　　C. 200 000　　　D. 232 000

【答案】C

【解析】计税依据 = (221 000 + 1 000 + 4 000) ÷ 1.13 = 200 000 （元）

（二）进口自用应税车辆计税依据的确定

$$组成计税价格 = 关税完税价格 + 关税 + 消费税$$

【例 7-10·计算题】某汽车贸易公司 2023 年 8 月进口 11 辆小轿车，海关审定的关税完税价格为 25 万元/辆，当月销售 8 辆，取得含税销售收入 240 万元；2 辆企业自用，1 辆用于抵偿债务。合同约定的含税价格为 30 万元。该公司车辆购置税的计税依据为（ ）万元（小轿车关税税率为 28%，消费税税率为 9%）。

【答案及解析】计税依据 = 2 × (25 + 25 × 28%) ÷ (1 - 9%) = 70.33 （万元）

（三）以最低计税价格为计税依据的确定

《车辆购置税征收管理办法》规定："纳税人购买自用或者进口自用应税车辆，申报的计税价格低于同类型应税车辆的最低计税价格，又无正当理由的，按照最低计税价格征收车辆购置税。"

（四）其他自用应税车辆计税依据的确定

纳税人自产、受赠、获奖和以其他方式取得并自用的应税车辆的计税价格，由主管税务机关参照国家税务总局规定相同类型应税车辆的最低计税价格核定。

几种特殊情形应税车辆的最低计税价格规定如下：

（1）对已缴纳车辆购置税并办理了登记注册手续的车辆，底盘（车架）发生更换，其计税依据按最新核发的同类型新车最低计税价格的 70% 计算。

（2）免税、减税条件消失的车辆，其计税依据的确定方法为：

计税依据 = 同类型新车最低计税价格 × [1 - (已使用年限 × 10%)] × 100%

其中，规定使用年限按 10 年计算；超过使用年限的车辆，计税依据为零，不再征收车辆购置税。未满 1 年的应税车辆计税依据为最新核发的同类型车辆最低计税价格。

（3）国家税务总局未核定最低计税价格的车辆，计税依据为纳税人提供的有效价格证明注明的价格。纳税人无法提供车辆有效价格证明的，主管税务机关有权核定计税价格。

（4）进口旧车、不可抗力因素导致受损的车辆、库存超过 3 年的车辆、行驶 8 万千米以上的试验车辆、国家税务总局规定的其他车辆，计税依据为纳税人提供的有效价格证明注明的价格。纳税人无法提供车辆有效价格证明的，主管税务机关有权核定计税价格。

（5）非贸易渠道进口车辆的最低计税价格，为同类型新车最低计税价格。

【例 7 - 11 · 多选题】下列车辆中，计税依据为纳税人提供的有效价格证明注明的价格的有（   ）。

A. 进口旧车
B. 因不可抗力因素导致受损的车辆
C. 库存超过 3 年的车辆
D. 行驶 5 万千米以上的试验车辆
E. 减税条件消失的车辆

【答案】ABC

【解析】进口旧车、因不可抗力因素导致受损的车辆、库存超过 3 年的车辆、行驶 8 万千米以上的试验车辆、国家税务总局规定的其他车辆，凡纳税人能出具有效证明的，计税依据为纳税人提供的统一发票或有效凭证注明的计税价格。

六、车辆购置税应纳税额的计算

（一）购买自用应税车辆应纳税额的计算

（1）购买者随购买车辆支付的工具件和零部件价款应作为购车价款的一部分，并入计税依据中。

（2）支付的车辆装饰费应作为价外费用，并入计税依据中。

（3）代收款项应区别征税。

若代收单位开具代收单位（受托方）的票据，则计入代收单位价外费用；若票据由委托方开出，受托方只计手续费，则代收款项计入委托方收入。

（4）含税价要换算成不含税价。

（5）控购费，是政府部门的行政性收费，不属于价外费用，不并入计税价格。

（6）优质销售活动收取的有关费用，属于经营性收入；企业在代理过程中按规定支付给有关部门的费用，已作经营性支出列支核算、收取的费用并在一张发票上难以划分的，应计入价外费用。

【例 7 – 12 · 计算题】宋某于 2023 年 7 月从某汽车有限公司购买一辆小汽车供自己使用，支付了含增值税税款在内的款项 234 000 元，另支付代收临时牌照费 550 元、代收保险费 1 000 元，支付购买工具件和零配件价款 950 元，车辆装饰费 1 300 元。所支付的款项均由该汽车有限公司开具"机动车销售统一发票"和有关票据，请计算宋某应纳车辆购置税。

【答案及解析】（1）计税依据 = （234 000 + 550 + 1 000 + 950 + 1 300）÷（1 + 13%）= 2 074 159.29（元）

（2）应纳税额 = 2 074 159.29 × 10% = 207 415.93 （元）

【例 7 – 13 · 计算题】某环保局于 2023 年 8 月 19 日从江南汽车贸易中心（增值税一般纳税人）购买日本本田公司生产的轿车一辆，该车排量 2 451 毫升。该环保局按江南汽车贸易中心开具的"机动车销售统一发票"金额支付价款 371 000 元，支付控购部门控购费 44 520 元，并取得收款收据。江南汽车贸易中心开展"一条龙"销售服务，代环保局办理车辆上牌等事宜，并向环保局开票收取新车登记费、上牌办证费、代办手续费、仓储保管费、送车费等共计 36 000 元。计算应纳车辆购置税税额。

【答案及解析】应纳税额 = （371 000 + 36 000）÷（1 + 13%）× 10%

$$= 360\ 176.99 \times 10\%$$

$$= 36\ 017.7（元）$$

（二）进口自用应税车辆应纳税额的计算

$$计税价格 = 关税完税价格 + 关税 + 消费税$$

【例 7 – 14 · 计算题】某外贸进出口公司于 2023 年 9 月从国外进口 10 辆某公司生产的某型号小轿车，该公司报关进口这批小轿车时，经报关地海关对有关报关资料的审查，确定关税完税价格为每辆 185 000 元，海关按关税政策规定每辆征收了关税 203 500 元，并按消费税、增值税有关规定分别代征了每辆小轿车的进口消费税 11 655 元和增值税 62 160 元，由于联系业务需要，该公司将一辆小轿车留在本单位使用。根据以上资料，计算应纳车辆购置税。

【答案及解析】计税价格 = 185 000 + 203 500 + 11 655 = 400 155 （元）

应纳税额 = 400 155 × 10% = 40 015.5 （元）

【例 7 – 15 · 计算题】某外贸进出口公司于 2023 年 7 月 12 日从国外进口 10 辆宝马公司生产的宝马小轿车，气缸容量为 1 800 毫升。该公司报关进口这批小轿车时，经报关地口岸海关对有关报关资料的审查，确定关税计税价格为 198 000 元/辆（人民币），海关按关税政策规定课征关税 217 800 元/辆，并按消费税、增值税有关规定分别代征进口消费税 21 884 元/辆，增值税 70 029.44 元/辆。由于业务工作的需要，该公司将两辆小轿车用于本单位使用。试根据纳税人提供的有关报关进口资料和经海关审查确认的有关完税证明资料，计算应纳的车辆购置税税额。

【答案及解析】（1）组成计税价格＝198 000＋217 800＋21 884＝437 684（元）

（2）应纳税额＝2×437 684×10%＝87 536.8（元）

注：应纳进口消费税、进口增值税组价均为437 684元。

（三）其他自用应税车辆应纳税额的计算

不能取得购置价格，或低于最低计税价格的，以国家税务总局核定的最低计税价格为依据计算车辆购置税。

1. 自产自用应税车辆应纳税额的计算

【例7－16·计算题】某客车制造厂将自产的一辆某型号的客车用于本厂后勤服务，该厂在办理车辆上牌落籍前，出具该车的发票，注明金额55 000元，并按此金额向主管税务机关申报纳税。经审核，国家税务总局对该车同类型车辆核定的最低计税价格为60 000元，计算该车应纳车辆购置税。

【答案及解析】应纳税额＝60 000×10%＝6 000（元）

2. 受赠自用应税车辆应纳税额的计算

【例7－17·计算题】国内某汽车制造厂为支持体育事业的发展，将自产的5辆11座新式旅行车赞助给市城市运动会，供市体育部门举办运动会使用。因该种车只对本厂原生产的11座旅行车在造型款式、内外装饰方面做了些改进，且属试产，尚未核定价格。经审查核实，该厂生产的11座旅行车核定的最低计税价格为107 600元。计算这5辆旅行车上牌落籍前应缴纳的车辆购置税税额。

【答案及解析】应纳税额＝受赠数量×最低计税价格×税率＝5×107 600×10%＝53 800（元）

【例7－18·计算题】某中美合资公司，将一辆富豪公司生产的富豪VOLVO牌小轿车赠送给我国某儿童基金会，该车排量为2 300毫升，经国家税务总局核定的最低计税价格为360 000元。计算应纳的车辆购置税税额。

【答案及解析】应纳税额＝最低计税价格×税率＝360 000×10%＝36 000（元）

3. 获奖自用应税车辆应纳税额的计算

【例7－19·计算题】刘某在某公司举办的有奖销售活动中，中奖一辆昌河微型汽车，举办公司开具的销售发票金额为68 000元。刘某申报纳税时，经主管税务机关审核，国家税务总局核定该车型的最低计税价格为73 800元。计算刘某应缴纳的车辆购置税税额。

【答案及解析】应纳税额＝最低计税价格×税率＝73 800×10%＝7 380（元）

4. 其他方式取得并自用应税车辆应纳税额的计算

【例7－20·计算题】东亚有限公司因经营不善、资不抵债而宣告破产，法院等有关部门在清理资产过程中，组织有关单位对其资产进行拍卖，其中，由某拍卖公司拍卖的一辆上海大众汽车有限公司生产的桑塔纳小轿车，成交价 98 000 元，拍卖公司按其成交价向竞买者开具发票并收取了价款。该车为未上牌新车，国家税务总局核定同类型车辆的最低计税价格为 135 000 元。计算购买者申报纳税时应缴纳的车辆购置税税额。

【答案及解析】应纳税额 = 最低计税价格 × 税率 = 135 000 × 10% = 13 500（元）

（四）特殊情形自用应税车辆应纳税额的计算

1. 减税、免税条件消失车辆应纳税额的计算

免税、减税车辆因转让、改变用途等原因不再属于免税、减税范围的，纳税人应当在办理车辆转移登记或者变更登记前缴纳车辆购置税。计税价格以免税、减税车辆初次办理纳税申报时确定的计税价格为基准，每满一年扣减 10%。

【例 7 - 21 · 计算题】某部队在更新武器装备过程中，将设有雷达装置的东风雷达车进行更换，该车使用年限为 10 年，已使用 4 年，属列入军队武器装备计划的免税车辆，部队更换车辆时将雷达装备拆除，并将其改制为后勤用车。由于只改变车厢及某些部件，经审核，该车发动机、底盘、车身和电气设备四大组成部分的性能技术数据与东风 5 吨汽车的性能数据相近。东风 5 吨汽车核定的最低计税价格为 56 000 元。计算改制的这辆汽车应纳的车辆购置税税额。

【答案及解析】应纳税额 = 同类型新车最低计税价格 × [1 - （已使用年限 × 10%）] × 税率 = 56 000 × [1 - （4 × 10%）] × 10% = 3 360（元）

2. 未按规定缴税车辆应补税额的计算

【例 7 - 22 · 计算题】A 市税务机关在与公安机关联合上路检查时拦截一辆挂异地临时牌照的奥迪小轿车，该车为德国大众公司生产，气缸容量为 2 200 毫升。经检查发现，该车系 C 市某单位的车辆，临时牌照已超过限定日期 35 天，车主没有提供购车发票和有关资料。国家税务总局对这种进口轿车核定的最低计税价格为 470 000 元。计算应缴纳的车辆购置税税额。

【答案及解析】应纳税额 = 最低计税价格 × 税率 = 470 000 × 10% = 47 000（元）

【例 7 - 23 · 计算题】某汽车制造厂（一般纳税人）将自产轿车 3 辆作为本企业固定资产；将自产的轿车 4 辆作为专车配给对企业发展有突出贡献的专家。该企业生产的上述轿车不含税售价 190 000/辆，国家税务总局对同类型轿车核定的最低计税价格为 190 000 元，轿车消费税税率为 9%，成本利润率为 8%。计算应缴纳的车辆购置税税额。

【答案及解析】应纳车辆购置税 = 7 × 190 000 × 10% = 126 000（元）

【例 7 - 24 · 单选题】假设 A 国驻我国某外交官 2020 年 1 月购买我国生产的

轿车自用，支付价款 20 万元、支付保险费 800 元，支付购买工具和备件价款 2 500 元、车辆装饰费 500 元；2022 年 1 月外交官将该轿车转让给我国某公民，成交价 11 万元，该型号轿车最新核定的同类型车辆最低计税价格为 24 万元。对上述业务正确的税务处理是（　　）。

　　A. 2018 年购买轿车时应纳车辆购置税 2.03 万元，2020 年转让轿车时不缴纳车辆购置税

　　B. 2018 年购买轿车时免于缴纳车辆购置税，2020 年转让轿车时缴纳车辆购置税 2.4 万元

　　C. 2018 年购买轿车时应缴纳车辆购置税 2 万元，2020 年转让轿车时应纳车辆购置税 2.4 万元

　　D. 2018 年购买轿车时免于缴纳车辆购置税，2020 年转让轿车时应纳车辆购置税 1.92 万元

【答案】D

【解析】外国驻华使馆、领事馆和国际组织驻华机构及其外交人员自用车辆免车辆购置税；免税条件消失的，要依法按规定补缴车辆购置税。

补缴车辆购置税 $= 24 \times (1 - 2 \times 10\%) \times 10\% = 1.92$（万元）

【例 7 – 25 · 单选题】甲企业从某拍卖公司通过拍卖购进两辆轿车，其中一辆是未上牌照的新车，不含税成交价 60 000 元，国家税务总局核定同类型车辆的最低计税价格为 120 000 元；另一辆是已使用 6 年的轿车，不含税成交价 5 000 元。甲企业应纳车辆购置税（　　）元。

　　A. 6 000　　　　　B. 6 500　　　　　C. 12 000　　　　　D. 24 000

【答案】C

【解析】购买已经使用过的小汽车不缴纳车辆购置税。

应纳车辆购置税 $= 120\ 000 \times 10\% = 12\ 000$（元）

七、税收优惠

（一）车辆购置税减免税的具体规定

（1）外国驻华使馆、领事馆和国际组织驻华机构及其有关人员自用的车辆免税；

（2）解放军和武装警察部队列入装备订货计划的车辆免税；

（3）悬挂应急救援专用号牌的国家综合性消防救援车辆免税；

（4）设有固定装置的非运输专用作业车辆免税；

（5）城市公交企业购置的公共汽电车辆免税。

（6）自 2021 年 1 月 1 日至 2022 年 12 月 31 日，对购置的新能源汽车免征车辆购置税。免征车辆购置税的新能源汽车是指纯电动汽车、插电式混合动力（含增程式）汽车、燃料电池汽车。

（二）车辆购置税的退税

（1）公安机关车辆管理机构不予办理车辆登记注册手续的，凭公安机关车辆管理机构出具的证明办理退税手续。

（2）因质量等原因发生退回所购车辆的，凭经销商的退货证明办理退税手续。

（3）纳税人将已征车辆购置税的车辆退回车辆生产企业或者销售企业的，可以向主管税务机关申请退还车辆购置税。退税额以已缴税款为基准，自缴纳税款之日至申请退税之日，每满一年扣减10%。

【例7-26·单选题】依据车辆购置税的有关规定，下列车辆中可以享受法定减免的是（　　）。

A. 国家机关购买的小汽车

B. 留学人员购买的小汽车

C. 有突出贡献专家购买的小汽车

D. 国际组织驻华机构购买的自用小汽车

【答案】D

【解析】外国驻华使馆、领事馆和国际组织驻华机构及其外交人员自用车辆免征车辆购置税。

八、征收管理

（一）纳税地点

纳税人应到下列地点办理纳税申报：

（1）需要办理车辆登记注册手续的纳税人，向车辆登记注册地的主管税务机关办理纳税申报；

（2）不需要办理车辆登记注册手续的纳税人，向纳税人所在地的主管税务机关办理纳税申报。

（二）纳税申报期限

车辆购置税实行一车一申报制度：

（1）纳税人购买自用应税车辆的，应自购买之日起60日内申报纳税；

（2）进口自用应税车辆的，应自进口之日起60日内申报纳税；

（3）自产、受赠、获奖或者以其他方式取得并自用应税车辆的，应自取得之日起60日内申报纳税。

购买日：指发票上注明的销售日期。

进口日：指纳税人报关进口的当天。

（三）免税车辆申报

（1）免税车辆因转让、改变用途等原因，其免税条件消失的，纳税人应在免税条件消失之日起 60 日内到主管税务机关重新申报纳税；

（2）免税车辆发生转让，但仍属于免税范围的，受让方应当自购买或取得车辆之日起 60 日内到主管税务机关重新申报免税。

（四）纳税环节

车辆购置税实行一次性征收。购置已征车辆购置税的车辆，不再征收车辆购置税。

（1）车辆购置税的征税环节为使用环节，即最终消费环节。具体而言，纳税人应在向公安机关等车辆管理机构办理车辆登记注册手续前，缴纳车辆购置税。

（2）购买二手车时，购买者应当向原车主索要《车辆购置税完税证明》。购买已经办理车辆购置税免税手续的二手车，购买者应当到税务机关重新办理申报缴税或免税手续，未按规定办理的，按征管法的规定处理。

【例 7 - 27 · 单选题】依据车辆购置税的有关规定，下列说法中正确的是（　　）。

A. 车辆购置税实行统一比例税率

B. 车辆购置税的纳税地点是纳税人所在地

C. 车辆购置税是对所有新购置车辆的使用行为征税

D. 车辆购置税的征税环节为车辆的出厂环节

【答案】A

【解析】车辆购置税实行统一比例税率。

（五）缴纳方法

1. 自报核缴

由纳税人自行计算应纳税额、自行填报纳税申报表有关资料，向主管税务机关申报，经税务机关审核后，开具完税证明，由纳税人持完税凭证到当地金库或金库经收处缴纳税款。

2. 集中征收缴纳

包括两种情况：一是由纳税人集中向税务机关统一申报纳税。适用于实行集中购置应税车辆的单位和经批准实行代理制经销商的缴纳。二是由税务机关集中报缴税款。即在纳税人向实行集中征收的主管税务机关申报缴纳税款，税务机关开具完税凭证后，由税务机关填写汇总缴款书，将税款集中缴入当地金库或金库经收处。它适用于税源分散税额较小、税务部门实行集中征收管理的地区。

3. 代征、代扣、代收

扣缴义务人按税法规定代扣代缴、代收代缴税款，税务机关委托征收单位代征税款的征收方式。它适用于税务机关委托征收或纳税人依法受托征收税款。

第三节 车船税

现行车船税法，是 2011 年 2 月 25 日由中华人民共和国第十一届全国人民代表大会常务委员会第十九次会议通过的《中华人民共和国车船税法》（以下简称《车船税法》），该法律自 2012 年 1 月 1 日开始施行。

所谓车船税，是指在中华人民共和国境内的车辆、船舶的所有人或者管理人按照《车船税法》应缴纳的一种税。

一、纳税义务人

车船税的纳税人是在中华人民共和国境内的车辆、船舶的管理人或所有人。

二、征税范围

车船税的征税范围是指，在中华人民共和国境内属于车船税法所附《车船税税目税额表》规定的车辆、船舶。车辆、船舶是指：

（1）依法应当在车船管理部门登记的机动车辆和船舶；

（2）依法不需要在车船管理部门登记、在单位内部场所行驶或者作业的机动车辆和船舶。

车船管理部门，是指公安、交通运输、农业、渔业、军队、武装警察部队等依法具有车船登记管理职能的部门；单位是指依照中国法律、行政法规规定，在中国境内成立的行政机关、企业、事业单位、社会团体以及其他组织。

【例 7-28·多选题】某交通运输企业的下列车船，属于车船税征税范围的有（　　）。

A. 购置的节能汽车

B. 购置的纯电动乘用车

C. 租入的外国籍船舶

D. 出租给境外公司使用的自有船舶

【答案】AD

【解析】境内单位和个人租入外国籍船舶，不征收车船税。而境内单位和个人将船舶出租给境外的，需征收车船税。纯电动乘用车和燃料电池乘用车不属于车船税征税范围。

三、税率与计税依据

车船税实行定额税率。车辆的具体适用税额由省、自治区、直辖市人民政府依照车船税法所附《车船税税目税额表》规定的税额幅度和国务院的规定确定。

船舶的具体适用税额由国务院在车船税法所附《车船税税目税额表》规定的税额幅度内确定。

车船税确定税额总的原则是：非机动车船的税负轻于机动车船；人力车的税负轻于畜力车；小吨位船舶的税负轻于大船舶。由于车辆与船舶的行驶情况不同，车船税的税额也有所不同（见表7－2）。

表7－2 车船税税目税额表

类别	税目	计税单位	年基准税额（元）	备注
乘用车按发动机气缸容量（排气量分档）	1.0升（含）以下的	每辆	60～360	核定载客人数9人（含）以下
	1.0升以上至1.6升（含）的		300～540	
	1.6升以上至2.0升（含）的		360～660	
	2.0升以上至2.5升（含）的		660～1 200	
	2.5升以上至3.0升（含）的		1 200～2 400	
	3.0升以上至4.0升（含）的		2 400～3 600	
	4.0升以上的		3 600～5 400	
商用车	客车	每辆	480～1440	核定载客人数9人（包括电车）以上
	货车	整备质量每吨	16～120	包括半挂牵引车、挂车、客货两用汽车、三轮汽车和低速载货汽车等；挂车按照货车税额的50%计算
其他车辆	专用作业车		16～120	不包括拖拉机
	轮式专用机械车			
摩托车		每辆	36～180	
船舶	机动船舶	净吨位每吨艇	3～6	拖船、非机动驳船分别按照机动船舶税额的50%计算；游艇的税额另行规定
	游艇	艇身长度每米	600～2 000	

（1）机动船舶，具体适用税额为：

①净吨位小于或等于 200 吨的，每吨 3 元；

②净吨位 201～2 000 吨的，每吨 4 元；

③净吨位 2 001～10 000 吨的，每吨 5 元；

④净吨位 10 001 吨及以上的，每吨 6 元。

拖船按照发动机功率每 1 千瓦折合净吨位 0.67 吨计算。

（2）游艇，具体适用税额为：

①艇身长度不超过 10 米的，每米 600 元；

②艇身长度超过 10 米但不超过 18 米的，每米 900 元；

③艇身长度超过 18 米但不超过 30 米的，每米 1 300 元；

④艇身长度超过 30 米的，每米 2 000 元；

⑤辅助动力帆艇，每米 600 元。

游艇艇身长度是指游艇的总长。

（3）2013 年 9 月 1 日开始，有尾数的一律按照含尾数的计税单位据实计算车船税应纳税额。计算得出的应纳税额小数点后超过两位的可四舍五入保留两位小数。

（4）乘用车以车辆登记管理部门核发的机动车登记证书或者行驶证书所载的排气量毫升数确定税额区间。

（5）车船税法和实施条例所涉及的排气量、整备质量、核定载客人数、净吨位、功率（千瓦或马力）、艇身长度，以车船登记管理部门核发的车船登记证书或者行驶证相应项目所载数据为准。

依法不需要办理登记、依法应当登记而未办理登记或者不能提供车船登记证书、行驶证的，以车船出厂合格证明或者进口凭证相应项目标注的技术参数、所载数据为准；不能提供车船出厂合格证明或者进口凭证的，由主管税务机关参照国家相关标准核定，没有国家相关标准的参照同类车船核定。

四、应纳税额的计算与代缴纳

纳税人按照纳税地点所在的省、自治区、直辖市人民政府确定的具体适用税额缴纳车船税。车船税由地方税务机关负责征收。

（1）购置的新车船，购置当年的应纳税额自纳税义务发生的当月起按月计算。计算公式为：

$$应纳税额 =（年应纳税额 \div 12）\times 应纳税月份数$$
$$应纳税月份数 = 12 - 纳税义务发生时间（取月份）+ 1$$

（2）在一个纳税年度内，已完税的车船被盗抢、报废、灭失的，纳税人可以凭有关管理机关出具的证明和完税证明，向纳税所在地的主管税务机关申请退还自被盗抢、报废、灭失月份起至该纳税年度终了期间的税款。

（3）已办理退税的被盗抢车船，失而复得的，纳税人应当自公安机关出具相关证明的当月起计算缴纳车船税。

（4）在一个纳税年度内，纳税人在非车辆登记地由保险机构代收代缴机动车车船税，且能够提供合法有效完税证明的，纳税人不再向车辆登记地的地方税务机关缴纳车辆车船税。

（5）已缴纳车船税的车船在同一纳税年度内办理转让过户的，不另纳税，也不退税。

【例 7－29·计算题】某运输公司拥有载货汽车 30 辆（货车整备质量全部为 10 吨）；乘人大客车 20 辆；小客车 10 辆。计算该公司应纳车船税（注：载货汽车每吨年税额 80 元，乘人大客车每辆年税额 800 元，小客车每辆年税额 700 元）。

【答案及解析】（1）载货汽车应纳税额 = 30 × 10 × 80 = 24 000（元）

（2）乘人汽车应纳税额 = 20 × 800 + 10 × 700 = 23 000（元）

全年应纳车船税额 = 24 000 + 23 000 = 47 000（元）

【例 7－30·单选题】某航运公司 2023 年拥有机动船 4 艘，每艘净吨位为 3 000 吨，税率为每吨 5 元；拖船 1 艘，发动机功率为 1 800 马力，税率为每吨 4 元。该航运公司 2023 年应纳车船税（　　）元。

A. 60 000　　　　B. 61 800　　　　C. 63 600　　　　D. 65 400

【答案】B

【解析】2 马力 = 净吨位 1 吨，拖船可按船舶税额的 50% 计算。

车船税 = 4 × 3 000 × 5 + 1 800 × 50% × 4 × 50% = 61 800（元）

五、税收优惠

（一）法定减免

（1）捕捞、养殖渔船，是指在渔业船舶登记管理部门登记为捕捞船或者养殖船的船舶。

（2）军队、武装警察部队专用的车船，是指按照规定在军队、武装警察部队车船管理部门登记，并领取军队、武警牌照的车船。

（3）警用车船，是指公安机关、国家安全机关、监狱、人民法院、人民检察院等领取警用牌照的车辆和执行警务的专用船舶。

（4）依照法律规定应当予以免税的外国驻华使领馆、国际组织驻华代表机构及其有关人员的车船。

（5）对节约能源的车船，减半征收车船税；对使用新能源的车船，免征车船税。减半征收车船税的节约能源乘用车和商用车，免征车船税的使用新能源汽车均应符合规定的标准。使用新能源的车辆包括纯电动汽车、燃料电池汽车和混合动力汽车。纯电动汽车、燃料电池汽车不属于车船税征收范围，其他混合动力汽车按照同类车辆适用税额减半征税。

（6）省、自治区、直辖市人民政府根据当地实际情况，可以对公共交通车船、农村居民拥有并主要在农村地区使用的摩托车、三轮汽车和低速载货汽车定期减征或者免征车船税。

（7）国家综合性消防救援车辆由部队号牌改挂应急救援专用号牌的，一次性免征改挂当年车船税。

（8）自2018年7月10日开始，对节能汽车，减半征收车船税。减半征收车船税的节能乘用车应同时符合以下标准：

①获得许可在中国境内销售的排量为1.6升以下（含1.6升）的燃用汽油、柴油的乘用车（含非插电式混合动力、双燃料和两用燃料乘用车）；

②综合工况燃料消耗量应符合标准。减半征收车船税的节能商用车应同时符合以下标准：其一，获得许可在中国境内销售的燃用天然气、汽油、柴油的轻型和重型商用车（含非插电式混合动力、双燃料和两用燃料轻型和重型商用车）；其二，燃用汽油、柴油的轻型和重型商用车综合工况燃料消耗量应符合标准。

（9）对新能源车船，免征车船税。

①免征车船税的新能源汽车是指纯电动商用车、插电式（含增程式）混合动力汽车、燃料电池商用车。纯电动乘用车和燃料电池乘用车不属于车船税征税范围，对其不征车船税。

②免征车船税的新能源汽车应符合相应标准。

③免征车船税的新能源船舶应符合以下标准：船舶的主推进动力装置为纯天然气发动机。发动机采用微量柴油引燃方式且引燃油热值占全部燃料总热值的比例不超过5%的，视同纯天然气发动机。

（二）特定减免

（1）经批准临时入境的外国车船和香港特别行政区、澳门特别行政区、台湾地区的车船，不征收车船税。

（2）按照规定缴纳船舶吨税的机动船舶，自车船税法实施之日起5年内免征车船税。

（3）依法不需要在车船登记管理部门登记的机场、港口、铁路站场内部行驶或作业的车船，自车船税法实施之日起5年内免征车船税。

【例7-31·单选题】下列车船中，免征车船税的有（　　）。

A. 机动驳船　　　　　　　　B. 客货两用汽车

C. 混凝土搅拌运输车　　　　D. 纯电动乘用车

【答案】D

【解析】纯电动汽车属于新能源车，享受免税政策。

六、征收管理

（一）纳税期限

车船税纳税义务发生时间为取得车船所有权或者管理权的当月。以购买车船的发票或其他证明文件所载日期的当月为准。

【例 7－32·单选题】某纳税人 2023 年 5 月购买小汽车一辆，当月取得行驶证书，车船税年税额 300 元。2023 年，该纳税人未纳车船税，2024 年 1 月 10 日被要求补缴车船税及滞纳金合计为（　　）元。

A. 200　　　　　　B. 221.4　　　　　C. 222.4　　　　　D. 280

【答案】C

【解析】应纳税额 = 300 × 8/12 = 200（元）滞纳金 = 200 × 0.5‰ × 224

$$= 22.4（元）$$

共计 = 200 + 22.4 = 222.4（元）

（二）纳税地点

车船税的纳税地点为车船的登记地或者车船税扣缴义务人所在地。依法不需要办理登记的车船，车船税的纳税地点为车船的所有人或者管理人所在地。

扣缴义务人代收代缴车船税的，纳税地点为扣缴义务人所在地。

纳税人自行申报缴纳车船税的，纳税地点为车船登记地的主管税务机关所在地。

依法不需要办理登记的车船，纳税地点为车船所有人或者管理人主管税务机关所在地。

（三）纳税申报

车船税按年申报，分月计算，一次性缴纳。纳税年度为公历 1 月 1 日至 12 月 31 日。车船税按年申报缴纳。具体申报纳税期限由省、自治区、直辖市人民政府规定。

（1）税务机关可以在车船管理部门、车船检验机构的办公场所集中办理车船税征收事宜。

（2）公安机关交通管理部门在办理车辆相关登记和定期检验手续时，对未提交自上次检验后各年度依法纳税或者免税证明的，不予登记，不予发放检验合格标志。

（3）海事部门、船舶检验机构在办理船舶登记和定期检验手续时，对未提交依法纳税或者免税证明，且拒绝扣缴义务人代收代缴车船税的纳税人，不予登记，不予发放检验合格标志。

（4）对于依法不需要购买机动车交通事故责任强制保险的车辆，纳税人应当向主管税务机关申报缴纳车船税。

（5）纳税人在首次购买机动车交通事故责任强制保险时缴纳车船税或者自行申报缴纳车船税的，应当提供购车发票及反映排气量、整备质量、核定载客人数等与纳税相关的信息及其相应凭证。

（6）从事机动车第三者责任强制保险业务的保险机构为机动车车船税的扣缴义务人，应当在收取保险费时依法代收车船税，并出具代收税款凭证。

第四节　土地增值税

土地增值税是对有偿转让国有土地使用权及地上建筑物和其他附着物产权，取得增值收入的单位和个人征收的一种税。现行土地增值税的规范，是 1993 年 12 月 13 日国务院颁布的《中华人民共和国土地增值税暂行条例》。

一、征税范围及界定

1. 征税范围

征税范围包括：转让国有土地使用权；地上建筑物及其附着物连同国有土地使用权一并转让；存量房地产买卖。

2. 征税范围的界定

（1）转让土地使用权的土地为国有土地。转让国有土地使用权，征收土地增值税；转让集体所有制土地，应先在有关部门办理（或补办）土地征用或出让手续，使之变为国家所有才可转让，并纳入土地增值税的征税范围。集体土地的自行转让是一种违法行为。

（2）土地使用权、地上建筑物及其附着物发生产权转让的行为。转让土地使用权的征收，而国有土地使用权的出让不征收；未转让土地使用权、房产产权（如房地产出租）不征收。这里的"土地使用权出让"是指土地使用者在政府垄断的土地一级市场，通过支付土地出让金而获得一定年限的土地使用权的行为。"土地使用权转让"是指土地使用者通过出让等形式取得土地使用权后，在土地二级市场上将土地再转让的行为。

（3）征税范围不包括房地产权属虽转让，但未取得收入的行为（如继承）。

3. 若干具体情况判定

具体问题可归纳为应征、不征、免征三个方面。下面将经常出现的房地产若干具体情况的征免问题汇总归纳，见表 7－3。

表 7-3   房地产具体情况中的土地增值税征免

属于土地增值税的征税范围的情况（应征）	不属于土地增值税的征税范围的情况（不征）	免征土地增值税的情况（免征或暂免征收）
（1）转让国有土地使用权； （2）地上建筑物及其附着物连同国有土地使用权一并转让； （3）存量房地产的买卖； （4）除直系亲属、承担直接赡养义务人、法定继承人、公益性之外的赠与； （5）抵押期满以房地产抵债（发生权属转让）； （6）单位之间交换房地产（有实物形态收入）； （7）合作建房建成后转让的； （8）房地产开发企业的房地产投资、改制、合并、分立中的房地产权属变化涉及房地产开发企业的	（1）房地产继承（无收入）； （2）房地产赠与（①赠与直系亲属、承担直接赡养义务人；②公益性赠与）（无收入）； （3）房地产出租（权属未变）； （4）房地产抵押期内（权属未变）； （5）房地产的代建房行为（权属未变）； （6）房地产评估增值（权属未变）； （7）与房地产开发企业无关的重组投资、改制、合并、分立中的房地产权属变化	（1）个人互换自有居住用房地产（经税务机关核实）； （2）合作建房建成后按比例分房自用； （3）因国家建设需要依法征用收回的房地产； （4）因城市实施规划、国家建设需要而搬迁，由纳税人自行转让原房地产； （5）建造普通标准住宅出售，增值额未超过扣除项目金额20%的； （6）企事业单位、社会团体及其他组织转让旧房作为公租房房源，且增值额未超过扣除项目金额20%的； （7）个人销售住房

【例 7-33·单选题】下列各项中，应当征收土地增值税的是（   ）。

A. 公司与公司之间互换房产

B. 房地产开发公司为客户代建房产

C. 兼并企业从被兼并企业取得房产

D. 双方合作建房后按比例分配自用房产

【答案】A

【解析】A 选项应当征收土地增值税；B 选项不属于土地增值税的征税范围；C、D 选项暂免征收土地增值税。

【例 7-34·多选题】下列房地产交易行为中，不应当缴纳土地增值税的是（   ）。

A. 房地产公司出租高档住宅

B. 县城居民之间互换自有居住房屋

C. 非营利的慈善组织将合作建造的房屋转让

D. 房地产开发企业代客户进行房地产开发，开发完成后向客户收取代建收入

【答案】ABD

【解析】A 选项不属于土地增值税征税范围；B 选项经税务机关核实，可免征土地增值税；C 选项合作建房自用免征土地增值税，建成后转让的，要缴纳土地增值税；D 选项暂免征收土地增值税。

二、纳税人

土地增值税的纳税人包括转让国有土地使用权、地上的建筑物及其附着物（以下简称转让房地产）并取得收入的单位和个人。包括各类内外资企业、行政事业单位、国家机关和社会团体及其他组织、中外籍个人等。

三、税率

土地增值税采用四级超率累进税率。增值额越大，增值比率越高，税率越高。超率累进税率见表 7 – 4。每级"增值额未超过扣除项目金额"的比例，均包括本比例数。

表 7 – 4 土地增值税超率累进税率表

级数	增值额与扣除项目金额的比率	税率（%）	速算扣除系数（%）
1	不超过 50% 的部分	30	0
2	超过 50% 至 100% 的部分	40	5
3	超过 100% 至 200% 的部分	50	15
4	超过 200% 的部分	60	35

土地增值税的计算公式是：

$$应纳税额 = \sum（每级距的土地增值额 \times 适用税率）$$

或 $$应纳税额 = 增值额 \times 适用的税率 - 扣除项目金额 \times 速算扣除系数$$

四、应税收入与扣除项目

（一）应税收入的确定

纳税人转让房地产取得的收入，包括转让房地产取得的全部价款及有关的经济利益。从形式上看，包括货币收入、实物收入和其他收入。非货币收入要折合金额计入收入总额。

（二）扣除项目的确定

1. 取得土地使用权所支付的金额（适合新建房转让和存量房地产转让）

取得土地使用权所支付的金额包括地价款和取得使用权时按政府规定交纳的费用（登记、过户手续费）。

房地产开发企业为取得土地使用权所支付的契税，应视同"按国家统一规定缴纳的有关费用",计入"取得土地使用权所支付的金额"中扣除。

2. 房地产开发成本(适合新建房转让)

房地产开发成本包括土地征用及拆迁补偿费(包括耕地占用税)、前期工程费、建筑安装工程费、基础设施费(含开发项目的排污费、绿化费)、公共配套设施费、开发间接费用等。

3. 房地产开发费用(适合新建房转让)

房地产开发费用包括销售费用、管理费用和财务费用。

财务费用中的利息支出,凡能够按转让房地产项目计算分摊并提供金融机构证明的,允许据实扣除,但最高不得超过按照商业银行同类同期贷款利率计算的金额。

(1)纳税人能按转让房地产项目分摊利息支出并能提供金融机构贷款证明的:

$$\text{最多允许扣除的房地产开发费用} = \text{利息} + \left(\begin{array}{c}\text{取得土地使用权所支付的金额}\\ + \text{房地产开发成本}\end{array}\right) \times 5\% \text{ 以内}$$

(2)纳税人不能按转让房地产项目分摊利息支出或不能提供金融机构贷款证明的(包含全部使用自有资金,没有利息支出的情况):

$$\text{最多允许扣除的房地产开发费用} = \left(\begin{array}{c}\text{取得土地使用权所支付的金额}\\ + \text{房地产开发成本}\end{array}\right) \times 10\% \text{ 以内}$$

(3)房地产开发企业既向金融机构借款,又有其他借款的,其房地产开发费用计算扣除时不能同时适用上述(1)、(2)两种办法。

利息的上浮幅度按国家的有关规定执行,超过上浮幅度的部分不允许扣除。超过贷款期限的利息部分和加罚的利息不允许扣除。

4. 与转让房地产有关的税金(适用新建房转让和存量房地产转让)

与转让房地产有关的税金包括城建税、印花税。教育费附加视同税金扣除。

房地产开发企业可扣除:城建税和教育费附加。

非房地产开发企业可扣除:(1)印花税,印花税税率为0.5‰(产权转移书据);(2)城建税和教育费附加。

5. 财政部规定的其他扣除项目

$$\text{从事房地产开发的纳税人可加计扣除} = \left(\begin{array}{c}\text{取得土地使用权所支付的金额}\\ + \text{房地产开发成本}\end{array}\right) \times 20\%$$

6. 旧房及建筑物的评估价格

转让旧房的,应按房屋及建筑物的评估价值、取得土地使用权所支付的地价款和按国家统一规定交纳的有关费用及在转让环节缴纳的税金作为扣除项目金额计征土地增值税。

(1)能取得评估价格。旧房及建筑的评估价格是指,在转让已使用的房屋及建筑时，由政府批准设立的房地产评估机构评定的重置成本价乘以成新度折扣率后的价格。评估价格须经当地税务机关确认。

重置成本的含义是：对旧房及建筑物，按转让时的建材价格及人工费用计算，建造同样面积、同样层次、同样结构、同样建设标准的新房及建筑物所需花费的成本费用。

成新度折扣率的含义是：按旧房的新旧程度作一定比例的折扣。

评估价格 = 重置成本价 × 成新度折扣率

例如，某企业转让一幢使用过多年的办公楼，经当地税务机关认定的重置成本为 1 500 万元，成新度折扣率为 80%，则该办公楼评估价为：1 500 × 80% =1 200（万元）。

（2）不能取得评估价格。纳税人转让旧房及建筑物，凡不能取得评估价格，但能提供购房发票的，经当地税务部门确认，可按发票所载金额并从购买年度起至转让年度止每年加计 5% 计算扣除。

（3）对于转让旧房及建筑物，既没有评估价格，又不能提供购房发票的，税务机关可以根据《征管法》第三十五条的规定，实行核定征收。

（4）对取得土地使用权时未支付地价款或不能提供已支付的地价款凭据的，在计征土地增值税时不允许扣除。

【例 7 –35 · 多选题】以下项目中，转让新建房产和转让旧房产，计算土地增值税增值额时均能扣除的项目有（　　）。

A. 取得土地使用权所支付的金额　　B. 房地产开发成本

C. 与转让房地产有关的税金　　D. 旧房及建筑物的评估价格

【答案】AC

五、应纳税额的计算

（一）增值额的确定

增值额是土地增值税的本质所在。对于增值额的确定，有以下两种形式：

（1）通过转让收入减除扣除项目求得；

（2）使用评估价格。

在实际房地产交易活动中，有些纳税人由于不能准确提供房地产转让价格或扣除项目金额，致使增值额不准确，直接影响应纳税额的计算和缴纳。纳税人有下列情形之一的，按照房地产评估价格计算征收土地增值税：

①隐瞒、虚报房地产成交价格的；

②提供扣除项目金额不实的；

③转让房地产的成交价格低于房地产评估价格，又无正当理由的。

一表带你看懂房地产企业土地增值税和企业所得税成本费用扣除的差异

（二）应纳税额的计算方法

$$应纳税额 = \sum（每级距的土地增值额 \times 适用税率）$$

$$应纳税额 = 增值额 \times 适用税率 - 扣除项目金额 \times 速算扣除系数$$

【例7-36·单选题】 某房地产开发公司销售其新建商品房一幢，取得销售收入1.4亿元，已知该公司支付与商品房相关的土地使用权费及开发成本合计为4 800万元，该公司没有按房地产项目计算分摊银行借款利息，该商品房所在地的省政府规定计征土地增值税时房地产开发费用扣除比例为10%，销售商品房缴纳有关税金770万元。该公司销售商品房应缴纳的土地增值税为（ ）万元。

A. 2 256.5   B. 2 445.5   C. 3 070.5   D. 3 080.5

【答案】 B

【解析】 扣除项目合计 = 土地使用权费及开发成本 + 房地产开发费用 + 相关税金 + 加计扣除费用 = 4 800 + 4 800 × 10% + 770 + 4 800 × 20% = 7 010（万元）

土地增值额 = 销售收入 - 扣除项目合计 = 14 000 - 7 010 = 6 990（万元）

增值额与扣除项目比例 = 6 990 ÷ 7 010 = 99.71% < 100%

土地增值税额 = 6 990 × 40% - 7 010 × 5% = 2 445.50（万元）

【例7-37·计算题】 某房地产开发企业开发的一个房地产开发项目已经竣工结算，此项目已缴纳土地出让金300万元，获得土地使用权后，立即开始开发此项目，建成10 000平方米的普通标准住宅，以每平方米4 000元价格全部出售，开发土地、新建房及配套设施的成本为每平方米1 500元，不能按转让房地产项目计算分摊利息支出，账面房地产开发费用为200万元。已经缴纳增值税、城建税、教育费附加、地方教育费、印花税共170万元，请问如何缴纳土地增值税？

【答案与解析】 第一步，计算商品房销售收入：4 000 × 10 000 = 4 000（万元）

第二步，计算扣除项目金额。

（1）购买土地使用权费用为300万元。

（2）开发土地、新建房及配套设施的成本 = 1 500 × 10 000 = 1 500（万元）

（3）房地产开发费用：因为不能按转让房地产项目计算分摊利息支出，所以房地产开发费用扣除限额 =（300 + 1 500）× 10% = 180（万元），应按照180万元作为房地产开发费用扣除。

（4）计算加计扣除 =（300 + 1 500）× 20% = 1800 × 20% = 360（万元）

（5）税金为170万元。

扣除项目金额 = 300 + 1 500 + 180 + 360 + 170 = 2 510（万元）

第三步，计算增值额。

增值额＝商品房销售收入－扣除项目金额合计＝4 000－2 510＝1 490（万元）

第四步，确定增值率。

增值率＝1 490/2 510×100%＝59.36%，增值率超过扣除项目金额50%，未超过100%。

第五步，计算土地增值税税额。

土地增值税税额＝增值额×40%－扣除项目金额×5%＝1 490×40%－2 510×5%＝596－125.50＝470.50（万元）

六、房地产开发企业土地增值税清算

自2007年2月1日起，各省税务机关可按以下规定对房地产开发企业土地增值税进行清算。

（一）清算单位

土地增值税以国家有关部门审批的房地产开发项目为单位进行清算，对于分期开发的项目，以分期项目为单位清算。

开发项目中同时包含普通住宅和非普通住宅的，应分别计算增值额。

（二）土地增值税的清算条件

1. 符合下列情形之一的，纳税人应进行土地增值税的清算

（1）房地产开发项目全部竣工、完成销售的；

（2）整体转让未竣工决算房地产开发项目的；

（3）直接转让土地使用权的。

2. 符合下列情形之一的，主管税务机关可要求纳税人进行土地增值税清算

（1）已竣工验收的房地产开发项目，已转让的房地产建筑面积占整个项目可售建筑面积的比例在85%以上，或该比例虽未超过85%，但剩余的可售建筑面积已经出租或自用的；

（2）取得销售（预售）许可证满三年仍未销售完毕的；

（3）纳税人申请注销税务登记但未办理土地增值税清算手续的；

（4）省税务机关规定的其他情况。

（三）非直接销售和自用房地产的收入确定

（1）房地产开发企业将开发产品用于职工福利、奖励、对外投资、分配给股东或投资人、抵偿债务、换取其他单位和个人的非货币性资产等，发生所有权转移时应视同销售房地产，其收入按下列方法和顺序确认：

①按本企业在同一地区、同一年度销售的同类房地产的平均价格确定；

②由主管税务机关参照当地当年同类房地产的市场价格或评估价值确定。

（2）房地产开发企业将开发的部分房地产转为企业自用或用于出租等商业用途时，如果产权未发生转移，不征收土地增值税，在税款清算时不列收入，不扣除相应的成本和费用。

（四）土地增值税的扣除项目

（1）房地产开发企业办理土地增值税清算时计算与清算项目有关的扣除项目金额，应根据《土地增值税暂行条例》第六条及其实施细则第七条的规定执行。除另有规定外，扣除取得土地使用权所支付的金额、房地产开发成本、费用及与转让房地产有关税金，须提供合法有效凭证；不能提供合法有效凭证的，不予扣除。

（2）房地产开发企业办理土地增值税清算所附送的前期工程费、建筑安装工程费、基础设施费、开发间接费用的凭证或资料不符合清算要求或不实的，地方税务机关可参照当地建设工程造价管理部门公布的建安造价定额资料，结合房屋结构、用途、区位等因素，核定上述四项开发成本的单位面积金额标准，并据以计算扣除。具体核定方法由省税务机关确定。

（3）房地产开发企业开发建造的与清算项目配套的居委会和派出所用房、会所、停车场（库）、物业管理场所、变电站、热力站、水厂、文体场馆、学校、幼儿园、托儿所、医院、邮电通信等公共设施，按以下原则处理：

①建成后产权属于全体业主所有的，其成本、费用可以扣除；

②建成后无偿移交给政府、公用事业单位用于非营利性社会公共事业的，其成本、费用可以扣除；

③建成后有偿转让的，应计算收入，并准予扣除成本、费用。

（4）房地产开发企业销售已装修的房屋，其装修费用可以计入房地产开发成本。房地产开发企业的预提费用，除另有规定外，不得扣除。

（5）属于多个房地产项目共同的成本费用，应按清算项目可售建筑面积占多个项目可售总建筑面积的比例或其他合理的方法，计算确定清算项目的扣除金额。

（五）土地增值税清算应报送的资料

符合前面（二）第1项规定的纳税人，须在满足清算条件之日起90日内到主管税务机关办理清算手续；符合（二）第2项规定的纳税人，须在主管税务机关限定的期限内办理清算手续。

纳税人办理土地增值税清算应报送以下资料：

（1）房地产开发企业清算土地增值税书面申请、土地增值税纳税申报表；

（2）项目竣工决算报表、取得土地使用权所支付的地价款凭证、国有土地使用权出让合同、银行贷款利息结算通知单、项目工程合同结算单、商品房购销

合同统计表等与转让房地产的收入、成本和费用有关的证明资料;

（3）主管税务机关要求报送的其他与土地增值税清算有关的证明资料等。

纳税人委托税务中介机构审核鉴证的清算项目，还应报送中介机构出具的《土地增值税清算税款鉴证报告》。

（六）土地增值税清算项目的审核鉴证

税务中介机构受托对清算项目审核鉴证时，应按税务机关规定的格式对审核鉴证情况出具鉴证报告。对符合要求的鉴证报告，税务机关可以采信。

税务机关要对从事土地增值税清算鉴证工作的税务中介机构在准入条件、工作程序、鉴证内容、法律责任等方面提出明确要求，并做好必要的指导和管理工作。

（七）土地增值税的核定征收

房地产开发企业有下列情形之一的，税务机关可以参照与其开发规模和收入水平相近的当地企业的土地增值税税负情况，按不低于预征率的征收率核定征收土地增值税:

（1）依照法律、行政法规的规定应当设置但未设置账簿的;

（2）擅自销毁账簿或者拒不提供纳税资料的;

（3）虽设置账簿，但账目混乱或者成本资料、收入凭证、费用凭证残缺不全，难以确定转让收入或扣除项目金额的;

（4）符合土地增值税清算条件，未按照规定的期限办理清算手续，经税务机关责令限期清算，逾期仍不清算的;

（5）申报的计税依据明显偏低，又无正当理由的。

（八）清算后再转让房地产的处理

在土地增值税清算时未转让的房地产，清算后销售或有偿转让的，纳税人应按规定进行土地增值税的纳税申报，扣除项目金额按清算时的单位建筑面积成本费用乘以销售或转让面积计算。

单位建筑面积成本费用 = 清算时的扣除项目总金额 ÷ 清算的总建筑面积

（九）土地增值税清算后应补缴的土地征增值税加收滞纳金

纳税人按规定预缴土地增值税后，清算补缴的土地增值税，在主管税务机关规定的期限内补缴的，不加收滞纳金。

【例7-38·单选题】下列情形中，纳税人应当进行土地增值税清算的是（　）。

A. 直接转让土地使用权的

B. 转让未竣工决算房地产开发项目50%股权的

C. 房地产开发项目全部竣工但已销售面积为 50% 的

D. 取得销售（预售）许可证满 2 年仍未销售完的

【答案】A

七、税收优惠

（一）建造普通标准住宅的税收优惠

纳税人建造普通标准住宅出售，增值额未超过扣除项目金额 20% 的，免征土地增值税。超过 20% 的，应就其全部增值额按规定计税。

普通标准住宅应同时满足：住宅小区建筑容积率在 1.0 以上，单套建筑面积在 120 平方米以下，实际成交价格低于同级别土地上住房平均交易价格 1.2 倍以下。各省、自治区、直辖市要根据实际情况，制定本地享受优惠政策普通住房的具体标准。允许单套建筑面积和价格标准适当浮动，但向上浮动的比例不得超过上述标准的 20%。纳税人建造普通标准住宅出售，增值额未超过扣除项目金额 20% 的，免征土地增值税；增值额超过扣除项目金额 20% 的，应就其全部增值额按规定计税。

对于纳税人既建造普通标准住宅又搞其他房地产开发的，应分别核算增值额。不分别核算增值额或不能准确核算增值额的，其建造的普通标准住宅不能适用这一免税规定。

（二）国家征用收回的房地产的税收优惠

因国家建设需要依法征用、收回的房地产，免征土地增值税。

因城市实施规划、国家建设的需要而搬迁，由纳税人自行转让原房地产的，比照有关规定免征土地增值税。

（三）对企事业单位、社会团体以及其他组织转让旧房作为公共租赁住房房源的税收优惠

对企事业单位、社会团体以及其他组织转让旧房作为公共租赁住房房源且增值额超过扣除项目金额 20% 以内的，免征土地增值税。

八、征收管理

（一）纳税地点

实际工作中，纳税地点的确定可分为两种情况：

（1）纳税人是法人时：转让房地产坐落地与其机构所在地或经营所在地一

致的，应在办理税务登记的原管辖税务机关申报纳税；不一致的，应在房地产坐落地所管辖的税务机关申报纳税。

（2）纳税人是自然人时：转让房地产坐落地与其居住所在地一致的，应在住所所在地税务机关申报纳税；不一致的，应在办理过户手续所在地的税务机关申报纳税。

（二）纳税申报

土地增值税的纳税人应在转让房地产合同签订后的 7 日内，到房地产所在地主管税务机关办理纳税申报，并向税务机关提交相关资料。

纳税人因经常发生房地产转让而难以在每次转让后申报的，经税务机关审核同意后，可定期进行纳税申报。

第五节　城镇土地使用税

现行城镇土地使用税的基本规范，是 1988 年 9 月 27 日中华人民共和国国务院发布的《中华人民共和国城镇土地使用税暂行条例》。2006 年 12 月 31 日，国务院第一次修订了此条例；2011 年 1 月 8 日，发布《国务院关于废止和修改部分行政法规的决定》，为第二次修订；2013 年 12 月 4 日，国务院第 32 次常务会议做了部分修改（2013 年 12 月 7 日起实施），为第三次修订；2019 年 3 月 2 日，国务院发布《国务院关于修改部分行政法规的决定》，为第四次修订。城镇土地使用税是以城镇土地为征税对象，对拥有土地使用权的单位和个人征收的一种税。

一、概念和特点

（一）概念

城镇土地使用税（以下简称土地使用税），是以国有土地或集体土地为征税对象，对拥有土地使用权的单位和个人征收的一种税。

（二）特点

（1）土地使用税是对占用土地的行为征税；
（2）土地使用税的征税对象是土地；
（3）征税范围有所限定；
（4）实行差别幅度税额。

二、城镇土地使用税的征税范围

城镇土地使用税的征税范围，包括在城市、县城、建制镇和工矿区内的国家所有和集体所有的土地。城市、县城、建制镇和工矿区分别按以下标准确认：

（1）城市是指经国务院批准设立的市；

（2）县城是指县人民政府所在地；

（3）建制镇是指经省、自治区、直辖市人民政府批准设立的建制镇；

（4）工矿区是指工商业比较发达，人口比较集中，符合国务院规定的建制镇标准，但尚未设立建制镇的大中型工矿企业所在地，工矿区须经省、自治区、直辖市人民政府批准。

【例7－39·判断题】城镇土地使用税的征税范围是城市、县城、建制镇、工矿区范围内的国家所有的土地。　　　　　　　　　　　　（　　）

【答案】　×

【解析】　城镇土地使用税的征税范围是城市、县城、建制镇、工矿区范围内的国家所有和集体所有的土地。

【例7－40·多选题】下列可以成为城镇土地使用税纳税人的有（　　）。

A. 县城的中外合资工业企业　　　　　B. 城市郊区的外资百货公司

C. 工矿区的杂货店　　　　　　　　　D. 农村山区的小卖部

【答案】　ABC

【解析】　自2007年1月1日起，外商投资企业、外国企业以及外籍人员都成为城镇土地使用税的纳税人；城镇土地使用税的开征区域不包括农村。

三、纳税义务人

城镇土地使用税的纳税义务人，是在城市、县城、建制镇、工矿区范围内使用土地的单位和个人。所称单位，包括国有企业、集体企业、私营企业、股份制企业、外商投资企业、外国企业以及其他企业和事业单位、社会团体、国家机关、军队以及其他单位；所称个人，包括个体工商户以及其他个人。通常包括以下几类：

（1）拥有土地使用权的单位和个人；

（2）拥有土地使用权的单位和个人不在土地所在地的，其土地的实际使用人和代管人为纳税人；

（3）土地使用权未确定或权属纠纷未解决的，其实际使用人为纳税人；

（4）土地使用权共有的，共有各方都是纳税人，由共有各方分别纳税。

几个人或几个单位共同拥有一块土地的使用权，这块土地的城镇土地使用税的纳税人应是对这块土地拥有使用权的每一个人或每一个单位。他们应以其实际使用的土地面积占总面积的比例，分别计算缴纳土地使用税。例如，某城市的甲与乙共同拥有一块土地的使用权，这块土地面积为 2 000 平方米，甲实际使用1/5，乙实际使用4/5，则甲应是其所占的土地 400 平方米（2 000 × 1/5）的土地使用税纳税人，乙是其所占的土地 1 600 平方米（2 000 × 4/5）的土地使用税纳税人。

四、税率

城镇土地使用税采用定额税率，即采用有幅度的差别税额，按大、中、小城市和县城、建制镇、工矿区分别规定每平方米土地使用税年应纳税额。具体标准见表 7 - 5。

表 7 - 5　　　　　　　　　城镇土地使用税税率表

级别	人口（人）	每平方米税额（元）
大城市	50 万以上	1.5 ~ 30
中等城市	20 万 ~ 50 万	1.2 ~ 24
小城市	20 万以下	0.9 ~ 18
县城、建制镇、工矿区		0.6 ~ 12

税率具有以下特点：

（1）税额最低（0.6 元）与最高（30 元）相差 50 倍；

（2）可以适当降低，但降低额不得超过规定的最低税额的 30%。

【例 7 - 41·多选题】按照城镇土地使用税的有关规定，下列表述正确的是（　　）。

A. 城镇土地使用税由拥有土地所有权的单位或个人纳税

B. 土地使用权未确定或权属纠纷未解决的，暂不缴纳税款

C. 土地使用权共有的，由共有各方分别按其使用面积纳税

D. 对外商投资企业和外国企业按实际使用面积纳税

【答案】CD

五、计税依据

城镇土地使用税以纳税人实际占用的土地面积为计税依据，土地面积计量标准为每平方米。即税务机关根据纳税人实际占用的土地面积，按照规定的税额计算应纳税额，向纳税人征收土地使用税。

纳税人实际占用的土地面积按下列办法确定：

（1）凡由省、自治区、直辖市人民政府确定的单位组织测定土地面积的，以测定的面积为准。

（2）尚未组织测量，但纳税人持有政府部门核发的土地使用证书的，以证书确认的土地面积为准。

（3）尚未核发出土地使用证书的，应由纳税人申报土地面积，据以纳税，待核发土地使用证以后再做调整。

（4）对在土地使用税征税范围内单独建造的地下建筑用地，按规定征收城镇土地使用税。其中，已取得地下土地使用权证的，按土地使用权证确认的土地面积计算应征税款；未取得地下土地使用权证或地下土地使用权证上未标明土地面积的，按地下建筑垂直投影面积计算应征税款。

【例 7－42·判断题】纳税人实际占用的土地面积尚未核发土地使用证书的，应由纳税人申报土地面积，并以此为计税依据计算征收城镇土地使用税。

（　　）

【答案】√

【解析】纳税人实际占用的土地面积尚未核发土地使用证书的，应由纳税人申报土地面积，以此为计税依据计算征收城镇土地使用税，待核发土地使用证以后再做调整。

六、应纳税额的计算

城镇土地使用税的应纳税额等于纳税人实际占用的土地面积乘以该土地所在地段的适用税额。其计算公式为：

$$全年应纳税额 = 实际占用应税土地面积(平方米) \times 适用税额$$

【例 7－43·计算题】设在某城市的一企业使用土地面积为 2 万平方米，经税务机关核定，该土地为应税土地，每平方米年税额为 5 元。请计算其全年应纳的土地面积使用税税额。

【答案及解析】年应纳土地使用税税额 = 20 000 × 5 = 100 000（元）

【例 7－44·单选题】某城市的一家公司，实际占地 20 000 平方米。由于经营规模扩大，年初该公司又受让了一尚未办理土地使用证的土地 12 000 平方米，公司按其当年开发使用的 10 000 平方米土地面积进行申报纳税，以上土地均适用每平方米 2 元的城镇土地使用税税率。该公司当年应缴纳城镇土地使用税为（　　）元。

A. 40 000　　　　B. 60 000　　　　C. 44 000　　　　D. 64 000

【答案】B

【解析】尚未核发出土地使用证书的，应由纳税人申报土地面积，据以纳税，待核发土地使用证以后再做调整。所以该公司当年应缴纳的城镇土地使用税为 60 000 元（20 000 + 10 000）×2。

【例7-45·单选题】某公司与政府机关共同使用一栋共有土地使用权的建筑物。该建筑物占用土地面积 3 000 平方米，建筑物面积 20 000 平方米（公司与机关的占用比例为 2∶1，该公司所在市城镇土地使用税单位税额每平方米 3 元。该公司应纳城镇土地使用税（　　）元。

A. 0　　　　　　B. 3 000　　　　　C. 6 000　　　　　D. 10 000

【答案】C

【解析】该公司应纳城镇土地使用税 = 3 000 ×2 ÷3 ×3 = 6 000（元）

七、税收优惠

（一）法定免缴土地使用税

1. 基本规定

（1）国家机关、人民团体、军队自用的土地。

（2）由国家财政部门拨付事业经费的单位自用的土地，如学校的教学楼、操场、食堂等占用的土地。

（3）宗教寺庙、公园、名胜古迹自用的土地。

（4）市政街道、广场、绿化地带等公共用地。

（5）直接用于农、林、牧、渔业的生产用地。

（6）经批准开山填海整治的土地和改造的废弃土地，从使用的月份起免缴土地使用税 5～10 年。

（7）由财政部另行规定免税的能源、交通、水利设施用地和其他用地。

2. 特殊规定

（1）对非营利性医疗机构、疾病控制机构和妇幼保健机构等卫生机构自用的土地免税。

（2）企业办的学校、医院、托儿所、幼儿园，其用地能与企业其他用地明确区分的，免税。

（3）凡是缴纳了耕地占用税的，从批准征用之日起满 1 年后征收土地使用税；征用非耕地因不需要缴纳耕地占用税，应从批准征用之次月起征收土地使用税。

（4）对免税单位无偿使用纳税单位的土地（如公安、海关等单位使用铁路、民航等单位的土地），免征土地使用税；对纳税单位无偿使用免税单位的土地，纳税单位应照章纳税。

（5）企业的铁路专用线、公路等用地，在厂区以外、与社会公用地段未加隔离的，暂免征税。

（6）对企业厂区（包括生产、办公及生活区）以内的绿化用地，应照章征收土地使用税，厂区以外的公共绿化用地和向社会开放的公园用地，暂免征税。

【例 7 – 46 · 单选题】 某市一生产企业当年度全年实际占地共计 80 000 平方米，其中厂房占地 65 000 平方米，办公楼占地 4 000 平方米，医务室占地 6 000 平方米，幼儿园占地 4 000 平方米，厂区内道路及绿化占地 5 000 平方米。该企业当年度应缴纳城镇土地使用税（　　）万元（城镇土地使用税税额 4 元/平方米）。

A. 21.6　　　　　　B. 22　　　　　　C. 22.4　　　　　　D. 28

【答案】 D

【解析】 该企业当年度应缴纳城镇土地使用税 =（80 000 – 6 000 – 4 000）× 4 ÷ 10 000 = 28(万元)

【例 7 – 47 · 多选题】 下列用地免征城镇土地使用税的有（　　）。

A. 农田水利设施用地

B. 非营利性老年服务机构自用土地

C. 企业厂区内的铁路专用线用地

D. 既生产军品又生产民品的军需工厂用地

E. 举行宗教仪式用地和寺庙宗教人员的生活用地

【答案】 ABE

【解析】 对企业的铁路专用线、公路等用地，除另有规定者外，在企业厂区（包括生产、办公及生活区）以内的，应照章征收土地使用税；在厂区以外、与社会公用地段未加隔离的，暂免征收土地使用税。既生产军品又生产民品的军需工厂用地，按各占的比例划分征免城镇土地使用税。

(7) 石油生产建设中用于地质勘探、钻井、井下作业、油气田地面工程等施工临时用地暂免征税。

(8) 对盐场的盐滩、盐矿的矿井用地，暂免征税。

(9) 自 2019 年 1 月 1 日至 2021 年 12 月 31 日，对增值税小规模纳税人减半征收城镇土地使用税。

（二）省、自治区、直辖市地方税务局确定减免土地使用税

(1) 个人所有的居住房屋及院落用地。

(2) 房产管理部门在房租调整改革前经租的居民住房用地。

(3) 免税单位职工家属的宿舍用地。

(4) 集体和个人办的各类学校、医院、托儿所、幼儿园用地。

八、征收管理与纳税申报

（一）纳税期限

土地使用税实行按年计算，分期缴纳的征收办法，具体纳税期限由省、自治区、直辖市人民政府确定。

（二）纳税义务发生时间

（1）购置新建商品房，自房屋交付使用之次月起，计征土地使用税。

（2）购置存量房，自办理房屋权属转移、变更登记手续，房地产权属登记机关签发房屋权属证书之次月起，计征土地使用税。

（3）出租、出借房产，自交付出租、出借房产之次月起，计征土地使用税。

（4）以出让或转让方式有偿取得土地使用权的，应由受让方从合同约定交付土地时间的次月起，缴纳土地使用税；合同未约定交付时间的，由受让方从合同签订的次月起缴纳土地使用税。

（5）新征用的耕地，自批准征用之日起满 1 年时，开始缴纳土地使用税。

（6）新征用的非耕地，自批准征用次月起，缴纳城镇土地使用税。

（7）纳税人因土地的权利发生变化而依法终止纳税义务的，其应纳税款的计算应截至土地权利发生变化的当月末。

（三）纳税地点

土地使用税由土地所在地的地方税务机关征收，其收入纳入地方财政预算管理。

第六节 契税

契税是以中华人民共和国境内转移土地、房屋权属为征税对象，向产权承受人征收的一种财产税。现行契税法的基本规范，是 1997 年 7 月 7 日国务院发布并于同年 10 月 1 日开始施行的《中华人民共和国契税暂行条例》。2020 年 8 月 11 日，第十三届全国人民代表大会常务委员会第二十一次会议通过《中华人民共和国契税法》，自 2021 年 9 月 1 日起施行。

一、征税对象

契税的征税对象是在境内发生土地所用权、房屋所有权属转移的土地和房屋。具体范围包括如下几个方面。

1. 土地使用权出让（不缴土地增值税）

2. 土地使用权转让（还应缴土地增值税）

土地使用权的转让不包括土地承包经营权和土地经营权的转移。

3. 房屋买卖

（1）以房产抵债或实物交换房屋。例如，甲某因无力偿还乙某债务，而以自有的房产折价抵偿债务。经双方同意，有关部门批准，乙某取得甲某的房屋产权，在办理产权过户手续时，按房产折价款缴纳契税。如以实物（金银首饰等价物品）交换房屋，应视同以货币购买房屋。

（2）以房产作投资入股或作股权转让。以自有房产作股投入本人独资经营的企业，免纳契税。

（3）买房拆料或翻建新房。

4. 房屋赠与

房屋赠与包括以获奖方式承受土地房屋权属。

5. 房屋交换

契税与土地增值税的对比见表 7 - 6。

表 7 - 6 契税与土地增值税的对比

具体情况	是否为契税征税对象	是否为土地增值税征税对象
1. 国有土地使用权出让	是	不是
2. 土地使用权的转让	是	是
3. 房屋买卖	是	是
4. 房屋赠与	是	一般不是，非公益赠与是
5. 房屋交换	是（等价交换免）	是（个人交换居住房免）

注：两税种征税对象的差异主要是由于两个税种的纳税人的规定不同而造成的。

某些特殊方式转移土地房屋权属也视为土地使用权转让、房屋买卖或赠与缴纳契税：

（1）以房屋抵债或实物交换房屋，视同房屋买卖，由产权承受人按房屋现值缴纳契税。

（2）以自有房产作股投入本人独资经营企业，因未发生权属变化，不需办理房产变更手续，故免纳契税。

（3）买房者不论其购买目的是拆用材料还是得到旧房后翻建成新房，都要涉及办理产权转移手续，只要发生房屋权属变化，就要照章缴纳契税。

某些视同土地使用权转让、房屋买卖或赠与而缴纳契税的特殊规定还有：以土地房屋权属作价投资、入股；以土地房屋权属抵债；以获奖方式承受土地、房屋权属；以预购方式或者预付集资建房款方式承受土地、房屋权属。这些情况均发生了土地、房屋权属的变化。

【例 7 - 48 · 单选题】下列行为中，应缴纳契税的是（　　）。

A. 法定继承人继承房产

B. 企业以自有房产等价交换另一企业的房产

C. 企业以自有房产投资另一企业并取得股权

D. 个人以自有房产投入本人独资经营的企业

【答案】C

【例7-49·多选题】下列行为中，应视同土地使用权转让征收契税的有（   ）。

A. 以土地权属作价投资　　　　B. 以土地权属抵债

C. 以获奖方式承受土地权属　　D. 以预购方式承受土地权属

【答案】ABCD

【解析】上述情况均在契税征税对象范围之内。

二、纳税义务人与税率

（一）纳税义务人

契税的纳税义务人，是境内转移土地、房屋权属承受的单位和个人。单位包括内外资企业、事业单位、国家机关、军事单位和社会团体。个人包括中国公民和外籍人员。转让方和承受方的纳税情况见表7-7。

表7-7　　　　　　　　　　转让方和承受方的纳税情况

转让方	承受方
（1）增值税（转让无形资产、销售不动产）； （2）城建税、教育费附加、地方教育附加； （3）印花税（产权转移书据）； （4）土地增值税； （5）企业所得税（或个人所得税）	（1）印花税（产权转移书据）； （2）契税

【例7-50·判断题】境内承受转移土地、房屋权属的单位和个人为契税的纳税人，但不包括外商投资企业和外国企业。　　　　　　　　　　（　　）

【答案】×

【例7-51·单选题】甲企业将国有土地使用权有偿转让给乙企业，以下说法正确的是（   ）。

A. 甲企业缴纳土地增值税和契税

B. 乙企业缴纳土地增值税和契税

C. 甲企业缴纳土地增值税，乙企业缴纳契税

D. 甲企业缴纳契税，乙企业缴纳土地增值税

【答案】C

【解析】因为契税纳税人为承受方，所以乙企业作为土地使用权的承受方要缴纳契税；而土地增值税的纳税人为转让并取得收入的一方，甲企业作为有偿转让方应缴纳土地增值税。

（二）税率

契税实行 3% ~5% 的幅度税率。

三、应纳税额的计算

（一）计税依据

契税的计税依据按照纳税人的不同情况分别为成交价格、参照市场价格、付出交易差价、补交的土地出让费或土地收益。契税主要规定见表 7 - 8。

表 7 -8 契税主要规定

征税对象	纳税人	计税依据	税率	计税公式
土地使用权出让、出售	承受方	成交价格	3% ~5%的幅度内，各省、自治区、直辖市人民政府按本地区实际情况定	应纳税额 = 计税依据 × 税率
房屋买卖	买方			
土地使用权赠与、房屋赠与	受赠方	征收机关参照市场价核定		
土地使用权互换、房屋互换	付出差价方	等价交换免征契税；不等价交换，依交换价格差额		

【提醒您】

一是等价交换房屋土地权属的免征契税，交换价格不等时，由多交付货币、实物、无形资产或者其他经济利益的一方缴纳契税。

二是以划拨方式取得土地使用权，经批准转让房地产时，由房地产转让者补缴契税。计税依据为补缴的土地使用权出让费用或者土地收益。这里需要特别注意，在这个过程中，一方面，房地产转让者要完成对土地使用权的受让过程，以补缴的土地使用权出让费用或者土地收益为依据补缴契税；另一方面，房地产的承受方要以成交价格为计税依据缴纳契税。

其他计税依据：

（1）房屋附属设施征收契税的依据。

①采取分期付款方式购买房屋附属设施土地使用权、房屋所有权的，按照合同规定的总价款计算征收契税。

②承受的房屋附属设施权属如果是单独计价的，按照当地适用的税率征收，如果与房屋统一计价的，适用与房屋相同的税率。

（2）个人无偿赠与不动产行为（法定继承人除外），应对受赠人全额征收契税，在缴纳契税时，纳税人须提交经税务机关审核并签字盖章的《个人无偿赠与不动产登记表》，税务机关（或其他征收机关）应在纳税人的契税完税凭证上加盖"个人无偿赠与"印章，在《个人无偿赠与不动产登记表》中签字并将该表格留存。

（二）应纳税额的计算方法

$$契税应纳税额 = 计税依据 × 税率$$

【例7-52·单选题】某公司2023年发生两笔互换房产业务，并已办理了相关手续。第一笔业务换出的房产价值500万元，换进的房产价值800万元；第二笔业务换出的房产价值600万元，换进的房产价值300万元。已知当地政府规定的契税税率为3%，那么该公司应缴纳契税（　　）万元。

A. 0 　　　　B. 9 　　　　C. 18 　　　　D. 33

【答案】B

【解析】该公司第一笔业务缴纳契税 = (800 - 500) × 3% = 9 (万元)；该公司第二笔业务不缴纳契税。

【例7-53·单选题】下列各项中，契税计税依据可由征收机关核定的是（　　）。

A. 土地使用权出售 　　　　　　　B. 国有土地使用权出让
C. 土地使用权赠与 　　　　　　　D. 以划拨方式取得土地使用权

【答案】C

【解析】按照现行契税规定，国有土地使用权出让、土地使用权出售、房屋买卖，以成交价格为计税依据。土地使用权赠与、房屋赠与的计税依据为市场价格，其市场价格由征收机关参照土地使用权出售、房屋买卖的市场价格核定。

【例7-54·计算题】居民甲有三套住房，将一套价值120万元的别墅折价给乙某抵偿了100万元的债务；用市场价值70万元的第二套两室住房与丙某交换一套四室住房，另取得丙某赠送价值12万元的小轿车一辆；将第三套市场价值50万元的公寓房折成股份投入本人独资经营的企业。当地确定的契税税率为3%，计算甲、乙、丙缴纳契税的情况。

【答案及解析】甲不纳税；乙纳税额 = 1 000 000 × 3% = 30 000 (元)；丙纳税额 = 120 000 × 3% = 3 600 (元)。

四、税收优惠

有下列情形之一的，免征契税：

（1）国家机关、事业单位、社会团体、军事单位承受土地、房屋权属用于办公、教学、医疗、科研、军事设施；

（2）非营利性的学校、医疗机构、社会福利机构承受土地、房屋权属用于办公、教学、医疗、科研、养老、救助；

（3）承受荒山、荒地、荒滩土地使用权用于农、林、牧、渔业生产；

（4）婚姻关系存续期间夫妻之间变更土地、房屋权属；

（5）法定继承人通过继承承受土地、房屋权属；

（6）依照法律规定应当予以免税的外国驻华使馆、领事馆和国际组织驻华代表机构承受土地、房屋权属。

根据国民经济和社会发展的需要，国务院对居民住房需求保障、企业改制重组、灾后重建等情形可以规定免征或者减征契税，报全国人民代表大会常务委员会备案。

【例7-55·单选题】 根据契税暂行条例的规定，可以享受免征契税优惠待遇的是（   ）。

A. 城镇职工购买公有住房的

B. 房屋所有者之间互相交换房屋的

C. 非营利性学校购置教学用房

D. 取得荒山、荒沟、荒丘、荒滩土地使用权，用于工业园建设的

【答案】 C

【解析】 本题考点在于对契税税收优惠的理解。城镇职工购买公有住房不能享受免税优惠；房屋所有者之间互相交换房屋的，只有等价交换时才免契税；非营利性学校购置教学办公用房可以免税；取得荒山、荒沟、荒丘、荒滩土地使用权，用于农林牧渔业生产的免征契税，而用于工业园建设的不在免税范围。

【例7-56·多选题】 下列各项中，按税法规定应缴纳契税的有（   ）。

A. 农民承包荒山造林的山地

B. 银行承受企业抵债的房产

C. 科研事业单位受赠的科研用地

D. 劳动模范获得政府奖励的住房

【答案】 BD

【解析】 A选项没有发生土地权属的转移不交契税；C选项符合契税优惠一般规定；B、D选项属于房产抵债和房产赠与，应缴纳契税。

省、自治区、直辖市可以决定对下列情形免征或者减征契税：

（1）因土地、房屋被县级以上人民政府征收、征用，重新承受土地、房屋权属；

（2）因不可抗力灭失住房，重新承受住房权属。免征或者减征契税的具体办法，由省、自治区、直辖市人民政府提出，报同级人民代表大会常务委员会决定，并报全国人民代表大会常务委员会和国务院备案。

纳税人改变有关土地、房屋的用途，或者有其他不再属于前面规定的免征、减征契税情形的，应当缴纳已经免征、减征的税款。

【例7-57·判断题】 法定继承人通过继承获得房屋权属的，该房屋再次转

让时，不征收契税。   （   ）

【答案】×

【解析】本题考点在于对契税税收优惠的理解。法定继承人通过继承获得房屋权属时，免征契税，但该房屋再次转让时，不符合免征条件，需要征收契税。

五、征收管理

1. 纳税义务发生时间

纳税人在签订土地、房屋权属转移合同的当天，或者取得其他具有土地、房屋权属转移合同性质的凭证的当天，为纳税义务发生时间。

2. 纳税期限

纳税人应当在依法办理土地、房屋权属登记手续前申报缴纳契税。

3. 纳税地点

契税在土地、房屋所在地的税务机关缴纳。税务机关应当与相关部门建立契税涉税信息共享和工作配合机制。自然资源、住房城乡建设、民政、公安等相关部门应当及时向税务机关提供与转移土地、房屋权属有关的信息，协助税务机关加强契税征收管理。

【例 7 – 58 · 单选题】符合契税减免税规定的纳税人，向土地、房屋所在地征收机关办理减免税手续的期限为（   ）。

A. 合同签订 5 日内

B. 合同签订 10 日内

C. 办理房屋权属登记前

D. 办理房屋权属登记手续后 10 日内

【答案】C

【解析】税法规定在办理房屋权属登记前，向土地、房屋所在地征收机关办理减免手续。

4. 契税申报与管理

纳税人办理纳税事宜后，税务机关应当开具契税完税凭证。纳税人办理土地、房屋权属登记，不动产登记机构应当查验契税完税、减免税凭证或者有关信息。未按照规定缴纳契税的，不动产登记机构不予办理土地、房屋权属登记。

在依法办理土地、房屋权属登记前，权属转移合同、权属转移合同性质凭证不生效、无效、被撤销或者被解除的，纳税人可以向税务机关申请退还已缴纳的税款，税务机关应当依法办理。

【小结】

关键术语：房产税、房产余值、土地增值税、增值率、车辆购置税、车船税、城镇土地使用税、契税

本章小结：房产税是以房产为征税对象，依据房产价格或房产租金收入向房产所有人或经营人征收的一种税。我国现行房产税采用的是比例税率。由于房产税的计税依据分为从价计征和从租计征两种形式，所以房产税的税率也有两种：一种是按房产原值一次减除10% ~ 30%后的余值计征的，税率为1.2%；另一种是按房产出租的租金收入计征的，税率为12%。对个人按市场价格出租的居民住房，可暂减按4%的税率征收房产税。

土地增值税是对转让国有土地使用权，地上建筑物及其附着物并取得收入的单位和个人，就其转让房地产所取得的增值额征收的一种税。土地增值税实行四级超率累进税率。

车辆购置税是以在中国境内购置规定车辆为课税对象、在特定的环节向车辆购置者征收的一种税。我国现行车辆购置税采用的是比例税率10%。其征税范围包括汽车、摩托车、电车、挂车、农用运输车。购买自用应税车辆的计税价格为纳税人购买应税车辆而支付给销售者的全部价款和价外费用，不包含增值税税款，进口自用的应税车辆以组成计税价格为计税依据。

车船税是以车船为征税对象，向拥有车船的单位和个人征收的一种税。车船税的征税范围是在中华人民共和国境内属于车船税法所附《车船税税目税额表》规定的车辆、船舶车船税采用幅度定额税率。

城镇土地使用税是以城镇土地为征税对象，对拥有土地使用权的单位和个人征收的一种税。采用定额税率。

契税是以所有权发生转移变动的不动产为征税对象，向产权承受人征收的一种财产税。

【习题】

一、复习思考题

1. 房产税征税对象及征税范围是什么？

2. 车辆购置税可以在计算企业所得税应纳税所得额时扣除吗？

3. 不上公共道路，在企业内部使用的车船也要缴纳车船税吗？

4. 如何区分土地使用权出让和土地使用权转让？

5. 根据以房地产进行投资、改制重组的税收政策，什么时候是暂不征收土地增值税的？

6. 房地产开发企业将买来但未进行任何开发的土地卖出，是否可以加扣20%？非房地产开发企业转让新建房是否能加扣20%？

7. 契税主要由哪方缴纳？会出现由房地产转让者缴纳契税的情况吗？

二、单选题

1. 下列关于房产原值的有关规定，不正确的是（　　）。

A. 与房屋不可分割的各种附属设备或一般不单独计算价值的配套设施要计入房产原值

B. 纳税人对原有房屋进行改建、扩建的，要相应增加房屋的原值

C. 中央空调不计入房产原值

D. 对附属设备和配套设施中易损坏、需要经常更换的零配件，更新后不再计入房产原值

2. 根据车辆购置税的有关规定，下列属于车辆购置税纳税人的是（　　）。

A. 进口小轿车自用的企业

B. 购进汽车用于销售的 4S 店

C. 购进电动自行车并自用的王某

D. 自产小汽车奖励员工的汽车生产企业

3. 根据车辆购置税的有关规定，纳税人购买车辆并自用时，下列各项应计入车辆购置税计税依据的是（　　）。

A. 增值税税款　　B. 控购费　　　　C. 车辆牌照费　　D. 车辆装饰费

4. 根据车辆购置税的有关规定，下列选项中符合车辆购置税征收管理有关规定的是（　　）。

A. 进口自用应税车辆的，应自进口之日起 30 日内申报纳税

B. 车辆购置税实行一车一申报制度

C. 纳税人应当在向公安机关等车辆管理机构办理车辆登记注册手续后，缴纳车辆购置税

D. 纳税人购置需要登记注册的应税车辆，应当向纳税人机构所在地或住所地申报纳税

5. 根据车辆购置税的有关规定，下列选项中，免征车辆购置税的是（　　）。

A. 县政府自用的办公车辆

B. 城市公交企业购置的公共汽电车辆

C. 自行车

D. 长期来华定居专家在境内购买 1 辆自用小汽车

6. A 公司 2023 年 3 月接受捐赠小汽车 10 辆自用，经税务机关审核，国家税务总局规定的同类型应税车辆的最低计税价格为 100 000 元/辆，小汽车的成本为 80 000 元/辆，成本利润率为 8%。则 A 公司应缴纳车辆购置税（　　）元。

A. 86 400　　　B. 80 000　　　　C. 93 919.14　　D. 100 000

7. 某国驻我国的外交官乙某将自用 5 年的一辆进口小轿车转让给我国公民，该小轿车进口时的关税完税价格为 100 万元，转让时的成交价格为 60 万元。已知该型号小轿车最新核定的同类型新车的最低计税价格为 75 万元，小轿车进口时适用的关税税率为 20%，消费税税率为 9%，则受让方应当缴纳车辆购置税（　　）万元。

A. 5　　　　　B. 6.59　　　　　C. 7.5　　　　D. 13.19

8. 2023 年 3 月，张某从汽车销售公司（增值税一般纳税人）购买轿车一辆供自己使用，支付不含增值税的价款 300 000 元，另随买车辆支付工具件价款 2 000 元、零部件价款 1 000 元，车辆装饰费 5 000 元，控购费 3 000 元，汽车销售公司代收保险费 9 000 元（由汽车销售公司开具统一发票）。则张某应缴纳车辆购置税（　　）元。

A. 30 683.76　　B. 30 940.17　　C. 31 452.99　　D. 31 709.40

9. 根据车船税法的有关规定，下列车船中，不属于车船税征税范围的是（　　）。

A. 摩托车　　　B. 非机动驳船　　C. 挂车　　　　D. 拖拉机

10. 根据车船税法的有关规定，下列各项中，应缴纳车船税的是（　　）。

A. 外国驻华使领馆的汽车　　　　B. 武装警察部队专用车

C. 无偿出借的载客汽车　　　　　D. 捕捞、养殖渔船

11. 根据车船税法的有关规定，车辆的具体适用税额由（　　）依照规定的税额幅度和国务院的规定确定。

A. 国务院   B. 国家税务总局

C. 省、自治区、直辖市人民政府   D. 省、自治区、直辖市税务机关

12. 根据车船税法的有关规定，下列说法正确的是（   ）。

A. 半挂牵引车按照货车税额的 50% 计税

B. 客货两用车按照客车的税额计算车船税

C. 拖船按照机动船舶税额的 50% 计税

D. 专用作业车的计税单位为每辆

13. 某船舶公司 2023 年拥有机动船舶 5 艘，其中净吨位 2 500 吨的 3 艘，其余的净吨位均为 1 800 吨；拥有非机动驳船 4 艘，每艘净吨位均为 2 800 吨；拥有拖船 2 艘，每艘发动机功率均为 3 600 千瓦。其所在省人民政府规定机动船舶车船税计税标准为：净吨位 201～2 000 吨的，每吨 4 元；净吨位 2 001～10 000 吨的，每吨 5 元。该船舶公司 2023 年应缴纳车船税（   ）元。

A. 59 100   B. 91 960   C. 88 700   D. 103 900

14. 某企业 2023 年拥有一幢三层的办公楼，原值 6 000 万元，将其中的 1/3 以每月 15 万元的租金出租给其他单位使用，2023 年 4 月底，原租户的租期到期，该企业将该幢办公楼进行改建，更换楼内电梯，将原值 80 万元的电梯更换为 120 万元的新电梯，并为该办公楼安装了 300 万元的智能化楼宇设施，这些改建工程于 7 月底完工，该企业所在地省人民政府规定计算房产余值的减除比例为 30%，该企业 2023 年应纳房产税（   ）万元。

A. 51.49   B. 52.38   C. 53.05   D. 53.19

15. 村民王某在本村有两间临街住房，将其中一间做经营用，按照税法规定，王某可（   ）。

A. 就经营用房缴纳房产税   B. 不缴纳房产税

C. 暂免房产税   D. 减半缴纳房产税

16. 根据城镇土地使用税的相关规定，下列不属于城镇土地使用税征税范围的是（   ）。

A. 市区内某公司厂房用地   B. 某县税务局办公用地

C. 某村加工厂用地   D. 工矿区内某工矿企业的生产办公用地

17. 各省、自治区、直辖市人民政府可根据市政建设情况和经济繁荣程度在规定税额幅度内，确定所辖地区的适用税额幅度。经济落后地区，土地使用税的适用税额标准可以适当降低，但降低额不得超过规定最低税额的（   ）。经济发达地区的适用税额标准可以适当提高，但须报（   ）批准。

A. 30%，国务院   B. 30%，财政部

C. 50%，国务院   D. 50%，财政部

18. 下列各项中，应征收契税的是（   ）。

A. 法定继承人承受房屋权属

B. 企业以行政划拨方式取得土地使用权

C. 承包者获得农村集体土地承包经营权

D. 运动员因成绩突出获得国家奖励的住房

19. 下列关于契税的表述正确的是（   ）。

A. 契税实行幅度比例税率   B. 契税由财产转让方缴纳

C. 契税属于行为税   D. 契税是以增值额为征税对象

20. 甲企业 8 月份受让一宗土地，土地出让合同记载土地出让金 15 000 万元、土地补偿费 3 000 万元、安置补助费 2 000 万元，当地契税税率为 4%，甲企业应纳契税（　　）万元。

A. 600　　　　　B. 680　　　　　C. 720　　　　　D. 800

三、多选题

1. 下列各项中，符合房产税优惠政策规定的有（　　）。

A. 个人所有的非营业用房产免征房产税

B. 宗教寺庙、名胜古迹自用的房产免征房产税

C. 国家机关附属招待所使用的房产免征房产税

D. 在基建工地为基建服务的临时性工棚在施工期间免征房产税

2. 下列各项中，符合房产税暂行条例规定的有（　　）。

A. 将房屋产权出典的，承典人为纳税人

B. 房屋产权未确定的，房产代管人或使用人为纳税人

C. 将房屋产权出典的，产权所有人为纳税人

D. 产权所有人不在房产所在地的，房产代管人或使用人为纳税人

3. 下列行为属于车辆购置税应税行为的有（　　）。

A. 购买应税车辆自用的行为

B. 销售应税车辆的行为

C. 自产自用应税车辆的行为

D. 以获奖方式取得并自用应税车辆的行为

4. 下列车辆中，不需要缴纳车船税的有（　　）。

A. 自行车　　　　　　　　　B. 残疾人专用摩托车

C. 燃料电池商用车　　　　　D. 纯电动商用车

5. 计算土地增值税时，允许扣除的利息支出不包括（　　）。

A. 10 年以上的借款利息

B. 境外借款利息

C. 超过国家的有关规定上浮幅度的利息部分

D. 超过贷款期限的利息部分和加罚的利息部分

6. 车船税计税单位有（　　）。

A. 每辆　　　　　B. 每艘　　　　　C. 净吨位每吨　　　　D. 整备质量每吨

7. 下列行为中，不享受车辆购置税优惠政策的有（　　）。

A. 城市公交企业购置公共电车

B. 李先生购买自用超豪华燃油车

C. 企业生产企业将自产汽车用于接待客户

D. 武警部队购置列入装备订货计划的车辆

8. 纳税人进口应税小汽车自用，应计入车辆购置税计税依据的有（　　）。

A. 进口环节的增值税额

B. 进口环节的关税和消费税额

C. 应税车辆的成交价格

D. 应税车辆运抵境内输入地点起卸前的运费

9. 下列可以成为城镇土地使用税纳税人的有（　　）。

A. 土地的代管人　　　　　　　　B. 共有土地使用权的各方

C. 拥有土地使用权的单位和个人　　D. 土地的实际使用人

10. 下列各项中，应计算城镇土地使用税的有（　　）。

A. 工厂实验室用地　　　　　　　　B. 学校教师宿舍用地

C. 百货商场仓库用地　　　　　　　D. 盐场的盐滩用地

11. 下列各项中，以成交价格作为契税计税依据的有（　　）。

A. 房屋买卖　　　　　　　　　　　B. 等价交换房屋

C. 土地使用权出售　　　　　　　　D. 受赠房屋

12. 以下符合契税有关政策的有（　　）。

A. 承受荒山用于建造果园免征契税

B. 法定继承人通过继承承受土地、房屋权属的免征契税

C. 李某缴纳契税后，在新建商品房交付时，因实际交付面积小于合同约定面积需要返还房价款的，不予退还已纳契税

D. 婚姻关系存续期间夫妻之间变更土地、房屋权属的免征契税

四、计算题

1. 居民肖某自有一处平房，共 16 间，其中用于个人开餐馆的 7 间，房屋原值为 20 万元。2023 年 1 月 1 日，王某将 4 间出典给李某，取得出典价款收入 12 万元，将剩余的 5 间出租给某公司，每月共收取租金 1 万元。已知该地区规定按照房产原值一次扣除 20% 后的余值计税。要求：计算王某 2023 年应纳房产税额为多少元？

2. 小赵有一幢私人房产原本价值为 750 000 元，已知房产税税率为 1.2%，当地规定的房产税扣除比例为 30%。要求：计算该房产年度应缴纳的房产税税额为多少元？

3. 某房地产开发公司出售一幢写字楼，收入总额为 10 000 万元。开发该写字楼有关支出为：支付地价款及各种费用 1 000 万元；房地产开发成本 3 000 万元；财务费用中的利息支出为 500 万元（可按转让项目计算分摊并提供金融机构证明），但其中有 50 万元属加罚的利息；转让环节缴纳的有关税费共计为 555 万元；该单位所在地政府规定的其他房地产开发费用计算扣除比例为 5%。要求：计算该房地产开发公司应纳的土地增值税。

4. 某房地产公司开发 100 栋花园别墅，其中 80 栋出售，10 栋出租，10 栋待售。每栋地价 14.8 万元，登记、过户手续费 0.2 万元，开发成本包括土地征用及拆迁补偿费、前期工程费、建筑安装工程费等合计 50 万元，贷款支付利息 0.5 万元（能提供银行证明）。每栋别墅售价 180 万元（不含税），增值税税率 5%，城建税税率 5%，教育费附加征收率 3%。要求：计算该公司应缴纳多少土地增值税？

5. 某外贸公司 2023 年 1 月发生如下经济业务：

（1）从某企业制造公司购进 18 辆国产小汽车，取得的发票注明不含税价 110 000 元/辆，其中 4 辆作为业务车供本公司自用，2 辆用于抵顶以前欠本市某船运公司 240 000 元的运费，其余 12 辆出口，出口离岸价 120 000 元/辆。

（2）进口货车 2 辆自用，关税完税价格折合人民币共 80 000 元，缴纳关税 16 000 元、增值税 12 480 元。

（3）向某汽车厂（增值税一般纳税人）购买一辆自用的载货汽车、一辆自用的挂车，取得机动车销售统一发票载明的载货汽车价税合计款 237 300 元，挂车价税合计款 90 400 元。

要求：根据以上资料，回答下列问题。

（1）计算该公司第（1）笔业务应纳的车辆购置税。

（2）计算该公司第（2）笔业务应纳的车辆购置税。

（3）计算该公司第（3）笔业务应纳的车辆购置税。

（4）说明业务（4）的纳税义务发生时间和纳税期限。

6. 某市食品加工厂 2023 年占地 63 000 平方米，其中办公占地 4 000 平方米，生猪养殖基地占地 28 000 平方米，食品加工厂车间占地 24 000 平方米，企业内部道路及绿化占地 7 000 平方米。企业所在地城镇土地使用税单位年税额为每平方米 0.8 元，请计算该企业全年应纳城镇土地使用税额。

【阅读拓展】

1. 刘建丰，于雪，彭俞超等. 房产税对宏观经济的影响效应研究 [J]. 金融研究，2020 （8）：34 - 53.

2. 毛晖，张泽丰. 减税政策如何提质增效？——来自车辆购置税减免的经验证据 [J]. 财经论丛，2023 （6）：14 - 24.

3. 缑长艳，唐晓旺. 推进绿色低碳发展的契税优惠制度改革探析 [J]. 税务研究，2022 （12）：33 - 36.

第八章　行为目的税类

【学习目标】

通过本章学习，你应能够：

➤ 了解城建税、耕地占用税、印花税、资源税、环境保护税、教育费附加的基本概念、税率；
➤ 掌握城建税、耕地占用税、印花税、资源税、环境保护税、教育费附加的征税范围和纳税人；
➤ 掌握行为目的税的计算方法；
➤ 了解行为目的税的税收优惠。

【引入案例】

纳税人如何异地预缴增值税、城市维护建设税和教育费附加税费？

北京市某建筑企业 A 是一般纳税人，2022 年 8 月发生了如下业务：在山西某县城提供建筑服务，合同注明的开工日期为 2022 年 7 月 20 日，合同总金额 1 110 000 元（含税），给对方开具了增值税专用发票。建筑公司 A 将部分业务分包给建筑企业 B，支付分包款 444 000 元，取得合法有效凭证。8 月 A 公司取得 2 张 13% 税率的增值税专用发票，注明税额 16 000 元。除上述外 A 当月无其他业务，选择一般计税方法。

(1) 跨区提供建筑服务的，增值税如何缴纳和申报？
(2) 纳税人跨区提供建筑服务，城建税及教育费附加如何缴纳？

如何缴纳印花税？

某公司受托加工制作广告牌，双方签订的加工承揽合同中分别注明加工费 40 000 元，受托方提供价值 60 000 元的主要材料，受托方提供价值 2 000 元的辅助材料。

该公司此项合同应缴纳多少印花税？

如何缴纳资源税呢？

2023 年 9 月某企业生产经营情况如下：(1) 专门开采的天然气 23 000 千立

方米，开采原煤 320 万吨，采煤过程中生产天然气 2 800 千立方米；（2）销售原煤 260 万吨，取得不含税销售额 20 000 万元；（3）以原煤直接加工洗煤 100 万吨，对外销售 80 万吨，取得不含税销售额 15 000 万元；（4）企业职工食堂和供热等用原煤 2 000 吨；（5）销售天然气 15 000 千立方米（含采煤过程中从地面抽采的煤层气 2 000 千立方米），取得不含税销售额 3 300 万元（提示：资源税税率，当地原煤 3%，天然气 6%，洗选煤的折算率为 60%）。

　　要求：计算该企业 2023 年 9 月应缴纳的资源税。

【本章导读】

　　行为目的税是以纳税人的某些特定行为为课税对象。世界各国由于实际情况不同，选择的课税行为也不同。我国现行的城乡维护建设税、固定资产投资方向调节税、印花税等都属于这类税收。

【知识结构图】

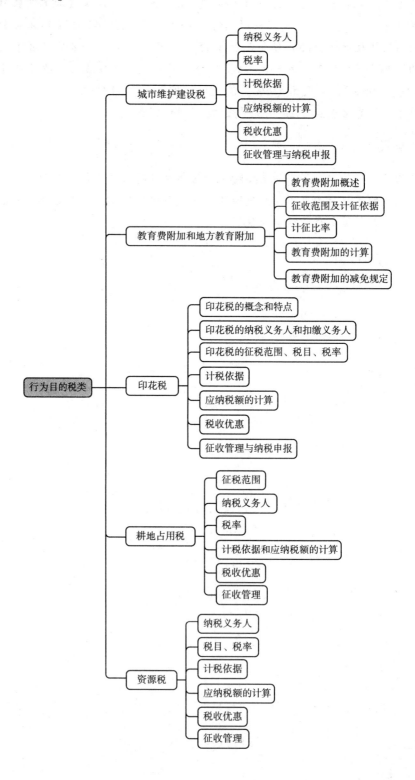

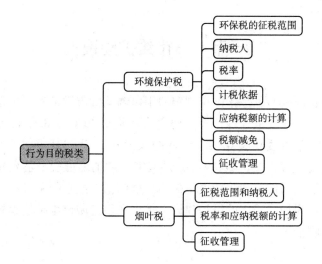

第一节　城市维护建设税

城市维护建设税法,是指国家制定的用以调整城市维护建设税征收与缴纳权利及义务关系的法律规范。现行《城建税法》是于 2020 年 8 月 11 日第十三届全国人民代表大会常务委员会第二十一次会议通过,于 2021 年 9 月 1 日起施行。城市维护建设税(以下简称城建税),是国家对缴纳增值税、消费税的单位和个人就其实际缴纳的增值税和消费税税额为计税依据而征收的一种税。它属于特定目的税,是国家为加强城市的维护建设,扩大和稳定城市维护建设资金的来源而采取的一项税收措施。

一、纳税义务人

城建税的纳税义务人,是指负有缴纳增值税和消费税(以下简称"两税")义务的单位和个人,包括国有企业、集体企业、私营企业、股份制企业、其他企业和行政单位、事业单位、军事单位、社会团体、其他单位,以及个体工商户及其他个人。

城建税的扣缴义务人为负有增值税、消费税扣缴义务的单位和个人,在扣缴增值税和消费税的同时扣缴城市维护建设税。

采用委托代征、代扣代缴、代收代缴、预缴、补缴等方式缴纳"两税"的,应当同时缴纳城建税。

二、税率

城建税的税率,是指纳税人应缴纳的城建税税额与纳税人实际缴纳的"两税"税额之间的比率。城建税按纳税人所在地的不同,设置了三档地区差别比例税率,除特殊规定外,即:

(1)纳税人所在地为市区的,税率为 7%;

(2)纳税人所在地为县城、镇的,税率为 5%;

(3)纳税人所在地不在市区、县城或者镇的,税率为 1%。

纳税人所在地,是指纳税人住所地或者与纳税人生产经营活动相关的其他地点,具体地点由省、自治区、直辖市确定。

三、计税依据

城建税以纳税人依法实际缴纳的增值税、消费税税额为计税依据。

城建税的计税依据应当按照规定扣除期末留抵退税退还的增值税税额。

对实行增值税期末留抵退税的纳税人，允许其从城市维护建设税、教育费附加和地方教育附加的计税（征）依据中扣除退还的增值税税额。

城建税计税依据的具体确定办法，由国务院依据本法和有关税收法律、行政法规规定，报全国人民代表大会常务委员会备案。

【例8-1·单选题】企业缴纳的下列税额中，应作为城市维护建设税计税依据的是（　　）。

A. 消费税税款　　　　　　B. 房产税税额
C. 关税税额　　　　　　　D. 城镇土地使用税税额

【答案】A

【例8-2·多选题】下列各项中，应计入城市维护建设税计税依据的有（　　）。

A. 偷逃增值税而被查补的税款　　B. 偷逃消费税而被加收的滞纳金
C. 因增值税违规被处以的罚款　　D. 出口产品征收的消费税额

【答案】AD

【解析】城建税的计税依据是纳税人实际缴纳的增值税、消费税税额，不包括非税款项。

四、应纳税额的计算

城建税计税依据

城建税纳税人的应纳税额大小是由纳税人实际缴纳的"两税"税额决定的，其计算公式是：

应纳税额 = 纳税人实际缴纳的增值税、消费税税额 × 适用税率

【例8-3·计算题】某市区一企业2023年8月实际缴纳增值税30万元，缴纳消费税40万元。计算该企业应纳的城建税税额。

【答案及解析】应纳城建税税额 =（实际缴纳的增值税 + 实际缴纳的消费税）× 适用税率 =（30 + 40）× 7% = 4.9（万元）

【例8-4·单选题】位于市区的甲企业2023年5月销售产品缴纳增值税和消费税额共40万元，被税务机关查补消费税额10万元，并处罚款5万元，该企业5月应缴纳的城市维护建设税为（　　）万元。

A. 2.8　　　　B. 3.5　　　　C. 3.85　　　　D. 4.55

【答案】B

【解析】城建税的计税依据为实际缴纳的"两税"和被税务机关处罚时补缴的"两税"，不包括有关的罚款和滞纳金。因此，甲企业应纳城建税 = 3.5万元[（40 + 10）× 7%]。

五、税收优惠

城建税原则上不单独减免，但因城建税又具附加税性质，当主税发生减免时，城建税相应发生税收减免。城建税的税收减免具体有以下几种情况：

（1）城建税按减免后实际缴纳的"两税"税额计征，即随"两税"的减免而减免；

（2）对于因减免税而需进行"两税"退库的，城建税也可同时退库；

（3）海关对进口产品代征的增值税、消费税，不征收城建税；

（4）对"两税"实行先征后返、先征后退、即征即退办法的，除另有规定外，对随"两税"附征的城市维护建设税和教育费附加，一律不予退（返）还；

（5）根据国民经济和社会发展的需要，国务院对重大公共基础设施建设、特殊产业和群体以及重大突发事件应对等情形可以规定减征或者免征城市维护建设税，报全国人民代表大会常务委员会备案；

（6）自2019年1月1日至2021年12月31日，对增值税小规模纳税人减半征收城市维护建设税。

六、征收管理与纳税申报

城市维护建设税的征收，比照增值税、消费税的有关规定执行。城市维护建设税与增值税、消费税同时征收。

城建税的纳税环节，实际就是纳税人缴纳"两税"的环节。

纳税人缴纳"两税"的地点，就是该纳税人缴纳城建税的地点。

代征代扣——由受托方代收代扣"两税"的，代收代扣城建税按照受托方所在地的规定税率，在代收代扣方所在地缴纳城建税。

异地预交——纳税人跨地区提供建筑服务、销售和出租不动产的，应在建筑服务发生地、不动产所在地预缴增值税时，以预缴增值税税额为计税依据，并按预缴增值税所在地的城市维护建设税适用税率和教育费附加征收率就地计算缴纳城市维护建设税和教育费附加。预缴增值税的纳税人在其机构所在地申报缴纳增值税时，以其实际缴纳的增值税税额为计税依据，并按机构所在地的城市维护建设税适用税率和教育费附加征收率就地计算缴纳城市维护建设税和教育费附加。

流动经营——对流动经营等无固定纳税地点的单位和个人，应随同"两税"在经营地按适用税率缴纳城市维护建设税。城建税的纳税期限与"两税"的纳税期限一致。

【例8-5·多选题】下列关于城市维护建设税纳税地点的表述中，正确的有（　　）。

A. 无固定纳税地点的个人，为户籍所在地

B. 代收代缴"三税"的单位，为税款代收地

C. 代扣代缴"三税"的个人，为税款代扣地

D. 跨地区提供建筑服务随预缴增值税而缴纳城建税的单位，为建筑服务发生地

【答案】BCD

【解析】A 选项不正确，对流动经营等无固定纳税地点的单位和个人，应随同"两税"在经营地缴纳城建税。

第二节 教育费附加和地方教育附加

一、教育费附加概述

教育费附加是对缴纳增值税、消费税的单位和个人，就其实际缴纳的税额为计算依据征收的一种附加费。教育费附加是为加快地方教育事业，扩大地方教育经费的资金而征收的一项专用基金。1984 年，国务院颁布了《关于筹措农村学校办学经费的通知》，开征农村教育事业经费附加。1985 年，中共中央颁布了《关于教育体制改革的决定》，指出必须在国家增拨教育基本建设投资和教育经费的同时，充分调动企、事业单位和其他各种社会力量办学的积极性，开辟多种渠道筹措经费。为此，国务院于 1986 年 4 月 28 日颁布了《征收教育费附加的暂行规定》，决定从同年 7 月 1 日开始在全国范围内征收教育费附加。2006 年 9 月 1 日起施行的《中华人民共和国教育法》规定："税务机关依法足额征收教育费附加，由教育行政部门统筹管理，主要用于实施义务教育。省、自治区、直辖市人民政府根据国务院的有关规定，可以决定开征用于教育的地方附加税，专款专用。"2010 年财政部下发了《关于统一地方教育附加政策有关问题的通知》，对各省、自治区、直辖市的地方教育附加进行了统一。

二、征收范围及计征依据

教育费附加对缴纳增值税、消费税的单位和个人征收，以其实际缴纳的增值税、消费税为计征依据，分别与增值税、消费税同时缴纳。

三、计征比率

教育费附加计征比率曾几经变化。1986 年开征时，规定为 1%；1990 年 5 月

《国务院关于修改的决定》规定为 2%；按照 1994 年 2 月 7 日《国务院关于教育费附加征收问题的紧急通知》的规定，现行教育费附加征收比率为 3%。地方教育附加征收率从 2010 年起统一为 2%。

四、教育费附加的计算

教育费附加和地方教育附加的计算公式为：

应纳教育费附加或地方教育附加 = 实纳增值税、消费税 × 征收比率（3% 或 2%）

【例 8 - 6 · 计算题】某市区一企业 2023 年 10 月实际缴纳增值税 20 万元，缴纳消费税 30 万元。计算该企业应缴纳的教育费附加和地方教育附加。

【答案及解析】应纳教育费附加 = （实际缴纳的增值税 + 实际缴纳的消费税）× 征收比率 = （20 + 30）× 3% = 1.5（万元）

应纳地方教育附加 = （实际缴纳的增值税 + 实际缴纳的消费税）× 征收比率 = （20 + 30）× 2% = 1（万元）

五、教育费附加的减免规定

（1）对海关进口的产品征收的增值税、消费税，不征收教育费附加。

（2）对由于减免增值税、消费税而发生退税的，可同时退还已征收的教育费附加。但对出口产品退还增值税、消费税的，不退还已征的教育费附加。

（3）对国家重大水利工程建设基金免征教育费附加。

（4）自 2016 年 2 月 1 日起，按月纳税的月销售额不超过 10 万元（按季度纳税的季度销售额不超过 30 万元）的缴纳义务人，免征教育费附加、地方教育附加。

教育费附加的
作用

第三节　印花税

印花税始于 1624 年的荷兰，采用在应税凭证上粘贴印花税票的方法缴纳税款。我国现行印花税的基本规范，是 1988 年 8 月 6 日国务院发布并于同年 10 月 1 日实施的《中华人民共和国印花税暂行条例》（以下简称《印花税暂行条例》）。2021 年 6 月 10 日第十三届全国人民代表大会常务委员会第二十九次会议通过《中华人民共和国印花税法》，自 2022 年 7 月 1 日起施行。

一、印花税的概念和特点

印花税是对经济活动和经济交往中订立、领受具有法律效力的凭证的行为所征收的一种税。因采用在应税凭证上粘贴印花税票作为完税的标志而得名。印花税是一种具有行为税性质的凭证税。

印花税具有以下特点：

（1）兼有凭证税和行为税的特点；

（2）征税范围广泛；

（3）税率低、税负轻；

（4）由纳税人自行完成纳税义务。

自行完成纳税义务是指，纳税人自行计算应纳税额，自行购买印花税票，自行粘贴、划销或注销。

二、印花税的纳税义务人和扣缴义务人

（一）纳税义务人

印花税的纳税义务人，是在中华人民共和国境内书立应税凭证、进行证券交易的单位和个人。在中华人民共和国境外书立在境内使用的应税凭证的单位和个人，应当缴纳印花税。

所称单位和个人，是指国内各类企业、事业、机关、团体、部队以及中外合资企业、合作企业、外资企业、外国公司和其他经济组织及其在华机构等单位和个人。

应税凭证，是指《印花税税目税率表》列明的合同、产权转移书据和营业账簿。

证券交易，是指转让在依法设立的证券交易所、国务院批准的其他全国性证券交易场所交易的股票和以股票为基础的存托凭证。

证券交易印花税对证券交易的出让方征收，不对受让方征收。

【例8-7·单选题】根据印花税法律制度的规定，下列各项中，属于印花税纳税人的是（　　）。

A. 合同的双方当事人　　　　B. 合同的担保人

C. 合同的证人　　　　　　　D. 合同的鉴定人

【答案】A

在中华人民共和国境外书立在境内使用，是指应税凭证在国外签订时，不便按规定贴花，因此，应在带入境内时办理贴花完税手续。

（二）扣缴义务人

纳税人为境外单位或者个人，在境内有代理人的，以其境内代理人为扣缴义务人；在境内没有代理人的，由纳税人自行申报缴纳印花税，具体办法由国务院税务主管部门规定。

证券登记结算机构为证券交易印花税的扣缴义务人，应当向其机构所在地的主管税务机关申报解缴税款以及银行结算的利息。

三、印花税的征税范围、税目、税率

（一）征税范围

印花税的征税范围是在中华人民共和国境内书立应税凭证、进行证券交易的行为，因此，印花税属于行为税。

（二）税目

印花税的税目见表 8 - 1。

表 8 - 1　　　　　　　　　　印花税税目、税率及计税依据

	税目	税率	备注
合同（指书面合同）	借款合同	借款金额的 0.05‰	指银行业金融机构经国务院银行业监督管理机构批准设立的其他金融机构与借款人（不包括同业拆借）的借款合同
	融资租赁合同	租金的 0.05‰	
	买卖合同	价款的 0.3‰	指动产买卖合同（不包括个人书立的动产买卖合同）
	承揽合同	报酬的 0.3‰	
	建设工程合同	价款的 0.3‰	
	运输合同	运输费用的 0.3‰	指货运合同和多式联运合同（不包括管道运输合同）
	技术合同	价款、报酬或使用费的 0.3‰	不包括专利权、专有技术使用权转让书据
	租赁合同	租金的 1‰	
	保管合同	保管费的 1‰	
	仓储合同	仓储费的 1‰	
	财产保险合同	保险费的 1‰	不包括再保险合同

续表

税目		税率	备注
产权转移书据	土地使用权出让书据	价款的 0.5‰	转让包括买卖（出售）、继承、赠与、互换、分割
	土地使用权、房屋等建筑物和构筑物使用权转让书据（不包括土地承包经营权和土地经营权转移）	价款的 0.5‰	
	股权转让书据（不包括应缴纳证券交易印花税的）	价款的 0.5‰	
	商标专用权、著作权、专利权、专有技术使用权转让书据	价款的 0.3‰	
营业账簿		实收资本（股本）、资本公积合计金额的 0.25‰	
证券交易		成交金额的 1‰	

以下六类合同不征收印花税：

（1）除记载资金账簿外，其他营业账簿不征收印花税；

（2）个人书立的动产买卖合同不征收印花税；

（3）管道运输合同不征收印花税；

（4）再保险合同不征收印花税；

（5）同业拆借合同不征收印花税；

（6）土地承包经营权和土地经营权转移不征收印花税。

需注意，根据《中华人民共和国民法典》第七百九十六条的规定，监理合同不属于建设工程合同，而是属于委托合同，不属于印花税的征税范围。

【例 8 - 8·单选题】根据印花税法律制度的规定，下列各项中，不征收印花税的是（   ）。

A. 工商营业执照　　　　　　　　B. 房屋产权证

C. 土地使用证　　　　　　　　　D. 税务登记证

【答案】D

【例 8 - 9·单选题】下列各项中，不属于印花税征税范围的是（   ）。

A. 加工承揽合同　　　　　　　　B. 产权转移书据

C. 土地使用证　　　　　　　　　D. 卫生许可证

【答案】D

（三）税率

印花税采用比例税率，印花税税目、税率及计税依据见表 8 - 1。

印花税的比例税率分为 5 个档次，分别是 0.05‰、0.25‰、0.3‰、0.5‰

和 1‰。

印花税率记忆
口诀

【例 8 – 10 · 多选题】下列合同中，应按照"产权转移书据"税目缴纳印花税的有（　　）。

A. 商品房销售合同　　　　　　B. 专有技术使用权转移书据

C. 股权转让合同　　　　　　　D. 土地经营权转移合同

【答案】ABC

【解析】D 选项不属于印花税的征税范围。

四、计税依据

（1）应税合同的计税依据，为合同所列的金额，不包括列明的增值税税款。

（2）应税产权转移书据的计税依据，为产权转移书据所列的金额，不包括列明的增值税税款。

上述的增值税税款应为销项税额（一般计税应税行为）或者应纳税额（简易计税应税行为），增值税税款必须在合同中明确列明，否则以含税金额作为计税依据。

需注意，由于借款合同印花税的计税依据为借款金额，而增值税税额是根据借款利息计算的，因此，借款合同的印花税应纳税额与合同列明的增值税税额没有关系。

（3）应税营业账簿的计税依据，为账簿记载的实收资本（股本）、资本公积合计金额。

（4）证券交易的计税依据，为成交金额。

（5）应税合同、产权转移书据未列明金额的，印花税的计税依据按照实际结算的金额确定。

（6）计税依据按照上述规定仍不能确定的，按照书立合同、产权转移书据时的市场价格确定；依法应当执行政府定价或者政府指导价的，按照国家有关规定确定。

证券交易无转让价格的，按照办理过户登记手续时该证券前一个交易日收盘价计算确定计税依据；无收盘价的，按照证券面值计算确定计税依据。

五、应纳税额的计算

（1）印花税的应纳税额按照计税依据乘以适用税率计算。

（2）同一应税凭证载有两个以上税目事项且分别列明金额的，按照各自适用的税目税率分别计算应纳税额；未分别列明金额的，从高适用税率。

（3）同一应税凭证由两方以上当事人书立的，按照各自涉及的金额分别计算应纳税额。因此，印花税法施行以后，EPC 合同、联合体承包合同在计算印花税时，只需要就各自涉及的金额分别计算应纳税额即可。

【例 8-11·计算题】甲业主，乙建筑企业，丙设计院签订 EPC 工程承包合同，合同约定，勘察、设计不含税价款 5 000 万元，由丙向甲直接结算（收款、开票），施工和设备采购不含税价款 20 000 万元，由乙向甲直接结算。计算甲、乙、丙各自印花税的计税依据。

【答案及解析】甲印花税计税依据 =（20 000 + 5 000）= 25 000（万元）

乙印花税计税依据为 20 000 万元。

丙印花税计税依据为 5 000 万元。

（4）已缴纳印花税的营业账簿，以后年度记载的实收资本（股本）、资本公积合计金额比已缴纳印花税的实收资本（股本）、资本公积合计金额增加的，按照增加部分计算应纳税额。

【例 8-12·计算题】假设 2019 年纳税人记载资金的营业账簿金额是 1 000 万元，当初已经缴纳了印花税，2022 年 5 月减少到 900 万元，10 月又增加到 980 万元，2023 年增加到 1 100 万元。问 2022 年和 2023 年是否需要退税和补税？

【答案及解析】减少到 900 万元不退税，增加到 980 万元也不补税，增加到 1 100 万元时，仅就新增的 100 万元补税。后期就按照 1 100 万元为基数，新增补税，减少不退税。

六、税收优惠

下列凭证免征印花税：

（1）应税凭证的副本或者抄本；

（2）依照法律规定应当予以免税的外国驻华使馆、领事馆和国际组织驻华代表机构为获得馆舍书立的应税凭证；

（3）中国人民解放军、中国人民武装警察部队书立的应税凭证；

（4）农民、家庭农场、农民专业合作社、农村集体经济组织、村民委员会购买农业生产资料或者销售农产品书立的买卖合同和农业保险合同；

（5）无息或者贴息借款合同、国际金融组织向中国提供优惠贷款书立的借款合同；

（6）财产所有权人将财产赠与政府、学校、社会福利机构、慈善组织书立的产权转移书据；

（7）非营利性医疗卫生机构采购药品或者卫生材料书立的买卖合同；

（8）个人与电子商务经营者订立的电子订单。

根据国民经济和社会发展的需要，国务院对居民住房需求保障、企业改制重组、破产、支持小型微型企业发展等情形可以规定减征或者免征印花税，报全国人民代表大会常务委员会备案。

【例 8 – 13·多选题】下列各项中，属于印花税免税项目的有（　　　）。

A. 无息借款合同

B. 个人与电子商务经营者订立的电子订单

C. 技术合同

D. 财产所有人将财产赠与残疾人服务机构订立的产权转移书据

【答案】ABD

【解析】C 选项不属于印花税的免税项目。

七、征收管理与纳税申报

（一）纳税方法

印花税可以采用粘贴印花税票或者由税务机关依法开具其他完税凭证的方式缴纳。印花税票粘贴在应税凭证上的，由纳税人在每枚税票的骑缝处盖戳注销或者画销。

自行贴花这种办法是由纳税人自行计算应纳税额，自行向税务机关购买印花税票，自行在应税凭证上一次贴足印花，自行划红或盖章加注销。使用范围较广泛，一般适于应税凭证少或同一凭证纳税次数少的纳税人。

已贴花的凭证，若修改后所载金额增加的，其增加部分应当补贴印花税票。多贴印花税者，不得申请退税或者抵用。

（二）纳税环节

印花税应当在书立或领受时贴花，即要在合同签订时、账簿启用时和证照领受时贴花。

合同如果在国外签订，并且不便在国外贴花的，应在合同带入境时办理贴花手续。

（三）纳税期限

印花税按季、按年或者按次计征。实行按季、按年计征的，纳税人应当自季度、年度终了之日起 15 日内申报缴纳税款；实行按次计征的，纳税人应当自纳税义务发生之日起 15 日内申报缴纳税款。

（四）纳税义务发生时间和扣缴义务发生时间

印花税的纳税义务发生时间为纳税人书立应税凭证或者完成证券交易的当日。证券交易印花税扣缴义务发生时间为证券交易完成的当日。

（五）纳税地点

纳税人为单位的，应当向其机构所在地的主管税务机关申报缴纳印花税；纳税人为个人的，应当向应税凭证书立地或者纳税人居住地的主管税务机关申报缴纳印花税。

不动产产权发生转移的，纳税人应当向不动产所在地的主管税务机关申报缴纳印花税。

第四节　耕地占用税

耕地占用税法是指国家制定的调整耕地占用税征收与缴纳权利及义务关系的法律规范。2007 年 12 月 1 日，国务院重新颁布《中华人民共和国耕地占用税暂行条例》。2018 年 12 月 29 日，第十三届全国人民代表大会常务委员会第七次会议通过《中华人民共和国耕地占用税法》，自 2019 年 9 月 1 日起施行。

耕地占用税是对占用耕地建房或从事其他非农业建设的单位和个人，就其实际占用的耕地面积征收的一种税，它属于对特定土地资源占用课税。

一、征税范围

耕地占用税的征税范围包括纳税人为建房或从事其他非农业建设而占用的国家所有和集体所有的耕地。

耕地是指种植农业作物的土地，包括菜地、园地。其中，园地包括花圃、苗圃、茶园、果园、桑园和其他种植经济林木的土地。

占用鱼塘及其他农用土地建房或从事其他非农业建设，也视同占用耕地，必须依法征收耕地占用税。

占用已开发从事种植、养殖的滩涂、草场、水面和林地等从事非农业建设，由省、自治区、直辖市确定是否征收。

在占用之前三年内属于上述范围的耕地或农用土地，也视为耕地。

【例 8-14·多选题】下列各项中，属于耕地占用税征税范围的有（　　）。

A. 占用菜地开发花圃　　　　　B. 占用两年前的农用土地建造住宅区

C. 占用耕地开发食品加工厂　　D. 占用养殖的滩涂修建飞机场跑道

【答案】BCD

【解析】耕地占用税的征税范围，是纳税人为建房或从事其他非农业建设而占用的国家所有和集体所有的耕地，包括在占用之前三年内属于耕地或农用的土地。

二、纳税义务人

耕地占用税的纳税义务人,是占用耕地建房或从事非农业建设的单位和个人。

所称单位,包括国有企业、集体企业、私营企业、股份制企业、外商投资企业、外国企业以及其他企业和事业单位、社会团体、国家机关、军队以及其他单位;所称个人,包括个体工商户以及其他个人。

三、税率

(1) 人均耕地不超过 1 亩的地区(以县级行政区域为单位,下同),每平方米 10 ~ 50 元;

(2) 人均耕地超过 1 亩但不超过 2 亩的地区,每平方米 8 ~ 40 元;

(3) 人均耕地超过 2 亩但不超过 3 亩的地区,每平方米 6 ~ 30 元;

(4) 人均耕地超过 3 亩以上的地区,每平方米 5 ~ 25 元。

经济特区、经济技术开发区和经济发达、人均占有耕地较少的地区,税额可以适当提高。但是最多不得超过规定税额标准的 50%。各省、自治区、直辖市耕地占用税平均税额见表 8 - 2。

表 8 - 2　　　　　各省、自治区、直辖市耕地占用税平均税额

地区	每平方米平均税额(元)
上海	45
北京	40
天津	35
江苏、浙江、福建、广东	30
辽宁、湖北、湖南	25
河北、安徽、江西、山东、河南、重庆、四川	22.5
广西、海南、贵州、云南、陕西	20
山西、吉林、黑龙江	17.5
内蒙古、西藏、甘肃、青海、宁夏、新疆	12.5

四、计税依据和应纳税额的计算

耕地占用税以实际占用耕地面积为计税依据,以平方米为计量单位。

应纳税额的计算公式为:

应纳税额 = 纳税人实际占用的耕地面积(平方米) × 适用税率

注：1 市亩 = 666.67 平方米

【例 8 − 15 · 计算题】某企业兴建厂房占用耕地 50 亩，当地适用税率为 7 元/平方米，该企业应缴纳耕地占用税为多少元？

【答案及解析】50 × 666.67 × 7 = 233 334.50（元）

【例 8 − 16 · 计算题】某学校占用耕地 20 亩，其中 5 亩为校办工厂用地，其余 15 亩为教学楼、操场、宿舍等用地。当地适用税率为 5 元/平方米。该学校应缴纳的耕地占用税为多少元？

【答案及解析】5 × 666.67 × 5 = 16 666.75（元）

校办工厂用地不能免征耕地占用税。

五、税收优惠

耕地占用税对占用耕地实行一次性征收，对生产经营单位和个人不设立减免税，仅对公益性单位和需照顾群体设立减免税。

（一）免征耕地占用税

（1）军事设施占用耕地。

（2）学校、幼儿园、养老院、医院占用耕地。

学校范围，包括由国务院人力资源和社会保障行政部门，省、自治区、直辖市人民政府或其人力资源和社会保障行政部门批准成立的技工院校。

学校内经营性场所和教职工住房占用耕地的，按照当地适用税额缴纳耕地占用税。

（二）减征耕地占用税

（1）铁路线路、公路线路、飞机场跑道、停机坪、港口、航道占用耕地，减按每平方米 2 元的税额征收耕地占用税。

根据实际需要，国务院财政、税务主管部门商国务院有关部门并报国务院批准后，可以对上述规定的情形免征或者减征耕地占用税。

（2）农村居民占用耕地新建住宅，按照当地适用税额减半征收耕地占用税。

农村烈士家属、残疾军人、鳏寡孤独以及革命老根据地、少数民族聚居区和边远贫困山区生活困难的农村居民，在规定用地标准以内新建住宅缴纳耕地占用税确有困难的，经所在地乡（镇）人民政府审核，报经县级人民政府批准后，可以免征或者减征耕地占用税。

按规定免征或者减征耕地占用税后，纳税人改变原占地用途，不再属于免征或者减征耕地占用税情形的，应当按照当地适用税额补缴耕地占用税。

【例 8 − 17 · 单选题】下列各项中，可以按照当地适用税额减半征收耕地占用税的是（   ）。

A. 供电部门占用耕地新建变电站　　　B. 农村居民占用耕地新建住宅

C. 市政部门占用耕地新建自来水厂　　D. 国家机关占用耕地新建办公楼

【答案】B

【例8-18·多选题】下列各项中，应征收耕地占用税的有（   ）。

A. 铁路线路占用耕地　　　　　　　　B. 学校占用耕地

C. 公路线路占用耕地　　　　　　　　D. 军事设施占用耕地

【答案】AC

（3）占用林地、牧草地、农田水利用地、养殖水面以及渔业水域滩涂等其他农用地建房或者从事非农业建设的，比照本条例的规定征收耕地占用税。

（4）建设直接为农业生产服务的生产设施占用上述农用地的，不征税。

（5）2019年1月1日至2021年12月31日，对增值税小规模纳税人减半征收耕地占用税。

六、征收管理

土地管理部门在通知单位或者个人办理占用耕地手续时，应当同时通知耕地所在地同级地方税务机关。获准占用耕地的单位或者个人应当在收到土地管理部门的通知之日起30日内缴纳耕地占用税。土地管理部门凭耕地占用税完税凭证或者免税凭证和其他有关文件发放建设用地批准书。

纳税人临时占用耕地，应当依照本条例的规定缴纳耕地占用税。纳税人在批准临时占用耕地的期限内恢复所占用耕地原状的，全额退还已经缴纳的耕地占用税。

临时占用耕地是指纳税人因建设项目施工、地质勘查等需要，在一般不超过2年内临时使用耕地且没有修建永久性建筑物的行为。

第五节　资源税

资源税是以各种应税自然资源为课税对象、为了调节资源级差收入并体现国有资源有偿使用而征收的一种税。2019年8月26日，中华人民共和国第十三届全国人民代表大会常务委员会第十二次会议通过了《中华人民共和国资源税法》，自2020年9月1日起施行。1993年12月25日国务院发布的《中华人民共和国资源税暂行条例》同时废止。

我国资源税是对在我国领域及管辖的其他海域开发应税资源的单位和个人课征的一种税，属于对自然资源占用课税的范畴。

我国资源税的
历史

一、纳税义务人

在中华人民共和国领域和中华人民共和国管辖的其他海域开发应税资源的单位和个人，为资源税的纳税人。

单位是指国有企业、集体企业、私营企业、股份制企业、其他企业和行政单位、事业单位、军事单位、社会团体及其他单位。

个人是指个体经营者和其他个人。

其他单位和其他个人包括外商投资企业、外国企业和外籍个人。

【例 8－19·多选题】下列各项中，属于资源税纳税人的有（　　　）。

A. 开采原煤的国有企业　　　　B. 开采石灰岩的个体经营者

C. 进口铁矿石的私营企业　　　　D. 开采天然原油的外商投资企业

【答案】ABD

【解析】进口应税产品不属于境内开采，不征收资源税，因此 C 选项不选。

二、税目、税率

资源税的税目包括能源矿产、金属矿产、非金属矿产、水气矿产和盐 5 大类，在 5 个税目下面又设有若干子目。目前所列的税目有 164 个，涵盖了所有已经发现的矿种和盐。

（一）资源税的税目

1. 能源矿产

（1）原油原矿：指开采的天然原油，不包括人造石油。

（2）天然气、页岩气、天然气水合物原矿。天然气：指专门开采或与原油同时开采的天然气。页岩气：天然气水合物。

（3）煤炭原矿或者选矿：指原煤和以未税原煤（自采原煤）加工的洗选煤，不包括用已税原煤加工的洗煤、选煤及其他煤炭制品。

（4）煤成（层）气原矿。

（5）铀、钍原矿。

（6）油页岩、油砂、天然沥青、石煤原矿或者选矿。

（7）地热原矿。

2. 金属矿产

（1）黑色金属原矿或者选矿，包括铁、锰、铬、钒、钛。

（2）有色金属选矿，包括钨，钼，轻稀土，中重稀土。

（3）有色金属原矿或选矿，包括铜、铅、锌、锡、镍、锑、镁、钴、铋、汞；铝土矿；金、银；铂、钯、钌、铱、锇；铍、锂、锆、锶、铷、铯、铌、钽、锗、镓、铟、铊、铪、铼、镉、硒、碲。

3. 非金属矿产

（1）矿物类原矿或选矿，包括高岭土；石灰岩；磷；石墨；萤石、硫铁矿、自然硫；天然石英砂、脉石英、粉石英、水晶、工业用金刚石、冰洲石、蓝晶石、硅线石（矽线石）、长石、滑石、刚玉、菱镁矿、颜料矿物、天然碱、芒硝、钠硝石、明矾石、砷、硼、碘、溴、膨润土、硅藻土、陶瓷土、耐火粘土、铁矾土、凹凸棒石粘土、海泡石粘土、伊利石粘土、累托石粘土；叶蜡石、硅灰石、透辉石、珍珠岩、云母、沸石、重晶石、毒重石、方解石、蛭石、透闪石、工业用电气石、白垩、石棉、蓝石棉、红柱石、石榴子石、石膏；其他粘土（铸型用粘土、砖瓦用粘土、陶粒用粘土、水泥配料用粘土、水泥配料用红土、水泥配料用黄土、水泥配料用泥岩、保温材料用粘土）。

（2）岩石类原矿或选矿，包括大理岩、花岗岩、白云岩、石英岩、砂岩、辉绿岩、安山岩、闪长岩、板岩、玄武岩、片麻岩、角闪岩、页岩、浮石、凝灰岩、黑曜岩、霞石正长岩、蛇纹岩、麦饭原石、泥灰岩、含钾岩石、含钾砂页岩、天然油石、橄榄岩、松脂岩、粗面岩、辉长岩、辉石岩、正长岩、火山灰、火山渣、泥炭；砂石。

（3）宝玉石类原矿或选矿，包括宝石、玉石、宝石级金刚石、玛瑙、黄玉、碧玺。

（4）水气矿产原矿，包括二氧化碳气、硫化氢气、氦气、氡气；矿泉水。

（5）盐，包括钠盐、钾盐、镁盐、锂盐选矿；天然卤水原矿；海盐。

（二）关于税目相关概念的解释

（1）原矿是指从矿山开采出来的未经过加工的矿石。

（2）铝土矿是指耐火级矾土、研磨级矾土等高铝粘土。

（3）海盐是指海水晒制的盐，不包括提取地下卤水晒制的盐。

（4）轻稀土选矿是指从轻稀土原矿中经过洗选等初加工生产的矿岩型稀土精矿，包括氟碳铈矿精矿、独居石精矿以及混合型稀土精矿等。提取铁精矿后含稀土氧化物（REO）的矿浆或尾矿，视同稀土原矿。

（5）中重稀土选矿是指从中重稀土原矿中经过洗选的精矿，包括离子型稀土矿和磷钇矿精矿。

【例 8 - 20 · 多选题】 下列各项中，属于资源税应税产品的有（　　　）。

A. 石灰岩　　　　B. 天然气　　　　C. 盐　　　　D. 进口原油

【答案】 ABC

【解析】 进口资源产品不缴资源税。

（三）资源税税率

资源税税目税率表见表8-3。

表8-3　　　　　　　　　　　　资源税税目税率表

税目			征税对象	税率
能源矿产	原油		原矿	6%
	天然气、页岩气、天然气水合物		原矿	6%
	煤		原矿或者选矿	2%～10%
	煤成（层）气		原矿	1%～2%
	铀、钍		原矿	4%
	油页岩、油砂、天然沥青、石煤		原矿或者选矿	1%～4%
	地热		原矿	1%～20%或者每立方米1～30元
金属矿产	黑色金属	铁、锰、铬、钒、钛	原矿或者选矿	1%～9%
	有色金属	铜、铅、锌、锡、镍、锑、镁、钴、铋、汞	原矿或者选矿	2%～10%
		铝土矿	原矿或者选矿	2%～9%
		钨	选矿	6.5%
		钼	选矿	8%
		金、银	原矿或者选矿	2%～6%
		铂、钯、钌、锇、铱、铑	原矿或者选矿	5%～10%
		轻稀土	选矿	7%～12%
		中重稀土	选矿	20%
		铍、锂、锆、锶、铷、铯、铌、钽、锗、镓、铟、铊、铪、铼、镉、硒、碲	原矿或者选矿	2%～10%
非金属矿产	矿物类	高岭土	原矿或者选矿	1%～6%
		石灰岩	原矿或者选矿	1%～6%或者每吨（或者每立方米）1～10元
		磷	原矿或者选矿	3%～8%
		石墨	原矿或者选矿	3%～12%
		萤石、硫铁矿、自然硫	原矿或者选矿	1%～8%

税目		征税对象	税率
非金属矿产	矿物类	天然石英砂、脉石英、粉石英、水晶、工业用金刚石、冰洲石、蓝晶石、硅线石（砂线石）、长石、滑石、刚玉、菱镁矿、颜料矿物、天然碱、芒硝、钠硝石、明矾石、砷、硼、碘、溴、膨润土、硅藻土、陶瓷土、耐火粘土、铁矾土、凹凸棒石粘土、海泡石粘土、伊利石粘土、累托石粘土	原矿或者选矿	1%～12%
		叶蜡石、硅灰石、透辉石、珍珠岩、云母、沸石、重晶石、毒重石、方解石、蛭石、透闪石、工业用电气石、白垩、石棉、蓝石棉、红柱石、石榴子石、石膏	原矿或者选矿	2%～12%
		其他粘土（铸型用粘土、砖瓦用粘土、陶粒用粘土、水泥配料用粘土、水泥配料用红土、水泥配料用黄土、水泥配料用泥岩、保温材料用粘土）	原矿或者选矿	1%～5%或者每吨（或者每立方米）0.1～5元
	岩石类	大理岩、花岗岩、白云岩、石英岩、砂岩、辉绿岩、安山岩、闪长岩、板岩、玄武岩、片麻岩、角闪岩、页岩、浮石、凝灰岩、黑曜岩、霞石正长岩、蛇纹岩、麦饭石、泥灰岩、含钾岩石、含钾砂页岩、天然油石、橄榄岩、松脂岩、粗面岩、辉长岩、辉石岩、正长岩、火山灰、火山渣、泥炭	原矿或者选矿	1%～10%
		砂石	原矿或者选矿	1%～5%或者每吨（或者每立方米）0.1～5元
	宝玉石类	宝石、玉石、宝石级金刚石、玛瑙、黄玉、碧玺	原矿或者选矿	4%～20%
水气矿产		二氧化碳气、硫化氢气、氦气、氡气	原矿	2%～5%
		矿泉水	原矿	1%～20%或者每立方米1～30元
盐		钠盐、钾盐、镁盐、锂盐	选矿	3%～15%
		天然卤水	原矿	3%～15%或者每吨（或者每立方米）1～10元
		海盐		2%～5%

《税目税率表》中规定实行幅度税率的，其具体适用税率由省、自治区、直辖市人民政府统筹考虑该应税资源的品位、开采条件以及对生态环境的影响等情况，在《税目税率表》规定的税率幅度内提出，报同级人民代表大会常务委员会决定，并报全国人民代表大会常务委员会和国务院备案。《税目税率表》中规定征税对象为原矿或者选矿的，应当分别确定具体适用税率。

三、计税依据

资源税的计税依据为应税产品的销售额或销售量。

（一）销售额的确定

（1）资源税应税产品（以下简称应税产品）的销售额，按照纳税人销售应税产品向购买方收取的全部价款确定，不包括增值税税款。

计入销售额中的相关运杂费用，凡取得增值税发票或者其他合法有效凭据的，准予从销售额中扣除。相关运杂费用是指应税产品从坑口或者洗选（加工）地到车站、码头或者购买方指定地点的运输费用、建设基金以及随运销产生的装卸、仓储、港杂费用。

（2）纳税人开采或者生产应税产品自用的，应当依照规定缴纳资源税，但是，自用于连续生产应税产品的，不缴纳资源税。

纳税人自用应税产品应当缴纳资源税的情形，包括纳税人以应税产品用于非货币性资产交换、捐赠、偿债、赞助、集资、投资、广告、样品、职工福利、利润分配或者连续生产非应税产品等。

（3）纳税人申报的应税产品销售额明显偏低且无正当理由的，或者有自用应税产品行为而无销售额的，主管税务机关可以按下列方法和顺序确定其应税产品销售额：

按纳税人最近时期同类产品的平均销售价格确定；

按其他纳税人最近时期同类产品的平均销售价格确定；

按后续加工非应税产品销售价格，减去后续加工环节的成本利润后确定；

按应税产品组成计税价格确定。

$$组成计税价格 = 成本 \times (1 + 成本利润率) \div (1 - 资源税税率)$$

上述公式中的成本利润率由省、自治区、直辖市税务机关确定。

（4）纳税人外购应税产品与自采应税产品混合销售或者混合加工为应税产品销售的，在计算应税产品销售额或者销售数量时，准予扣减外购应税产品的购进金额或者购进数量；当期不足扣减的，可结转下期扣减。纳税人应当准确核算外购应税产品的购进金额或者购进数量，未准确核算的，一并计算缴纳资源税。

纳税人核算并扣减当期外购应税产品购进金额、购进数量，应当依据外购应税产品的增值税发票、海关进口增值税专用缴款书或者其他合法有效凭据。

(5) 纳税人开采或者生产同一税目下适用不同税率应税产品的,应当分别核算不同税率应税产品的销售额或者销售数量;未分别核算或者不能准确提供不同税率应税产品的销售额或者销售数量的,从高适用税率。

(6) 纳税人以自采原矿(经过采矿过程采出后未进行选矿或者加工的矿石)直接销售,或者自用于应当缴纳资源税情形的,按照原矿计征资源税。

纳税人以自采原矿洗选加工为选矿产品(通过破碎、切割、洗选、筛分、磨矿、分级、提纯、脱水、干燥等过程形成的产品,包括富集的精矿和研磨成粉、粒级成型、切割成型的原矿加工品)销售,或者将选矿产品自用于应当缴纳资源税情形的,按照选矿产品计征资源税,在原矿移送环节不缴纳资源税。对于无法区分原生岩石矿种的粒级成型砂石颗粒,按照砂石税目征收资源税。

(二)销售量的确定

(1) 纳税人以外购原矿与自采原矿混合为原矿销售,或者以外购选矿产品与自产选矿产品混合为选矿产品销售的,在计算应税产品销售额或者销售数量时,直接扣减外购原矿或者外购选矿产品的购进金额或者购进数量。

(2) 纳税人以外购原矿与自采原矿混合洗选加工为选矿产品销售的,在计算应税产品销售额或者销售数量时,按照下列方法进行扣减:

$$准予扣减的外购应税产品购进金额(数量) = 外购原矿购进金额(数量) \times$$
$$(本地区原矿适用税率 \div 本地区选矿产品适用税率)$$

不能按照上述方法计算扣减的,按照主管税务机关确定的其他合理方法进行扣减。

应税产品的销售数量,包括纳税人开采或者生产应税产品的实际销售数量和自用于应当缴纳资源税情形的应税产品数量。

四、应纳税额的计算

应纳税额的计算公式:
从量计征的:

$$应纳税额 = 课税数量 \times 单位税额$$

从价计征的:

$$应纳税额 = 销售额 \times 比例税率$$

应税产品为矿产品的,包括原矿和选矿产品。

《税目税率表》中规定可以选择实行从价计征或者从量计征的,具体计征方式由省、自治区、直辖市人民政府提出,报同级人民代表大会常务委员会决定,并报全国人民代表大会常务委员会和国务院备案。

【例 8 – 21·计算题】 某公司从事铁矿开采，属于一般纳税人。9 月销售自采原矿，取得销售收入 50 万元。其中，运杂费 1 万元（已开具增值税发票）、自采低品位矿 5 万元。已知该省规定，开采低品位矿减征 20% 资源税，该省铁原矿的税率为 2%，请问该企业本月应纳的资源税额。

【答案及解析】 减免税额 = 低品位矿销售额 × 适用税率 × 减征比例 = 50 000 × 2% × 20% = 200（元）

应纳税额 =（销售额 – 准予扣减的运杂费）× 税率 – 减免税额 =（500 000 – 10 000）× 2% – 200 = 9 800 – 200 = 9 600（元）

【例 8 – 22·计算题】 某公司从事铁矿开采，属于一般纳税人。10 月销售铁原矿，取得销售收入 10 万元（不含运杂费）。销售与铁伴生的铜原矿，取得销售收入 8 万元（不含运杂费），该省铁原矿的税率为 2%，铜原矿的税率为 2%，该省规定，伴生矿免征资源税。要求：计算该企业本月应纳的资源税额。

【答案及解析】 铁原矿应纳税额 = 铁原矿销售额 × 税率 = 100 000 × 2% = 2 000（元）

因为铜原矿属于伴生矿，所以免征资源税。

五、税收优惠

（一）免税项目

（1）开采原油以及在油田范围内运输原油过程中用于加热的原油、天然气。

（2）煤炭开采企业因安全生产需要抽采的煤成（层）气。

（二）减税项目

有下列情形之一的，减征资源税：

（1）从低丰度油气田开采的原油、天然气，减征 20% 资源税；

（2）高含硫天然气、三次采油和从深水油气田开采的原油、天然气，减征 30% 资源税；

（3）稠油、高凝油减征 40% 资源税；

（4）从衰竭期矿山开采的矿产品，减征 30% 资源税。

根据国民经济和社会发展需要，国务院对有利于促进资源节约集约利用、保护环境等情形可以规定免征或者减征资源税，报全国人民代表大会常务委员会备案。

低丰度油气田，包括陆上低丰度油田、陆上低丰度气田、海上低丰度油田、海上低丰度气田。陆上低丰度油田是指每平方千米原油可开采储量丰度低于 25 万立方米的油田；陆上低丰度气田是指每平方千米天然气可开采储量丰度低于

2.5 亿立方米的气田；海上低丰度油田是指每平方千米原油可开采储量丰度低于 60 万立方米的油田；海上低丰度气田是指每平方千米天然气可开采储量丰度低于 6 亿立方米的气田。

高含硫天然气，是指硫化氢含量在每立方米 30 克以上的天然气。

三次采油，是指二次采油后继续以聚合物驱、复合驱、泡沫驱、气水交替驱、二氧化碳驱、微生物驱等方式进行采油。

深水油气田，是指水深超过 300 米的油气田。

稠油，是指地层原油粘度大于或等于每秒 50 毫帕或原油密度大于或等于每立方厘米 0.92 克的原油。

高凝油，是指凝固点高于 40 摄氏度的原油。

衰竭期矿山，是指设计开采年限超过 15 年，且剩余可开采储量下降到原设计可开采储量的 20% 以下或者剩余开采年限不超过 5 年的矿山。衰竭期矿山以开采企业下属的单个矿山为单位确定。

（三）有下列情形之一的，省、自治区、直辖市可以决定免征或者减征资源税

（1）纳税人开采或者生产应税产品过程中，因意外事故或者自然灾害等原因遭受重大损失；

（2）纳税人开采共伴生矿、低品位矿、尾矿。

纳税人开采共伴生矿、低品位矿、尾矿的免征或者减征资源税的具体办法，由省、自治区、直辖市人民政府提出，报同级人民代表大会常务委员会决定，并报全国人民代表大会常务委员会和国务院备案。

纳税人的免税、减税项目，应当单独核算销售额或者销售数量；未单独核算或者不能准确提供销售额或者销售数量的，不予免税或者减税。

（四）其他规定

（1）对青藏铁路公司及其所属单位运营期间自采自用的砂、石等材料免征资源税。具体操作按《财政部 国家税务总局关于青藏铁路公司运营期间有关税收等政策问题的通知》第三条规定执行。

（2）自 2019 年 1 月 1 日至 2021 年 12 月 31 日，对增值税小规模纳税人可以在 50% 的税额幅度内减征资源税。具体操作按《财政部 税务总局关于实施小微企业普惠性税收减免政策的通知》有关规定执行。

（3）自 2014 年 12 月 1 日至 2023 年 8 月 31 日，对充填开采置换出来的煤炭，资源税减征 50%。

（4）2011 年 11 月 1 日前已依法订立中外合作开采陆上、海上石油资源合同的，在该合同有效期内，继续依照国家有关规定缴纳矿区使用费，不缴纳资源

税；合同期满后，依法缴纳资源税。

（5）纳税人开采或者生产同一应税产品，其中既有享受减免税政策的，又有不享受减免税政策的，按照免税、减税项目的产量占比等方法分别核算确定免税、减税项目的销售额或者销售数量。

（6）除小规模纳税人减半征收的优惠以外，纳税人开采或者生产同一应税产品同时符合两项或者两项以上减征资源税优惠政策的，只能选择其中一项执行。

【例 8 − 23 · 计算题】 某公司属于一般纳税人，从衰竭期矿山开采的铁矿。11 月，销售自采低品位铁原矿，取得销售收入 50 万元（不含运杂费），该省铁原矿的税率为 2%，已知该省规定，开采低品位矿减征 20% 资源税，请问应纳多少资源税？

【答案及解析】 纳税人如果选择衰竭期矿山的优惠，则减免税额 = 500 000 ×2% ×30% = 3 000（元），应纳资源税 = 500 000 ×2% − 3 000 = 7 000（元）。

纳税人如果选择自采低品位矿的优惠，则减免税额 = 500 000 ×2% ×20% = 2 000（元），应纳资源税 = 500 000 ×2% − 2 000 = 8 000（元）。

除小规模纳税人减半征收的优惠以外，纳税人开采或者生产同一应税产品同时符合两项或者两项以上减征资源税优惠政策的，除另有规定外，只能选择其中一项执行。

【例 8 − 24 · 单选题】 某油田 2023 年 9 月生产原油 6 400 吨，当月销售 6 100 吨，取得销售额 366 万元，自用 5 吨，另有 2 吨在采油过程中用于加热、修井。原油税率为 6%，则该油田当月应缴纳资源税（   ）元。

A. 219 780　　　　B. 48 856　　　　C. 51 200　　　　D. 51 240

【答案】 A

【解析】 开采原油过程中用于加热、修井的原油，免征资源税。该油田当月应缴纳资源税 219 780 元 ［3 660 000 ÷6 100 × (6 100 +5) ×6%］。

（五）进出口应税产品资源税

对进口应税产品不征收资源税，对出口产品也不免征或退还资源税。

六、征收管理

（一）纳税义务发生时间

（1）销售应税产品的，为收讫销售款或者取得索取销售款凭据的当日。

（2）自用应税产品的，为移送应税产品的当日。

【例 8 − 25 · 多选题】 下列各项中，符合资源税纳税义务发生时间规定的有（   ）。

A. 采取分期收款结算方式的为实际收到款项的当天

B. 采取预收货款结算方式的为发出应税产品的当天

C. 自产自用应税产品的为移送使用应税产品的当天

D. 采取其他结算方式的为收讫销售款或取得索取销售款凭据的当天

【答案】BCD

【解析】采取分期收款结算方式的，其纳税义务发生时间，为销售合同规定的收款日期的当天。

（二）纳税期限

资源税按月或者按季申报缴纳；不能按固定期限计算缴纳的，可以按次申报缴纳。

纳税人按月或者按季申报缴纳的，应当自月度或者季度终了之日起 15 日内，向税务机关办理纳税申报并缴纳税款；按次申报缴纳的，应当自纳税义务发生之日起 15 日内，向税务机关办理纳税申报并缴纳税款。

（三）纳税地点

纳税人应当向应税产品开采地或者生产地的税务机关申报缴纳资源税。

资源税：让发
展更绿

第六节　环境保护税

鉴于目前污水、废气、噪声和废弃物等生态及环境污染方面的问题，各国的环保政策逐渐减少直接干预手段的运用，越来越多地采用生态税、绿色环保税等多种特定税种来维护生态环境。《中华人民共和国环境保护税法》（以下简称环保税）于 2018 年 1 月 1 日起施行，依照该法规定征收环境保护税，不再征收排污费。环保税是对城乡污水集中处理、生活垃圾集中处理场所超过国家和地方规定的排放标准向环境排放应税污染物征收的一种税。

一、环保税的征税范围

在中华人民共和国领域和中华人民共和国管辖的其他海域，直接向环境排放的应税污染物，包括大气污染物、水污染物、固体废物和噪声。

（一）属于征税范围的情形

（1）依法设立的城乡污水集中处理、生活垃圾集中处理场所超过国家和地方规定的排放标准向环境排放的应税污染物。

城乡污水集中处理场所，是指为社会公众提供生活污水处理服务的场所，不包括为工业园区、开发区等工业聚集区域内的企业事业单位和其他生产经营者提供污水处理服务的场所，以及企业事业单位和其他生产经营者自建自用的污水处理场所。

（2）企业事业单位和其他生产经营者贮存或者处置不符合国家和地方环境保护标准的固体废物。

（二）不属于征税范围的情形

有下列情形之一的，不属于直接向环境排放污染物，不缴纳相应污染物的环保税：

（1）企业事业单位和其他生产经营者向依法设立的污水集中处理、生活垃圾集中处理场所排放应税污染物的；

（2）企业事业单位和其他生产经营者在符合国家和地方环境保护标准的设施、场所贮存或者处置固体废物的。

达到省级人民政府确定的规模标准并且有污染物排放口的畜禽养殖场，应当依法缴纳环境保护税；依法对畜禽养殖废弃物进行综合利用和无害化处理的，不属于直接向环境排放污染物，不缴纳环境保护税。

对不属于直接向环境排放应税污染物的情形，例如，向污水集中处理厂、生活垃圾集中处理厂排放污染物的，在符合环保标准的设施、场所贮存或者处置固体废物的，规模化养殖企业对畜禽粪便进行综合利用、符合国家有关畜禽养殖污染防治要求的，也不征收环境保护税。

因为已征收车船税、消费税、车辆购置税等，为避免重复征税，《环境保护税法》明确对机动车、铁路机车、非道路移动机械、船舶和航空器等流动污染源排放的应税污染物免税，还增加了对纳税人符合标准综合利用的固体废物免税的政策。

二、纳税人

在中华人民共和国领域和中华人民共和国管辖的其他海域，直接向环境排放应税污染物的企业事业单位和其他生产经营者为环保税的纳税人。

对不具有生产经营行为的机关、团体、军队等单位和居民个人，不征收环境保护税。

三、税率

环境保护税税目税额及污染当量值见表8-4至表8-9。

表 8 - 4   环境保护税税目税额表

税目		计税单位	税额	备注
大气污染物		每污染当量	1.2 ~ 12 元	
水污染物		每污染当量	1.4 ~ 14 元	
固体废物	煤矸石	每吨	5 元	
	尾矿	每吨	15 元	
	危险废物	每吨	1 000 元	
	冶炼渣、粉煤灰、炉渣、其他固体废物（含半固态、液态废物）	每吨	25 元	
噪声	工业噪声	超标 1 ~ 3 分贝	每月 350 元	1. 一个单位边界上有多处噪声超标，根据最高一处超标声级计算应纳税额；当沿边界长度超过 100 米有两处以上噪声超标，按照两个单位计算应纳税额。 2. 一个单位有不同地点作业场所的，应当分别计算应纳税额，合并计征。 3. 昼、夜均超标的环境噪声，昼、夜分别计算应纳税额，累计计征。 4. 声源一个月内超标不足 15 天的，减半计算应纳税额。 5. 夜间频繁突发和夜间偶然突发厂界超标噪声，按等效声级和峰值噪声两种指标中超标分贝值高的一项计算应纳税额
		超标 4 ~ 6 分贝	每月 700 元	
		超标 7 ~ 9 分贝	每月 1 400 元	
		超标 10 ~ 12 分贝	每月 2 800 元	
		超标 13 ~ 15 分贝	每月 5 600 元	
		超标 16 分贝以上	每月 11 200 元	

表 8 - 5   第一类水污染物污染当量值

污染物	污染当量值（千克）
1. 总汞	0.0005
2. 总镉	0.005
3. 总铬	0.04
4. 六价铬	0.02
5. 总砷	0.02
6. 总铅	0.025
7. 总镍	0.025
8. 苯并（a）芘	0.0000003
9. 总铍	0.01
10. 总银	0.02

表 8 - 6　　　　　　　　　　　　　第二类水污染物污染当量值

污染物	污染当量值 （千克）	备注
11. 悬浮物（SS）	4	
12. 生化需氧量（BOD5）	0.5	同一排放口中的化学需氧量（COD）、生化需氧量（BOD5）和总有机碳（TOC），只征收一项
13. 化学需氧量（COD）	1	
14. 总有机碳（TOC）	0.49	
15. 石油类	0.1	
16. 动植物油	0.16	
17. 挥发酚	0.08	
18. 总氰化物	0.05	
19. 硫化物	0.125	
20. 氨氮	0.8	
21. 氟化物	0.5	
22. 甲醛	0.125	
23. 苯胺类	0.2	
24. 硝基苯类	0.2	
25. 阴离子表面活性剂（LAS）	0.2	
26. 总铜	0.1	
27. 总锌	0.2	
28. 总锰	0.2	
29. 彩色显影剂（CD - 2）	0.2	
30. 总磷	0.25	
31. 元素磷（以 P 计）	0.05	
32. 有机磷农药（以 P 计）	0.05	
33. 乐果	0.05	
34. 甲基对硫磷	0.05	
35. 马拉硫磷	0.05	
36. 对硫磷	0.05	
37. 五氯酚及五氯酚钠（以五氯酚计）	0.25	
38. 三氯甲烷	0.04	
39. 可吸附有机卤化物（AOX）（以 Cl 计）	0.25	
40. 四氯化碳	0.04	
41. 三氯乙烯	0.04	

污染物	污染当量值 （千克）	备注
42. 四氯乙烯	0.04	
43. 苯	0.02	
44. 甲苯	0.02	
45. 乙苯	0.02	
46. 邻 – 二甲苯	0.02	
47. 对 – 二甲苯	0.02	
48. 间 – 二甲苯	0.02	
49. 氯苯	0.02	
50. 邻二氯苯	0.02	
51. 对二氯苯	0.02	
52. 对硝基氯苯	0.02	
53. 2.4 – 二硝基氯苯	0.02	
54. 苯酚	0.02	
55. 间 – 甲酚	0.02	
56. 2.4 – 二氯酚	0.02	
57. 2.4.6 – 三氯酚	0.04	
58. 邻苯二甲酸二丁酯	0.02	
59. 邻苯二甲酸二辛酯	0.02	
60. 丙烯腈	0.125	
61. 总硒	0.02	

表 8 – 7　　　　pH 值、色度、大肠菌群数、余氯量污染当量值

污染物		污染当量值	备注
1. pH 值	1.0 ~ 1，13 ~ 14	0.06 吨污水	pH5 ~ 6 指大于等于 5，小于 6；pH9 ~ 10 指大于 9，小于等于 10，其余以此类推
	2.1 ~ 2，12 ~ 13	0.125 吨污水	
	3.2 ~ 3，11 ~ 12	0.25 吨污水	
	4.3 ~ 4，10 ~ 11	0.5 吨污水	
	5.4 ~ 5，9 ~ 10	1 吨污水	
	6.5 ~ 6，8 ~ 9	5 吨污水	
2. 色度		5 吨水·倍	
3. 大肠菌群数（超标）		3.3 吨污水	大肠菌群和总余氯只征收一项
4. 余氯量（用氯消毒的医院废水）		3.3 吨污水	

表 8 - 8　　　　　　　　禽畜养殖业、小型企业和第三产业污染当量值

类型＋A99：C114		污染当量值	备注
禽畜养殖场	1. 牛	0.1 头	仅对存栏规模大于 50 头牛、500 头猪、5 000 羽鸡、鸭等的禽畜养殖场征收
	2. 猪	1 头	
	3. 鸡、鸭等家禽	30 羽	
4. 小型企业		1.8 吨污水	
5. 饮食娱乐服务业		0.5 吨污水	
6. 医院	消毒	0.14 床	医院病床数大于 20 张的按本表计算污染当量
		2.8 吨污水	
	不消毒	0.07 床	
		1.4 吨污水	

（注：本表仅适用于计算无法进行实际监测或物料衡算的禽畜养殖业、小型企业和第三产业等小型排污者的污染当量数。）

表 8 - 9　　　　　　　　　　大气污染物污染当量值

污染物	污染当量值（千克）
1. 二氧化硫	0.95
2. 氮氧化物	0.95
3. 一氧化碳	16.7
4. 氯气	0.34
5. 氯化氢	10.75
6. 氟化物	0.87
7. 氰化氢	0.005
8. 硫酸雾	0.6
9. 铬酸雾	0.0007
10. 汞及其化合物	0.0001
11. 一般性粉尘	4
12. 石棉尘	0.53
13. 玻璃棉尘	2.13
14. 碳黑尘	0.59
15. 铅及其化合物	0.02
16. 镉及其化合物	0.03
17. 铍及其化合物	0.0004
18. 镍及其化合物	0.13
19. 锡及其化合物	0.27
20. 烟尘	2.18
21. 苯	0.05

污染物	污染当量值（千克）
22. 甲苯	0.18
23. 二甲苯	0.27
24. 苯并（a）芘	0.000002
25. 甲醛	0.09
26. 乙醛	0.45
27. 丙烯醛	0.06
28. 甲醇	0.67
29. 酚类	0.35
30. 沥青烟	0.19
31. 苯胺类	0.21
32. 氯苯类	0.72
33. 硝基苯	0.17
34. 丙烯腈	0.22
35. 氯乙烯	0.55
36. 光气	0.04
37. 硫化氢	0.29
38. 氨	9.09
39. 三甲胺	0.32
40. 甲硫醇	0.04
41. 甲硫醚	0.28
42. 二甲二硫	0.28
43. 苯乙烯	25
44. 二硫化碳	20

（1）污染当量，是指根据污染物或者污染排放活动对环境的有害程度以及处理的技术经济性，衡量不同污染物对环境污染的综合性指标或者计量单位。同一介质相同污染当量的不同污染物，其污染程度基本相当。

（2）排污系数，是指在正常技术经济和管理条件下，生产单位产品所应排放的污染物量的统计平均值。

（3）物料衡算，是指根据物质质量守恒原理对生产过程中使用的原料、生产的产品和产生的废物等进行测算的一种方法。

应税大气污染物和水污染物的具体适用税额的确定和调整，由省、自治区、直辖市人民政府统筹考虑本地区环境承载能力、污染物排放现状和经济社会生态发展目标要求，在环境保护法规定的税额幅度内提出，报同级人民代表大会常务委员会决定，并报全国人民代表大会常务委员会和国务院备案。

【例 8 - 26 · 判断题】环境保护税设定了税额上限，最高税额为最低税额标准的 20 倍。　　　　　　　　　　　　　　　　　　　　　（　　）

【解答】×

【解析】最高税额为最低税额标准的 10 倍。

四、计税依据

（一）应税污染物的计税依据的计量方法

应税污染物的计税依据，按照下列方法确定：

（1）应税大气污染物按照污染物排放量折合的污染当量数确定。

（2）应税水污染物按照污染物排放量折合的污染当量数确定；应税大气污染物、水污染物的污染当量数，以该污染物的排放量除以该污染物的污染当量值计算。

（3）应税固体废物按照固体废物的排放量确定；固体废物的排放量为当期应税固体废物的产生量减去当期应税固体废物的贮存量、处置量、综合利用量的余额。

固体废物的贮存量、处置量，是指在符合国家和地方环境保护标准的设施、场所贮存或者处置的固体废物数量；固体废物的综合利用量，是指按照国务院发展改革、工业和信息化主管部门关于资源综合利用要求以及国家和地方环境保护标准进行综合利用的固体废物数量。

（4）应税噪声按照超过国家规定标准的分贝数确定。

（5）纳税人有下列情形之一的，以其当期应税固体废物的产生量作为固体废物的排放量：

①非法倾倒应税固体废物；

②进行虚假纳税申报。

（6）纳税人有下列情形之一的，以其当期应税大气污染物、水污染物的产生量作为污染物的排放量：

①未依法安装使用污染物自动监测设备或者未将污染物自动监测设备与环境保护主管部门的监控设备联网；

②损毁或者擅自移动、改变污染物自动监测设备；

③篡改、伪造污染物监测数据；

④通过暗管、渗井、渗坑、灌注或者稀释排放以及不正常运行防治污染设施等方式违法排放应税污染物；

⑤进行虚假纳税申报。

（7）纳税人申报的污染物排放数据与环境保护主管部门交送的相关数据不一致的，按照环境保护主管部门交送的数据确定应税污染物的计税依据。

（二）每一排放口应税污染物计税依据的确定方法

从两个以上排放口排放应税污染物的，对每一排放口排放的应税污染物分别计算征收环境保护税；纳税人持有排污许可证的，其污染物排放口按照排污许可证载明的污染物排放口确定。

每一排放口或者没有排放口的应税大气污染物，按照污染当量数从大到小排序，对前三项污染物征收环境保护税。

每一排放口的应税水污染物，按照《应税污染物和当量值表》（见表8-3至表8-8），区分第一类水污染物和其他类水污染物，按照污染当量数从大到小排序，对第一类水污染物按照前五项征收环境保护税，对其他类水污染物按照前三项征收环境保护税。

不是对纳税人排放的每一种大气污染物、水污染物都征税，而是只对每一排放口的前三项大气污染物，前五项第一类水污染物（主要是重金属）、前三项其他类水污染物征税；各省份根据本地区污染物减排的特殊需要，可以增加应税污染物项目数。

（三）计税依据的确定顺序

应税大气污染物、水污染物、固体废物的排放量和噪声的分贝数，按照下列方法和顺序计算：

（1）纳税人安装使用符合国家规定和监测规范的污染物自动监测设备的，按照污染物自动监测数据计算。

（2）纳税人未安装使用污染物自动监测设备的，按照监测机构出具的符合国家有关规定和监测规范的监测数据计算；自行对污染物进行监测所获取的监测数据，符合国家有关规定和监测规范的，视同环境保护税法规定的监测机构出具的监测数据。

（3）因排放污染物种类多等原因不具备监测条件的，按照国务院环境保护主管部门规定的排污系数、物料衡算方法计算。

（4）不能按照第一项至第三项规定的方法计算的，按照省、自治区、直辖市人民政府环境保护主管部门规定的抽样测算的方法核定计算。

五、应纳税额的计算

环境保护税应纳税额按照下列方法计算：

（1）应税大气污染物应纳税额的计算：

$$应纳税额 = 污染当量数 \times 具体适用税额$$

（2）应税水污染物应纳税额的计算：

应纳税额 = 污染当量数 × 具体适用税额

（3）应税固体废物应纳税额的计算：

应纳税额 = 固体废物排放量 × 具体适用税额

（4）应税噪声应纳税额的计算：

应纳税额 = 超过国家规定标准的分贝数对应的具体适用税额

【例 8 - 27 · 单选题】环保税法规定，应税噪声的应纳税额为（　　　）。

A. 污染当量数除以具体适用税额

B. 污染当量数乘以具体适用税额

C. 固体废物排放量乘以具体适用税额

D. 超过国家规定标准的分贝数对应的具体适用税额

【答案】D

【例 8 - 28 · 计算题】某企业 8 月向大气直接排放二氧化硫、氟化物各 10 千克，一氧化碳、氯化氢各 100 千克，假设大气污染物每污染当量税额按《环境保护税税目税额表》最低标准 1.2 元计算，该企业只有一个排放口。请计算企业 8 月大气污染物应缴纳的环境保护税（结果保留两位小数）。

【答案及解析】第一步，计算各污染物的污染当量数：

二氧化硫：10/0.95 = 10.53　　　氟化物：10/0.87 = 11.49

一氧化碳：100/16.7 = 5.99　　　氯化氢：100/10.75 = 9.3

第二步，按污染物的污染当量数排序：

（每一排放口或者没有排放口的应税大气污染物，对前三项污染物征收环境保护税）

氟化物（11.49）> 二氧化硫（10.53）> 氯化氢（9.3）> 一氧化碳（5.99）

选取前三项污染物。

第三步，计算应纳税额：

氟化物：11.49 × 1.2 = 13.79（元）　　　二氧化硫：10.53 × 1.2 = 12.63（元）

氯化氢：9.3 × 1.2 = 11.16（元）

【例 8 - 29 · 计算题】某企业 8 月向水体直接排放第一类水污染物总汞、总镉、总铬、总砷、总铅、总银各 100 千克。排放第二类水污染物悬浮物（SS）、总有机碳（TOC）、挥发酚、氨氮各 20 千克。假设水污染物每污染当量税额按《环境保护税税目税额表》最低标准 1.4 元计算，请计算企业 8 月水污染物应缴纳的环境保护税（结果保留两位小数）。

【答案及解析】同一排放口的化学需氧量、生化需氧量和总有机碳，只征收一项。

第一步，计算第一类水污染物的污染当量数：

总汞：100/0.0005 = 200 000　　　总镉：100/0.005 = 20 000

总铬：100/0.04＝2 500　　　　　　总砷：100/0.02＝5 000

总铅：100/0.025＝4 000　　　　　　总银：100/0.02＝5 000

第二步，对第一类水污染物污染当量数排序：

（每一排放口的应税水污染物按照污染当量数从大到小排序，对第一类水污染物按照前五项征收环境保护税）

总汞（200 000）＞总镉（20 000）＞总砷（5 000）＝总银（5 000）＞总铅（4 000）＞总铬（2 500）

选取前五项污染物。

第三步，计算第一类水污染物应纳税额：

总汞：200 000×1.4＝280 000（元）　总镉：20 000×1.4＝28 000（元）

总砷：5 000×1.4＝7 000（元）　　　总银：5 000×1.4＝7 000（元）

总铅：4 000×1.4＝5 600（元）

第四步，计算第二类水污染物的污染当量数：

悬浮物（SS）：20/4＝5

总有机碳（TOC）：20/0.49＝40.82

（《应税污染物和当量值表》中，对同一排放口中的化学需氧量、生化需氧量和总有机碳，只征收一项。按三者中污染当量数最高的一项收取）

挥发酚：20/0.08＝250　　　　　　　氨氮：20/0.8＝25

第五步，对第二类水污染物污染当量数排序：

（每一排放口的应税水污染物按照污染当量数从大到小排序，对其他类水污染物按照前三项征收环境保护税）

挥发酚（250）＞总有机碳（40.82）＞氨氮（25）＞悬浮物（5）

第六步，计算第二类水污染物应纳税额：

挥发酚：250×1.4＝350（元）　　　　总有机碳：40.82×1.4＝57.14（元）

氨氮：25×1.4＝35（元）

【例8-30·计算题】假设某企业8月产生尾矿1 000吨，其中综合利用的尾矿400吨（符合国家和地方环境保护标准），在符合国家和地方环境保护标准的设施贮存300吨。计算该企业8月尾矿应缴纳的环境保护税。

【答案及解析】应纳税额＝（1 000－400－300）×15＝4 500（元）

六、税额减免

（一）免税项目

下列情形，暂予免征环境保护税：

（1）农业生产（不包括规模化养殖）排放应税污染物的；

（2）机动车、铁路机车、非道路移动机械、船舶和航空器等流动污染源排放应税污染物的；

（3）依法设立的城乡污水集中处理、生活垃圾集中处理场所排放相应应税污染物，不超过国家和地方规定的排放标准的；

（4）纳税人综合利用的固体废物，符合国家和地方环境保护标准的；

（5）国务院批准免税的其他情形，由国务院报全国人民代表大会常务委员会备案。

（二）减免比例

纳税人排放应税大气污染物或者水污染物的浓度值低于国家和地方规定的污染物排放标准30％的，减按75％征收环境保护税。

纳税人排放应税大气污染物或者水污染物的浓度值低于国家和地方规定的污染物排放标准50％的，减按50％征收环境保护税。

上述减征环境保护税的，应税大气污染物浓度值的小时平均值或者应税水污染物浓度值的日平均值，以及监测机构当月每次监测的应税大气污染物、水污染物的浓度值，均不得超过国家和地方规定的污染物排放标准；且应当对每一排放口排放的不同应税污染物分别计算。

所称应税大气污染物或者水污染物的浓度值，是指纳税人安装使用的污染物自动监测设备当月自动监测的应税大气污染物浓度值的小时平均值再平均所得数值或者应税水污染物浓度值的日平均值再平均所得数值，或者监测机构当月监测的应税大气污染物、水污染物浓度值的平均值。

【例8－31·单选题】环境保护税法规定，纳税人排放应税大气污染物或者水污染物的浓度值低于国家和地方规定的污染物排放标准30％的，减按（　　）征收环境保护税。

A. 50％　　　　　B. 60％　　　　　C. 75％　　　　　D. 70％

【答案】C

（三）补充规定

依法设立的生活垃圾焚烧发电厂、生活垃圾填埋场、生活垃圾堆肥厂，属于生活垃圾集中处理场所，其排放应税污染物不超过国家和地方规定的排放标准的，依法予以免征环境保护税。纳税人任何一个排放口排放应税大气污染物、水污染物的浓度值，以及没有排放口排放应税大气污染物的浓度值，超过国家和地方规定的污染物排放标准的，依法不予减征环境保护税。

应税水污染物的污染当量数，以该污染物的排放量除以该污染物的污染当量值计算。其中，色度的污染当量数，以污水排放量乘以色度超标倍数再除以适用的污染当量值计算。畜禽养殖业水污染物的污染当量数，以该畜禽养殖场的月均存栏量除以适用的污染当量值计算。畜禽养殖场的月均存栏量按照月初存栏量和月末存栏量的平均数计算。

应税噪声的应纳税额为超过国家规定标准分贝数对应的具体适用税额。噪声超标分贝数不是整数值的，按四舍五入取整。一个单位的同一监测点当月有多个监测数据超标的，以最高一次超标声级计算应纳税额。声源一个月内累计昼间超标不足 15 昼或者累计夜间超标不足 15 夜的，分别减半计算应纳税额。

【例 8 – 32 · 计算题】甲化工厂是环境保护税纳税人，该厂仅有 1 个污水排放口且直接向黄河排放污水，已安装使用符合国家规定和监测规范的污染物自动监测设备。检测数据显示，1 月该排放口共排放污水 5 万吨（折合 5 万立方米），应税污染物为六价铬，浓度为：六价铬 0.5mg/L。请计算该化工厂 1 月应当缴纳的环境保护税（该厂所在省的水污染物税率为 3 元/污染当量，六价铬的污染当量值为 0.02）。

【答案及解析】基本单位换算：

1 立方米 = 1 000 升，5 万立方米 = 50 000 × 1 000 = 50 000 000（升）

1 千克 = 1 000 克 = 1 000 × 1 000 毫克 = 1 000 000 毫克

计算污染当量数：

六价铬污染当量数 = 1 月排放总量 × 浓度值 ÷ 当量值 = 50 000 000 × 0.5 ÷ 1 000 000 ÷ 0.02 = 1 250

应纳环境保护税 = 1 250 × 3 = 3 750（元）

七、征收管理

（一）税务局和环保局对污染物的监测及环保税的管理分工

（1）环境保护主管部门负责对污染物的监测管理，制定和完善污染物监测规范。

（2）县级以上地方人民政府应当建立税务机关、环境保护主管部门和其他相关单位分工协作工作机制，加强环境保护税征收管理，及时协调、解决环境保护税征收管理工作中的重大问题，保障税款及时足额入库。

（3）根据环保法需按照省、自治区、直辖市人民政府环境保护主管部门规定的抽样测算的方法核定计算污染物排放量的，由税务机关会同环境保护主管部门核定污染物排放种类、数量和应纳税额。

（4）纳税人从事海洋工程向中华人民共和国管辖海域排放应税大气污染物、水污染物或者固体废物，申报缴纳环境保护税的具体办法，由国务院税务主管部门会同国务院海洋主管部门规定。

（5）税务机关发现纳税人的纳税申报数据资料异常或者纳税人未按照规定期限办理纳税申报的，可以提请环境保护主管部门进行复核，环境保护主管部门应当自收到税务机关的数据资料之日起 15 日内向税务机关出具复核意见。税务机关应当按照环境保护主管部门复核的数据资料调整纳税人的应纳税额。

所称纳税人的纳税申报数据资料异常，包括但不限于下列情形：

①纳税人当期申报的应税污染物排放量与上一年同期相比明显偏低，且无正当理由。

②纳税人单位产品污染物排放量与同类型纳税人相比明显偏低，且无正当理由。

（6）环境保护税收入全部作为地方收入，纳入一般公共预算。

（二）纳税义务发生时间

纳税义务发生时间为纳税人排放应税污染物的当日。

（三）纳税期限

环境保护税按月计算，按季申报缴纳。不能按固定期限计算缴纳的，可以按次申报缴纳。

【例8-33·单选题】环境保护税法规定，环境保护税按月计算，按（　　）申报。

A. 季　　　　　　B. 月　　　　　　C. 半年　　　　　　D. 年

【答案】A

（四）税款报缴时间

纳税人按季申报缴纳的，应当自季度终了之日起15日内，向税务机关办理纳税申报并缴纳税款。纳税人按次申报缴纳的，应当自纳税义务发生之日起15日内，向税务机关办理纳税申报并缴纳税款。

【例8-34·单选题】环保税法规定，纳税人按次申报缴纳的，应当自纳税义务发生之日起（　　）日内，向税务机关办理纳税申报并缴纳税款。

A. 10　　　　　　B. 12　　　　　　C. 15　　　　　　D. 5

【答案】C

（五）纳税地点

纳税人应当向应税污染物排放地的税务机关申报缴纳环境保护税。所称应税污染物排放地是指：

（1）应税大气污染物、水污染物排放口所在地；

（2）应税固体废物产生地；

（3）应税噪声产生地。

第七节　烟叶税

　　烟叶税是以纳税人收购烟叶的收购金额为计税依据征收的一种税。

　　烟叶税是中华人民共和国成立以后慢慢形成的一个税种，是从原来农业特产农业税中分离出来的一种税。2006 年 4 月 28 日，国务院公布了《中华人民共和国烟叶税暂行条例》，并自公布之日起施行。中华人民共和国第十二届全国人民代表大会常务委员会第三十一次会议于 2017 年 12 月 27 日通过《中华人民共和国烟叶税法》，并于 2018 年 7 月 1 日起施行，2006 年 4 月 28 日公布的《中华人民共和国烟叶税暂行条例》同时废止。

一、征税范围和纳税人

（一）征税范围

　　烟叶税的征税范围是指烤烟叶、晾晒烟叶。

（二）纳税人

　　在中华人民共和国境内，依照《中华人民共和国烟草专卖法》的规定收购烟叶的单位为烟叶税的纳税人。纳税人应当依照本法规定缴纳烟叶税。

二、税率和应纳税额的计算

（一）税率

　　烟叶税实行比例税率，税率为 20%。烟叶税税率的调整，由国务院决定。

（二）应纳税额的计算

　　烟叶税的计税依据为纳税人收购烟叶实际支付的价款总额。烟叶税的应纳税额按照纳税人收购烟叶实际支付的价款总额乘以税率计算。应纳税额的计算公式为：

$$应纳税额 = 烟叶收购金额 \times 税率$$

　　收购金额包括纳税人支付给烟叶销售者的烟叶收购价款和价外补贴。按照简化手续、方便征收的原则，对价外补贴统一暂按烟叶收购价款的 10% 计入收购金额征税。

【例 8 – 35 · 计算题】某烟草公司系增值税一般纳税人，8 月收购烟叶 100 000 千克，烟叶收购价格 10 元/千克，总计 1 000 000 元，货款已全部支付。请计算该烟草公司 8 月收购烟叶应缴纳的烟叶税。

【答案及解析】应缴纳烟叶税 = 1 000 000 × (1 + 10%) × 20% = 220 000 (元)

三、征收管理

烟叶税的征收管理，依照《中华人民共和国税收征收管理法》《中华人民共和国烟叶税法》的有关规定执行。

(一) 纳税义务发生时间

烟叶税的纳税义务发生时间为纳税人收购烟叶的当天。收购烟叶的当天是指纳税人向烟叶销售者收购付讫收购烟叶款项或者开具收购烟叶凭据的当天。

(二) 纳税地点

纳税人收购烟叶，应当向烟叶收购地的主管税务机关申报纳税。按照税法的有关规定，烟叶收购地的主管税务机关是指烟叶收购地的县级税务局或者其指定的税务分局、税务所。

(三) 纳税期限

烟叶税按月计征，纳税人应当于纳税义务发生月终了之日起 15 日内申报并缴纳税款。

【小结】

关键术语：城建税、教育费附加、地方教育附加、印花税、耕地占用税、资源税、环境保护税

本章小结：城建税，是国家对缴纳增值税、消费税的单位和个人就其实行缴纳的"两税"税额为计税依据而征收的一种税。城建税按纳税人所在地的不同，设置了三档地区差别比例税率。

教育费附加是对缴纳增值税、消费税的单位和个人，就其实际缴纳的税额为计算依据征收的一种附加费。现行教育费附加征收比率为 3%。地方教育附加征收率为 2%。

印花税是以经济活动和经济交往中，书立、领受应税凭证的行为为征税对象征收的一种税。印花税采用比例税率。

我国资源税是对在我国境内从事应税矿产品的开采和生产盐的单位和个人课征的一种税。目前资源税主要采用比例税率，个别税目采用定额税率。

从量计征的，资源税应纳税额 = 销售量 × 单位税额。

从价计征的，资源税应纳税额 = 销售额 × 比例税率。

【习题】

一、复习思考题

1. 对于"两税"减免税以及先征后退、先征后返、即征即退办法的，其城建税和教育费附加如何处理？

2. 印花税计税依据中是否包含增值税？多缴纳的印花税能退税吗？

二、单选题

1. 市区某纳税人无故拖欠了消费税 10 万元，经查出后，补交了拖欠的消费税，同时加罚了滞纳金 600 元。应按以下办法缴纳城建税的是（　　）。

A. 补缴城建税 7 000 元　　　　　　　　B. 补缴城建税的滞纳金 1.2 元

C. 补缴城建税 7 000 元，滞纳金 42 元　　D. 补缴城建税 7 000 元，滞纳金 14 元

2. 位于某市的甲地板厂在 2023 年 1 月购进一批木材，取得增值税专用发票注明不含税价格 800 000 元，当月委托位于县城的乙工厂加工成实木地板，支付不含税加工费 150 000 元。乙工厂 11 月交付 50% 实木地板，12 月完工交付剩余部分。已知实木地板消费税税率为 5%，乙工厂 12 月应代收代缴城市维护建设税（　　）元。

A. 1 250　　　　　　B. 1 750　　　　　　C. 2 500　　　　　　D. 3 500

3. 下列关于城建税计税依据的表述中，不正确的是（　　）。

A. 免征"两税"时应同时免征城建税

B. 对出口产品退还增值税的，不退还已纳城建税

C. 纳税人被查补"两税"时应同时补缴城建税

D. 纳税人违反"两税"有关法规而被加收的滞纳金和罚款，应一并作为城建税的计税依据

4. 以下关于城建税和教育费附加的说法，不正确的是（　　）。

A. 城建税和教育费附加随增值税、消费税的纳税环节分别在销售、进口等环节缴纳

B. 减免增值税、消费税而发生退税的，可同时退还已征收的教育费附加

C. 代扣代缴"两税"的，按照扣缴义务人所在地适用税率计算缴纳城建税

D. 代扣代缴"两税"的，在按规定扣缴城建税的同时也应扣缴教育费附加

5. 位于市区的某企业为一般纳税人，经营内销与出口业务。2023 年 5 月实际向税务机关缴纳增值税 30 万元，出口货物免抵税额 5 万元，进口货物缴纳增值税 20 万元、消费税 30 万元，该企业 5 月应缴纳的教育费附加和地方教育附加分别为（　　）万元。

A. 2.55，1.7　　　　B. 1.05，0.7　　　　C. 0.9，0.6　　　　D. 0.75，0.5

6. 根据印花税法律制度的有关规定，下列各项中，属于印花税征税范围的是（　　）。

A. 电网与用户之间签订的供用电合同　　B. 融资租赁合同

C. 银行同业拆借合同　　　　　　　　　D. 卫生许可证

7. 下列应税凭证中，应按 1‰ 缴纳印花税的是（　　）。

A. 买卖合同　　　　　　　　　　　　　B. 技术合同

C. 记载资金的账簿　　　　　　　　　　D. 土地使用权出让书据

8. 下列应计算缴纳印花税的是（　　）。

A. 无息、贴息贷款合同

B. 与高校学生签订的高校学生公寓租赁合同

C. 再保险合同

D. 融资租赁合同

9. 某学校委托一服装加工企业为其定做一批校服，合同载明 80 万元的原材料由服装加工企业提供，学校另支付加工费 40 万元。已知买卖合同和加工承揽合同印花税税率皆为 0.3‰。服装加工企业该项业务应缴纳印花税（　　）元。

A. 200　　　　　B. 240　　　　　C. 360　　　　　D. 60

10. 下列各项中，可以按照当地适用税额减半征收耕地占用税的是（　　）。

A. 供电部门占用耕地新建变电站

B. 农村居民占用耕地新建住宅

C. 市政部门占用耕地新建自来水厂

D. 国家机关占用耕地新建办公楼

11. 下列各项中，不征收耕地占用税的是（　　）。

A. 占用菜地建房

B. 占用鱼塘从事非农业建设

C. 占用园地建房

D. 占用养殖水面建设直接为农业生产服务的生产设施

12. 下列收购资源税未税矿产品的单位或个人中，不能作为资源税扣缴义务人的是（　　）。

A. 独立矿山　　　B. 联合企业　　　C. 个体工商户　　　D. 自然人

13. 根据资源税的相关规定，下列说法中正确的是（　　）。

A. 油田范围内运输稠油过程中用于加热的原油、天然气，减半征收资源税

B. 对深水油气田资源税减征 50%

C. 对实际开采年限在 15 年以上的衰竭期矿山开采的矿产资源，资源税减征 30%

D. 对依法在建筑物下通过充填开采方式采出的矿产资源，资源税减征 30%

14. 环保税法规定，应税噪声的应纳税额为（　　）。

A. 污染当量数除以具体适用税额

B. 污染当量数乘以具体适用税额

C. 固体废物排放量乘以具体适用税额

D. 超过国家规定标准的分贝数对应的具体适用税额

15. 环境保护税法规定，纳税人排放应税大气污染物或者水污染物的浓度值低于国家和地方规定的污染物排放标准 30% 的，减按（　　）征收环境保护税。

A. 50%　　　　　B. 60%　　　　　C. 75%　　　　　D. 70%

16. 某烟草公司（增值税一般纳税人）2023 年 1 月收购烟叶，支付烟叶生产者收购价款 50 000 元，并支付了价外补贴 3 000 元，其应纳烟叶税为（　　）元。

A. 10 000　　　B. 10 600　　　C. 110 000　　　D. 11 200

三、多选题

1. 下列行为中，需要缴纳城建税、教育费附加和地方教育附加的有（　　）。

A. 政府机关出租房屋的行为

B. 油田开采天然原油并销售的行为

C. 企业购买房屋的行为

D. 企业将土地使用权转让给农民用于农业生产的行为

2. 下列属于印花税纳税人的有（　　　）。

A. 签订承揽合同的两家中外合资企业　　　　B. 借款合同担保人

C. 在上交所购买股票的个人　　　　D. 在国外书立、在国内使用技术合同的单位

3. 根据印花税的有关规定，以下合同中按照买卖合同计税贴花的有（　　　）。

A. 二手房转让合同　　　　B. 企业之间以电子订单书立的动产买卖合同

C. 商品房销售合同　　　　D. 发电厂与电网之间签订的购售电合同

4. 某纳税人按税法规定，实行增值税先征后返优惠政策，其城建税的正确处理办法有（　　　）。

A. 缴纳增值税的同时缴纳城建税

B. 返还增值税的同时返还城建税

C. 返还增值税时，按比例返还已经缴纳的城建税

D. 返还增值税时不返还城建税

5. 某计划单列市人民政府教育行政部门批准成立的学历性职业教育学校，其下列占地免征耕地占用税的有（　　　）。

A. 学校教学楼占用耕地　　　　B. 学校图书馆占用耕地

C. 学校内经营性场所占用耕地　　　　D. 学校境内教职工住房占用耕地

6. 下列各项中，应征收资源税的有（　　　）。

A. 自产钠盐并销售　　　　B. 外购已税原煤自制煤炭制品并销售

C. 开采铁矿石并销售　　　　D. 进口铁矿石并销售

7. 下列污染物中，属于环境保护税征收范围的有（　　　）。

A. 粉煤灰　　　　B. 冶炼渣　　　　C. 生活噪声　　　　D. 建筑噪声

8. 某煤矿开售销售原煤，应缴纳的税金有（　　　）。

A. 资源税　　　　B. 增值税　　　　C. 消费税　　　　D. 城建税

9. 纳税人开采下列资源中，减征30%资源税的有（　　　）。

A. 低丰度油田开采的原油　　　　B. 深水油气田开采的原油

C. 衰竭期矿山开采的煤炭　　　　D. 充填开发置换出的煤炭

10. 以下关于烟叶税的说法不正确的有（　　　）。

A. 收购烟叶的单位和个人为烟叶税的纳税人

B. 烟叶税的征税范围包括生烟叶、熟烟叶、烤烟叶

C. 烟叶税实行20%的比例税率

D. 纳税人应自纳税义务发生之日起15日内申报烟叶税

四、计算题

1. 机构所在地在C市的甲建筑公司是一般纳税人，当月在A县取得建筑不含税收入40万元，则甲公司在A县如何缴纳增值税、城建税、教育费附加和地方教育附加？

2. 某县城一家食品加工企业，为增值税小规模纳税人，8月购进货物取得普通发票的销售额合计50 000元，销售货物开具普通发票销售额合计70 000元，出租设备取得收入10 000元。计算该企业本月应纳城建税、教育费附加和地方教育附加。

3. 某城市一卷烟厂委托某县城一卷烟厂加工一批雪茄烟，委托方提供原材料成本40 000元，支付加工费5 000元（不含增值税），雪茄烟消费税税率为36%，这批雪茄烟无同类产品市场价格。计算受托方代收代缴消费税、城市维护建设税和教育费附加。

4. 坐落在市区的某日化厂为增值税一般纳税人，2023年8月进口一批高档香水精，支付成交价格85万元，运抵我国关境内输入地点起卸前的运费及保险费共计5万元，海关于8月12日开具了完税凭证，日化厂缴纳进口环节税金后海关放行；日化厂当期领用进口香水精的60%用于生产高级化妆品。本月从国内购进材料取得增值税专用发票，注明价款120万元、增值税19.2万元，销售高级化妆品取得不含税销售额500万元。该企业本月应向税务机关缴纳的各项税金及教育费附加、地方教育附加分别为多少万元（已知：本月取得的增值税抵扣凭证在本月认证并抵扣，关税税率为40%，消费税税率为15%）？

5. 某高新技术企业2022年12月开业，注册资本600万元，当年发生经营活动如下：

（1）领受工商营业执照、房屋产权证、土地使用证、银行开户许可证各1份；

（2）建账时共设7个营业账簿，其中记载资金的账簿1本，记载实收资本600万元；

（3）签订以货易货合同1份，用自己价值120万元的货物换进乙企业160万元的货物，并支付差价款40万元；

（4）与银行签订借款合同1份，记载借款金额60万元，当年支付利息2万元；

（5）与广告公司签订广告牌制作合同1份，分别记载加工费3万元，广告公司提供的原材料7万元；

（6）签订房屋租赁合同1份，记载每月租金为5万元，但未约定租赁期限。

要求：按顺序回答下列问题，每问均需计算出合计金额，计算结果用单位"元"表示。

（1）计算领受权利、许可证照应缴纳的印花税；

（2）计算设置营业账簿应缴纳的印花税；

（3）计算签订以货易货合同应缴纳的印花税；

（4）计算签订借款合同应缴纳的印花税；

（5）计算签订广告牌制作合同应缴纳的印花税；

（6）计算签订房屋租赁合同应缴纳的印花税。

6. 2023年甲企业发生部分业务如下：（1）2月经批准新占用一处耕地5 000平方米用于委托施工企业乙建造仓库。（2）3月新占用一处非耕地3 000平方米用于委托施工企业丙建造生产车间，当年8月办理了生产车间验收手续，入账价值为400万元（其他相关资料：耕地占用税每平方米税额为8元）。

要求：根据上述资料计算甲企业2023年应缴纳的耕地占用税。

7. 某煤矿为增值税一般纳税人，2023年9月发生下列业务：

（1）开采原煤40 000吨；

（2）采取托收承付方式销售原煤480吨，每吨不含税售价为150元，货款已经收讫；

（3）销售未税原煤加工的选煤60吨，每吨不含税售价300元（含每吨收取50元装卸费，能够取得相应的凭证）；当月还将生产的5吨选煤用于职工宿舍取暖，该煤矿原煤与选煤的折算率为60%；当月将17吨选煤赠送给某关联单位；

（4）销售开采原煤过程中生产的天然气45 000立方米，取得不含税销售额67 000元，并收取优质费1 017元。

已知：该煤矿原煤资源税税率为5%；天然气资源税税率为6%。

要求：根据上述资料回答下列问题，计算结果保留小数点后两位。

（1）计算业务（1）应缴纳的资源税；

（2）计算业务（2）应缴纳的资源税；

（3）计算业务（3）应缴纳的资源税；

（4）计算当月共计应缴纳的资源税。

8. 甲化工厂是环境保护税纳税人，该厂仅有 1 个污水排放口且直接向河流排放污水，已安装使用符合国家规定和监测规范的污染物自动监测设备。检测数据显示，该排放口 2018 年 5 月共排放污水 10 万吨（折合 10 万立方米），应税污染物为六价铬，浓度为六价铬 0.5mg/L。请计算该化工厂 5 月份应缴纳的环境保护税（该厂所在省的水污染物税率为 2.8 元/污染当量，六价铬的污染当量值为 0.02）。

【阅读拓展】

1. 张守文. 税收立法要素探析——以印花税立法为例［J］. 政治与法律，2022（5）：2 - 13.

2. 尹磊，汪小婷. 资源税优化：基于税制设计和征管改进的视角［J］. 税务研究，2022（5）：54 - 60.

3. 张晓颖，韩娇艳，李呈豪. 高质量发展视域下的环境保护税制度优化［J］. 税务研究，2023（9）：126 - 129.

第三篇

税收征管篇

第九章　税收征收管理法

【学习目标】

通过本章学习，你应能够：
- ➤ 了解税收征收管理法的适用范围；
- ➤ 掌握税务登记、账簿管理、纳税申报的内容、税款征收方式的具体规定；
- ➤ 熟悉征收制度以及违反税务管理规定的处罚及法律责任。

【引入案例】

北京功夫坊手擀面馆与北京经济技术开发区
税务局第一税务所行政纠纷案

2011年，在功夫手擀面馆不知情的情况下，其在税务系统内被认定为非正常户注销状态。2021年6月第一税务所向功夫坊面馆发出《税务行政处罚决定书》，认定其未按照规定限期办理纳税申报。面馆提出其一直正常经营，并提交了相关证据。第一税务所撤销了原处罚决定。但面馆在税务文书档案系统里查不到撤销决定，相关第三方网站仍显示面馆因税收违法被处罚，故面馆提起诉讼。

法院审理认为，税务系统将面馆认定为非正常户，属事实认定不清、主要证据不足、程序违法、依法应予撤销。因无可撤销内容，故依法确认违法。被诉处罚决定被撤销后，税务所应当及时在系统对相关处罚记录进行删除或标注已撤销，避免后续对原告功夫坊面馆产生其他影响，相应罚款亦应予以退还。

房地产开发公司与税务局税务行政管理案

S房地产开发有限公司（以下简称S公司）取得销售房屋款后，于2013年3月13日、2013年6月24日两次按照销售收入8 256万元申报并缴纳营业税、土地增值税等税款总计710.02万元。2016年5月14日，S公司解除之前签订的销售协议，并按约定退还所收到的购房款项，同年8月19日退款结束。2016年11月10日，S公司向所属税务局提出"退回已缴纳710.02万元税款"的申请。2016年12月26日，税务局依申请将该笔税款退回S公司账户。3日后，该税务局向市税务局请示，2017年7月10日市税务局以S公司申请退税超过3年为由，决定不予退税。2017 年 8 月 2 日，税务局向 S 公司作出税务事项通知书，要求其当月申报 710.02 万元税款。S 公司不服，申请行政复议，未得到复议机关支持后提起诉讼。案件历经一审、二审和再审。再审法院认为，税收征管法第五十一条适用于税款缴纳之初就存在错误的情形，而本案当事人因后期解除协议发生销售退款，导致多缴税款的情形不适用该规定；申请退税的起算点应为最后一笔销售退款发生的时间；取消交易发生销售退款，S 公司原有的纳税义务已不复存在，税务局继续要求纳税人缴纳税款于法无据。

（资料来源：根据 2022 年 12 月 27 日《中国税务报》报道改编）

【本章导读】

税收征收管理法是有关税收征收管理法律规范的总称，包括《中华人民共和国税收征收管理法》及税收征收管理的有关法律、法规和规章。为了加强税收征收管理，规范税收征收和缴纳行为，保障国家税收收入，保护纳税人的合法权益，促进经济和社会发展，因此而制定的规范税收征收管理的法规。

《中华人民共和国税收征收管理法》于 1992 年 9 月 4 日第七届全国人民代表大会常务委员会第 27 次会议通过，自 1993 年 1 月 1 日起施行，1995 年 2 月 28 日第八届全国人民代表大会常务委员会第 12 次会议修正。2001 年 4 月 28 日，第九届全国人民代表大会常务委员会第 21 次会议通过了修订后的《中华人民共和国税收征收管理法》（以下简称《征管法》），并于 2001 年 5 月 1 日起施行。现行版本为 2015 年 4 月 24 日第十二届全国人民代表大会常务委员会第十四次会议修正。

【知识结构图】

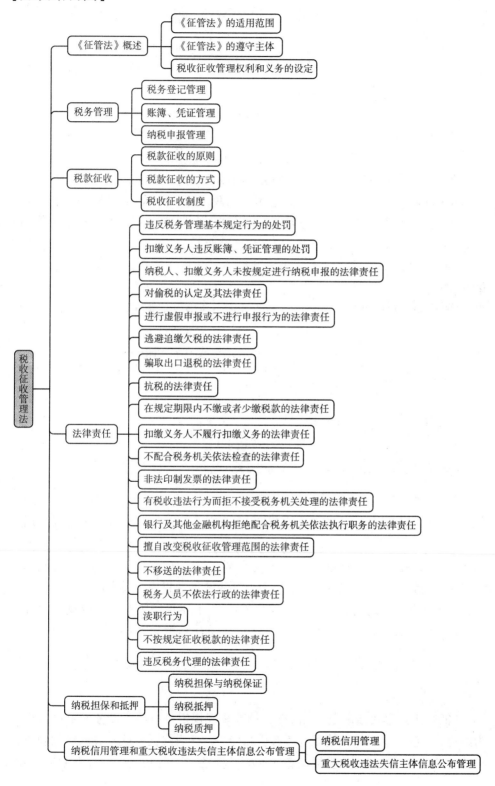

第一节　《征管法》概述

一、《征管法》的适用范围

《征管法》第二条规定："凡依法由税务机关征收的各种税收的征收管理，均适用本法。"这就明确界定了《征管法》的适用范围。

我国税收的征收机关有税务、海关、财政等部门，税务机关征收各种工商税收，海关征收关税。《征管法》只适用于由税务机关征收的各种税收的征收管理。海关征收的关税及代征的增值税、消费税，适用其他法律、法规的规定。值得注意的是，目前还有一部分费由税务机关征收，如教育费附加。这些费不适用《征管法》，不能采取《征管法》规定的措施，其具体管理办法由各种费的条例和规章决定。

【例9-1·单选题】下列税费的征收管理，适用《征管法》的是（　　　）。

A. 房产税
B. 地方教育附加
C. 关税
D. 海关代征的消费税

【答案】A

《征管法》的
适用范围

二、《征管法》的遵守主体

（一）税务行政主体——税务机关

《征管法》第五条规定："国务院税务主管部门主管全国税收征收管理工作。各地国家税务总局和地方税务局应当按照国务院规定的税收征收管理范围分别进行征收管理。"《征管法》和《税收征收管理法实施细则》（以下简称《细则》）规定："税务机关是指各级税务局、税务分局、税务所和省以下税务局的稽查局。稽查局专司偷税、逃避追缴欠税、骗税、抗税案件的查处。国家税务总局应明确划分税务局和稽查局的职责，避免职责交叉。"上述规定既明确了税收征收管理的行政主体（即：执法主体），也明确了《征管法》的遵守主体。

（二）税务行政管理相对人——纳税人、扣缴义务人和其他有关单位

《征管法》第四条规定："法律、行政法规规定负有纳税义务的单位和个人为纳税人。法律、行政法规规定负有代扣代缴、代收代缴税款义务的单位和个人为扣缴义务人。纳税人、扣缴义务人必须依照法律、行政法规的规定缴纳税款、

代扣代缴、代收代缴税款。"第六条第二款规定："纳税人、扣缴义务人和其他有关单位应当按照国家有关规定如实向税务机关提供与纳税和代扣代缴、代收代缴税款有关的信息。"根据上述规定，纳税人、扣缴义务人和其他有关单位是税务行政管理的相对人，是《征管法》的遵守主体，必须按照《征管法》的有关规定接受税务管理，享受合法权益。

（三）有关单位和部门

《征管法》第五条规定："地方各级人民政府应当依法加强对本行政区域内税收管理工作的领导或者协调，支持税务机关依法执行职务，依照法定税率计算税额，依法征收税款。各有关部门和单位应当支持、协助税务机关依法执行职务。"这说明，包括地方各级人民政府在内的有关单位和部门同样是《征管法》的遵守主体，必须遵守《征管法》的有关规定。

三、税收征收管理权利和义务的设定

（一）税务机关和税务人员的权利和义务

1. 税务机关和税务人员的权利

（1）负责税收征收管理工作。

（2）税务机关依法执行职务，任何单位和个人不得阻挠。

2. 税务机关和税务人员的义务

（1）税务机关应当广泛宣传税收法律、行政法规，普及纳税知识，无偿地为纳税人提供纳税咨询服务。

（2）税务机关应当加强队伍建设，提高税务人员的政治业务素质。

（3）税务机关、税务人员必须秉公执法、忠于职守、清正廉洁、礼貌待人、文明服务，尊重和保护纳税人、扣缴义务人的权利，依法接受监督。

（4）税务人员不得索贿受贿、徇私舞弊、玩忽职守，不征或者少征应征税款；不得滥用职权多征税款或者故意刁难纳税人和扣缴义务人。

（5）各级税务机关应当建立、健全内部制约和监督管理制度。

（6）上级税务机关应当对下级税务机关的执法活动依法进行监督。

（7）各级税务机关应当对其工作人员执行法律、行政法规和廉洁自律准则的情况进行监督检查。

（8）税务机关负责征收、管理、稽查、行政复议的人员的职责应当明确，并相互分离、相互制约。

（9）税务机关应为检举人保密，并按照规定给予奖励。

（10）税务人员在核定应纳税额、调整税收定额、进行税务检查、实施税务行政处罚、办理税务行政复议时，与纳税人、扣缴义务人或者其法定代表人、直接责任人有下列关系之一的，应当回避：①夫妻关系；②直接血亲关系；③三代以内旁系血亲关系；④近姻亲关系；⑤可能影响公正执法的其他利益关系。

（二）纳税人、扣缴义务人的权利与义务

1. 纳税人、扣缴义务人的权利

（1）纳税人、扣缴义务人有权向税务机关了解国家税收法律、行政法规的规定以及与纳税程序有关的情况。

（2）纳税人、扣缴义务人有权要求税务机关为纳税人、扣缴义务人的情况保密。税务机关应当为纳税人、扣缴义务人的情况保密。保密是指纳税人、扣缴义务人的商业秘密及个人隐私。纳税人、扣缴义务人的税收违法行为不属于保密范围。

（3）纳税人依法享有申请减税、免税、退税的权利。

（4）纳税人、扣缴义务人对税务机关所作出的决定，享有陈述权、申辩权；依法享有申请行政复议、提起行政诉讼、请求国家赔偿等权利。

（5）纳税人、扣缴义务人有权控告和检举税务机关、税务人员的违法违纪行为。

2. 纳税人、扣缴义务人的义务

（1）纳税人、扣缴义务人必须依照法律、行政法规的规定缴纳税款、代扣代缴、代收代缴税款。

（2）纳税人、扣缴义务人和其他有关单位应当按照国家有关规定如实向税务机关提供与纳税和代扣代缴、代收代缴税款有关的信息。

（3）纳税人、扣缴义务人和其他有关单位应当接受税务机关依法进行的税务检查。

（三）地方各级人民政府、有关部门和单位的权利与义务

1. 地方各级人民政府、有关部门和单位的权利

（1）地方各级人民政府应当依法加强对本行政区域内税收征收管理工作的领导或者协调，支持税务机关依法执行职务，依照法定税率计算税额，依法征收税款。

（2）各有关部门和单位应当支持、协助税务机关依法执行职务。

（3）任何单位和个人都有权检举违反税收法律、行政法规的行为。

2. 地方各级人民政府、有关部门和单位的义务

（1）任何机关、单位和个人不得违反法律、行政法规的规定，擅自作出税收开征、停征以及减税、免税、退税、补税和其他与税收法律、行政法规相抵触的决定。

（2）收到违反税收法律、行政法规行为检举的机关和负责查处的机关应当为检举人保密。

第二节 税务管理

一、税务登记管理

税务登记是税务机关对纳税人的生产、经营活动进行登记并据此对纳税人实施税务管理的一种法定制度。税务登记又称纳税登记，它是税务机关对纳税人实施税收管理的首要环节和基础工作，是征纳双方法律关系成立的依据和证明，也是纳税人必须依法履行的义务。

我国税务登记制度大体包括以下内容。

（一）开业税务登记

1. 开业税务登记的对象（纳税人）

（1）领取营业执照从事生产、经营的纳税人，包括：

①企业，即从事生产经营的单位或组织，包括国有、集体、私营企业，中外合资合作企业、外商独资企业，以及各种联营、联合、股份制企业等。

②企业在外地设立的分支机构和从事生产、经营的场所。

③个体工商户。

④从事生产、经营的事业单位。

（2）其他纳税人。根据有关法规规定，不从事生产、经营，但依照法律、法规的规定负有纳税义务的单位和个人，除临时取得应税收入或发生应税行为以及只缴纳个人所得税、车船税外，都应按规定向税务机关办理税务登记。

2. 开业税务登记的时间和地点

（1）从事生产、经营的纳税人，应当自领取营业执照之日起 30 日内，向生产、经营地或者纳税义务发生地的主管税务机关申报办理税务登记，如实填写税务登记表并按照税务机关的要求提供有关证件、资料。

（2）除上述以外的其他纳税人，除国家机关和个人外，应当自纳税义务发生之日起 30 日内，持有关证件向所在地主管税务机关申报办理税务登记。以下几种情况应比照开业登记办理：

①扣缴义务人应当自扣缴义务发生之日起 30 日内，向所在地的主管税务机关申报办理扣缴税款登记，领取扣缴税款登记证件；税务机关对已办理税务登记的扣缴义务人，可以只在其税务登记证件上登记扣缴税款事项，不再发给扣缴税款登记证件。

②跨地区的非独立核算分支机构应当自设立之日起 30 日内，向所在地税务机关办理注册税务登记。

③有独立的生产经营权、在财务上独立核算并定期向发包人或者出租人上交承包费或租金的承包承租人，应当自承包承租合同签订之日起 30 日内，向其承包承租业务发生税务机关申报办理税务登记，税务机关核发临时税务登记证及副本。

④从事生产、经营的纳税人外出经营，在同一地连续的 12 个月内累计超过 180 天的，应当自期满之日起 30 日内，向生产、经营所在地税务机关申报办理税务登记，税务机关核发临时税务登记证。

⑤境外企业在中国境内承包建筑、安装、装配、勘探工程和提供劳务的，应当自项目合同或协议签订之日起 30 日内，向项目所在地税务机关申报办理税务登记，税务机关核发临时税务登记证及副本。

3. 开业税务登记的内容

（1）单位名称、法定代表人或业主姓名及其居民身份证、护照或者其他证明身份的合法证件。

（2）住所、经营地点。

（3）登记注册类型及所属主管单位。

（4）核算方式。

（5）行业、经营范围、经营方式。

（6）注册资金（资本）、投资总额、开户银行及账号。

（7）经营期限、从业人数、营业执照号码。

（8）财务负责人、办税人员。

（9）其他有关事项。

企业在外地的分支机构或者从事生产、经营的场所，还应当登记总机构名称、地址、法人代表、主要业务范围、财务负责人。

4. 开业税务登记程序

（1）税务登记的申请。

办理税务登记是为了建立正常的征纳秩序，是纳税人履行纳税义务的第一步。为此，纳税人必须严格按照规定的期限，向当地主管税务机关及时申报办理税务登记手续，实事求是地填报登记项目，并如实回答税务机关提出的问题。纳税人所属的本县（市）以外的非独立经济核算的分支机构，除由总机构申报办理税务登记外，还应当自设立之日起 30 日内，向分支机构所在地税务机关申报办理注册税务登记。在申报办理税务登记时，纳税人应认真填写《税务登记表》。

（2）纳税人办理税务登记时应提供的证件、资料。

①营业执照或其他核准执业证件及工商登记表，或其他核准执业登记表复印件。

②有关机关、部门批准设立的文件。

③有关合同、章程、协议书。

④法定代表人和董事会成员名单。

⑤法定代表人（负责人）或业主居民身份证、护照或者其他证明身份的合法证件。

⑥组织机构统一代码证书。

⑦住所或经营场所证明。

⑧委托代理协议书复印件。

⑨属于享受税收优惠政策的企业，还应包括需要提供的相应证明、资料，税务机关需要的其他资料、证件。

企业在外地的分支机构或者从事生产、经营的场所，在办理税务登记时，还应当提供由总机构所在地税务机关出具的在外地设立分支机构的证明。

（3）税务登记表的种类、适用对象。

①内资企业税务登记表。适用于核发税务登记证的国有企业、集体企业、股份合作企业、国有联营企业、集体联营企业、国有与集体联营企业、其他联营企业、国有独资公司、其他有限责任公司、股份有限公司、私营独资企业、私营合作企业、私营有限责任公司、私营股份有限公司、其他企业填用。

②分支机构税务登记表。主要适用于核发注册税务登记证的各种类型企业的非独立核算分支机构填用。

③个体经营税务登记表。主要适用于核发税务登记证的个体工商户填用。

④其他单位税务登记表。主要适用于除工商行政管理机关外，其他部门批准登记核发税务登记证的纳税人。

⑤涉外企业税务登记表。主要适用于中外合资经营企业、合作经营企业和外国企业填用。

（4）税务登记表的受理、审核。

①受理。税务机关对申请办理税务登记的单位和个人所提供的《申请税务登记报告书》，及要求报送的各种附列资料、证件进行查验，对手续完备、符合要求的，方可受理登记，并根据其经济类型发给相应的税务登记表。

②审核。税务登记审核工作，既是税务机关税务登记工作的开始，也是税务登记管理工作的关键。为此，加强税务登记申请的审核就显得十分必要。通过税务登记申请的审核，可以发现应申报办理税务登记户数，实际办理税务登记户数，进而掌握申报办理税务登记户的行业构成等税务管理信息。为此，税务机关对纳税人填报的《税务登记表》、提供的证件和资料，应当在收到之日起30日内审核完毕，符合规定的，予以登记；对不符合规定的不予登记，也应在30日内予以答复。

（5）税务登记证的核发。

《征管法》第十五条规定："企业，企业在外地设立的分支机构和从事生产、经营的场所，个体工商户和从事生产、经营的事业单位自领取营业执照之日起

30 日内，持有关证件，向税务机关申报办理税务登记。税务机关应当于收到申报的当日办理登记并发给税务登记证件。"因此，税务机关对纳税人填报的税务登记表及附送资料、证件审核无误的，应在当日发给税务登记证件。具体规定如下。

①对从事生产、经营并经工商行政管理部门核发营业执照的纳税人，核发税务登记证及其副本。

②对未取得营业执照或工商登记核发临时营业执照从事生产经营的纳税人，暂核发税务登记证及其副本，并在正副本右上角加盖"临时"章。

③对纳税人非独立核算的分支机构及非从事生产经营的纳税人（除临时取得应税收入或发生应税行为以及只缴纳个人所得税、车船税的外），核发注册税务登记证及其副本。

（6）对外商投资企业、外国企业及外商投资企业分支机构，分别核发外商投资企业税务登记证及其副本、外国企业税务登记证及其副本、外商投资企业分支机构税务注册证及其副本。对既没有税收纳税义务又不需领用收费（经营）票据的社会团体等，可以只登记不发证。

（二）变更、注销税务登记

变更税务登记是纳税人税务登记内容发生重要变化向税务机关申报办理的税务登记手续；注销税务登记则是指纳税人税务登记内容发生了根本性变化，需终止履行纳税义务时向税务机关申报办理的税务登记手续。

1. 变更税务登记的范围及时间要求

（1）适用范围。纳税人办理税务登记后，如发生下列情形之一，应当办理变更税务登记：发生改变名称、改变法定代表人、改变经济性质或经济类型、改变住所和经营地点（不涉及主管税务机关变动的）、改变生产经营或经营方式、增减注册资金（资本）、改变隶属关系、改变生产经营期限、改变或增减银行账号、改变生产经营权属以及改变其他税务登记内容的。

（2）时间要求。纳税人税务登记内容发生变化的，应当自工商行政管理机关或者其他机关办理变更登记之日起 30 日内，持有关证件向原税务登记机关申报办理变更税务登记。纳税人税务登记内容发生变化，不需要到工商行政管理机关或者其他机关办理变更登记的，应当自发生变化之日起 30 日内，持有关证件向原税务登记机关申报办理变更税务登记。

2. 变更税务登记的程序、方法

（1）申请。纳税人申请办理变更税务登记时，应向主管税务机关领取《税务登记变更表》，如实填写变更登记事项、变更登记前后的具体内容。

（2）提供相关证件、资料。

（3）税务登记变更表的内容。主要包括纳税人名称、变更项目、变更前内容、变更后内容、上缴的证件情况。

（4）受理。税务机关对纳税人填报的表格及提交的附列资料、证件要进行认真审阅，在符合要求及资料证件提交齐全的情况下，予以受理。

（5）审核。主管税务机关对纳税人报送的已填登完毕的变更表及相关资料，进行分类审核。

（6）发证。对需变更税务登记证内容的，主管税务机关应收回原《税务登记证》（正、副本），按变更后的内容，重新制发《税务登记证》（正、副本）。

3. 注销税务登记的适用范围及时间要求

（1）适用范围。纳税人因经营期限届满而自动解散；企业由于改组、分级、合并等原因而被撤销；企业资不抵债而破产；纳税人住所、经营地址迁移而涉及改变原主管税务机关的；纳税人被工商行政管理部门吊销营业执照；纳税人依法终止履行纳税义务的其他情形。

（2）时间要求。纳税人发生解散、破产、撤销以及其他情形，依法终止纳税义务的，应当在向工商行政管理机关办理注销登记前，持有关证件向原税务登记管理机关申报办理注销税务登记；按照规定不需要在工商管理机关办理注销登记的，应当自有关机关批准或者宣告终止之日起15日内，持有关证件向原税务登记管理机关申报办理注销税务登记。

纳税人因住所、生产、经营场所变动而涉及改变主管税务登记机关的，应当在向工商行政管理机关申请办理变更或注销登记前，或者住所、生产、经营场所变动前，向原税务登记机关申报办理注销税务登记，并在30日内向迁达地主管税务登记机关申报办理税务登记。纳税人被工商行政管理机关吊销营业执照的，应当自营业执照被吊销之日起15日内，向原税务登记机关申报办理注销税务登记。

4. 注销税务登记的程序、方法

（1）纳税人办理注销税务登记时，应向原税务登记机关领取《注销税务登记申请审批表》，如实填写注销登记事项内容及原因。

（2）提供有关证件、资料。纳税人如实填写《注销税务登记申请审批表》，连同下列资料、证件报税务机关：

①注销税务登记申请书；

②主管部门批文或董事会、职代会的决议及其他有关证明文件；

③营业执照被吊销的应提交工商机关发放的注销决定；

④主管税务机关原发放的税务登记证件（税务登记证正、副本及登记表等）；

⑤其他有关资料。

（3）注销税务登记申请审批表的内容。由纳税人填写的项目主要包括纳税人名称（含分支机构名称）、注销原因、批准机关名称、批准文号及日期。由税务机关填写的项目主要包括纳税人实际经营期限、纳税人已享受税收优惠、发票缴销情况、税款清缴情况、税务登记证件收回情况。

(4) 受理。税务机关受理纳税人填写完毕的表格，审阅其填报内容是否符合要求，所附资料是否齐全后，督促纳税人做好下列事宜：纳税人持《注销税务登记申请审批表》、未经税务机关查验的发票和《发票领购簿》到发票管理环节申请办理发票缴销；发票管理环节按规定清票后，在《注销税务登记申请审批表》上签署发票缴销情况，同时将审批表返还纳税人。纳税人向征收环节清缴税款；征收环节在纳税人缴纳税款后，在《注销税务登记申请审批表》上签署意见，同时将审批表返还纳税人。

(5) 核实。纳税人持有上述两个环节签署意见后的审批表交登记管理环节；登记管理环节审核确认后，制发《税务文书领取通知书》给纳税人，同时填制《税务文书传递单》，并附《注销税务登记申请审批表》送稽查环节。

若稽查环节确定需对申请注销的纳税人进行实地稽查的，应在《税务文书传递单》上注明的批复期限内稽查完毕，在《注销税务登记申请审批表》上签署税款清算情况，及时将《税务文书传递单》和《注销税务登记申请审批表》返还税务登记环节，登记部门在纳税人结清税款（包括滞纳金、罚款）后据以办理注销税务登记手续。

纳税人因生产、经营场所发生变化需改变主管税务登记机关的，在办理注销税务登记时，原税务登记机关在对其注销税务登记的同时，应向迁达地税务登记机关递交《纳税人迁移通知书》，并附有《纳税人档案资料移交清单》，由迁达地税务登记机关重新办理税务登记。

如遇纳税人已经或正在享受税收优惠待遇的，迁出地税务登记机关应当在《纳税人迁移通知书》上注明。

(三) 停业、复业登记

实行定期定额征收方式的纳税人，在营业执照核准的经营期限内需要停业的，应当向税务机关提出停业登记，说明停业的理由、时间、停业前的纳税情况和发票的领、用、存情况，并如实填写申请停业登记表。税务机关经过审核（必要时可实地审查），应当责成申请停业的纳税人结清税款并收回税务登记证件、发票领购簿和发票，办理停业登记。纳税人停业期间发生纳税义务，应当及时向主管税务机关申报，依法补缴应纳税款。

纳税人应当于恢复生产、经营之前，向税务机关提出复业登记申请，经确认后，办理复业登记，领回或启用税务登记证件和发票领购簿及其领购的发票，纳入正常管理。

纳税人停业期满不能及时恢复生产、经营的，应当在停业期满前向税务机关提出延长停业登记。纳税人停业期满未按期复业又不申请延长停业的，税务机关应当视为已恢复营业，实施正常的税收征收管理。

（四）外出经营报验登记

（1）纳税人到外县（市）临时从事生产经营活动的，应当在外出生产经营以前，持税务登记证向主管税务机关申请开具《外出经营活动税收管理证明》（以下简称《外管证》）。

（2）税务机关按照一地一证的原则，核发《外管证》，《外管证》的有效期限一般为30日，最长不得超过180天。

（3）纳税人应当在《外管证》注明地进行生产经营前向当地税务机关报验登记，并提交相关证件、资料。

（五）税务登记证的作用和管理

1. 税务登记证的作用

除按照规定不需要发给税务登记证件外，纳税人办理下列事项时，必须持税务登记证件：（1）开立银行账户；（2）申请减税、免税、退税；（3）申请办理延期申报、延期缴纳税款；（4）领购发票；（5）申请开具外出经营活动税收管理证明；（6）办理停业、歇业；（7）其他有关税务事项。

2. 税务登记证管理

（1）税务机关对税务登记证件实行定期验证和换证制度。纳税人应当在规定的期限内持有关证件到主管税务机关办理验证或者换证手续。

（2）纳税人应当将税务登记证件正本在其生产、经营场所或者办公场所公开悬挂，接受税务机关检查。

（3）纳税人遗失税务登记证件的，应当在15日内书面报告主管税务机关，并登报声明作废。同时，凭报刊上刊登的遗失声明向主管税务机关申请补办税务登记证件。

（六）非正常户处理

（1）已办理税务登记的纳税人未按照规定的期限申报纳税，在税务机关责令其限期改正后，逾期不改正的，税务机关应当派员实地检查，查无下落并且无法强制其履行纳税义务的，由检查人员制作非正常户认定书，存入纳税人档案，税务机关暂停其税务登记证件、发票领购簿和发票的使用。

（2）纳税人被列入非正常户超过3个月的，税务机关可以宣布其税务登记证件失效，其应纳税款的追征仍按《征管法》及其《细则》的规定执行。

二、账簿、凭证管理

账簿是纳税人、扣缴义务人连续地记录其各种经济业务的账册或簿籍。凭证是纳税人用来记录经济业务，明确经济责任，并据以登记账簿的书面证明。账簿、凭证管理是继税务登记之后税收征管的又一重要环节，在税收征管中占有十分重要的地位。

（一）账簿、凭证管理

1. 关于对账簿、凭证设置的管理

（1）设置账簿的范围。根据《征管法》第十九条和《细则》第二十二条的有关规定，所有的纳税人和扣缴义务人都必须按照有关法律、行政法规和国务院财政、税务主管部门的规定设置账簿。所称账簿，是指总账、明细账、日记账以及其他辅助性账簿。总账、日记账应当采用订本式。

从事生产、经营的纳税人应当自领取营业执照或者发生纳税义务之日起15日内设置账簿。

扣缴义务人应当自税收法律、行政法规规定的扣缴义务发生之日起10日内，按照所代扣、代收的税种，分别设置代扣代缴、代收代缴税款账簿。

生产、经营规模小又确无建账能力的纳税人，可以聘请经批准从事会计代理记账业务的专业机构或者经税务机关认可的财会人员代为建账和办理账务；聘请上述机构或者人员有实际困难的，经县以上税务机关批准，可以按照税务机关的规定，建立收支凭证粘贴簿、进货销货登记簿或者使用税控装置。

（2）对会计核算的要求。根据《征管法》第十九条的有关规定，所有纳税人和扣缴义务人都必须根据合法、有效的凭证进行账务处理。

纳税人建立的会计电算化系统应当符合国家有关规定，并能正确、完整核算其收入或者所得。纳税人使用计算机记账的，应当在使用前将会计电算化系统的会计核算软件、使用说明书及有关资料报送主管税务机关备案。

纳税人、扣缴义务人会计制度健全，能够通过计算机正确、完整计算其收入和所得或者代扣代缴、代收代缴税款情况的，其计算机输出的完整的书面会计记录，可视同会计账簿。

纳税人、扣缴义务人会计制度不健全，不能通过计算机正确、完整地计算其收入和所得或者代扣代缴、代收代缴税款情况的，应当建立总账及与纳税或者代扣代缴、代收代缴税款有关的其他账簿。

账簿、会计凭证和报表，应当使用中文。民族自治地方可以同时使用当地通用的一种民族文字。外商投资企业和外国企业可以同时使用一种外国文字。如外商投资企业、外国企业的会计记录不使用中文的，应按照《征管法》第六十三条第二款"未按照规定设置、保管账簿或者保管记账凭证和有关资料"的规定处理。

2. 关于对财务会计制度的管理

（1）备案制度。根据《征管法》第二十条和《细则》第二十四条的有关规定，凡从事生产、经营的纳税人必须将所采用的财务、会计制度和具体的财务、会计处理办法，按税务机关的规定，自领取税务登记证件之日起15日内，及时报送主管税务机关备案。

（2）财会制度、办法与税收规定相抵触的处理办法。根据《征管法》第二十条的有关规定，当从事生产、经营纳税人、扣缴义务人所使用的财务会计制度和具体的财务、会计处理办法与国务院和财政部、国家税务总局有关税收方面的规定相抵触时，纳税人、扣缴义务人必须按照国务院制定的税收法规的规定或者财政部、国家税务总局制定的有关税收的规定计缴税款。

3. 关于账簿、凭证的保管

根据《征管法》第二十四条的有关规定："从事生产经营的纳税人、扣缴义务人必须按照国务院财政、税务主管部门规定的保管期限保管账簿、记账凭证、完税凭证及其他有关资料。账簿、记账凭证、报表、完税凭证、发票、出口凭证以及其他有关涉税资料不得伪造、变造或者擅自损毁。"账簿、记账凭证、报表、完税凭证、发票、出口凭证以及其他有关涉税资料的保管期限，根据《细则》第二十九条，除另有规定者外，应当保存10年。

【例9-2·单选题】除另有规定外，从事生产经营的纳税人其记账凭证、账簿、报表应当保存的期限是（   ）年。

A. 3   B. 5   C. 8   D. 10

【答案】 D

（二）发票管理

根据《征管法》第二十一条规定："税务机关是发票的主管机关，负责发票的印制、领购、开具、取得、保管、缴销的管理和监督。"2023年12月，国家税务总局通过了《中华人民共和国发票管理办法实施细则》，自2024年3月1日起施行。

1. 发票印制管理

在全国范围内统一式样的发票，由国家税务总局确定。

在省、自治区、直辖市范围内统一式样的发票，由省、自治区、直辖市税务局确定。

2. 电子发票以及发票领购管理

电子发票是指在购销商品、提供或者接受服务以及从事其他经营活动中，按照税务机关发票管理规定以数据电文形式开具、收取的收付款凭证。

电子发票与纸质发票的法律效力相同，任何单位和个人不得拒收。

发票的领用方式是指批量供应、交旧领新、验旧领新、额度确定等方式。

税务机关根据单位和个人的税收风险程度、纳税信用级别、实际经营情况确定或调整其领用发票的种类、数量、额度以及领用方式。

税务机关对领用纸质发票单位和个人提供的发票专用章的印模应当留存备查。

3. 发票开具和保管

根据《征管法》第二十一条的规定："单位、个人在购销商品、提供或者接受经营服务以及从事其他经营活动中，应当按照规定开具、使用、取得发票。"

填开发票的单位和个人必须在发生经营业务确认营业收入时开具发票。未发生经营业务一律不准开具发票。向消费者个人零售小额商品或者提供零星服务的，是否可免予逐笔开具发票，由省税务局确定。

开具纸质发票后，如发生销售退回、开票有误、应税服务中止等情形，需要作废发票的，应当收回原发票全部联次并注明"作废"字样后作废发票。

开具纸质发票后，如发生销售退回、开票有误、应税服务中止、销售折让等情形，需要开具红字发票的，应当收回原发票全部联次并注明"红冲"字样后开具红字发票。无法收回原发票全部联次的，应当取得对方有效证明后开具红字发票。

开具电子发票后，如发生销售退回、开票有误、应税服务中止、销售折让等情形的，应当按照规定开具红字发票。

单位和个人在开具发票时，应当填写项目齐全，内容真实。

开具纸质发票应当按照发票号码顺序填开，字迹清楚，全部联次一次打印，内容完全一致，并在发票联和抵扣联加盖发票专用章。

使用纸质发票的单位和个人应当妥善保管发票。发生发票丢失情形时，应当于发现丢失当日书面报告税务机关。

4. 发票的检查

税务机关在发票检查中，可以对发票数据进行提取、调出、查阅、复制。

用票单位和个人有权申请税务机关对发票的真伪进行鉴别。收到申请的税务机关应当受理并负责鉴别发票的真伪；鉴别有困难的，可以提请发票监制税务机关协助鉴别。

在伪造、变造现场以及买卖地、存放地查获的发票，由当地税务机关鉴别。

随着 2023 年金税四期的上线和全面数字化电子发票在全国范围内的推广使用，未来《征管法》也会进行相应修订。金税四期的核心特征是"以数治税"，主要依托"全电发票"，全电发票开具、报销、入账、档案、存储等环节全部电子化，实现了发票的"即时开具、即时交付、即时查验"。数电票时代全面电子化的数字发票将登录全国统一的电子发票服务平台自行开具，因此数电票无须进行票种核定，无须进行税控设备申领，无须进行发票领用。

三、纳税申报管理

纳税申报是纳税人按照税法规定的期限和内容，向税务机关提交有关纳税事项书面报告的法律行为，是纳税人履行纳税义务、界定纳税人法律责任的主要依据，是税务机关税收管理信息的主要来源和税务管理的重要制度。

（一）纳税申报的对象

纳税申报的对象为纳税人和扣缴义务人。纳税人在纳税期内没有应纳税款的，也应当按照规定办理纳税申报。纳税人享受减税、免税待遇的，在减税、免税期间应当按照规定办理纳税申报。

【例9-3·多选题】根据《征管法》的规定，下列属于纳税申报对象的有（　　）。

A. 享受减税的纳税人　　　　　　B. 享受免税的纳税人

C. 代扣代缴义务人　　　　　　　D. 纳税期内没有应纳税款的纳税人

【答案】ABCD

（二）纳税申报的内容

纳税申报的内容，主要在各税种的纳税申报表和代扣代缴、代收代缴税款报告表中体现，还有的是随纳税申报表附报的财务报表和有关纳税资料中体现。纳税人和扣缴义务人的纳税申报和代扣代缴、代收代缴税款报告的主要内容包括：税种、税目，应纳税项目或者应代扣代缴、代收代缴税款项目，计税依据，扣除项目及标准，适用税率或者单位税额，应退税项目及税额、应减免税项目及税额，应纳税额或者应代扣代缴、代收代缴税额，税款所属期限、延期缴纳税款、欠税、滞纳金等。

（三）纳税申报的期限

纳税人和扣缴义务人都必须按照法定的期限办理纳税申报。申报期限有两种：一种是法律、行政法规明确规定的；另一种是税务机关按照法律、行政法规的原则规定，结合纳税人生产经营的实际情况及其所应缴纳的税种等相关问题予以确定的。两种期限具有同等的法律效力。

（四）纳税申报的要求

纳税人办理纳税申报时，应当如实填写纳税申报表，并根据不同的情况相应报送下列有关证件、资料：

（1）财务会计报表及其说明材料；

（2）与纳税有关的合同、协议书及凭证；

（3）税控装置的电子报税资料；

（4）外出经营活动税收管理证明和异地完税凭证；

（5）境内或者境外公证机构出具的有关证明文件；

（6）税务机关规定应当报送的其他有关证件、资料；

（7）扣缴义务人办理代扣代缴、代收代缴税款报告时，应当如实填写代扣代缴、代收代缴税款报告表，并报送代扣代缴、代收代缴税款的合法凭证以及税务机关规定的其他有关证件、资料。

（五）纳税申报的方式

《征管法》第二十六条规定："纳税人、扣缴义务人可以直接到税务机关办理纳税申报或者报送代扣代缴、代收代缴税款报告表，也可以按照规定采取邮寄、数据电文或者其他方式办理上述申报、报送事项。"目前，纳税申报的形式主要有以下三种方式。

1. 直接申报

直接申报是指纳税人自行到税务机关办理纳税申报。这是一种传统申报方式。

2. 邮寄申报

邮寄申报是指经税务机关批准的纳税人使用统一规定的纳税申报特快专递专用信封，通过邮政部门办理交寄手续，并向邮政部门索取收据作为申报凭据的方式。纳税人采取邮寄方式办理纳税申报的，应当使用统一的纳税申报专用信封，并以邮政部门收据作为申报凭据。邮寄申报以寄出的邮戳日期为实际申报日期。

3. 数据电文

数据电文是指经税务机关确定的电话语音、电子数据交换和网络传输等电子方式等。例如，目前纳税人的网上申报，就是数据电文申报方式的一种形式。

纳税人采取电子方式办理纳税申报的，应当按照税务机关规定的期限和要求保存有关资料，并定期书面报送主管税务机关。纳税人、扣缴义务人采取数据电文方式办理纳税申报的，其申报日期以税务机关计算机网络系统收到该数据电文的时间为准。

除上述方式外，实行定期定额缴纳税款的纳税人，可以实行简易申报、简并征期等申报纳税方式。"简易申报"是指实行定期定额缴纳税款的纳税人在法律、行政法规规定的期限内或税务机关依据法规的规定确定的期限内缴纳税款的，税务机关可以视同申报；"简并征期"是指实行定期定额缴纳税款的纳税人经税务机关批准，可以采取将纳税期限合并为按季、半年、年的方式缴纳税款。

【例 9－4·多选题】根据《征管法》的规定，目前纳税人进行纳税申报的主要形式有（　　）。

A. 直接申报　　　　　　　　　B. 邮寄申报

C. 异地现场申报　　　　　　　D. 数据电文申报

【答案】ABD

推荐阅读：税务征管的数字化转型

（六）延期申报管理

延期申报是指纳税人、扣缴义务人不能按照税法规定的期限办理纳税申报或扣缴税款报告。

纳税人因有特殊情况，不能按期进行纳税申报的，经县以上税务机关核准，可以延期申报。但应当在规定的期限内向税务机关提出书面延期申请，经税务机关核准，在核准的期限内办理。如纳税人、扣缴义务人因不可抗力，不能按期办理纳税申报或者报送代扣代缴、代收代缴税款报告表的，可以延期办理，但应当在不可抗力情形消除后立即向税务机关报告。

经核准延期办理纳税申报的，应当在纳税期内按照上期实际缴纳的税额或者税务机关核定的税额预缴税款，并在核准的延期内办理纳税结算。

第三节 税款征收

税款征收是税收征收管理工作中的中心环节，是全部税收征管工作的目的和归宿，在整个税收工作中占据着极其重要的地位。

一、税款征收的原则

（1）税务机关是征税的唯一行政主体的原则。

（2）税务机关只能依照法律、行政法规的规定征收税款。

（3）税务机关不得违反法律、行政法规的规定开征、停征、多征、少征、提前征收或者延缓征收税款或者摊派税款。

（4）税务机关征收税款必须遵守法定权限和法定程序的原则。

（5）税务机关征收税款或扣押、查封商品、货物或其他财产时，必须向纳税人开具完税凭证或开付扣押、查封的收据或清单。

（6）税款、滞纳金、罚款统一由税务机关上缴国库。

（7）税款优先的原则。

①税收优先于无担保债权。这里所说的税收优先于无担保债权是有条件的，也就是说并不是优先于所有的无担保债权，对于法律上另有规定的无担保债权，不能行使税收优先权。

②纳税人发生欠税在前的，税收优先于抵押权、质权和留置权的执行。这里有两个前提条件：其一，纳税人有欠税；其二，欠税发生在前，即纳税人的欠税发生在以其财产设定抵押、质押或被留置之前。纳税人在有欠税的情况下设置抵押权、质权、留置权时，纳税人应当向抵押权人、质权人说明其欠税情况。

③税收优先于罚款、没收非法所得。其一，纳税人欠缴税款，同时要被税务机关决定处以罚款、没收非法所得的，税收优先于罚款、没收非法所得。其二，纳税人欠缴税款，同时又被税务机关以外的其他行政部门处以罚款、没收非法所得的，税款优先于罚款、没收非法所得。

【例9-5·多选题】下列各项中，符合《征管法》税款征收有关规定的有（　　）。

A. 纳税人发生欠税在前的，税收优先于抵押权
B. 税务机关征收税款时，必须给纳税人开具完税凭证
C. 税务机关扣押商品、货物时必须开付收据
D. 税务机关扣押商品、货物时必须开付清单

【答案】ABCD

二、税款征收的方式

税款征收方式是指税务机关根据各税种的不同特点、征纳双方的具体条件而确定的计算征收税款的方法和形式。税款征收的方式主要有以下几种。

（一）查账征收

查账征收是指税务机关按照纳税人提供的账表所反映的经营情况，依照适用税率计算缴纳税款的方式。这种方式一般适用于财务会计制度较为健全，能够认真履行纳税义务的纳税单位。

（二）查定征收

查定征收是指税务机关根据纳税人的从业人员、生产设备、采用原材料等因素，对其产制的应税产品查实核定产量、销售额并据以征收税款的方式。这种方式一般适用于账册不够健全，但是能够控制原材料或进销货的纳税单位。

（三）查验征收

查验征收是指税务机关对纳税人应税商品，通过查验数量，按市场一般销售单价计算其销售收入并据以征税的方式。这种方式一般适用于经营品种比较单一，经营地点、时间和商品来源不固定的纳税单位。

（四）定期定额征收

定期定额征收是指税务机关通过典型调查，逐户确定营业额和所得额并据以征税的方式。这种方式一般适用于无完整考核依据的小型纳税单位。

（五）委托代征税款

委托代征税款是指税务机关委托代征人以税务机关的名义征收税款，并将税款缴入国库的方式。这种方式一般适用于小额、零散税源的征收。

（六）邮寄纳税

邮寄纳税是一种新的纳税方式。这种方式主要适用于那些有能力按期纳税，但采用其他方式纳税又不方便的纳税人。

（七）其他方式

其他方式如利用网络申报、用 IC 卡纳税等。

三、税收征收制度

应用区块链技术　不动产登记办税再提速

（一）代扣代缴、代收代缴税款制度

（1）对法律、行政法规没有规定负有代扣、代收税款义务的单位和个人，税务机关不得要求其履行代扣、代收税款义务。

（2）税法规定的扣缴义务人必须依法履行代扣、代收税款义务。如果不履行义务，就要承担法律责任。除按征管法及实施细则的规定给予处罚外，应当责成扣缴义务人限期将应扣未扣、应收未收的税款补扣或补收。

（3）扣缴义务人依法履行代扣、代收税款义务时，纳税人不得拒绝。纳税人拒绝的，扣缴义务人应当在一日之内报告主管税务机关处理。不及时向主管税务机关报告的，扣缴义务人应承担应扣未扣、应收未收税款的责任。

（4）扣缴义务人代扣、代收税款，只限于法律、行政法规规定的范围，并依照法律、行政法规规定的征收标准执行。对法律、法规没有规定代扣、代收的，扣缴义务人不能超越范围代扣、代收税款，扣缴义务人也不得提高或降低标准代扣、代收税款。

（5）税务机关按照规定付给扣缴义务人代扣、代收手续费。代扣、代收税款手续费只能由县（市）以上税务机关统一办理退库手续，不得在征收税款过程中坐支。

（二）延期缴纳税款制度

纳税人和扣缴义务人必须在税法规定的期限内缴纳、解缴税款。但考虑到纳税人在履行纳税义务的过程中，可能会遇到特殊困难的客观情况，为了保护纳税人的合法权益，《征管法》第三十一条第二款规定："纳税人因有特殊困难，不能按期缴纳税款的，经省、自治区、直辖市税务局批准，可以延期缴纳税款，但最长不得超过3个月。"特殊困难的主要内容：一是因不可抗力，导致纳税人发生较大损失，正常生产经营活动受到较大影响的；二是当期货币资金在扣除应付职工工资、社会保险费后，不足以缴纳税款的。所谓"当期货币资金"，是指纳税人申请延期缴纳税款之日的资金余额，其中不含国家法律和行政法规明确规定企业不可动用的资金；"应付职工工资"是指当期计提数。

纳税人在申请延期缴纳税款时应当注意以下几个问题。

（1）在规定期限内提出书面申请。纳税人需要延期缴纳税款的，应当在缴纳税款期限届满前提出申请，并报送下列材料。

申请延期缴纳税款报告，当期货币资金余额情况及所有银行存款账户的对账单，资产负债表，应付职工工资和社会保险费等税务机关要求提供的支出预算。

税务机关应当自收到申请延期缴纳税款报告之日起20日内做出批准或者不予批准的决定；不予批准的，从缴纳税款期限届满之次日起加收滞纳金。

（2）税款的延期缴纳，必须经省、自治区、直辖市税务局批准，方为有效。

（3）延期期限最长不得超过3个月，同一笔税款不得滚动审批。

（4）批准延期内免予加收滞纳金。

（三）税收滞纳金征收制度

纳税人未按照规定期限缴纳税款的，扣缴义务人未按照规定期限解缴税款的，税务机关除责令限期缴纳外，从滞纳税款之日起，按日加收滞纳税款0.5‰的滞纳金。

加收滞纳金的具体操作应按下列程序进行。

（1）先由税务机关发出催缴税款通知书，责令限期缴纳或解缴税款，告知纳税人如不按期履行纳税义务，将依法按日加收滞纳税款0.5‰的滞纳金。

（2）从滞纳之日起加收滞纳金（加收滞纳金的起止时间为法律、行政法规规定或者税务机关依照法律、行政法规的规定确定的税款缴纳期限届满次日起至纳税人、扣缴义务人实际缴纳或者解缴税款之日止）。

（3）拒绝缴纳滞纳金的，可以按不履行纳税义务实行强制执行措施，强行划拨或者强制征收。

【例9-6·计算题】某按月缴纳资源税的企业2023年10月销售资源产品应纳资源税20 000元，该企业于2023年11月23日实际缴纳税款，计算应加收的滞纳金金额。

【答案及解析】该企业应于2023年11月15日（含）前缴纳税款，但该企业在11月23日才交税，滞纳天数从11月16日开始计算，到11月23日为止，包含23日当天，共计滞纳8天，则应加收滞纳金 $=20\ 000 \times 0.5‰ \times 8 = 80$（元）。

（四）减免税收制度

根据《征管法》第三十三条的有关规定，办理减税、免税应注意下列事项。

（1）减免税必须有法律、行政法规的明确规定（具体规定将在税收实体法中体现）。地方各级人民政府、各级人民政府主管部门、单位和个人违反法律、行政法规规定，擅自作出的减税、免税决定无效，税务机关不得执行，并向上级税务机关报告。

（2）纳税人申请减免税，应向主管税务机关提出书面申请，并按规定附送有关资料。

（3）减免税的申请须经法律、行政法规规定的减税、免税审查批准机关审批。

（4）纳税人在享受减免税待遇期间，仍应按规定办理纳税申报。

（5）纳税人享受减税、免税的条件发生变化时，应当自发生变化之日起15日内向税务机关报告，经税务机关审核后，停止其减税、免税；对不报告的，又不再符合减税、免税条件的，税务机关有权追回已减免的税款。

（6）减税、免税期满，纳税人应当自期满次日起恢复纳税。

（7）减免税分为报批类减免税和备案类减免税。报批类减免税是指应由税务机关审批的减免税项目；备案类减免税是指取消审批手续的减免税项目和不需税务机关审批的减免税项目。

（8）纳税人同时从事减免项目与非减免项目的，应分别核算，独立计算减免项目的计税依据以及减免税额度。不能分别核算的，不能享受减免税；核算不清的，由税务机关按合理方法核定。

（9）纳税人依法可以享受减免税待遇，但未享受而多缴税款的，凡属于无明确规定需经税务机关审批或没有规定申请期限的，纳税人可以在《征管法》第五十一条规定的期限内申请减免税，要求退还多缴的税款，但不加算银行同期存款利息。

（10）减免税审批机关由税收法律、法规、规章设定。凡规定应由国家税务总局审批的，经由各省、自治区、直辖市和计划单列市税务机关上报国家税务总局；凡规定应由省级税务机关及省级以下税务机关审批的，由各省级税务机关审批或确定审批权限，原则上由纳税人所在地的县（区）税务机关审批对减免税金额较大或减免税条件复杂的项目，各省、自治区、直辖市和计划单列市税务机关可根据效能与便民、监督与责任的原则适当划分审批权限。

（11）纳税人申请报批类减免税的，应当在政策规定的减免税期限内，向主管税务机关提出书面申请，并报送以下资料。

①减免税申请报告，列明减免税理由、依据、范围、期限、数量、金额等。

②财务会计报表、纳税申报表。

③有关部门出具的证明材料。

④税务机关要求提供的其他资料。纳税人报送的材料应真实、准确、齐全。税务机关不得要求纳税人提交与其申请的减免税项目无关的技术资料和其他材料。

（12）纳税人可以向主管税务机关申请减免税，也可以直接向有权审批的税务机关申请。由纳税人所在地主管税务机关受理，应当由上级税务机关审批的减免税申请，主管税务机关应当自受理申请之日起 10 个工作日内直接上报有权审批的上级税务机关。

（13）税务机关受理或者不予受理减免税申请，应当出具加盖本机关专用印章和注明日期的书面凭证。

（14）减免税审批是对纳税人提供的资料与减免税法定条件的相关性进行的审核，不改变纳税人的真实申报责任。

税务机关需要对申请材料的内容进行实地核实的，应当指派 2 名以上工作人员按规定程序进行实地核查，并将核查情况记录在案。上级税务机关对减免税实地核查工作量大、耗时长的，可委托企业所在地区县级税务机关具体组织实施。

（15）减免税期限超过 1 个纳税年度的，进行一次性审批。

纳税人享受减免税的条件发生变化的，应自发生变化之日起 15 个工作日内向税务机关报告，经税务机关审核后，停止其减免税。

有审批权的税务机关对纳税人的减免税申请，应按以下规定时限及时完成审批工作，做出审批决定：

县、区级税务机关负责审批的减免税，必须在 20 个工作日做出审批决定；地市级税务机关负责审批的，必须在 30 个工作日内作出审批决定；省级税务机关负责审批的，必须在 60 个工作日内作出审批决定。在规定期限内不能作出决定的，经本级税务机关负责人批准，可以延长 10 个工作日，并将延长期限的理由告知纳税人。

（16）减免税申请符合法定条件、标准的，有权税务机关应当在规定的期限内做出准予减免税的书面决定。依法不予减免税的，应当说明理由，并告知纳税人享有依法申请行政复议或者提起行政诉讼的权利。税务机关作出的减免税审批决定，应当自作出决定之日起 10 个工作日内向纳税人送达减免税审批书面决定。减免税批复未下达前，纳税人应按规定办理申报缴纳税款。

（17）纳税人在执行备案类减免税之前，必须向主管税务机关申报以下资料备案。

①减免税政策的执行情况。

②主管税务机关要求提供的有关资料。

主管税务机关应在受理纳税人减免税备案后 7 个工作日内完成备案工作，并告知纳税人执行。

（18）纳税人已享受减免税的，应当纳入正常申报，进行减免税申报，纳税人享受减免税到期的，应当申报缴纳税款。税务机关和税收管理员应当对纳税人已享受减免税情况加强管理监督。税务机关应结合纳税检查、执法检查或其他专项检查，每年定期对纳税人减免税事项进行清查、清理、加强监督检查。

【例9－7·多选题】根据《征管法》及其相关规定，以下关于减免税规定的说法正确的有（　　）。

A. 减税、免税条件发生变化的，应当在变化前向税务机关报告

B. 纳税人应依照法律、行政法规的规定办理减税、免税

C. 省级人民政府主管部门违反规定擅自作出减免税决定的，税务机关应该执行，并向上级税务机关报告

D. 享受减免税优惠的纳税人，减税、免税期满，应当自期满次日起恢复纳税

【答案】BD

（五）税额核定和税收调整制度

（1）税额核定制度。

（2）税收调整制度。

2023 年我国减免税情况

这里所说的税收调整制度，主要指的是关联企业的税收调整制度。

企业或者外国企业在中国境内设立的从事生产、经营的机构、场所与其关联企业之间的业务往来，应当按照独立企业之间的业务往来收取或者支付价款、费用；不按照独立企业之间的业务往来收取或者支付价款、费用，而减少其应纳税的收入或者所得额的，税务机关有权进行合理调整。

（六）未办理税务登记的从事生产、经营的纳税人，以及临时从事经营纳税人的税款征收制度

对未按照规定办理税务登记的从事生产、经营的纳税人以及临时从事生产、经营的纳税人，由税务机关核定其应纳税额，责令缴纳；不缴纳的，税务机关可以扣押其价值相当于应纳税款的商品、货物。扣押后缴纳应纳税款的，税务机关必须立即解除扣押，并归还所扣押的商品、货物；扣押后仍不缴纳应纳税款的，经县以上税务局（分局）局长批准，依法拍卖或者变卖所扣押的商品、货物，以拍卖或者变卖所得抵缴税款。

（七）税收保全措施

税收保全措施是指税务机关对可能由于纳税人的行为或者某种客观原因，致使以后税款的征收不能保证或难以保证的案件，采取限制纳税人处理或转移商品、货物或其他财产的措施。

税务机关有根据认为从事生产、经营的纳税人有逃避纳税义务行为的，可以在规定的纳税期之前，责令限期缴纳税款；在限期内发现纳税人有明显的转移、隐匿其应纳税的商品、货物以及其他财产迹象的，税务机关应责令其提供纳税担保。如果纳税人不能提供纳税担保，经县以上税务局（分局）局长批准，税务机关可以采取下列税收保全措施。

（1）书面通知纳税人开户银行或者其他金融机构冻结纳税人的金额相当于应纳税款的存款。

（2）扣押、查封纳税人的价值相当于应纳税款的商品、货物或者其他财产。其他财产包括纳税人的房地产、现金、有价证券等不动产和动产。

纳税人在上款规定的限期内缴纳税款的，税务机关必须立即解除税收保全措施；限期期满仍未缴纳税款的，经县以上税务局（分局）局长批准，税务机关可以书面通知纳税人开户银行或者其他金融机构，从其冻结的存款中扣缴税款，或者依法拍卖或者变卖所扣押、查封的商品、货物或者其他财产，以拍卖或者变卖所得抵缴税款。

采取税收保全措施不当，或者纳税人在期限内已缴纳税款，税务机关未立即解除税收保全措施，使纳税人的合法利益遭受损失的，税务机关应当承担赔偿责任。

个人及其所扶养家属维持生活必需的住房和用品，不在税收保全措施的范围之内。个人所扶养家属，是指与纳税人共同居住生活的配偶、直系亲属以及无生活来源并由纳税人扶养的其他亲属。生活必需的住房和用品不包括机动车辆、金银饰品、古玩字画、豪华住宅或者一处以外的住房。税务机关对单价 5 000 万元以下的其他生活用品，不采取税收保全措施和强制执行措施。

（3）税收保全措施的终止。税收保全的终止有两种情况：一是纳税人在规定的期限内缴纳了应纳税款的，税务机关必须立即解除税收保全措施；二是纳税人超过规定的期限仍不缴纳税款的，经税务局（分局）局长批准，终止保全措施，转入强制执行措施，即书面通知纳税人开户银行或者其他金融机构从其冻结的存款中扣缴税款，或者拍卖、变卖所扣押、查封的商品、货物或其他财产，以拍卖或者变卖所得抵缴税款。

（八）税收强制执行措施

税收强制执行措施是指当事人不履行法律、行政法规规定的义务，有关国家机关采用法定的强制手段，强迫当事人履行义务的行为。

从事生产、经营的纳税人、扣缴义务人未按照规定的期限缴纳或者解缴税款，纳税担保人未按照规定的期限缴纳所担保的税款，由税务机关责令限期缴纳，逾期仍未缴纳的，经县以上税务局（分局）局长批准，税务机关可以采取下列强制执行措施。

（1）书面通知其开户银行或者其他金融机构从其存款中扣缴税款。

（2）扣押、查封、依法拍卖或者变卖其价值相当于应纳税款的商品、货物或者其他财产，以拍卖或者变卖所得抵缴税款。

税务机关采取强制执行措施时，对上款所列纳税人、扣缴义务人、纳税担保人未缴纳的滞纳金同时强制执行。

个人及其所扶养家属维持生活必需的住房和用品，不在强制执行措施的范围之内。

【例9-8·单选题】税务机关采取的下列措施中，属于税收强制执行措施的是（ ）。

A. 责成纳税人提供纳税担保

B. 责令纳税人15日内缴纳税款

C. 查封纳税人价值相当于应纳税款的商品

D. 书面通知纳税人的开户银行从其存款中扣缴税款

【答案】 D

（九）欠税清缴制度

欠税是指纳税人未按照规定期限缴纳税款，扣缴义务人未按照规定期限解缴税款的行为。

在欠税清缴方面主要采取以下措施。

（1）严格控制欠缴税款的审批权限。根据《征管法》第三十一条的规定，缓缴税款的审批权限集中在省、自治区、直辖市税务局。这样规定，一方面能帮助纳税人渡过暂时的难关，另一方面也体现了严格控制欠税的精神，保证国家税收免遭损失。

（2）限期缴税时限。从事生产、经营的纳税人、扣缴义务人未按照规定的期限缴纳或者解缴税款的，纳税担保人未按照规定的期限缴纳所担保的税款的，由税务机关发出限期缴纳税款通知书，责令缴纳或者解缴税款的最长期限不得超过15日。

（3）建立欠税清缴制度，防止税款流失。

①扩大了阻止出境对象的范围。《征管法》第四十四条规定："欠缴税款的纳税人及其法定代表需要出境的，应当在出境前向税务机关结清应纳税款或者提供担保。未结清税款，又不提供担保的，税务机关可以通知出境管理机关阻止其出境。"

②建立改制纳税人欠税的清缴制度。《征管法》第四十八条规定："纳税人有合并、分立情形的，应当向税务机关报告，并依法缴清税款。纳税人合并时未缴清税款的，应当由合并后的纳税人继续履行未履行的纳税义务；纳税人分立时未缴清税款的，分立后的纳税人对未履行的纳税义务应当承担连带责任。"

③大额欠税处分财产报告制度。根据《征管法》第四十九条和《细则》第七十七条的规定：欠缴税款数额在5万元以上的纳税人，在处分其不动产或者大额资产之前，应当向税务机关报告。这一规定有利于税务机关及时掌握欠税企业处置不动产和大额资产的动向。税务机关可以根据其是否侵害了国家税收，是否有转移资产、逃避纳税义务的情形，决定是否行使税收优先权，是否采取税收保全措施或者强制执行措施。

④税务机关可以对欠缴税款的纳税人行使代位权、撤销权，即对纳税人的到期债权等财产权利，税务机关可以依法向第三者追索以抵缴税款。《征管法》第五十条规定了在哪些情况下税务机关可以依据我国相关法律行使代位权、撤销权。税务机关代表国家，拥有对欠税的债权，是纳税人应该偿还国家的债务。如果欠税的纳税人，怠于行使其到期的债权，怠于收回其到期的资产、款项等，税务机关可以向人民法院请求以自己的名义代为行使债权。

⑤建立欠税公告制度。根据《征管法》第四十五条和《细则》第七十六条规定：税务机关应当对纳税人欠缴税款的情况，在办税场所或者广播、电视、报纸、期刊、网络等新闻媒体上定期予以公告。定期公告是指税务机关定期向社会公告纳税人的欠税情况。同时税务机关还可以根据实际情况和实际需要，制定纳税人的纳税信用等级评比制度。

（十）税款的退还和追征制度

1. 税款的退还

纳税人超过应纳税额缴纳的税款，税务机关发现后应当立即退还；纳税人自结算缴纳税款之日起3年内发现的，可以向税务机关要求退还多缴的税款并加算银行同期存款利息，税务机关及时查实后应当立即退还；涉及从国库中退库的，依照法律、行政法规有关国库管理的规定退还。

2. 税款的追征

因税务机关责任，致使纳税人、扣缴义务人未缴或者少缴税款的，税务机关在3年内可要求纳税人、扣缴义务人补缴税款，但是不得加收滞纳金。因纳税人、扣缴义务人计算等失误，未缴或者少缴税款的，税务机关在3年内可以追征税款、滞纳金；有特殊情况的追征期可以延长到5年。所称特殊情况，是指纳税人或者扣缴义务人因计算错误等失误，未缴或者少缴、未扣或者少扣、未收或者少收税款，累计数额在10万元以上的。对偷税、抗税、骗税的，税务机关追征其未缴或者少缴的税款、滞纳金或者所骗取的税款，不受前款规定期限的限制。

（十一）税款入库制度

（1）审计机关、财政机关依法进行审计、检查时，对税务机关的税收违法行为做出的决定，税务机关应当执行；发现被审计、检查单位有税收违法行为的，向被审计、检查单位下达决定、意见书，责成被审计、检查单位向税务机关缴纳应当缴纳的税款、滞纳金。税务机关应当根据有关机关的决定、意见书，依照税收法律、行政法规的规定，将应收的税款、滞纳金按照国家规定的税收征收管理范围和税款入库预算级次缴入国库。

（2）税务机关应当自收到审计机关、财政机关的决定、意见书之日起30日内将执行情况书面回复审计机关、财政机关。

有关机关不得将其履行职责过程中发现的税款、滞纳金自行征收入库或者以其他款项的名义自行处理、占压。

第四节　法律责任

一、违反税务管理基本规定行为的处罚

（1）根据《征管法》第六十条和《细则》第九十条规定：纳税人有下列行为之一的，由税务机关责令限期改正，可以处2 000元以下的罚款；情节严重的处2 000元以上1万元以下的罚款。

①未按照规定的期限申报办理税务登记、变更或者注销登记的；

②未按照规定设置、保管账簿或者保管记账凭证和有关资料的；

③未按照规定将财务、会计制度或者财务、会计处理办法和会计核算软件报送税务机关备查的；

④未按照规定将其全部银行账号向税务机关报告的；

⑤未按照规定安装、使用税控装置，或者损毁或擅自改动税控装置的；

⑥纳税人未按照规定办理税务登记证件验证或者换证手续的。

（2）纳税人不办理税务登记的，由税务机关责令限期改正；逾期不改正的，由工商行政管理机关吊销其营业执照。

（3）纳税人未按照规定使用税务登记证件，或者转借、涂改、损毁、买卖、伪造税务登记证件的，处2 000元以上1万元以下的罚款；情节严重的，处1万元以上5万元以下的罚款。

【例9-9·单选题】下列行为中，由税务机关责令限期改正，并可处以2 000元以下罚款的是（　　）。

A. 未按规定使用税务登记证件的

B. 以自产货物对外投资未做视同销售处理的

C. 当期进项税额为按规定进行用途确认的

D. 未按规定将其全部银行账号向税务机关报告的

【答案】D

二、扣缴义务人违反账簿、凭证管理的处罚

《征管法》第六十一条规定："扣缴义务人未按照规定设置、保管代扣代缴、代收代缴税款账簿或者保管代扣代缴、代收代缴税款记账凭证及有关资料的，由税务机关责令限期改正，可以处 2 000 以下的罚款；情节严重的，处 2 000 元以上 5 000 元以下的罚款。"

三、纳税人、扣缴义务人未按规定进行纳税申报的法律责任

《征管法》第六十二条规定："纳税人未按照规定的期限办理纳税申报和报送纳税资料的，或者扣缴义务人未按照规定的期限向税务机关报送代扣代缴、代收代缴税款报告表和有关资料的，由税务机关责令限期改正，可以处 2 000 元以下的罚款；情节严重的，可以处 2 000 元以上 1 万元以下的罚款。"

四、对偷税的认定及其法律责任

（1）纳税人伪造、变造、隐匿、搜自销毁账簿、记账凭证，或者在账簿上多列支出或者不列、少列收入，或者经税务机关通知申报而拒不申报或者进行虚假的纳税申报，不缴或者少缴应纳税款的，是偷税。对纳税人偷税的，由税务机关追缴其不缴或者少缴的税款、滞纳金，并处不缴或者少缴的税款50%以上 5 倍以下的罚款；构成犯罪的，依法追究刑事责任。

扣缴义务人采取前款所列手段，不缴或者少缴已扣、已收税款，由税务机关追缴其不缴或者少缴的税款、滞纳金，并处不缴或者少缴的税款50%以上 5 倍以下的罚款；构成犯罪的，依法追究刑事责任。

（2）纳税人采取伪造、变造、隐匿、擅自销毁账簿、记账凭证，在账簿上多列支出或者不列、少列收入，经税务机关通知申报而拒不申报或者进行虚假的纳税申报的手段，不缴或者少缴应纳税款，偷税数额占应纳税额的 10% 以上不满30%并且偷税数额在 1 万元以上不满 10 万元的，或者因偷税被税务机关给予二次行政处罚又偷税的，处 3 年以下有期徒刑或者拘役，并处偷税数额 1 倍以上 5 倍以下罚金；偷税数额占应纳税额的30%以上并且偷税数额在 10 万元以上的，处 3 年以上 7 年以下有期徒刑，并处偷税数额 1 倍以上 5 倍以下罚金。扣缴义务人采取前款所列手段，不缴或者少缴已扣、已收税款，数额占应缴税额的 10%以上并且数额在 1 万元以上的，依照前款的规定处罚。对多次犯有前两款行为，未经处理的，按照累计数额计算。

五、进行虚假申报或不进行申报行为的法律责任

纳税人、扣缴义务人编造虚假计税依据的，由税务机关责令限期改正，并处 5 万元以下的罚款。纳税人不进行纳税申报，不缴或者少缴应纳税款的，由税务机关追缴其不缴或者少缴的税款、滞纳金，并处不缴或者少缴税款 50% 以上 5 倍以下的罚款。

六、逃避追缴欠税的法律责任

纳税人欠缴应纳税款，采取转移或者隐匿财产的手段，妨碍税务机关追缴欠缴的税款的，由税务机关追缴欠缴的税款、滞纳金，并处欠缴税款 50% 以上 5 倍以下的罚款；构成犯罪的，依法追究刑事责任。纳税人欠缴应纳税款，采取转移或者隐匿财产的手段，致使税务机关无法追缴欠缴的税款，数额在 1 万元以上不满 10 万元的，处 3 年以下有期徒刑或者拘役，并处或者单处欠缴税款 1 倍以上 5 倍以下罚金；数额在 10 万元以上的，处 3 年以上 7 年以下有期徒刑，并处欠缴税款 1 倍以上 5 倍以下罚金。

七、骗取出口退税的法律责任

以假报出口或者其他欺骗手段，骗取国家出口退税款的，由税务机关追缴其骗取的退税款，并处骗取税款 1 倍以上 5 倍以下的罚款；构成犯罪的，依法追究刑事责任。

对骗取国家出口退税款的，税务机关可以在规定期间内停止为其办理出口退税。

以假报出口或者其他欺骗手段，骗取国家出口退税款，数额较大的，处 5 年以下有期徒刑或者拘役，并处骗取税款 1 倍以上 5 倍以下罚金；数额巨大或者有其他严重情节的，处 5 年以上 10 年以下有期徒刑，并处骗取税款 1 倍以上 5 倍以下罚金；数额特别巨大或者有其他特别严重情节的，处 10 年以上有期徒刑或者无期徒刑，并处骗取税款 1 倍以上 5 倍以下罚金或者没收财产。

八、抗税的法律责任

以暴力、威胁方法拒不缴纳税款的，是抗税，除由税务机关追缴其拒缴的税款、滞纳金外，依法追究刑事责任。情节轻微、未构成犯罪的，由税务机关追缴其拒缴的税款、滞纳金，并处拒缴税款 1 倍以上 5 倍以下的罚款。

以暴力、威胁方法拒不缴纳税款的，处 3 年以下有期徒刑或者拘役，并处拒

缴税款 1 倍以上 5 倍以下罚金；情节严重的，处 3 年以上 7 年以下有期徒刑，并处拒缴税款 l 倍以上 5 倍以下罚金。

九、在规定期限内不缴或者少缴税款的法律责任

纳税人、扣缴义务人在规定期限内不缴或者少缴应纳或者应解缴的税款，经税务机关责令限期缴纳，逾期仍未缴纳的，税务机关除依照本法第四十条规定采取强制执行措施追缴其不缴或者少缴的税款外，可以处不缴或者少缴税款 50% 以上 5 倍以下的罚款。

十、扣缴义务人不履行扣缴义务的法律责任

扣缴义务人应扣未扣、应收而不收税款的，由税务机关向纳税人追缴税款，对扣缴义务人处应扣未扣、应收未收税款 50% 以上 3 倍以下的罚款。

十一、不配合税务机关依法检查的法律责任

（1）纳税人、扣缴义务人逃避、拒绝或者以其他方式阻挠税务机关检查的，由税务机关责令改正，可以处 1 万元以下的罚款；情节严重的，处 1 万元以上 5 万元以下的罚款。逃避、拒绝或者以其他方式阻挠税务机关检查的情形：
①提供虚假资料，不如实反映情况，或者拒绝提供有关资料的；
②拒绝或者阻止税务机关记录、录音、录像、照相和复制与案件有关的情况和资料的；
③在检查期间，纳税人、扣缴义务人转移、隐匿、销毁有关资料的；
④有不依法接受税务检查的其他情形的。
（2）税务机关依照《征管法》第五十四条第（五）项的规定，到车站、码头、机场、邮政企业及其分支机构检查纳税人有关情况时，有关单位拒绝的，由税务机关责令改正，可以处 1 万元以下的罚款；情节严重的，处 1 万元以上 5 万元以下的罚款。

十二、非法印制发票的法律责任

（1）违反《征管法》第二十二条规定，非法印制发票的，由税务机关销毁非法印制的发票，没收违法所得和作案工具，并处 1 万元以上 5 万元以下的罚款；构成犯罪的，依法追究刑事责任。
（2）伪造或者出售伪造的增值税专用发票的，处 3 年以下有期徒刑、拘役或

者管制，并处 2 万元以上 20 万元以下罚金；数量较大或者有其他严重情节的，处 3 年以上 10 年以下有期徒刑，并处 5 万元以上 50 万元以下罚金；数量巨大或者有其他特别严重情节的，处 10 年以上有期徒刑或者无期徒刑，并处 5 万元以上 50 万元以下罚金或者没收财产。伪造并出售伪造的增值税专用发票，数量特别巨大，情节特别严重，严重破坏经济秩序的，处无期徒刑或者死刑，并处没收财产。单位犯本条规定之罪的，对单位判处罚金，并对其直接负责的主管人员和其他直接责任人员，处 3 年以下有期徒刑、拘役或者管制；数量较大或者有其他严重情节的，处 3 年以上 10 年以下有期徒刑；数量巨大或者有其他特别严重情节的，处 10 年以上有期徒刑或者无期徒刑。

（3）伪造、擅自制造或者出售伪造、擅自制造的可以用于骗取出口退税、抵扣税款的其他发票的，处 3 年以下有期徒刑、拘役或者管制，并处 2 万元以上 20 万元以下罚金；数量巨大的，处 3 年以上 7 年以下有期徒刑，并处 5 万元以上 50 万元以下罚金；数量特别巨大的，处 7 年以上有期徒刑，并处 5 万元以上 50 万元以下罚金或者没收财产。伪造、擅自制造或者出售伪造、擅自制造的前款规定以外的其他发票的，处 2 年以下有期徒刑、拘役或者管制，并处或者单处 1 万元以上 5 万元以下罚金；情节严重的，处 2 年以上 7 年以下有期徒刑，并处 5 万元以上 50 万元以下罚金。

（4）非法印制、转借、倒卖、变造或者伪造完税凭证的，由税务机关责令改正，处 2 000 元以上 1 万元以下的罚款；情节严重的，处 1 万元以上 5 万元以下的罚款；构成犯罪的，依法追究刑事责任。

十三、有税收违法行为而拒不接受税务机关处理的法律责任

从事生产、经营的纳税人、扣缴义务人有本法规定的税收违法行为，拒不接受税务机关处理的，税务机关可以收缴其发票或者停止向其发售发票。

十四、银行及其他金融机构拒绝配合税务机关依法执行职务的法律责任

（1）银行和其他金融机构未依照《征管法》的规定在从事生产、经营的纳税人的账户中登录税务登记证件号码，或者未按规定在税务登记证件中登录从事生产、经营的纳税人的账户账号的，由税务机关责令其限期改正，处 2 000 元以上 2 万元以下的罚款；情节严重的，处 2 万元以上 5 万元以下的罚款。

（2）为纳税人、扣缴义务人非法提供银行账户、发票、证明或者其他方便，导致未缴、少缴税款或者骗取国家出口退税款的，税务机关除没收其违法所得外，可以处未缴、少缴或者骗取的税款 1 倍以下的罚款。

（3）纳税人、扣缴义务人的开户银行或者其他金融机构拒绝接受税务机关依法检查纳税人、扣缴义务人存款账户，或者拒绝执行税务机关作出的冻结存款或者扣缴税款的决定，或者在接到税务机关的书面通知后帮助纳税人、扣缴义务人转移存款，造成税款流失的，由税务机关处 10 万元以上 50 万元以下的罚款，对直接负责的主管人员和其他直接责任人员处 1 000 元以上 1 万元以下的罚款。

十五、擅自改变税收征收管理范围的法律责任

《征管法》第七十六条规定："税务机关违反规定擅自改变税收征收管理范围和税款入库预算级次的，责令限期改正，对直接负责的主管人员和其他直接责任人员依法给予降级或者撤职的行政处分。"

十六、不移送的法律责任

《征管法》第七十七条规定："纳税人、扣缴义务人有本法规定的第六十三条、第六十五条、第六十六条、第六十七条、第七十一条规定的行为涉嫌犯罪的，税务机关应当依法移送司法机关追究刑事责任。税务人员徇私舞弊，对依法应当移送司法机关追究刑事责任的不移送，情节严重的，依法追究刑事责任。"

十七、税务人员不依法行政的法律责任

税务人员与纳税人、扣缴义务人勾结，唆使或者协助纳税人、扣缴义务人有法律规定的行为，构成犯罪的，按照《中华人民共和国刑法》关于共同犯罪的规定处罚；尚不构成犯罪的，依法给予行政处分。税务人员私分扣押、查封的商品、货物或者其他财产，情节严重，构成犯罪的，依法追究刑事责任；尚不构成犯罪的，依法给予行政处分。

十八、渎职行为

（1）税务人员利用职务上的便利，收受或者索取纳税人、扣缴义务人财物或者谋取其他不正当利益，构成犯罪的，依法追究刑事责任；尚不构成犯罪的，依法给予行政处分。

（2）税务人员徇私舞弊或者玩忽职守，不征收或者少征应征税款，致使国家税收遭受重大损失，构成犯罪的，依法追究刑事责任；尚不构成犯罪的，依法给予行政处分。

税务人员滥用职权，故意刁难纳税人、扣缴义务人的，调离税收工作岗位，

并依法给予行政处分。税务人员对控告、检举税收违法违纪行为的纳税人、扣缴义务人以及其他检举人进行打击报复，依法给予行政处分；构成犯罪的，依法追究刑事责任。

（3）税务机关的工作人员徇私舞弊，不征或者少征应征税款，致使国家税收遭受重大损失的，处 5 年以下有期徒刑或者拘役；造成特别重大损失的，处 5 年以上有期徒刑。

（4）税务机关的工作人员违反法律、行政法规的规定，在办理发售发票、抵扣税款、出口退税工作中，徇私舞弊，致使国家利益遭受重大损失的，处 5 年以下有期徒刑或者拘役；致使国家利益遭受特别重大损失的，处 5 年以上有期徒刑。

十九、不按规定征收税款的法律责任

《征管法》第八十三条规定："违反法律、行政法规的规定提前征收、延缓征收或者摊派税款的，由其上级机关或者行政监察机关责令改正，对直接负责的主管人员和其他直接责任人员依法给予行政处分。"

《征管法》第八十四条规定："违反法律、行政法规的规定，擅自做出税收的开征、停征或者减税、免税、退税、补税以及其他同税收法律、行政法规相抵触的决定的，除依照本法规定撤销其擅自作出的决定外，补征应征未征税款，退还不用征收而征收的税款，并由上级机关追究直接负责的主管人员和其他直接责任人员的行政责任；构成犯罪的，依法追究刑事责任。"

此外，《征管法》第七十四条还对行政处罚的权限作出了规定，指出："罚款额在 2 000 元以下的，可以由税务所决定。"

二十、违反税务代理的法律责任

税务代理人违反税收法律、行政法规，造成纳税人未缴或者少缴税款的，除由纳税人缴纳或者补缴应纳税款、滞纳金外，对税务代理人处纳税人未缴或者少缴税款 50% 以上 3 倍以下的罚款。

第五节　纳税担保和抵押

行政审判十大
典型案例之
"德发税案"

一、纳税担保与纳税保证

（一）纳税担保与纳税担保人

纳税担保是指经税务机关同意或确认，纳税人或其他自然人、法人、经济组织

以保证、抵押、质押的方式，为纳税人应当缴纳的税款及滞纳金提供担保的行为。

纳税担保人包括：（1）以保证方式为纳税人提供纳税担保的纳税保证人；（2）其他以未设置或者未全部设置担保物权的财产为纳税人提供纳税担保的第三人。

（二）纳税保证与纳税保证人

纳税保证是指纳税保证人向税务机关保证，当纳税人未按照税收法律、行政法规规定或者税务机关确定的期限缴清税款、滞纳金时，由纳税保证人按照约定履行缴纳税款及滞纳金的行为。税务机关认可的，保证成立；税务机关不认可的，保证不成立。

纳税保证人是指在中国境内具有纳税担保能力的自然人、法人或者其他经济组织。法人或其他经济组织财务报表资产净值超过需要担保的税额及滞纳金2倍以上的，自然人、法人或其他经济组织所拥有或者依法可以处分的未设置担保的财产的价值超过需要担保的税额及滞纳金的，为具有纳税担保能力。

国家机关，学校、幼儿园、医院等事业单位，社会团体不得作为纳税保证人。

企业法人的职能部门不得作为纳税保证人。企业法人的分支机构有法人书面授权的，可以在授权范围内提供纳税担保。

有以下情形之一的，不得作为纳税保证人：

（1）有偷税、抗税、骗税、逃避追缴欠税行为被税务机关、司法机关追究过法律责任未满2年的；

（2）因有税收违法行为正在被税务机关立案处理或涉嫌刑事犯罪被司法机关立案侦查的；

（3）纳税信誉等级被评为C级以下的；

（4）在主管税务机关所在地的市（地、州）没有住所的自然人或税务登记不在本市（地、州）的企业；

（5）无民事行为能力或限制民事行为能力的自然人；

（6）与纳税人存在担保关联关系的；

（7）有欠税行为的。

（三）纳税担保范围和保证责任

纳税担保范围包括税款、滞纳金和实现税款、滞纳金的费用。费用包括抵押、质押登记费用，质押保管费用，以及保管、拍卖、变卖担保财产等相关费用支出。

用于纳税担保的财产、权利的价值，不得低于应当缴纳的税款、滞纳金，并考虑相关的费用。纳税担保的财产价值不足以抵缴税款、滞纳金的，税务机关应当向提供担保的纳税人或纳税担保人继续追缴。

纳税人有下列情况之一的，适用纳税担保：

（1）税务机关有根据认为从事生产、经营的纳税人有逃避纳税义务行为，在规定的纳税期之前经责令其限期缴纳应纳税款，在限期内发现纳税人有明显的转移、隐匿其应纳税的商品、货物以及其他财产或者应纳税收入的迹象，责成纳税人提供纳税担保的；

（2）欠缴税款、滞纳金的纳税人或者其法定代表人需要出境的；

（3）纳税人同税务机关在纳税上发生争议而未缴清税款，需要申请行政复议的；

（4）税收法律、行政法规规定可以提供纳税担保的其他情形。

纳税人和纳税保证人对所担保的税款及滞纳金承担连带责任。

纳税担保从税务机关在纳税担保书签字盖章之日起生效。保证期间为纳税人应缴纳税款期限届满之日起 60 日内，即税务机关自纳税人应缴纳税款的期限届满之日起 60 日内有权要求纳税保证人承担保证责任，缴纳税款、滞纳金。履行保证责任的期限为 15 日，即纳税保证人应当自收到税务机关的纳税通知书之日起 15 日内履行保证责任。

二、纳税抵押

纳税抵押是指纳税人或纳税担保人不转移下列可抵押财产的占有，将该财产作为税款及滞纳金的担保。纳税人逾期未缴清税款及滞纳金的，税务机关有权依法处置该财产以抵缴税款及滞纳金。前款规定的纳税人或者纳税担保人为抵押人，税务机关为抵押权人，提供担保的财产为抵押物。

（一）可以抵押的财产

（1）抵押人所有的房屋和其他地上定着物。

（2）抵押人所有的机器、交通运输工具和其他财产。

（3）抵押人依法有权处分的国有的房屋和其他地上定着物。

（4）抵押人依法有权处分的国有的机器、交通运输工具和其他财产。

（5）经设区的市、自治州以上税务机关确认的其他可以抵押的合法财产。

以依法取得的国有土地上的房屋抵押的，该房屋占用范围内的国有土地使用权同时抵押。以乡（镇）、村企业的厂房等建筑物抵押的，其占用范围内的土地使用权同时抵押。

（二）下列财产不得抵押

（1）土地所有权。

（2）土地使用权，抵押房屋和其他地上定着物占用范围内的除外。

（3）学校、幼儿园、医院等以公益为目的的事业单位、社会团体、民办非企业单位的教育设施、医疗卫生设施和其他社会公益设施；学校、幼儿园、医院等以公益为目的的事业单位、社会团体，可以其教育设施、医疗卫生设施和其他社会公益设施以外的财产为其应缴纳的税款及滞纳金提供抵押。

（4）所有权、使用权不明或者有争议的财产。

（5）依法被查封、扣押、监管的财产。

（6）依法定程序确认为违法、违章的建筑物。

（7）法律、行政法规规定禁止流通的财产或者不可转让的财产。

（8）经设区的市、自治州以上税务机关确认的其他不予抵押的财产。

【例9－10·单选题】 下列各项财产中，可以设定纳税抵押的是（   ）。

A. 土地所有权

B. 依法有权处分的国有房屋

C. 依法被查封的财产

D. 依法定程序被确认为违章的建筑物

【答案】 B

三、纳税质押

纳税质押是指经税务机关同意，纳税人或纳税担保人将其动产或权利凭证移交税务机关占有，将该动产或权利凭证作为税款及滞纳金的担保。纳税人逾期未缴清税款及滞纳金的，税务机关有权依法处置该动产或权利凭证以抵缴税款及滞纳金。

纳税质押分为动产质押和权利质押。动产质押包括现金以及其他除不动产以外的财产提供的质押。权利质押包括汇票、支票、本票、债券、存款单等权利凭证提供的质押。对于实际价值波动很大的动产或权利凭证，经设区的市、自治州以上税务机关确认，税务机关可以不接受其作为纳税质押。

（一）动产质押

纳税人以动产提供质押担保的，应当填写纳税担保书和纳税担保财产清单并签字盖章。纳税担保书应当包括以下内容：

（1）担保的税款及滞纳金数额、所属期间、税种名称、税目；

（2）纳税人履行应缴纳税款、滞纳金的期限；

（3）质押物的名称、数量、质量、价值、状况、移交前所在地、所有权权属或者使用权权属；

（4）质押担保的范围及担保责任；

（5）纳税担保财产价值；

（6）税务机关认为需要说明的其他事项。

纳税质押自纳税担保书和纳税担保财产清单经税务机关确认和质押物移交之

日起生效。

（二）权利质押

（1）纳税人以汇票、支票、本票、公司债券出质的，税务机关应当与纳税人背书清单记载"质押"字样。以存款单出质的，应由签发的金融机构核押。

（2）以载明兑现或者提货日期的汇票、支票、本票、债券、存款单出质的，汇票、支票、本票、债券、存款单兑现日期先于纳税义务履行期或者担保期的，税务机关与纳税人约定将兑现的价款用于缴纳或者抵缴所担保的税款及滞纳金。

（三）质押的处理

（1）纳税担保人以其动产或财产权利为纳税人提供纳税质押担保的，按照纳税人提供质押担保的规定执行；纳税担保书和纳税担保财产清单须经纳税人、纳税担保人签字盖章并经税务机关确认。

（2）纳税人在规定的期限内未缴清税款、滞纳金的，税务机关应当在期限届满之日起15日内书面通知纳税担保人自收到纳税通知书之日起15日内缴纳担保的税款、滞纳金。

（3）纳税担保人未按照前款规定的期限缴纳所担保的税款、滞纳金，由税务机关责令限期在15日内缴纳；缴清税款、滞纳金的，税务机关自纳税担保人缴清税款及滞纳金之日起3个工作日内返还质押物、解除质押关系；逾期仍未缴纳的，经县以上税务局（分局）局长批准，税务机关依法拍卖、变卖质押物，抵缴税款、滞纳金。

第六节　纳税信用管理和重大税收违法失信主体信息公布管理

一、纳税信用管理

（一）含义及适用范围

纳税信用管理是指税务机关对纳税人的纳税信用信息开展的采集、评价、确定、发布和应用等活动。

纳税信用管理适用于已办理税务登记，从事生产、经营并适用查账征收的企业纳税人，以及以下企业纳税人：

（1）从首次在税务机关办理涉税事宜之日起时间不满一个评价年度的企业（新设立企业）。评价年度是指公历年度，即1月1日至12月31日；

（2）评价年度内无生产经营业务收入的企业；

（3）适用企业所得税核定征收办法的企业。

非独立核算分支机构可自愿参与纳税信用评价。所称非独立核算分支机构是指由企业纳税人设立，已在税务机关完成登记信息确认且核算方式为非独立核算的分支机构。非独立核算分支机构参评后，2019 年度之前的纳税信用级别不再评价，在机构存续期间适用国家税务总局纳税信用管理相关规定。

扣缴义务人、自然人纳税信用管理办法由国家税务总局另行规定。

个体工商户和其他类型纳税人的纳税信用管理办法由省税务机关制定。

（二）纳税信用信息采集

纳税信用信息采集工作由国家税务总局和省税务机关组织实施，按月采集。

1. 纳税信用信息的分类

（1）纳税人信用历史信息。纳税人信用历史信息包括基本信息和评价年度之前的纳税信用记录，以及相关部门评定的优良信用记录和不良信用记录。

（2）税务内部信息。税务内部信息包括经常性指标信息和非经常性指标信息。经常性指标信息是指涉税申报信息、税（费）款缴纳信息、发票与税控器具信息、登记与账簿信息等纳税人在评价年度内经常产生的指标信息；非经常性指标信息是指税务检查信息等纳税人在评价年度内不经常产生的指标信息。

（3）外部信息。外部信息包括外部参考信息和外部评价信息。外部参考信息包括评价年度相关部门评定的优良信用记录和不良信用记录；外部评价信息是指从相关部门取得的影响纳税人纳税信用评价的指标信息。

2. 纳税人信用信息的采集

（1）纳税人信用历史信息中的基本信息由税务机关从税务管理系统中采集，税务管理系统中暂缺的信息由税务机关通过纳税人申报采集；评价年度之前的纳税信用记录，以及相关部门评定的优良信用记录和不良信用记录，从税收管理记录、国家统一信用信息平台等渠道中采集。

（2）税务内部信息从税务管理系统中采集。

（3）外部信息主要通过税务管理系统、国家统一信用信息平台、相关部门官方网站、新闻媒体或者媒介等渠道采集。通过新闻媒体或者媒介采集的信息应核实后使用。

（三）纳税信用评估办法

纳税信用评价采取年度评价指标得分和直接判级两种方式。

（1）年度评价指标得分采用扣分方式。近三个评价年度内存在非经常性指标信息的，从100分起评；近三个评价年度内没有非经常性指标信息的，从90分起评。

（2）直接判级适用于有严重失信行为的纳税人。

纳税信用评价周期为一个纳税年度，有下列情形之一的纳税人，不参加本期的评价：

（1）纳入纳税信用管理时间不满一个评价年度的；

（2）因涉嫌税收违法被立案查处尚未结案的；

（3）被审计、财政部门依法查出税收违法行为，税务机关正在依法处理，尚未办结的；

（4）已申请税务行政复议、提起行政诉讼尚未结案的；

（5）其他不应参加本期评价的情形。

（四）纳税信用级别

纳税信用级别设 A、B、M、C、D 五级。

（1）A 级纳税信用为年度评价指标得分 90 分以上的。

有下列情形之一的纳税人，本评价年度不能评为 A 级：

①实际生产经营期不满 3 年的；

②上一评价年度纳税信用评价结果为 D 级的；

③非正常原因一个评价年度内增值税连续 3 个月或者累计 6 个月零申报、负申报的；

④不能按照国家统一的会计制度规定设置账簿，并根据合法、有效凭证核算，向税务机关提供准确税务资料的。

（2）B 级纳税信用为年度评价指标得分 70 分以上不满 90 分的。

（3）未发生后述第（5）项所列失信行为的下列企业适用 M 级纳税信用：

①新设立企业；

②评价年度内无生产经营业务收入且年度评价指标得分 70 分以上的企业。

（4）C 级纳税信用为年度评价指标得分 40 分以上不满 70 分的。

（5）D 级纳税信用为年度评价指标得分不满 40 分或者直接判级确定的。

有下列情形之一的纳税人，本评价年度直接判为 D 级：

①存在逃避缴纳税款、逃避追缴欠税、骗取出口退税、虚开增值税专用发票等行为，经判决构成涉税犯罪的；

②存在第①项所列行为，未构成犯罪，但逃避缴纳税款金额 10 万元以上且占各税种应纳税总额 10% 以上，或者存在逃避追缴欠税、骗取出口退税、虚开增值税专用发票等税收违法行为，已缴纳税款、滞纳金、罚款的；

③在规定期限内未按税务机关处理结论缴纳或者足额缴纳税款、滞纳金和罚款的；

④以暴力、威胁方法拒不缴纳税款或者拒绝、阻挠税务机关依法实施税务稽查执法行为的；

⑤存在违反增值税发票管理规定或者违反其他发票管理规定的行为，导致其他单位或者个人未缴、少缴或者骗取税款的；

⑥提供虚假申报材料享受税收优惠政策的；

⑦骗取国家出口退税款，被停止出口退（免）税资格未到期的；

⑧有非正常户记录或者由非正常户直接责任人员注册登记或者负责经营的；

⑨由 D 级纳税人的直接责任人员注册登记或者负责经营的；

⑩存在税务机关依法认定的其他严重失信情形的。

（6）纳税人有下列情形的，不影响其纳税信用评价：

①由于税务机关原因或者不可抗力，造成纳税人未能及时履行纳税义务的；

②非主观故意的计算公式运用错误以及明显的笔误造成未缴或者少缴税款的；

③国家税务总局认定的其他不影响纳税信用评价的情形。

【例 9 - 11 · 单选题】 年度内无生产经营业务收入且年度评价指标得分 70 分以下的企业，如未发生涉税违法违规失信行为的，其纳税信用级别为（   ）。

A. A 级　　　　　B. B 级　　　　　C. C 级　　　　　D. M 级

【答案】 D

【例 9 - 12 · 多选题】 为深入贯彻落实国务院"放管服"改革精神，优化税收营商环境，完善纳税信用体系，税务机关实施的纳税信用管理事项有（   ）。

A. 非独立核算分支机构不得参与纳税信用评价

B. 近三个评价年度内存在非经常性指标信息的，从 90 分起评

C. 对于因评价指标得分评为 D 级的纳税人，次年评价时加扣 11 分

D. 对于因直接判级评为 D 级的纳税人，D 级评价保留两年、第三年纳税信用不得评价为 A 级

【答案】 CD

【解析】 A 选项，非独立核算分支机构可自愿参与纳税信用评价。B 选项，近三个评价年度内存在非经常性指标信息的，从 100 分起评，近三个评价年度内没有非经常性指标信息的，从 90 分起评。

二、重大税收违法失信主体信息公布管理

2021 年 12 月 27 日，国家税务总局 2021 年度第 3 次局务会议审议通过《重大税收违法失信主体信息公布管理办法》，自 2022 年 2 月 1 日起施行。

税务机关应依照规定，确定重大税收违法失信主体，向社会公布失信信息，并将信息通报相关部门实施监管和联合惩戒。

重大税收违法失信主体信息公布管理应当遵循依法行政、公平公正、统一规范、审慎适当的原则。

各级税务机关应当依法保护税务行政相对人合法权益，对重大税收违法失信主体信息公布管理工作中知悉的国家秘密、商业秘密或者个人隐私、个人信息，应当依法予以保密。

（一）失信主体的确定

"重大税收违法失信主体"（以下简称失信主体）是指有下列情形之一的纳税人、扣缴义务人或者其他涉税当事人：

（1）伪造、变造、隐匿、擅自销毁账簿、记账凭证，或者在账簿上多列支出或者不列、少列收入，或者经税务机关通知申报而拒不申报或者进行虚假的纳税申报，不缴或者少缴应纳税款100万元以上，且任一年度不缴或者少缴应纳税款占当年各税种应纳税总额10%以上的，或者采取前述手段，不缴或者少缴已扣、已收税款，数额在100万元以上的；

（2）欠缴应纳税款，采取转移或者隐匿财产的手段，妨碍税务机关追缴欠缴的税款，欠缴税款金额100万元以上的；

（3）骗取国家出口退税款的；

（4）以暴力、威胁方法拒不缴纳税款的；

（5）虚开增值税专用发票或者虚开用于骗取出口退税、抵扣税款的其他发票的；

（6）虚开增值税普通发票100份以上或者金额400万元以上的；

（7）私自印制、伪造、变造发票，非法制造发票防伪专用品，伪造发票监制章的；

（8）具有偷税、逃避追缴欠税、骗取出口退税、抗税、虚开发票等行为，在稽查案件执行完毕前，不履行税收义务并脱离税务机关监管，经税务机关检查确认走逃（失联）的；

（9）为纳税人、扣缴义务人非法提供银行账户、发票、证明或者其他方便，导致未缴、少缴税款100万元以上或者骗取国家出口退税款的；

（10）税务代理人违反税收法律、行政法规造成纳税人未缴或者少缴税款100万元以上的；

（11）其他性质恶劣、情节严重、社会危害性较大的税收违法行为。

税务机关应当在作出确定失信主体决定前向当事人送达告知文书，告知其依法享有陈述、申辩的权利。对纳入纳税信用评价范围的当事人，还应当告知其拟适用D级纳税人管理措施。

当事人在税务机关告知后5日内，可以书面或者口头提出陈述、申辩意见。当事人口头提出陈述、申辩意见的，税务机关应当制作陈述申辩笔录，并由当事人签章。

经设区的市、自治州以上税务局局长或者其授权的税务局领导批准，税务机关在本办法第七条规定的申请行政复议或提起行政诉讼期限届满，或者行政复议决定、人民法院判决或裁定生效后，于 30 日内制作失信主体确定文书，并依法送达当事人。

（二）信息公布

税务机关应当在失信主体确定文书送达后的次月 15 日内，向社会公布下列信息：

（1）失信主体基本情况；

（2）失信主体的主要税收违法事实；

（3）税务处理、税务行政处罚决定及法律依据；

（4）确定失信主体的税务机关；

（5）法律、行政法规规定应当公布的其他信息。

对依法确定为国家秘密的信息，法律、行政法规禁止公开的信息，以及公开后可能危及国家安全、公共安全、经济安全、社会稳定的信息，税务机关不予公开。

税务机关对按规定确定的失信主体，纳入纳税信用评价范围的，按照纳税信用管理规定，将其纳税信用级别判为 D 级，适用相应的 D 级纳税人管理措施。

失信主体信息自公布之日起满 3 年的，税务机关在 5 日内停止信息公布。

"信用＋风险"
动态监管，挽
回税款损失

【小结】

关键术语：税收征收管理法的目的、实施范围和对象、税款征收制度、税务检查的法律规定、税收违法行为的法律责任、纳税担保和抵押、纳税信用管理、重大税收违法失信主体信息公布

本章小结：本章的内容较多，需要理解税收征收管理的基本制度，掌握我国税收征收管理的基本法律依据，熟悉税收征收管理的基本制度，税收征收管理的方式和程序，税收担保和税收抵押，了解纳税信用管理制度和重大税收违法失信主体信息公布制度。本章重点是税收征收管理的基本法律依据和税收征收管理的方式和程序。

【习题】

一、复习思考题

1. 简述税款征收方式有哪些？

2. 税收征管事项较多，请归纳主要征管事项的批准层级。

3. 纳税申报需要报送哪些资料？

4. 税收保全措施与强制执行措施的区别是什么？

5. 税收滞纳金和税收罚款有哪些不同？

6. 延期申报和缓缴税款有何区别？

二、单选题

1. 纳税人被工商行政管理机关吊销营业执照的，应当自营业执照被吊销之日起（　　）日内，向原税务登记机关申报办理注销税务登记。

A. 7　　　　　　　　B. 10　　　　　　　　C. 15　　　　　　　　D. 30

2. 根据《征管法》的规定，纳税人超过应纳税额缴纳的税款，税务机关发现后应立即退还，纳税人自缴纳税款之日起（　　）年内发现的，可以向税务机关要求退还多缴的税款，并加算银行同期存款利息。

A. 3　　　　　　　　B. 4　　　　　　　　C. 5　　　　　　　　D. 6

3. 税款征收方式中的查验征收方式一般适用于（　　）。

A. 账册不健全，但是能够控制原材料或进销货的纳税单位

B. 经营品种比较单一，经营地点、时间和商品来源不固定的纳税单位

C. 无完整考核依据的小型纳税单位

D. 小额、零散税源的征收

4. 按照税收优先原则，除另有规定外，税收优先于（　　）

A. 应付工资　　　　B. 无担保债权　　　　C. 有担保债权　　　　D. 社会保障缴款

5. 经税务机关同意，纳税人或纳税担保人将其动产或权利凭证移交税务机关占有，将该动产或权利凭证作为税款及滞纳金的担保，称为（　　）。

A. 纳税担保　　　　B. 纳税质押　　　　C. 纳税抵押　　　　D. 纳税补偿

6. 纳税人因有特殊困难，需要延期缴纳税款的，下列说法正确的是（　　）

A. 应在规定期限内提出书面或口头申请

B. 经县以上税务局局长批准

C. 延期期限最长不超过 3 个月

D. 批准期限内不加收滞纳金，但要按月支付 10% 的利息

三、多选题

1. 根据《征管法》和《税务登记管理办法》的有关规定，下列各项中应当进行税务登记的有（　　）

A. 从事生产经营的事业单位

B. 企业在境内其他城市设立的分支机构

C. 不从事生产经营只缴纳车船税的社会团体

D. 有来源于中国境内收入但未在中国境内设立机构、场所的非居民企业

2. 根据《征管法》及其实施细则规定，生产经营规模小、确无建账能力的纳税人，聘请代理记账机构或人员有困难的，经县以上税务机关批准，可根据税务机关规定（　　）。

A. 免于建账并免纳税款　　　　　　　B. 建立进货销货登记簿

C. 建立收支凭证粘贴簿　　　　　　　D. 使用税控装置

3. 税收保全措施的被执行人不包括（　　）

A. 从事生产、经营的纳税人　　　　　B. 缴纳工资、薪金个人所得税的纳税人

C. 纳税担保人　　　　　　　　　　　D. 代扣代缴、代收代缴义务人

4. 下列属于税务机关可处 1 倍以上 5 倍以下罚款的违章行为的有（　　）

A. 偷税　　　　　　B. 抗税　　　　　　C. 骗税　　　　　　D. 不配合税务机关检查

5. 纳税人有下列（　　）情形的，不影响其纳税信用评估。

A. 由于纳税人自身原因少缴税款

B. 恶意逃避缴纳税款

C. 由于税务机关原因或者不可抗力，造成纳税人未能及时履行纳税义务的

D. 非主观故意的计算公式运用错误以及明显的笔误造成未缴或者少缴税款的

6. 纳税人发生的下列情形中，不得作为纳税保证人的有（　　）

A. 有逃避追缴欠税行为被税务机关、司法机关追究过法律责任未满 5 年的

B. 因有税收违法行为正在被税务机关立案处理或涉嫌刑事犯罪被司法机关立案侦查的

C. 纳税信誉等级被评为 B 级以下的

D. 限制民事行为能力的自然人

四、计算问答题

1. 某运输公司为增值税一般纳税人，增值税纳税期限为一个月。公司 2023 年 10 月开具增值税专用发票取得运输收入 350 万元、销项税额 31.5 万元，另开普通发票取得价税合计运输收入 54.5 万元；当月购进货物取得增值税专用发票注明增值税额 12.8 万。由于各种原因公司未按期申报缴纳 10 月增值税税额，在 11 月 28 日主管税务机关发现后发出催缴通知书，限其在 3 日内申报交税。但该公司以资金困难为由，逾期仍未申报缴纳 10 月份增值税税款。

要求：根据上述资料，回答下列问题。

（1）计算该公司 10 月份应缴纳的增值税。

（2）回答该公司未按期缴纳 10 月份增值税税款，根据《征管法》该如何处理？

（3）该公司逾期仍未申报缴纳 10 月份增值税税款，根据《征管法》税务机关可采取什么措施？

2. 甲公司为增值税一般纳税人，2023 年已缴纳增值税 120 万元，消费税 260 万元，城市维护建设税 48 万元，企业所得税 80 万元。2024 年税务机关在税务检查中发现该公司 2023 年账簿上虚列成本费用 20 万元。

（1）假设不考虑除企业所得税外的其他税费，请问对该公司的这种行为应如何处罚？

（2）假设税务机关按规定执行税收保全措施，该公司开户的乙银行拒绝执行税务机关冻结甲公司存款的决定，导致税款流失，对乙银行的这种行为应如何处罚？

五、综合案例题

陈某、宫某于 2006 年共同出资成立北京某餐饮有限公司（以下简称某餐饮公司），陈某为法定代表人，宫某为监事，后分别于 2007 年、2012 年成立第一分公司、第二分公司，陈某任负责人。2020 年至 2021 年，某餐饮公司、第一分公司、第二分公司使用开票方为某超市等 4 家公司的假发票共计 53 张入账，在 2020 年度、2021 年度企业所得税应纳税所得额中进行扣除，并向北京市顺义区税务局进行了企业所得税纳税申报。2023 年 7 月，顺义区税务局稽查局对某餐饮公司开展税务稽查，后作出行政处理决定，认定该公司使用不符合规定的发票列支，调增 2020 年度、2021 年度应纳税所得额共计 369 万余元，应补缴 2020～2021 年度企业所得税共计 92 万余元，并缴纳滞纳金。被告人陈某、宫某在明知顺义区税务局对某餐饮公司进行税务稽查、作出税务处理决定并追缴税款的情况下，在第一分公司经营地址上成立宏某餐饮公司，在第二分公司经营地址上成立石某餐饮公司，另开立新账户供二公司经营使用，并将第一分公司、第二分公司注销，同时，某餐饮公司也不再申领发票，公司账户于冻结后不

再使用。通过以上方式，逃避顺义区税务局追缴税款，至案发时，尚有 82 万余元税款无法追缴。

　　针对以上案例，请回答以下问题。

　　（1）企业陷入欠税状态可能的情形有哪些？

　　（2）哪些企业会受到逃避追缴欠税罪的刑事指控？

　　（3）案例中该企业可能会面临何种处罚？

【阅读拓展】

　　1. 李鑫钊．数字经济背景下加强税收征管的建议［J］．税务研究，2023（1）：129 - 132.

　　2. 彭牧泽，靳庆鲁．税收征管、公司投资决策与期权价值［J］．南开管理评论，2023，26（1）：18 - 28，I0004，I0005.

　　3. 田宏杰．虚开增值税专用发票罪的理论误区与治理重塑［J］．中国法学，2023（4）：220 - 239.

参考文献

［1］ 中国注册会计师协会. 税法［M］. 北京：中国财政经济出版社.2024.

［2］ 刘颖. 税法-2023年注册会计师考试应试指导及全真模拟测试［M］.北京：北京科学技术出版社.2023.

［3］《税收学》编写组. 税收学［M］. 北京：高等教育出版社.2021.

［4］ 冯英利，徐言琨. 税法［M］. 北京：机械工业出版社.2022.

［5］ 吴力佳. 税法［M］. 北京：机械工业出版社.2021.

［6］ 韩数，王民等. 金税四期环境下企业财税风险管控与筹划［M］. 北京：人民邮电出版社.2022.

［7］ 马海涛. 中国税制［M］. 北京：中国人民大学出版社.2022.

［8］ 王军. 推进税收现代化服务高质量发展［N］. 经济日报，2021年6月22日.

［9］ 汪康. 论新时代中国治税思想［J］. 税务研究，2021（4）：5-10.

［10］ 国家税务总局北京市税务局课题组，张有乾，岳树民，等. 数字经济背景下税收制度与税收管理的国际比较研究［J］. 税务研究，2024（5）：99-107.

［11］ 陈南旭，张嘉同，王林涛. 税收征管与中国工业低碳转型推进——基于绿色税收视角的实证［J］. 南方经济，2024（4）：1-19.

［12］ 王乔，伍红. 后营改增时代完善我国增值税制度的思考［J］. 国际税收，2017（7）：11-13.

［13］ 国家税务总局《意见》落实领导小组办公室. 深化征管改革提升治理效能高质量推进中国式现代化税务实践——税务系统贯彻落实中办、国办《关于进一步深化税收征管改革的意见》三周年综述［J］. 中国税务，2024（4）：6-9.

［14］ 李杰生. 坚持以人民为中心高质量推进税收现代化服务中国式现代化［J］. 中国税务，2023（4）：42-44.